EL ESTADO EN EL DERECHO INDIANO

EDICIONES UNIVERSIDAD CATÓLICA DE CHILE
Vicerrectoría de Comunicaciones y Extensión Cultural
Av. Libertador Bernardo O'Higgins 390, Santiago, Chile

editorialedicionesuc@uc.cl
www.ediciones.uc.cl

EL ESTADO EN EL DERECHO INDIANO
ÉPOCA DE FUNDACIÓN 1492-1570

Mario Góngora

Marzo 2023
ISBN 978-956-14-3087-7
ISBN digital 978-956-14-3088-4

Diseño y diagramación: versión productora gráfica SpA
Impresión: Salesianos Impresores

CIP – Pontificia Universidad Católica de Chile

Góngora, Mario, 1915-1985, autor.
El estado en el derecho indiano : época de fundación, 1492-1570 /
Mario Góngora. – Incluye referencias bibliográficas.

1. Derecho indiano.
2. España – Colonias – América – Administración.
I. Tít.

2023 980.0131 + DDC23 RDA

EL ESTADO EN EL DERECHO INDIANO

ÉPOCA DE FUNDACIÓN 1492-1570

Mario Góngora

EDICIONES UC

ÍNDICE

PRÓLOGO A LA PRESENTE EDICIÓN

SOBRE LA EJEMPLARIDAD HERMENÉUTICA DE LA INSTITUCIÓN AMERICANA

Hugo E. Herrera
Profesor titular, Facultad de Derecho, Universidad Diego Portales

1. Derecho como esquema

El Estado es un asunto central en el pensamiento de Mario Góngora. Sobre el Estado es su Tesis de licenciatura (2016). Acerca del Estado, la parte gruesa de sus *Estudios sobre la historia colonial de Hispanoamérica* (1998). Al Estado dedica su obra, probablemente, más difundida, el *Ensayo histórico sobre la noción de Estado en Chile en los siglos XIX y XX* (1981). Y él es, también, el asunto del presente libro: *El Estado en el derecho indiano* (en adelante: EDI)[i].

La actividad intelectual de Góngora se desenvuelve conscientemente en dos niveles: el de la pesquisa de hechos y ambientes; y el de la comprensión de aspectos fundamentales de las épocas en nociones adecuadas. En *El Estado en el derecho indiano*, repara en la función que puede cumplir el Derecho en la mediación que es menester realizar entre los hechos históricos y las nociones del historiador, entre la existencia concreta múltiple y la unidad de las representaciones ideales. "En el caso de la América Española, el conocimiento del Derecho es la veta más rica para llegar a descubrir la idea de Estado" (EDI, 8).

La relevancia del Derecho, en el caso americano, se debe a que las nociones jurídicas encarnan rápidamente en el pueblo, plasmándose en sus hechos y costumbres, de tal suerte que puede decirse que ellas

[i] El libro ha gozado de una recepción relevante y positiva; cf., p. ej., Chaunu 1954, 359-362; Haring 1952, 510-512; Imbert 1953, 594-595; Pérez de Tudela 1952, 379-384; Tau 1987, 325-333.

conforman, a poco andar, un orden encarnado. Esta relación entre nociones y realidad se manifiesta especialmente en el hecho llamativo de que "fenómenos aparentemente antijurídicos se plantean con un sentido de Derecho —tal es el caso de la resistencia contra los funcionarios y el del incumplimiento de las leyes" (EDI, 8). Si en América Indiana, el Derecho realiza una mediación efectiva entre el nivel de las concepciones e ideas, y la situación concreta, atender a él facilita que el hiato entre la "idea de Estado", en principio general y abstracta, y "los hechos históricos", sea transitable por la comprensión histórica. El Derecho cumple la función de esquema entre lo abstracto y lo concreto en la situación americana y puede cumplir también ese papel en la comprensión histórica de esa situación.

Para desempeñar esta función, sin embargo, el Derecho debe ser entendido de un modo no reduccionista, allende las fronteras del normativismo y el legalismo. Un normativismo estricto, que toma al Derecho como conjunto de normas jurídico-positivas producidas según lo prescrito en la norma superior, ya ha purificado al Derecho de sus referencias más fuertes a la situación. Lo ha colocado en la esfera ideal de las normas. Mal podría, entonces, operar el Derecho como mediador, si ha sido puesto en uno de los polos que deben ser mediados. Góngora, en cambio, repara en el talante institucional del Derecho, en él como orden concreto. En esto se acerca a una comprensión orgánica del Derecho y el Estado de raíz aristotélica (cf. EDI, 21-22, 32, 38-39)[ii]; a la idea —de veta germánica— en la cual el Derecho es el "orden del cosmos social como tal" (EDI, 15)[iii]; a la noción de Derecho "de la escuela histórica del Derecho" (EDI, 308);

[ii] Las Partidas recogen "[e]l concepto aristotélico de la comunidad autosuficiente y dirigida al bien general de los componentes" (EDI, 21-22). La escolástica produce luego una "teoría jurídica del Estado del más alto rango científico", en la cual la institución es concebida de modo orgánico, bajo la influencia del pensamiento de Aristóteles (EDI, 32).

[iii] Indica Góngora, siguiendo a Mitteis, que para los pueblos germanos "el derecho no era uno entre más órdenes sociales, sino que el orden del cosmos social como tal. El mundo germano es un mundo del Derecho" (EDI, 15; Mitteis 1954, 15).

y al "pensamiento del orden concreto" de Carl Schmitt (cf. EDI, 363; Schmitt 1993).

La propuesta de Góngora, de indagar hacia la historia del Derecho como modo de alcanzar una comprensión del Estado en el caso indiano, tiene un fuerte sentido hermenéutico y metodológico. Tau califica a esa propuesta como "progreso metodológico de la Historia del Derecho" (Tau 1987, 333). El acercamiento, según su planteamiento hermenéutico y metodológico, será lo que Góngora intentará realizar en *El Estado en el derecho indiano*, especialmente cuando repare en el mentado problema del incumplimiento de la ley, el cual viene, en cierta forma, a definir la institución estatal americana.

2. Conquista y Colonia

Góngora se concentra en el movimiento que va desde la llegada de los españoles a América hasta la primera consolidación de las instituciones en el Nuevo Mundo (alrededor de 1570). El libro estudia los momentos de gestación de una institucionalidad estatal en condiciones fundamentalmente distintas a las europeo-continentales. La hebra jurídico-política le permite dar con el núcleo del problema de la conformación de un orden —de conquista, primero, colonial, luego— que es el fruto de la introducción y adaptación de ideas y concepciones europeas en una situación radicalmente nueva. La conmoción de los inicios, debido a los rápidos despliegues por extensiones inmensas de territorio y al sometimiento de pueblos enteros bajo puñados de conquistadores, está definida, en parte sustantiva, por los ajustes que es menester efectuar a la operación de instalación de la institucionalidad hispana en un territorio extraño y distante.

1492 es un año cargado de destino en la península ibérica. El final de la Reconquista coincide con la llegada de los españoles a un nuevo continente. Las dimensiones cósmicas del acontecimiento y la constatación retrospectiva de su coincidencia con la rendición de Granada, le brindan carácter epocal. El período que se abre entre ese año y 1570 define una época excepcional: la de la primera puesta en relación de la concepción de mundo hispana, la ideología conquistadora, la fe católica, las nociones jurídicas fundamentales, con las nuevas tierras y los grupos humanos asentados e incorporados en ellas. Los dos polos entran en interacción y de ella surgirá el nuevo orden realizado. El período de forja incluye violencia, asombro, desconcierto, adaptación; es una toma de posición que va consiguiendo elucidar la situación y articularla en un todo viable, capaz de sustentarse a sí mismo.

Una característica fundamental del asunto de estudio es su dinamismo, la ampliación súbita de horizontes que luego se van consolidando. A la expansión descomunal de las vistas que produce la instalación de los españoles, a la exuberancia del paisaje, a la radicalidad de la diferencia con los aborígenes, a la incertidumbre de las tierras extrañas, se suman, desde el inicio, fuerzas que buscan alterar el entorno y someterlo. La operación es, en cierto grado, efectuada con lucidez, al punto que, mostrará Góngora en su estudio, ella se autocomprende de manera consciente como una actividad que requiere permanentes modificaciones dirigidas a adecuarse a la situación e ir configurando ahí un orden eficaz de factores. La consecuencia notoria es que la institucionalidad del Nuevo Mundo se vuelve algo parecido pero también radicalmente distinto al orden allende el Atlántico.

La operación inicial de los españoles en América está institucionalmente definida por la llamada "empresa de conquista". Esta es una "iniciativa privada" (EDI, 57), la que tiene, empero, un carácter peculiar, en la medida en que en ella se combinan fuerzas y lógicas concurrentes. Se trata de un esfuerzo en el que se unen un capitán o conquistador; un conjunto de individuos que se vinculan por "libre reclutamiento individual"; así como un capital que la financia (EDI, 83). La empresa busca, ciertamente, alcanzar beneficios. Sin embargo, no es propiamente una empresa en el sentido moderno, condicionada por una lógica eminente o pura de la utilidad individual. La lógica determinante es política. Es empresa politizada. Junto con combinar los intereses respectivos de las partes concernidas, la organización grupal y la dependencia mutua en un contexto extraño y nuevo producen una "solidaridad concreta de intereses y una camaradería militar" (EDI, 83). El grupo conquistador es, además, un dispositivo inauguralmente jurídico-político, cuya instalación coincide con un despliegue institucional de toma de posesión y ordenación conformadora del territorio y sus habitantes. Los reyes, incapaces de hacer la conquista por sus propios medios, descansan en los privados, que la ejecutan en su nombre (cf. EDI, 57). El conquistador es, entonces, "depositario de la jurisdicción regia"; "las ciudades que se fundaban quedaban bajo el Derecho concejil español" (EDI, 83). La empresa de conquista se incluye dentro del Estado, como uno de sus órganos, encargado de llevar a cabo una parte fundamental en la configuración jurídica total de la situación, que se ejecuta sobre las tierras y pueblos conquistados.

Este carácter jurídico-político de la empresa de conquista explica también la peculiar experiencia del Estado que tienen los conquistadores. Ellos se sienten incorporados en él como portadores de jurisdicción y esperan una retribución a sus esfuerzos a cambio de la tarea de conquista que han asumido a nombre del Rey. El Estado queda así, de alguna forma, impregnado por una lógica clientelar que se halla incluida en una lógica total o política. Entre el Rey y los conquistadores hay una relación de colaboración mutua y prestaciones recíprocas. La compañía de conquista es una organización de capital y fuerzas humanas, articulada para cumplir tareas militares y estatales en nombre del Rey. La Conquista y la organización asentada se fundan en la autoridad real, que, una vez realizadas, las valida. "El jefe de la expedición, o el conquistador elegido, avisa en seguida al Rey, como fuente de jurisdicción, pidiéndole que confirme la decisión adoptada" (EDI, 93). El conquistador debe obediencia al Rey y a su Derecho, así como a las capitulaciones suscritas, a las que el monarca también se ciñe. Los deberes del conquistador tienen su correlato en beneficios para quienes hayan conquistado e incorporado nuevas tierras a los dominios del Rey (cf. EDI, 214).

Lo que se obtiene a cambio del poder instalado en nombre del monarca es también poder: "La mente de los conquistadores no disociaba el poder económico del poder político: las encomiendas, como mercedes concedidas por el Estado, eran pensadas como fuente de poder político, a las cuales el Rey debía lógicamente dotar de jurisdicción. El sentido patrimonial se une al impulso señorial" (EDI, 151).

La consolidación colonial de la Conquista también está marcada por el talante inicialmente político-jurídico de la instalación hispana. La expresión "Colonia" —indica Góngora— "no está usada [...] en la acepción económica hoy corriente —un territorio que sirve para la explotación de materias primas de la metrópoli, y como mercado para sus productos elaborados [...] El vocablo está empleado en el sentido de un núcleo de pueblo trasladado a otra tierra y que se sustenta en ella" (EDI, 355). Se trata de la instalación estable, regular y eficaz de un grupo humano en un territorio extraño. En el orden que se conforma son incorporados todos los aspectos de la existencia humana. "El 'asentamiento' de los colonos comprende su completa organización. Se puebla fundando ciudades, organizando el sistema de jurisdicciones y gobernaciones, fundando diócesis y estableciendo casas de Órdenes religiosas, implantando un régimen de defensa y de tributación, creando Universidades y escuelas, etc. Se moviliza en Indias la totalidad de finalidades del Estado [...] La colonización tiene, a causa de su conexión con el Estado, transmisor de la cultura occidental, un carácter político-civilizador, que se habría desvanecido en una migración puramente privada" (EDI, 354).

En el paso de la Conquista a la Colonia es discernible una modificación en los acentos. Las exigencias de un asentamiento estable desplazan a los requerimientos del contexto más dinámico de descubrimiento, sometimiento y fundación. El cambio de la situación es el que motiva y desencadena una reorganización jurídica e institucional masiva, consecuencia de la necesidad de adecuación. Góngora caracteriza el paso, también, como una modificación de la situación "en sentido favorable al tipo administrativo y legal. En las Nuevas Leyes [de 1542] se anuncia el comienzo de una gran reacción contra el principio patrimonialista en los oficios, intentando hacer triunfar la noción de función pública" (EDI, 56). Las autoridades unipersonales son reemplazadas o complementadas por autoridades colegiadas y dotadas, como cuerpo, de mayor estabilidad. Góngora hace un estudio extenso de las instituciones coloniales en su etapa de formación: "Consejos" (EDI, 41-51), "Audiencias" (EDI, 63-70), "Consejo de Indias" (EDI, 76-78), "Cabildos" (EDI, 78 ss.), "Ayuntamientos generales" (EDI, 98), así como de las autoridades unipersonales que se asientan: "Virreyes" y "Gobernadores" (EDI, 71 ss).

Además, Góngora repara en los tipos de organización productiva que emergen en los nuevos territorios: la "factoría", al comienzo, "mercedes de tierra", "repartimento", "encomienda" (cf. EDI, 115 ss). En la base del asentamiento y las organizaciones productivas de la Conquista radica el trabajo indígena. El arraigo de los conquistadores depende de la apropiación de ese trabajo. A esa apropiación institucional se le brinda una justificación. Ella permite la difusión de la doctrina, la defensa y la conservación (cf. EDI, 182). Las Nuevas Leyes de 1542 intentan moderar el régimen. Prohíben la encomienda para lo futuro, suprimen la esclavitud bélica y la explotación de indígenas libres en las minas, y suspenden el poder de autorizar conquistas (cf. EDI, 102-103, 109). Las disposiciones generan una fuerte reacción de oposición, no solo fáctica, sino que, también, ideológica. Por ejemplo, "[l]os dominicos del Virreinato [México] expresan que la encomienda es conveniente, pues la perpetuidad de la religión de los naturales depende de la perpetuidad de los españoles, ya que aquéllos no tienen constancia alguna; a su vez, los españoles ricos necesitan de servicios para todas sus granjerías, y esos ricos son los que defienden la tierra y permiten vivir a los pobres" (EDI, 138). Con todo, la dirección de avance queda marcada. Con las leyes de 1542 y los aditamentos de 1543, "renacía la idea puramente administrativa del Estado, renunciando este a casi todas las formas estatales de asentamiento de la población española a expensas de la tributación indígena" (EDI, 138). Desde 1549, las cargas de los indios encomendados quedan limitadas al pago de tributo (cf. EDI, 142)[iv].

Las observaciones y reflexiones de Góngora ponen de manifiesto que las instituciones se instalan en América bajo fuertes exigencias, que son respondidas en un proceso de adaptación exitoso. Ese proceso hace que las instituciones americanas adquieran características específicas. En ese proceso, asimismo, las lógicas concurrentes son incorporadas en una comprensión que incluye en los fines de la operación a "los bienes sociales en su totalidad" (EDI, 355). Una cierta lucidez jurídica

[iv] En su libro acerca de la propiedad rural en el valle del Puangue, Góngora plantea que es la "merced, no la encomienda", "el título normal para la ocupación", sobre el cual se esperó la producción de "una clase rica de vecinos arraigados a la tierra". Con todo, constata que "su importancia fue muy inferior a la encomienda a lo largo de todo el siglo XVI" (Góngora 1956, 30).

de fondo impregna el proceso completo, el cual se deja entender como una articulación institucional de una nueva situación, en la cual se efectúan persistentes adecuaciones de las reglas y procedimientos a la novedad situacional emergente, para conseguir la realización de un orden total efectivo.

3. Estado Indiano

Góngora constata un "proceso de acción y reacción entre el hecho histórico de la Conquista y la idea española y europea del Derecho y del Estado" (EDI, 193; cf. Haring 1952, 511). Más tarde, "[l]as tendencias vecinales y la concepción legal y administrativa del Estado actúan y reactúan incesantemente, la una sobre la otra" (EDI, 356-357)[v]. No solo son las concepciones ideales y las normas generales las que determinan la situación, sino que, en cierto modo, la situación define también el sentido de las concepciones y normas jurídico-políticas.

Constan —hemos visto— novedades institucionales aparecidas con la Conquista, así como modificaciones y adaptaciones masivas implicadas en el paso de la Conquista a la Colonia. En todo ese proceso, la novedad de la situación es definitoria de las conformaciones institucionales americanas.

El Estado Indiano adquiere, en consecuencia, características peculiares. "No es el Estado un mero aparato de poder o de utilidad racionalmente calculada" (EDI, 33). La concepción del Estado hispano y que se traslada a América es orgánica y teleológica, de cuño aristotélico y escolástico. "[E]l Estado comprende por su concepto mismo toda la comunidad humana y todos los fines, salvo el Derecho Divino, y la jurisdicción espiritual, a la cual el Estado debe ayudar, pero que no

[v] Ricard repara en este como el asunto fundamental del libro: "el conflicto entre la generalidad abstracta y las necesidades de una situación concreta, determinada en el espacio y en el tiempo", lo que se expresa en "el incumplimiento de las leyes en América como un hecho de significación capital para la historia del Estado español en las Indias. Él implica y consagra, en efecto, la supremacía de la s ituación local sobre la legislación peninsular" (Ricard 1952, 222).

está en su orden. De esta amplitud de los fines, del arraigo de ellos en la naturaleza, deriva la dignidad filosófica del Estado" (EDI, 33). Ese carácter total u orgánico es el que le permite, en cierta forma, entender su propia operación como adecuación a la situación y orientación de ella, en lugar de una ejecución de máximas racionales según objetivos determinados, definidos previamente.

Tampoco consta en América una sociedad madura y dotada de una espontaneidad que permita entenderla como autónoma o "independientemente desarrollada" (EDI, 33). Estado y sociedad constituyen una totalidad en la cual las instituciones estatales van brindándole forma paulatinamente a los elementos sociales. Las características de la situación social determinan modificaciones importantes en el Estado. El orden estamental, fundamental en la Europa de la época de la Conquista y la Colonia, no trasciende hacia América (cf. EDI, 207-208). No se trata tampoco, en el Estado Indiano, de un Estado feudal. No hay sometimiento personal o de vasallaje, sino sometimiento como fidelidad general de los súbditos al Rey (cf. EDI, 214). "Los señoríos jurisdiccionales, cuya amplitud define verdaderamente al Estado Feudal, porque ellos confieren potestad sobre los hombres libres, no han existido en Indias sino en casos excepcionales" (EDI, 212). Los grupos indígenas no son propiamente un estamento. Ellos no están ligados a los españoles por vínculos de vasallaje. No dependen jurisdiccionalmente de los conquistadores, sino que se hallan "bajo la jurisdicción real" (EDI, 212)[vi].

[vi] Las ideas planteadas aquí tempranamente por Góngora, del Estado como un orden total y conformador social, tendrán importancia más tarde, especialmente en el *Ensayo histórico sobre la noción de Estado en Chile en los siglos XIX y XX*. La tesis central del ensayo es que "[e]l Estado es la matriz de la nacionalidad: la nación no existiría sin el Estado, que la ha configurado a lo largo de los siglos XIX y XX" (Góngora 1981, 5). La tesis es seguida por Bernardo Subercaseaux, quien, en un sentido similar, señala: "la construcción de la identidad nacional ha sido en Chile en gran medida un subproducto de la política [...] ha sido la práctica social e incluso el proceso de modernización lo que ha generado los procesos identitarios, y no las dinámicas de carácter étnico o demográfico, como ha ocurrido en otros países del continente" (Subercaseaux 1999, 57). La concepción orgánica del Estado se manifiesta en la cita que Góngora hace de Edmund Burke, para expresar su noción de Estado, al inicio también de ese libro: "El Estado [...] debe ser considerado con

Una pieza fundamental en la argumentación de Góngora respecto al talante del Estado Indiano, es su consideración del incumplimiento de las leyes. Se trata de un fenómeno de relevancia sistemática, en el que reparan algunos comentadores (cf. Ricard 1952, 222; Tau 1987, 331). Góngora plantea sobre esa importancia: "El margen de incumplimiento equivale al margen de diferenciación de las Indias con respecto al pensamiento jurídico y al Estado español del siglo XVI" (EDI, 330). Debe precisarse que la diferencia es respecto de la operación usual del Estado español y las doctrinas detrás de esa operación usual. Sin embargo, la capacidad de adaptación del Estado Indiano depende, según se mostrará, de nociones propias del pensamiento jurídico español del siglo XVI, las cuales también se despliegan en el nuevo contexto.

Góngora distingue tres tipos de incumplimiento de la ley: transgresiones, en la forma característica de delitos y actos nulos (cf. EDI, 331); "costumbre opuesta a la ley", en algunas ocasiones tolerada (EDI, 331-332). Ambos tipos de incumplimiento se asemejan en tanto que significan lo que comúnmente se entiende como pérdida de eficacia de la ley. Transgresiones y costumbres opuestas a la ley se disciernen de un tercer tipo, que es el que le interesa principalmente a Góngora, porque en este ya no se trata de simple pérdida de eficacia de la ley. "La forma de incumplimiento que nos ha servido en este trabajo para determinar mejor la concepción del gobierno indiano, es la que toma un carácter institucional de recurso jurídico" (EDI, 331).

El Derecho de Indias faculta, en ciertos casos, para incumplir la ley. La facultad se halla restringida: solo "los justicias a quienes va

---

reverencia; porque no es una sociedad sobre cosas al servicio de la gran existencia animal, de naturaleza transitoria y perecedera. Es una sociedad sobre toda ciencia; una sociedad sobre todo arte; una sociedad sobre toda virtud y toda perfección [...]'"; Góngora 1982, 5; cf. Burke 1951, 93. Góngora hace referencia a una noción similar de Estado de Adam Müller (cf. Góngora 1987, 60). Indica Müller, quien sigue también a Burke: "El Estado [...] es la conexión interna de la totalidad de las necesidades físicas y espirituales, de la totalidad de las riquezas físicas y espirituales, de la totalidad de la vida interior y exterior de una nación en su despliegue hacia un gran todo enérgico, infinitamente dinámico y vital" (Müller 2012, 41-42).

destinada la Cédula pueden decretar la suspensión; pero ésta puede ser solicitada, en el momento de publicarse la ley, por los vecinos a quienes afecta su vigencia, representados por sus Cabildos o procuradores, quienes hacen presentes los antecedentes de bien común que hacen inconveniente la ejecución de la orden" (EDI, 331-332). Planteada la solicitud de suspensión, se abren diversos caminos. "Las autoridades pueden, en vista de la suplicación, dictar un auto de sobreseimiento, expresando también los motivos, y dirigiendo al Rey una consulta con los antecedentes; o bien, pueden desechar la suspensión, y mandar que la ley sea aplicada, admitiendo, sin embargo, la suplicación ante el Rey, o incluso formulando ellas mismas a la metrópoli las razones que abonan la revocación de la Cédula" (EDI, 332).

La afirmación de una facultad para incumplir la ley suena paradójica. ¿No es el Derecho un conjunto de leyes, donde el deber de observancia es definitorio de su existencia? Aquí Góngora advierte respecto a un modo extendido e inadecuado de entender al Derecho: "Muchos investigadores, especialmente los norteamericanos, apuntan metódicamente a la distancia entre el 'derecho' y el 'hecho', procurando conocer, respecto de cada institución jurídica, la norma legislativa y la práctica seguida" (EDI, 360). En esta concepción normativista, el incumplimiento coincide, en consecuencia, con "la inexistencia del Derecho, la pura arbitrariedad, un régimen 'de facto' que conduce al reinado de intereses económico-sociales desprovistos de toda juridicidad. La polaridad derecho-hecho puede llevar a esa conclusión, cuando no se ha asimilado suficientemente el sentido de la escuela histórica del Derecho [...] y se confunde el Derecho con la Ley" (EDI, 361).

El normativismo, que separa hechos y normas, no es, sin embargo, la única manera de comprender al Derecho. En el contexto de una concepción institucional u orgánica del Derecho (como la de Aristóteles o los pueblos germanos o Schmitt o la "escuela histórica del Derecho"), tiene pleno sentido establecer que, en los casos en los cuales la aplicación de una norma —concebida más allá del Atlántico— resulte dañina para ese orden y lo frustre, ciertas autoridades y personas tengan la facultad de solicitar la suspensión de su ejecución; y ciertas autoridades, la de resolver esa solicitud. En una concepción del Derecho como orden concreto, la funcionalidad o disfuncionalidad de la norma respecto del orden, su contribución al despliegue o frustración de este, entran en las tareas de ponderación y evaluación de los agentes jurídicos, requeridas por la aplicación de la norma. Si el asunto fundamental es conseguir la realización de un orden justo o proporcionado, entonces la aplicación de la ley no puede adquirir la forma de una ejecución mecánica. Es en el contexto de esa concepción que el incumplimiento de la ley alcanza, en ciertos casos, un sentido institucional, como el que posee en el Estado Indiano. En cambio, "[p]ara la mentalidad legalista y positivista, que sólo reconoce carácter jurídico a las normas positivas estatales y que considera el momento de la aplicación como algo automático, resulta, evidentemente, una contradicción en los términos el incumplimiento de las leyes como institución jurídica. Sin embargo, este absurdo sólo depende de una falta de comprensión histórica del concepto de Derecho de la Edad Media y de los siglos XVI-XVIII. Lo esencial de ese Derecho era su identificación con el orden total; la ley sólo aparecía como una cristalización pasajera y condicional del Derecho. La suspensión institucional de las leyes procedía en cuanto ellas quebrantaban el Derecho: no solamente las categorías más altas, el Derecho Natural y el Divino, sino también el orden concreto, el bien común propio de determinada situación" (EDI, 361-362).

Es la concepción del Derecho como orden realizado, que puede ser frustrado o desplegado, la que justifica la ponderación y evaluación en la aplicación de las normas, incluida la modalidad más fuerte de evaluación que permite dejar sin efecto una ley cuando de su aplicación se sigan consecuencias manifiestamente injustas, desproporcionadas, dañinas o frustrantes del orden[vii]. En este tercer tipo de incumplimiento de la ley "se manifiesta conscientemente la vida jurídica colonial en su 'margen de diferenciación'" (EDI, 331).

En el caso del Estado Indiano, la concepción del Derecho como orden concreto es corroborada precisamente porque la distancia con

[vii] En la medida en que el incumplimiento de la ley exige la consideración de las circunstancias y necesidades excepcionales impuestas por la situación americana, él no admite ser normado de antemano. La norma solo puede ser aplicada sobre situaciones normales; en el caso de situaciones excepcionales, sus nociones de contenido pierden su referencia a la situación.

la metrópoli y la excepcionalidad de la situación americana vuelven manifiesta, con especial intensidad, la heterogeneidad entre las normas y el orden, y la posibilidad de que leyes concebidas a lo lejos y en una realidad radicalmente distinta a la americana, produzcan consecuencias funestas, dañinas, violentas y desproporcionadas en el nuevo contexto.

La visión de la fragilidad de un Derecho que recién está comenzando a articular la realidad permite, asimismo, contrastarlo más nítidamente con la situación de ausencia de orden, de caos o regreso a lo que se concibe como una situación precivilizada. Entonces, se facilita reparar en el carácter dependiente de la ley respecto del orden. Sin orden, la ley es ineficaz. Pero, además, sin orden ella deja de existir, en la medida en que pierde su significado normativo o vinculante (su "validez", dirá Kelsen; cf. Kelsen 1960, 9-11).

"El sobreseimiento significa" —señala Góngora— "una superioridad de la situación indiana sobre la legislación peninsular, supremacía que sólo puede ser alterada cuando la ley considera el contenido de su mandato como realización de un Derecho más alto" (EDI, 333). Ese "Derecho más alto" alude a un orden proporcionado o justo, a una realización cualificada de normas y criterios, la cual, debido a su carácter orgánico o desplegante, es exigible conservar y desarrollar. La ley es un medio para la realización de ese orden, que se valida por su contribución efectiva a tal realización.

La función subordinada de la ley respecto del Derecho descansa en la idea de la equidad, como justicia concreta, como criterio de proporcionalidad y despliegue que atiende tanto a la situación como a la ley, y que privilegia a la situación cuando la ley amenaza producir resultados desproporcionados, dañinos o injustos. "El incumplimiento es una aplicación del principio de interpretación equitativa de las leyes, en cuya virtud el tenor literal debe subordinarse al bien común y a la benignidad con los súbditos" (EDI, 333)[viii]. El incumplimiento, añade Góngora: "[e]ra una forma particular del principio de equidad, una consideración de las necesidades o conveniencias reales que hacían inaplicable la ley, según el criterio discrecional del que debía ejecutarla,

viii El antecedente de esta noción se halla en: Aristóteles 1999, V:10.

hasta que el Rey, como guardián supremo del bien común, decidiera con mejor información. En el Derecho Indiano, esto vino a significar una equidad especial con los vecinos, una atención a los factores que hacían inconveniente una ley que les afectara gravemente. Naturalmente, semejante institución resultó vinculada al juego de intereses sociales y económicos, pero esto no suprime su realidad juridica" (EDI, 362)[ix]. El énfasis fundamental, claro, respecto a la concepción usual de la equidad, es que aquí la aplicación de la ley consiste directa y precisamente (de manera paradójica) en suspender su aplicación en un sentido general.

4. Historia Institucional como comprensión jurídica y filosofía de la vida concreta

La Historia Institucional es, para Góngora, un campo en el cual se despliegan diversos tipos de comprensión: política, jurídica y social. La "institución" puede ser entendida como un dispositivo definido por la tarea de brindar expresión adecuada a la situación, mediante articulaciones conceptuales, operacionales y estéticas. La labor comprensiva o hermenéutica de la respectiva institución en su actividad propia, así como la tensión de los polos ideal y real que le subyace y la vuelve necesaria, se expresan de manera especialmente intensa en el Estado Indiano. Las exigencias excepcionales de la Conquista, la distancia entre el centro de decisiones de la monarquía y los territorios americanos, la inmensidad de la tarea de organización en un contexto ajeno y eventualmente hostil, obligan al Estado Indiano a asumir modos peculiares, distintos a los de Europa. La viabilidad y despliegue del Estado Indiano viene a coincidir con una consciencia capaz de desenvolver las concepciones previas según los requerimientos y necesidades de la práctica. Esa lucidez hermenéutica es la que, si seguimos a Góngora, se halla en la base del dinamismo de aquel Estado en su época de fundación.

[ix] La concepción de la equidad se halla presente en las Partidas (cf. EDI, 280-281) y consta en la praxis de Consejos y Audiencias (cf. EDI, 282-285).

El modo de comprensión jurídico-político no solo es decisivo para la realización de la tarea estatal, así como para llevar a cabo una interpretación histórica adecuada del proceso estudiado. Hans-Georg Gadamer titula un apartado de *Verdad y método*: "El significado ejemplar de la comprensión jurídica" (Gadamer 1990 I, 330). Ella es ejemplar para la comprensión humana en general, pues la tensión entre la regla y la situación se halla delante de manera especialmente clara, y, además, la regla muestra su insuficiencia para comprender el caso en el modo de una ejecución mecánica. La consideración de los significados emergentes desde la situación es parte definitoria de la operación de aplicación y, por tanto, del sentido de la regla misma.

En otra parte he mostrado que, mucho antes que Gadamer, Carl Schmitt repara también en la similar estructura de la comprensión jurídico-política, la comprensión de los asuntos humanos y lo que llama "filosofía de la vida concreta" (cf. Herrera 2021b). En todas ellas subyace la tensión entre los polos de lo universal y lo singular, lo abstracto y lo concreto, lo ideal y lo real. En todas ellas, asimismo, la comprensión es algo distinto de una simple ejecución de reglas sobre situaciones, pues ella ha de atender tanto al significado de las reglas, con las que se discierne y determina la situación, cuanto al significado emergente de la situación. La aplicación de la regla es, entonces, una donde la regla determina a la situación, pero el contenido de la situación determina también a la regla. La comprensión exige actualizar el sentido de las nociones según los significados de las situaciones. En la medida en que la tensión y el modo de comprensión mentados se muestran de manera especialmente clara en la situación jurídica, Schmitt puede llamar a "una filosofía de la vida concreta", lúcida respecto de aquella tensión, una comprensión de carácter "jurídico" (Schmitt 1996, 20-21; 1958, 427-429).

El esfuerzo intelectual de Mario Góngora se deja entender, de una manera parecida, como "jurídico". Pero no solo en el sentido específico de que él haga una Historia consciente de la tensión polar que consta en las situaciones históricas en general. Además, ese esfuerzo es calificable como "jurídico" en el sentido más amplio en el que han reparado Schmitt y Gadamer: como la tarea, envuelta en toda comprensión, de llevar a expresiones que no la reduzcan, una realidad variada, concreta, que en diversos momentos acusa carácter excepcional. Esto es lo que tiene a la vista la "filosofía de la vida concreta" de Schmitt, la filosofía hermenéutica de Gadamer, la comprensión histórica de Góngora: la misma tensión que también se tiene a la vista por las autoridades durante la Conquista y las primeras décadas de la Colonia, los asuntos estudiados por *El Estado en el derecho indiano*. Podría decirse, entonces, que Góngora viene, en cierto modo, a confirmar la tesis de Schmitt y Gadamer. Pues es, precisamente, en una consideración de la tensión jurídica entre ley y situación en el caso del Derecho y el Estado Indiano, que él repara en la diferencia de lo ideal y lo real, vuelta patente para las autoridades y para él mismo por las peculiaridades de la situación americana. Esa constatación lo lleva a destacar, para efectos de la comprensión histórica, la heterogeneidad del Estado Indiano real con la noción europeo-moderna de Estado con la que viajan los españoles hacia América.

De modo análogo a la comprensión jurídico-política, que busca adecuarse a la situación con la atención puesta en la realización del orden total que la incluye, la comprensión del historiador, del estudioso de la sociedad o, más ampliamente, de quien lleva a la reflexión la existencia humana, ha de mantenerse lúcida respecto de los polos de la comprensión, así como sobre las posibilidades comprensivas. El juez, el funcionario colonial, el agente práctico, el historiador, también el político y el filósofo están ante asuntos estructuralmente semejantes: una tensión polar que no se deja resolver mediante una subsunción lógica, sino que exige una consideración y, eventualmente, una decisión, de tal modo que ni en el extremo de un sometimiento de lo real bajo lo ideal, ni en el de un abandono de lo ideal en aras de una entrega a lo real, se alcanza usualmente una realización adecuada de la idea. La comprensión, si ha de ser pertinente o justa, queda exigida por los significados de ambos polos; e intenta llevarlos a una expresión lograda, en la que los participantes respectivos puedan sentirse, en principio, recogidos.

En el caso de Góngora, su lucidez hermenéutica no deriva de la simple práctica como historiador o historiador del Derecho (cf. Herrera 2020a). La suya es la actividad de un intelectual que, ciertamente atento al asunto considerado y sus peculiaridades, estudia en profundidad el pensamiento filosófico e histórico y, dentro de la filosofía, el pensamiento hermenéutico, desde su origen en Schleiermacher (cf. Góngora 1987, 152), pasando por la tercera crítica de Kant (cf. Góngora 1987, 61), por Müller (cf. Góngora 1987, 60-61), Spengler (cf. Góngora 1987, 79), Dilthey, Husserl (cf. Góngora 1987, 153-156) y Heidegger (cf. Góngora 1987, 97-100). En esa lucidez hermenéutica, perfilada filosóficamente, cabe radicar también su preocupación persistente por la interpretación adecuada y por el despliegue de las conformaciones orgánicas que va descubriendo. Por eso, por ejemplo, su insistencia en hablar de "noción" (así, al escribir del Estado). La noción, antes que un concepto determinante, permite remitir a una realidad que es novedosa, abierta, excepcional, de tal suerte que los significados emergentes pueden ir encontrando en ella expresión de forma renovada, alterando, así, el significado de la propia noción. Por eso su preocupación histórica por fenómenos dinámicos, en su época de gestación, como la propiedad rural en el valle del Puangue (cf. Góngora y Borde 1956); o por conformaciones fluctuantes, difíciles de asir, como el vagabundo (cf. Góngora 1966-1968, 1-41). Por eso, probablemente también, dedica este estudio que aquí he comentado, a la etapa de la formación inicial del Estado Indiano: porque esa consideración permite llamar la atención, como hemos visto, acerca de la fundamental inadecuación y tensión entre los polos y de la exigencia perenne de irlos ajustando[x].

[x] Si se atiende a lo anterior, es menester ampliar decisivamente la indicación de Tau respecto al método de consideración jurídica de Góngora en *El Estado en el derecho indiano*, como "nuevo eslabón en la relación entre las diversas especialidades de la ciencia histórica" (Tau 1987, 333). El modo de tematización de la situación histórica, planteado por Góngora, tiene alcances para toda comprensión humana. Debo aclarar que no pretendo hacer una explicación de la actividad de Góngora como historiador hermenéuticamente lúcido a partir de sus motivos. No busco definir si es su estudio de la situación histórica americana o de alguna otra situación histórica, o si son sus estudios filosóficos, el factor determinante en su esfuerzo hermenéutico (el propio pensamiento hermenéutico me debiera llevar a decir que probablemente son ambos, en un proceso de determinación mutua y que avanza en una especie de espiral). Se trata, mucho más, de elevar al foro similitudes estructurales en la comprensión en distintos ámbitos, así como las reflexiones filosóficas sobre el asunto hermenéutico de autores que Góngora leyó

Bibliografía

Aristóteles. 1999 (7ª ed.): Ética a Nocómaco. Trad. María Araujo y Julián Marías. Madrid: Centro de Estudios Políticos y Constitucionales.

Burke, Edmund. 1951: Reflections on the French Revolution. Londres y Nueva York: Dent y Dutton.

Chaunu, Pierre. 1954: "Mario Góngora. El Estado en el derecho indiano. Época de la fundación, 1492-1570", en Revue Historique 211/2, 359-362.

Gadamer, Hans-Georg. 1990: Wahrheit und Methode. Grundzüge einer philosophischen Hermeneutik, en H.-G. Gadamer, Gesammelte Werke. Tübingen: Mohr Siebeck, v. I.

Góngora, Mario y Borde, Jean. 1956: Evolución de la propiedad rural en el Valle del Puangue. Santiago: Universidad de Chile.

Góngora, Mario. 1966-1968: "Vagabundaje y sociedad fronteriza en Chile (Siglos XVII a XIX)", en: Cuadernos de Estudios Socioeconómicos 2, 1-41.

Góngora, Mario. 1981: Ensayo histórico sobre la noción de Estado en Chile en los siglos XIX y XX. Santiago: Ed. La Ciudad.

Góngora, Mario. 1987: Civilización de masas y esperanza y otros ensayos. Santiago: Vivaria.

Góngora, Mario. 1998: Estudios sobre la historia colonial de Hispanoamérica. Santiago: Universitaria.

Góngora, Mario. 2016: Tesis. Conflictos religiosos y sociales del Estado y la burguesía en Inglaterra: siglos XVII y XVIII. Santiago: Universitaria y Ediciones UC.

---

o pudo haber leído, todo eso para mostrar que su actividad intelectual, a la vez que repara en el carácter de la comprensión de los hechos históricos y casos jurídicos, asienta esa lucidez también en un saber filosófico-hermenéutico.

Debo agradecer a la Prof. María Eugenia Góngora y al Prof. Patricio Bernedo, por haberme brindado el honor de escribir este prólogo. Él es expresión también de investigaciones que he venido realizando en el marco del proyecto Fondecyt 1190199.

Haring, Clarence H. 1952: "Góngora, Mario: El Estado en el derecho indiano. Época de la fundación, 1492-1570", en Revista de Historia de América 34 (XII1952), 510-512.

Herrera, Hugo E. 2021a: Pensadores peligrosos: La comprensión según Francisco Antonio Encina, Alberto Edwards y Mario Góngora. Santiago: Ediciones UDP.

Herrera, Hugo E. 2021b: Carl Schmitt between Technological Rationality and Theology: The Position and Meaning of his Legal Thought. Albany: SUNY Press.

Imbert, Jean. 1953: "El Estado en el derecho indiano. Época de la fundación, 1492-1570", en Revue historique de droit français et étranger 30, 594-595.

Kelsen, Hans. 1960 (2ª ed.): Reine Rechtslehre. Viena: Deuticke Verlag.

Mitteis, Heinrich. 1953 (4ª ed.): Der Staat des hohen Mittelalters: Grundlinien einer vergleichenden Verfassungsgeschichte des Lehnszeitalters. Weimar: Hermann Böhlau.

Müller, Adam. 2012: Elemente der Staatskunst. Warendorf: Verlag Johannes G. Hoof.

Pérez de Tudela, Juan. 1952: "Góngora, Mario: El Estado en el derecho indiano. Época de la fundación (1492-1570)", en Revista de Indias XII/48, 379-384.

Ricard, Robert. 1952: "Mario Góngora, El Estado en el derecho indiano. Época de la fundación (1492-1570)", en Bulletin Hispanique 54/2, 221-224.

Schmitt, Carl. 1996 (1922): Politische Theologie. Vier Kapitel zur Lehre von der Souveranität. Berlín: Duncker & Humblot.

Schmitt, Carl. 1993 (1934): Über die drei Arten des rechtswissenschaftlichen Denkens. Berlín: Duncker & Humblot.

Schmitt, Carl. 1958 (1943/44): "Die Lage der europäischen Rechtswissenschaft", en C. Schmitt, Verfassungsrechtliche Aufsätze aus den Jahren 1924-1954. Berlín: Duncker & Humblot, 386-429.

Subercaseaux, Bernardo. 1999: Chile o una loca historia. Santiago: Lom.

Tau, Víctor. 1987: "Las 'convicciones jurídicas': Un aporte metodológico de Mario Góngora", en: Historia 22, 325-333.

EL ESTADO EN EL DERECHO INDIANO

ÉPOCA DE FUNDACIÓN 1492-1570

Mario Góngora

A mi madre y a mi esposa.

ABREVIATURAS

CDIAO Colección de Documentos inéditos relativos al descubrimiento, conquista y colonización de las posesiones españolas en América y Oceanía. 42 vols.

CDIU Colección de Documentos inéditos relativos al descubrimiento, conquista y organización de las antiguas posesiones españolas de Ultramar. 25 vols.

CDHM Colección de Documentos para la Historia de México. Publicada por Joaquín García lcazbalceta. 2 tomos.

CDIHC Colección de Documentos Inéditos para la Historia de Chile. 30 tomos.

CHC Colección de Historiadores de Chile y documentos relativos a la Historia Nacional. 5 tomos.

CI Cedulario Indiano recopilado por Diego de Encina. 4 libros.

ENE Epistolario de Nueva España, 1505-1818. Recopilado por Francisco del Paso y Troncoso. 16 tomos.

GP Gobernantes del Perú. Cartas y Papeles, siglo XVI. Documentos del Archivo de Indias. Publicación dirigida por Roberto Levillier. 14 vols.

NCDHM Nueva Colección de Documentos para la Historia de México. Joaquín García lcazbalceta. 5 tomos.

PCI Provisiones Cédulas Instrucciones para el Gobierno de la Nueva España. Por el Doctor Vasco de Puga.

PRÓLOGO

1. El objeto de este estudio sobre el Estado en el Derecho Indiano no es la secuencia de acontecimientos que llevaron a la dominación española por toda América, la historia política de la época tratada. Es un trabajo de Historia del Derecho, que se concentra en la determinación de los supuestos jurídicos de aquellos hechos y del proceso de transformación de la estructura estatal aportada por los españoles —proceso producido por obra de los hechos históricos americanos.

La comprensión de la idea de Estado en Derecho Indiano implica la consideración conexa de varios planos: 1. Conocimiento del Estado castellano, que es el punto de partida, y la misma trama de que se formará la nueva noción de Estado en Indias: de allí la dependencia necesaria de la Historia del Derecho Indiano de los resultados fundamentales a que llegue la Historia del Derecho Español; 2. Estudio de las diversas instituciones articuladas dentro del Estado: sistema de jurisdicciones y gobernaciones, empresas de conquista y rescate, cabildos, régimen de encomiendas, mercedes de tierras y minas, repartimientos, organización de las relaciones con la Iglesia, Real Hacienda, defensa militar, etc.; 3. Comprensión de las convicciones jurídicas, conscientes o no, que yacen en el fondo del Derecho, de las concepciones predoctrinales inmanentes al sentido de la historia colonial. Un maestro en este tipo de conocimiento histórico-jurídico es Fritz Kern, quien, en su hermoso artículo "Recht und Verfassung im Mittelalter" (1919) se esfuerza por descubrir la concepción jurídica medieval, más allá de la descripción institucional y de la enunciación de las teorías abstractas surgidas en la misma Edad Media para fundamentar el Estado. En la investigación americanista, el estudio de las doctrinas de los teólogos ha constituido, en todo este siglo, una rama importantísima; pero la convicción jurídica no ha sido objeto de tratamiento científico; 4. Finalmente, la idea de Estado recibe su coronamiento en la teoría — en este caso, en las doctrinas de teólogos y juristas sobre la naturaleza, origen y finalidad del dominio político español en Indias.

En el caso de la América Española, el conocimiento del Derecho es la veta más rica para llegar a descubrir la idea de Estado, por el singular valor de lo jurídico en la vida del pueblo español, por la referencia jurídica que adquieren todos los hechos históricos. No se trata solamente de la abundancia de legislación, sino también de la fuerza con que se graban las costumbres recién iniciadas en Indias, adquiriendo en seguida el carácter de una posesión inmemorialmente gozada; y, sobre todo, los fenómenos aparentemente antijurídicos se plantean con un sentido de Derecho —tal es el caso de la resistencia contra los funcionarios y el del incumplimiento de las leyes. El estudio histórico-jurídico del Estado en Indias, no es, pues, una posibilidad entre otras igualmente fecundas, sino que tiene un privilegio derivado de la misma realidad histórica estudiada.

2. Este libro no es una representación sistemática y completa del tema enunciado, pues hay todavía demasiadas lagunas en la investigación y hay aspectos que personalmente quedan fuera de mis intereses y capacidades, como son, por ejemplo, los relativos a la Real Hacienda que, sin embargo, son indispensables en una exposición cabal de la constitución indiana. Se trata, pues, no de un libro que cubra todo su objeto, sino de una serie de estudios relativamente independientes, pero que apuntan todos a un concepto central que se pretende descubrir desde varios ángulos, el concepto de Estado inmanente al Derecho. La Introducción se refiere al concepto de Estado en el Derecho Castellano; no con el objetivo de hacer una exposición completa (como lo han pretendido algunos manuales de Historia del Derecho, tales como el de C. O. Bunge en Argentina y el de Toribio Esquivel Obregón en México), sino solo con el de marcar la continuidad entre Derecho Medieval y Derecho Indiano.

Esa Introducción se basa, en algunas partes, en la consulta directa de las fuentes (así de las Partidas y de las Actas de Cortes), pero sobre todo en la representación de autoridades europeas. Conforme al sentido de tal estudio introductorio, se renuncia a la exposición de vastos sectores del Derecho medieval castellano insuficientemente conocidos (feudalismo) o que no ejercerán influjo en América (Fueros).

El estudio sobre el sistema jurisdiccional y gubernativo se ha inspirado en el principio fundamental sentado en este plano por el estudio de Alfonso García Gallo ("Los orígenes de la administración territorial en Indias"), a saber, que es preciso exponer genéticamente el desarrollo de las instituciones desde su origen, generalmente peninsular, y no limitarse —como lo hacen los manuales— a dar un esquema de oficios y funciones en el momento final de la Colonia. Los Cabildos y los problemas conexos los he estudiado en la documentación impresa. El régimen indígena en el Caribe y en la Nueva España lo conozco por las investigaciones fundamentales de Zavala y, directamente, por los documentos impresos, parte de los cuales (el "Epistolario de la Nueva España") ha sido publicada después de las obras de aquel; para el Perú, donde no existe una bibliografía sobre el tema a la altura de la referente a México, me baso en la documentación impresa; para el régimen indígena en Chile, conozco totalmente los impresos y casi la totalidad de los fondos manuscritos en Sevilla y en Santiago, aunque en este trabajo solo utilizo sumariamente los materiales de los primeros decenios de la Historia chilena, ya que el tema es general americano y está temporalmente circunscrito.

He dado importancia especial a la determinación de las convicciones jurídicas. A ellas he consagrado un párrafo sobre el sentido patrimonialista de los conquistadores y vecinos, y he estudiado con amplitud las formas de consejo y de petición, y, sobre todo, el recurso de suplicación contra las leyes, que es por primera vez abordado dentro de una perspectiva científica.

Las doctrinas jurídicas sobre los justos títulos, y en general sobre el Estado en Indias, están enunciadas aquí globalmente. Las obras de Hanke, de Manzano y de Zavala suministran un conocimiento crítico suficiente de este tema, permitiendo referirse a sus resultados.

3. La documentación en que me baso es, en gran parte, impresa. Utilizo primordialmente las dos series de colecciones de documentos inéditos de Indias; el Cedulario de Encinas y el de Puga; las colecciones de García Icazbalceta, Levillier, Medina, Paso y Troncoso, etc.; Actas de Cabildos; los apéndices documentales de obras historiográficas actuales (apéndices que, a veces, son la parte esencial, limitándose el

texto a parafrasear los documentos, cabiendo entonces la pregunta sobre la razón de no haberse limitado a una edición de fuentes). En el estado presente y, especialmente, debido a la fácil consulta del Cedulario de Diego de Encinas (reimpreso por García Gallo, en Ediciones del Instituto de Cultura Hispánica de Madrid), la investigación americanista puede liberarse definitivamente de la inmensa deficiencia crítica que significaba apoyarse, para el siglo XVI, en la Recopilación de 1680.

El presente trabajo ha necesitado de la consulta de esta Recopilación en un solo caso: para conocer el texto de una Cédula que podía haber sido ubicada en otro impreso, que, desgraciadamente, no tenía a mi alcance en Chile. Solo por este hecho accidental es incluida en la bibliografía. No habrá verdadero contacto de la investigación con las fuentes legislativas mientras la Recopilación sea utilizada más allá de su verdadero carácter, el de fuente para el Derecho Indiano a partir de 1680. He podido comprobar, en un caso, un error de importancia en la cita de una cédula según el texto de la Recopilación, comparándolo con el de Encinas. Pero, aparte de las alteraciones, que pueden ser muchas, lo principal es que el sentido completo de la cédula se desvanece al prescindir del texto total, reduciéndolo —de acuerdo con el fin práctico de la Recopilación— a una norma puramente dispositiva.

Los documentos utilizados abarcan distintas fases de la vida jurídica. Podemos clasificarlos en cuatro grupos: 1. Documentos formalmente jurídicos, con valor y efecto de tales: leyes en todas sus formas, tanto metropolitanas como indianas; actas administrativas (Consultas del Consejo, decisiones de Acuerdos y de Cabildos, etc.); cédulas de concesión de mercedes; documentos judiciales; capitulaciones; requerimientos; cartas de Derecho Privado. También pertenecen a este grupo las libranzas y demás documentos por los cuales se despachaba la Real Hacienda, pero no han sido usados en este estudio; 2. Correspondencia de Indias: se refiere a asuntos de Derecho, pero no tiene un valor jurídico documental en sí misma; 3. Pareceres en Derecho, informes de religiosos y letrados, tratados doctrinales; 4. Crónicas: en cuanto relatos de hechos jurídicos (en este sentido es esencial la de Las Casas), o en cuanto indicios de una doctrina (Las

Casas) o de una convicción jurídica popular (p. ej., Bernal Díaz del Castillo).

4. La bibliografía posterior a la época a que se refiere esta obra comprende, en primer lugar, a los juristas del siglo XVII; sus obras no son estudios históricos, sino conceptuales, y orientados hacia la consulta con fines prácticos, pero pueden servir parcialmente para el conocimiento del siglo anterior, en cuanto la sistematización completa de las instituciones nacidas en aquél permite conocer el sentido del proceso. Los autores del siglo XIX raramente pueden ser utilizados hoy (fuera de sus aportes documentales) por la historiografía jurídica. La bibliografía consta principalmente de americanistas de este siglo. Desgraciadamente, hay obras de investigadores que debían haber sido consultadas para esta obra, y que no he podido tener a mi alcance oportunamente, debido a la falta de continuidad en el plan de adquisiciones de las bibliotecas chilenas. Esta deficiencia de información es particularmente sensible respecto del material de revistas. Entre las obras documentales, me han faltado, por la misma razón, las Actas del Cabildo de México y de otras ciudades. Por otra parte, no he querido incluir las obras que propiamente no me hayan suministrado elementos de conocimiento o planteado problemas. Por esta razón, no he colocado los manuales de Derecho Indiano; entre ellos, el que tiene un elemento más personal, la "Historia del Derecho Peruano", de Jorge Basadre, se concentra casi exclusivamente en el Derecho Indígena prehispánico, excluido del objeto de este libro.

5. El ámbito de este estudio son las Indias en su totalidad. A pesar de las grandes lagunas de información sobre muchas provincias (p. ej., sobre las Gobernaciones de Venezuela, Santa Marta, Cartagena, Nuevo Reino de Granada y Popayán y la Audiencia de Quito), he seguido un tratamiento unitario. La transmisión de formas institucionales de una provincia a otra es posible de documentar en algunos casos que presento en esta obra, y tal transmisión es la garantía de la existencia de una unidad. No, desde luego, de una uniformidad absoluta, sino más bien de diversos tipos de constitución, que se reproducen desde los grandes núcleos hacia los menores; estos presentan variantes

locales, pero conservan el parentesco. En este sentido, el historiador argentino Roberto Levillier ha situado ejemplarmente la genealogía de la Historia argentina, mostrando que el cuadro en que ella se desenvuelve en el siglo XVI es la totalidad del Virreinato peruano, "uno e indivisible", y que solo puede comprenderse en esta conexión. Aunque Levillier se refiere sobre todo a la comprensión de las conquistas y fundaciones, su criterio es igualmente válido para la Historia del Derecho. Arriesgando, por eso, la existencia de lagunas en muchos aspectos, pensamos que es más válido el tratamiento unitario para la comprensión de los fenómenos.

En el tiempo, este trabajo se detiene hacia 1570, al término de la época de formación, en el momento en que se inicia en España la labor de codificación emprendida por Juan de Ovando, y en Indias la consolidación del gobierno del Virreinato del Perú por Francisco de Toledo; las conquistas son definitivamente frenadas, el orden administrativo y legal comienza a dominar la Aida constitucional en todas las regiones donde alcanza la acción de Virreinatos y Audiencias; solo en las Gobernaciones fronterizas subsisten rasgos del período inicial, en tanto conservan su relativa independencia.

6. Este libro proviene de un viaje de estudios por España, durante los años 1947-1948. En el curso de mi estadía en España estudié principalmente el régimen de indígenas en Chile, pero se me planteó, a mi regreso, la prioridad lógica del presente estudio. La consideración de la encomienda y de su evolución me condujo a la comprensión de los rasgos peculiares del Estado y del Derecho Indiano, que condicionaban la vida de aquella institución, y preferí emprender primeramente la labor de destacar en toda su generalidad esos rasgos.

Debo toda mi gratitud, por la posibilidad de conocimiento que ese viaje me abrió, a las instituciones españolas que me concedieron las becas de estudio: al Instituto de Cultura Hispánica (y especialmente a sus sucesivos directores, Joaquín Ruiz-Giménez y Alfredo Sánchez Bella) y al Consejo Superior de Investigaciones Científicas (particularmente al secretario general, José María Albareda). Además, a las personas que, desde Chile, me facilitaron, de una u otra manera, aquel viaje: a Jaime Eyzaguirre, a quien debo la primera iniciativa; a don

Juan Gómez Millas, decano de la Facultad de Filosofía y Educación de la Universidad de Chile; al rector y al prorrector de la Universidad Católica, don Carlos Casanueva y don Enrique Valenzuela; a don Oscar Larson y don Maximiano Errázuriz.

En España, el profesor Alfonso García Gallo, por su curso y su contacto personal, me colocó por primera vez frente al Derecho colonial. Debo mucho, igualmente, a la generosidad en la comunicación intelectual de Richard Konetzke.

Agradezco al director y al subdirector del Archivo General de Indias, señores Cristóbal Bermúdez y José de la Peña Cámara, su gentileza conmigo durante mi trabajo en ese centro.

Los señores Ricardo Donoso, Néstor Meza, Jaime Eyzaguirre y Álvaro Jara me han facilitado amablemente la consulta de varias obras aquí utilizadas, que no hubiera podido conocer de otra manera en Chile.

A Isidro Suárez, por el valor espiritual de su consejo sobre la estructura misma de este libro, debo una parte decisiva de la calidad que este pueda tener.

Esta obra forma parte de la labor del Instituto de Investigaciones Histórico-Culturales de la Universidad de Chile, que tiende a la realización del concepto de Ciencias del Espíritu, por sobre la pura especialización. Los que formamos parte de él tenemos una gran deuda con su fundador y director, don Juan Gómez Millas, quien ha luchado tan vivamente por dar forma a la investigación científica en ese campo.

Respecto de la forma de este trabajo, una sola advertencia. Para no recargar el texto de referencias a las fuentes y bibliografía respectivas, he colocado generalmente las notas al término de los pasajes completos, fusionando en una sola todas las referencias contenidas en ese pasaje. Toda referencia está, pues, contenida en la nota más próxima al documento o cita respectivo. No había otra manera de evitar el exceso de notas.

INTRODUCCIÓN: ESQUEMA DE LA CONCEPCIÓN DEL ESTADO CASTELLANO HASTA FELIPE II

1. El Rey y los súbditos en Castilla durante la Alta Edad Media

El estrato básico del Derecho Castellano es germánico, como se desprende de las investigaciones de Julius Ficker y de Eduardo de Hinojosa. El Derecho en sentido germano —el orden de paz que vive por la observancia de las convicciones y costumbres de los antepasados— impera sobre el Estado, es el vínculo interno de la comunidad del pueblo. "No era el Derecho una entre las muchas ordenaciones sociales, sino, absolutamente, la ordenación misma del cosmos social. El mundo germano es un mundo del Derecho" (Heinrich Mitteis)[1]. De la convicción del pueblo brota el Derecho Consuetudinario, que se expresa en las asambleas populares, donde dictan justicia los "hombres buenos" designados por el juez entre los hombres libres del distrito. Tal cosa ocurre en Castilla, como en los otros reinos cristianos, a lo largo de toda la Alta Edad Media (siglos VIII a XIII)[2].

1 Heinrich Mitteis, "Der Staat des hohen Mittelalters", 15: Para los germanos, "war das Recht nicht eine unter mehrern sozialen Ordnungen, sondern die Ordnung des sozialen Kosmos schlechthin. Die germanische Welt ist eine Welt des Rechtes".

2 Ver sobre esto "El elemento germánico en el Derecho Español", de Eduardo de Hinojosa, y la reciente recapitulación del problema en "Das germanische Element im altspanischen Recht", de Eugen Wohlhaupter. Una fórmula de la justicia popular, en "Documentos para la Historia de las Instituciones en León y Castilla, siglos X-XIII", de Eduardo de Hinojosa N° XLIV (documento leonés de 1168): Los hombres buenos "sicut invenerunt in ore hominum veteranorum pro directo et rectum viderunt, ita fecerunt" (tal como encontraron que era derecho por boca de hombres ancianos, y vieron que era recto, así hicieron).

El Rey funda su prerrogativa en un derecho dinástico, que se manifiesta en formas cambiantes: la elección dentro de una familia, en el reino asturleonés; el reparto entre todos los hijos, en Castilla durante el siglo XI; el derecho de primogenitura, en el XII, luego definitivamente reglamentado por las Partidas. La existencia del reparto del Reino entre todos los hijos, incluso las mujeres, y la conservación posterior del derecho de estas a la realeza es indicio de un fuerte elemento patrimonial, de una concepción del Reino como patrimonio de la dinastía (Ranke)[3], factor cuya importancia será perdurable. No obstante, la concepción contraria, la de la unidad indivisible del territorio, y la noción canónica del oficio de Rey, que coinciden en la afirmación de la unidad estatal, se transmiten desde la época visogoda al Reino de León, y de este a Castilla, logrando así imponerse, desde el siglo XII, el principio fundamental del Estado, la unidad indivisible de la herencia siguiendo el orden de la primogenitura. El Derecho castellano coincide con el germánico en la acentuación primordial de la justicia como responsabilidad del Rey: él es el guardián del Derecho, el "gran justiciero". El Derecho Consuetudinario es más fuerte que la legislación: las leyes escritas, durante toda la Alta Edad Media, son más bien fijación de los antiguos privilegios, declaración o purificación de la costumbre, que creación o dictación de nuevo Derecho[4]. El Rey está ligado al pueblo por el juramento de fidelidad que este le presta en la iniciación del reinado. El Rey y el pueblo deben a su vez fidelidad al Derecho Popular: toda decisión real que implique un cambio en el estatuto existente debe ser tomada con consejo y consentimiento de la Curia Regia de magnates laicos y eclesiásticos, que, dentro de la nueva base señorial, representan —mejor dicho, son simbólicamente— el pueblo. La relación del Rey medieval con sus súbditos, ha dicho Otto Brunner, no debe asimilarse a la soberanía moderna, "potestad desligada de las leyes", pues ninguna voluntad está desvinculada del Derecho; tampoco puede reducirse a la categoría romana de contrato: es una

[3] Leopold von Ranke, "Französische Geschichte", I. Bd., 35.

[4] Ver sobre tal noción de la ley en la Edad Media a Fritz Kern, "Recht und Verfassung im Mittelalter".

adhesión jurada de ambas partes a una ordenación superior que ellos realizan[5]. Esta concepción es la que comanda la resistencia cuando el Rey, un señor o cualquier súbdito viola el Derecho.

Los Estados de la Reconquista tienen un rasgo peculiarmente guerrero. Los Reyes, y en su nombre los condes, dirigen las grandes expediciones (huestes o fonsados), sin que el Rey pierda jamás la suprema jurisdicción y el derecho exclusivo de convocar a la hueste. Los reyes leoneses se hicieron dueños de la tierra yerma de Castilla, que pasó a su dominio directo (realengo), sin formarse inicialmente en ella el sistema de asentamiento señorial. Esas tierras del Rey dan origen a un sistema de "beneficios" bajo obligación militar y a un tipo de libre propiedad campesina. El primitivo condado —luego Reino— de Castilla, dice Sánchez-Albornoz, tiene en su cúspide a condes poderosos por sus dominios y por su jurisdicción; luego a un pequeño número de ricos hombres, y, en la base, a una masa de pequeños nobles (hidalgos), labradores y burgueses. Las grandes oleadas de influjo feudal (siglo XI, luego en el XIV) no pudieron alterar ya la estructura jurídica: el ritmo tardío del feudalismo español, piensa Sánchez-Albornoz, ha sido decisivo para la conservación de la sustancia del Derecho Popular y de la suprema jurisdicción regia; además, la constante adquisición de nuevos territorios por Castilla, desde el siglo XI al XIII, ha restaurado continuamente el patrimonio monárquico[6].

La noción consuetudinaria de la realeza castellana se acuña en la fórmula de que el Rey es el "señor natural", sobre la cual han llamado la atención Wilhelm Berges y Robert S. Chamberlain[7]. La "naturaleza"

[5] Otto Brunner, "Land und Herrschaft", según referencia de Heinrich Mitteis, en "Zeitschrift der Savigny-Stiftung für Rechtsgeschichte", N° 163, Germanistische Abteilung, 271. Ver también a Heinrich Mitteis, "Die deutsche Königswahl", 54-55, y "Politische Verträge im Mittelalter", 81: hay en la Edad Media un poder estatal supremo, una "summa potestas", pero no todavía la "plenitudo potestatis", la "summa in cives ac súbditos legibusque soluta potestas", según la definición clásica de soberanía de Bodin.

[6] Claudio Sánchez-Albornoz. "España y Francia en la Edad Media. Causas de su diferenciación política" y "España y el Islam".

[7] Wilhelm Berges, "Die Fürstenspiegel des hohen und späten Mittelalters". Robert S. Chamberlain, "The Concept of the "Señor Natural" as revealed by Castilian Law and Administrative Documents".

es en las Partidas el vínculo de los hombres con la tierra de su origen; el Rey es señor natural como señor hereditario de la tierra. La superioridad de la naturaleza sobre el vasallaje feudal está expresamente marcada en la II Partida, XVIII, XXXII. El Rey Sancho IV el Bravo definirá, a fines del siglo XIII, esta noción tradicional como "señorío que hereda de sangre e de hueso. Grand cosa es mucho de apreciar, cuando el señor puede decir a sus vasallos: yo só vuestro rey e vuestro señor natural de padre e dagüelo e de visagüelo e dende arriba cuanto se mas puede decir en verdat". Don Juan Manuel consideraba, a comienzos del siglo XIV, a todo señor de tierras como señor natural; en cambio el Infante don Pedro de Aragón acentuaba el elemento dinástico: "De la firmeza de la procreación regia nace la antigua donación perennemente duradera que entre nosotros se llama dominio natural"[8]. El señorío natural es una concepción popular, mezcla de sentimientos raciales-dinásticos con la adhesión al señor de la tierra, comprendiendo la palabra "señor" en su sentido medieval primitivo, diferente del mero propietario de Derecho Privado. En un país como Castilla, sin grandes señoríos jurisdiccionales principescos, semejantes a los franceses o alemanes, esa adhesión fue acaparada por la realeza.

La monarquía castellana ha sufrido desde el siglo XII un fuerte influjo del pensamiento eclesiástico. Este viene, en parte, a través de la tradición visigoda. La doctrina de San Isidoro de Sevilla, siguiendo la teoría formulada por el Papa Gelasio I, comprendía la realeza como un "oficio" (*ministerium*) dentro del cuerpo cristiano, paralelo al sacerdotal, encargado de realizar el bien por la espada, que el sacerdocio no podía usar, para refrenar a los malos. Esta concepción moral del poder había dado a la legislación visigoda su forma exhortativa, sus sanciones religiosas, su condenación de la tiranía. La influencia eclesiástica goda llevaba involucrado un patrimonio de ideas romanas (distinción entre oficio real y propiedad patrimonial del Rey, entre otras), que, aunque vencidas por el germanismo de la Alta Edad Media, volverán a actuar

[8] Castigos e documentos del Rey Don Sancho", 106. Don Juan Manuel, "Libro de los Estados", LXXXVII. Pedro de Aragón, citado por W. Berges, "Die Fürstenspiegel", 14: "De regali propagatione duritia oritur videlicet antigua donatio diutius duratura, quae apud nos naturale dominium nuncupatur".

en el siglo XIII. Los concilios leoneses y castellanos de los siglos XI y XII representan otro momento ascendente del influjo eclesiástico, con su lucha en favor de la paz de Dios, que afectaba a los aldeanos, mujeres, mercaderes, peregrinos —a todos los que no podían valerse del derecho nobiliario de la contienda— y, además, a las iglesias, los caminos reales, etc. Esta "paz de Dios" pasa a ser "paz del Rey" cuando, en dichos concilios, el Rey la promulga y se hace responsable de su conservación, junto con todos sus magnates, revivificando así el sentido germano de la justicia. La paz del Rey es la fuente de un nuevo Derecho Penal más rigoroso y de un procedimiento inquisitorial, en que la persecución de los malhechores no necesita de acusación, pues la realiza de oficio la justicia real[9].

La Alta Edad Media castellana presencia, pues, la tensión de concepciones jurídicas populares, feudales y canónicas. El Derecho Popular se fragmenta en los fueros locales concedidos por los Reyes y señores a los concejos urbanos y rurales; el Derecho Feudal se expresa en costumbres especiales; la influencia eclesiástica se manifiesta en la legislación de los concilios. El Derecho Popular y el pensamiento eclesiástico coinciden y se entrelazan en muchas instituciones, pero sus principios son distintos: "en la concepción germana, lo que es Derecho, debe seguir siéndolo; en la concepción cristiana, lo que es Derecho, debe llegar a serlo"[10]. La Iglesia contribuye decisivamente a liberar al Rey del sentido sagrado de la costumbre, por su noción discriminatoria de las "buenas costumbres": todos los usos arcaicos considerados como restos paganos, como contrarios a la libertad de la Iglesia, son condenados como "malas costumbres", indignas de ser Derecho. Los Reyes emplearon paulatinamente la noción canónica para luchar contra factores contrarios al bien común y a su poder:

[9] Sobre el pensamiento jurídico de San Isidoro, Dom Paul Séjourné, "Le dernier Pére de l'Eglise. Saint Isidore de Seville". Sobre la paz de Dios en España, Eugen Wohlhaupter, "Studien zur Rechtsgeschichte des Gottes-und Landfriede in Spanien".

[10] Adolf Waas, "Herrschaft und Staat im Frühmittelalter", 352.

guerra privada de los nobles, medios de prueba arcaicos, etc.[11]. La Iglesia ha operado tal discriminación no solo por su núcleo religioso, sino también según su legado de ideas romanas, especialmente según la concepción de equidad, que exige atención a la buena fe y a la voluntad razonable de las partes en la interpretación de los contratos y respeto a la finalidad de la ley antes que a su rigor literal. Este sentido equitativo trae consigo la superación del Derecho Medieval arcaico[12].

2. Las Partidas

No existió en la Edad Media castellana la recepción "teórica" global del Derecho Romano, en el sentido que se produjo en Alemania. Ocurre, por el contrario, un vasto desarrollo de la legislación regia en el siglo XIII que usa, justamente entonces, el idioma vulgar (traducción de la Lex Visigothorum en el Fuero Juzgo, Fuero Real, Partidas, Espéculo, etc.). Por otra parte, esta legislación recoge la inspiración general y muchos elementos del Derecho Común Romano-Canónico: los modelos de las Partidas son algunas "Summae" civilistas y canónicas[13]. El principal código de Alfonso X es libro doctrinal a la vez que conjunto legal; en conjunto, no abandona la tradición consuetudinaria en su substancia, sino que más bien inserta en ella los elementos universalistas del romanismo y de la teología neoaristotélica.

El Derecho Común medieval es patrocinado por el Imperio y el Papado, a partir del siglo XII. Se ha originado de la aproximación científica a las fuentes de Justiniano, debida a la escuela de los glosadores de Bolonia, a la vez que a la idea de continuidad del Imperio Romano, tan intensamente sostenida por los Staufen, y de la cual

11 François Olivier-Martin, "Les Rois de France et les mauvaises coutumes au Moyen-Age".

12 François Olivier-Martin, "Histoire du Droit Français des origines a la Révolution", 187-188, 278-280.

13 Francisco Martínez Marina, "Ensayo histórico-crítico sobre la antigua legislación de España", VII, párrafo 45, menciona, siguiendo al Lic. Espinosa, la Summa Azonis, la Summa Hostiensis, la Summa Gofredi.

derivaba la vigencia de la legislación imperial romana. El sistema de conceptualización de la escuela romanista es llevado por Graciano al Derecho Canónico, y así resulta realmente un "Derecho Común" superior a los privilegios y Derechos particulares, prohijado por las dos autoridades supremas de la Cristiandad, que regulaba por principios científicos comunes el orden temporal y el eclesiástico.

El Código de las Partidas conserva la esencia del antiguo Estado: la supremacía jurisdiccional del Rey; su vinculación al pueblo por juramentos de fidelidad; las atribuciones especiales de los "mayores" del Reino (prelados, ricos hombres, hombres buenos de las ciudades); la obligación regia de retribuir con mercedes a los buenos servidores, noción capital en las monarquías guerreras de la Reconquista (II P., XVII, leyes I y V). Se introducen alteraciones en el orden de sucesión dinástica; pero, más que traer reformas determinadas, las Partidas aportan una nueva inspiración de conjunto, originada en el Derecho Común y en la Teología.

El Código reconoce tres potencias universales, el Papado, el Imperio y el Estudio. La figura jurídica del Imperio servirá para la construcción del poder regio; el Estudio es una potencia colaboradora del Imperio, representada especialmente por los letrados. Sacerdocio e Imperio son diferenciados, ya sea en el sentido de la escolástica neoaristotélica, ya de fórmulas isidorianas. En el Prólogo de la II Partida se emplea la imagen de las dos espadas para repetir el concepto de S. Isidoro de que el poder temporal castiga por la espada a los enemigos de la fe y a los malos cristianos, realizando así la justicia. El Rey, "vicario de Dios", tiene un oficio sacro. Pero, a la vez, en la I. P., I, I, se introduce la concepción neoaristotélica de que el bien consiste a la vez en la "buena vida según Dios" y en la "buena vida de este mundo": la antigua representación patrístico-isidoriana de la realeza como un oficio dentro del cuerpo cristiano, junto al oficio sacerdotal, es interferida por una justificación inmanente de la autoridad y de la sociedad política. La II P., I, VII, explica el origen del Estado a partir de las necesidades de la naturaleza humana; los títulos XI, XX, XXXI de la II Partida sitúan una serie de bienes espirituales y económicos cuyo cuidado compete al Rey y al pueblo: la riqueza de la tierra, la buena población, la protección a los estudios. El concepto aristotélico de la comunidad autosuficiente y dirigida al bien general de los componentes, ·que penetró tan intensamente en la doctrina política de la escolástica, se presenta claramente en tales pasajes de las Partidas. El rasgo unitario del pensamiento patrístico deja su lugar a la neta diferenciación de la Iglesia y de la "República" o Estado, con su fin autónomo. Este fin es, sin embargo, inferior en valor al de la Iglesia: el Papa es superior a los Reyes en cuanto a lo espiritual (II P., I, I). El reconocimiento de un valor superior en el bien espiritual exige, por sobre la dualidad de principio, una unidad de concordia y de orden.

La finalidad del bien común temporal, que justifica la autoridad del Rey, hace destacarse como central la función de la legislación, la creación del nuevo Derecho en orden al bien común, que asume un valor ético muy superior a la costumbre. La escuela romanista distinguía Derecho Natural, de Gentes y Civil, según la formulación de las Institutas; pero el pensamiento de la teología del siglo XIII, al cual se pliegan las Partidas, concibe la relación entre esas tres categorías de una manera dinámica. El Derecho Natural, fundado en la razón natural, es considerado, a la vez, como parte de una "Lex Aeterna", de la razón divina; el Derecho de Gentes, que es el comúnmente practicado por las naciones, es pensado como consecuencia del Natural; en fin, el Positivo (sea el Civil, sea el Canónico), procede de la voluntad del legislador, pero está ordenado a la realización de las anteriores categorías. El Derecho tiene, para esta línea de pensamiento, una unidad de razón interna, que es participada incluso a las últimas clases. En las Partidas, la ley positiva se extrae de "los santos y de los sabios" (Escrituras, Padres, Juristas) (I P., I, VI); el código es a la vez libro doctrinal, escrito "Otrossi porque los entendimientos de los hombres son departidos en muchas maneras, se acordassen en uno con razón verdadera y derecha" (Prólogo); las leyes tienden a ayuntar a los hombres con Dios por amor y entre sí por amistad (I P., I, VII). La legislación abarca todo el campo de la justicia: las Partidas insertan en su texto el Símbolo de la Fe, el Derecho Sacramental y el Canónico: aunque un campo como el eclesiástico está más allá de la voluntad regia, esta debe coadyuvar en su esfera al bien espiritual. La diferenciación del principio político, realizado por la doctrina del siglo XIII, no implicaba neutralidad religiosa del Estado, en el sentido liberal moderno, justamente por la unidad superior de los fines y por la unidad de la "ratio" del Derecho.

La jerarquía entre las categorías del Derecho tiene consecuencias como la nulidad de los mandatos contrarios a la fe y al Derecho Natural, constituyendo una obligación jurídica el resistirles (III P., XVIII, leyes XXIX y XXXI). Las costumbres son respetadas dentro del marco de las "buenas costumbres", pero pende siempre sobre ellas la posibilidad de derogación legislativa por causa de bien común; su validez se funda, no solo en la larga práctica y en la racionalidad intrínseca, sino en la aprobación expresa o tácita del señor de la tierra; la costumbre llena las lagunas de la legislación y aun puede extinguir una ley escrita, si el príncipe lo consiente explícitamente (III P., XXII, I). Es una especie de legislación tácita, lo mismo que en el Digesto (I, III, 32); pero pierde teóricamente el valor sagrado que tenía en el período anterior.

El Rey tiene en las Partidas el poder del Emperador (II P., I, VIII), lo que permite la transferencia al Rey castellano de todos los poderes elaborados por el Derecho Romano Imperial y por los romanistas medievales, y elimina toda jurisdicción del Emperador Romano Germánico sobre el Reino peninsular. Es la misma fórmula empleada, medio siglo después, por los legistas de Felipe el Hermoso de Francia para defender el carácter independiente y "soberano" del poder del Rey de Francia[14]. La recepción de las ideas políticas romanistas en Castilla ha sido pues, intensa y temprana. El Rey tiene, como el Emperador, el supremo poder judicial, militar, legislativo, el de designar jueces y dividir sus distritos (II P., I, II); pero el Rey tiene, además, otros derechos, por ser señor hereditario a diferencia del Emperador, que es electivo: puede establecer nuevos tributos cuando lo reclama el bien común, no solo pidiéndolos a los súbditos, según la práctica consuetudinaria, sino fijándolos de propia autoridad; puede donar incondicional y hereditariamente villas y castillos (II P., I, VIII). La atribución referente a los tributos es de inspiración netamente romanista: aunque normalmente los gastos del Estado deban ajustarse

14 François Olivier-Martin, "Histoire du Droit Français", 301-302, se pregunta si esta máxima de los legistas de Felipe IV, en su mayor parte meridionales, no vendría de las Partidas.

a las entradas propias del Rey y a las ayudas consuetudinariamente dadas por los súbditos, la supremacía del bien común —esta "ratio" del Derecho Público romanista— puede justificar extraordinariamente un nuevo tributo "impuesto" por el Príncipe, a pesar de las costumbres inmemoriales contrarias. La disposición referente a la libre donación de villas y castillos constituye un pasaje aislado del Código, residuo tal vez de la concepción patrimonialista más antigua de la monarquía castellana y de la práctica de la donación a señores y eclesiásticos, que se observa frecuentemente en la Edad Media española. En cambio, muchos otros pasajes (II P., XV, V; XVII, I; XVIII, I; III P., XI, XXVIII) recogen la tradición opuesta, según la cual las villas y castillos son inalienables. Puede decirse que este último es el núcleo del pensamiento estatal en las Partidas, siguiendo el principio gótico-leonés, que ahora se asienta, además, en la base doctrinaria de la división romanista de Derecho Público y Privado. El Rey, como propietario, tiene bienes necesarios para su mantenimiento; pero las villas y castillos que son de él "por señorío", "pertenecen al Reino de derecho", definiendo: "Rregno es llamado la tierra que ha rey por señor" (II P., XIX, III). Existe, pues, una delimitación decisiva entre la mera propiedad privada del Rey, y su señorío público, la tierra de que es señor por estar bajo su jurisdicción; el señorío es un patrimonio indivisible, colocado bajo la guarda suya y del pueblo a la vez. Los juramentos de iniciación del reinado, prestados por prelados, ricos hombres (que juran por sí y por sus vasallos) y hombres buenos de las ciudades situadas en tierras de realengo, se refieren a la defensa de la persona y honor del Rey y a la intangibilidad de su señorío (II P., XV, V). "Reino" toma un sentido netamente territorial-político: es la tierra sujeta a la jurisdicción superior del monarca, jurisdicción de que este no puede desprenderse; toda cesión de una parte de ella se entiende hecha en feudo, con reserva de la supremacía de justicia para el Rey y con recuperación a la muerte del feudatario y del enfeudarte (son los llamados "honores", feudos con jurisdicción, que efectivamente, a lo largo de la historia, se libraron de caer en herencia, como ocurrió, en cambio, en los países de feudalismo franco).

La relación del Estado con el Derecho se manifiesta, en este código, diferente también de la concepción consuetudinaria. En la Alta

Edad Media, el derecho de resistencia contra toda transgresión del Derecho y de los privilegios de los grupos o personas, es incondicional. El romanismo, al colocar la ley positiva bajo la voluntad del legislador, solo ligaba imperativamente al respeto del Derecho Natural, del de Gentes y del Divino, ampliando enormemente en teoría el poder regio[15]. Sin embargo, las Partidas, siguiendo más bien la concepción teológica de la unidad del Derecho que los gérmenes voluntaristas de la concepción romana, sujetan al Rey a la obediencia a sus propias leyes, mientras ellas no sean derogadas por razón del bien común; pero esta obediencia carece de sanción: la ley positiva tiene para él solamente fuerza normativa (vis directiva), no fuerza penal (vis coactiva), como para el resto de los súbditos (I P., I, XV). Este mismo absolutismo éticamente templado se manifiesta en la condenación de la tiranía por abuso del poder: el pueblo puede reprender al Rey, aconsejarlo, incluso capturar a los malos consejeros (II P., XIII, XXV); pero no se autoriza en modo alguno a deponer al monarca. En cuanto a la tiranía por usurpación, carece jurídicamente, en la Edad Media, de toda eficacia.

Además del poder de derecho del Emperador o Rey, existe un "poder de hecho" (II P., I, III): para cumplir sus funciones, el Rey debe tener una masa de poder militar, buenas fortalezas, caudillos leales, hombres de derecho y de consejo que le sirvan; sobre todo, debe existir una adhesión popular fundada en la justicia y las mercedes del Rey. El poder de hecho es el imperio efectivo del orden, indispensable para que el Derecho se realice. Este importante texto de las Partidas representa un elemento de concreción: es el factor a que alude Otto Brunner cuando dice que el Estado Medieval se caracterizaba por una

[15] Heinrich Mitteis, "Politische Verträge im Mittelalter", 80-81, cita un ejemplo histórico de tal ampliación del concepto de autoridad regia. A fines del siglo XIII se plantea judicialmente, ante el tribunal de Eduardo I de Inglaterra, la relación de la Corona inglesa con Escocia, y ambas partes aceptan que los Reyes no pueden ser juzgados por el Derecho vigente para sus súbditos, sino por uno superior, pues para ellos no existe la norma positiva, sino la ley natural: la cuestión debe determinarse y juzgarse por el Derecho Natural, por el cual los reyes reinan, dice el documento de 1292. Sin embargo, Mitteis no liga específicamente dicho planteamiento del problema con la doctrina romanista, como lo hago en el texto, sino que lo refiere en general a la Edad Media.

síntesis de Derecho y Poder, de manera que no se concebía una fuerza duradera sin derecho; y recíprocamente, todo derecho necesitaba de un poder que lo manifestara[16].

3. La época del Estado estamental (siglos XIII a XVI)

Las guerras exteriores y las contiendas dinásticas internas de las Monarquías Occidentales de la Baja Edad Media, unidas al desenvolvimiento de elementos jurídicos presentes en el período anterior, provocaron el nacimiento de las formas estamentales dentro del Estado. El principio del estamento es la "conjuración", la formación de ligas juramentadas de señores, hidalgos, ciudades, en defensa de sus privilegios: en Castilla, las Hermandades entre las ciudades forman a veces uniones permanentes; en otras ocasiones, revisten la forma de ligas en resistencia, que se asocian con los hidalgos o con grupos de Grandes y prelados, en favor o en contra del Rey, o de algún "privado" de este. De la conjuración emanan instituciones permanentes, que constituyen propiamente estamentos cuando reciben, no solamente el privilegio de la jurisdicción autónoma (la "justicia por los pares"), sino, además, la representación ante el Rey como miembros del Reino. Este último derecho implica, correlativamente, la carga de ayudar al Rey. Por eso, además de la conjuración, la propia acción estatal es otro factor causal en la constitución de los estamentos, ya que los Reyes tienden a asentar el principio representativo, para obtener ayudas financieras. En Castilla, los "brazos" del reino, los "mayores" de la tierra, que alcanzan la participación en las Cortes, son los Grandes, los Prelados y los Procuradores de las ciudades. Los Reyes llaman constantemente a los mayores del Reino, especialmente porque las grandes empresas externas o las guerras dinásticas no pueden ser ya realizadas por ejércitos vasálicos, y la paga de las compañías mercenarias requiere recursos superiores a los que proporciona el dominio regio o

[16] Otto Brunner, "Land und Herrschaft", citado por Heinrich Mitteis, Zeitschrift der Savigny-Stiftung für Rechtsgeschichte, N° 163, Germ. Abt., 258-260.

las ayudas populares y feudales fijadas en la costumbre. El capital en tierras y en regalías retrocede frente al capital dinero (Mitteis). Las finanzas trastornan el orden antiguo. Las nuevas ayudas, las peticiones del Reino, el apoyo moral, jurídico, militar al Rey, son tratados en asambleas estamentales. Viene así el período del Estado Dualista, en que los dos polos, Rey y Reino, pactan semicontractualmente sobre los nuevos tributos, crean un nuevo Derecho escrito, que implica límites para ambos. El Rey conserva sus prerrogativas, pero su ejercicio es condicionado y delimitado por las leyes; se reconoce que hay negocios realizados por él que no le interesan exclusivamente, sino que son a la vez "negocios del Rey y del Reino"[17]; en ellos intervienen los organismos estamentales, que reconocen al Rey, le prestan ayuda y consejo, lo frenan y le resisten en caso de violación del Derecho.

En Castilla, la parte esencial de las Cortes son los procuradores de las ciudades, pues los otros brazos tienen menor interés en asistir, debido a su exención de tributos. Los asuntos fundamentales de las Cortes son la concesión de un subsidio o servicio por una cantidad determinada, o de otros tributos suplementarios; en seguida, la presentación de los cuadernos de peticiones que, cuando reciben sanción real, se convierten en leyes. Las Cortes logran consagrar el principio de que las Cartas expedidas independientemente por los Reyes son de una especie subordinada a las leyes en Cortes u Ordenamientos, anulables en caso de colisión con estos (Cortes de Bribiesca 1387, 9). La legislación por Ordenamientos, procedente de las peticiones de las ciudades, conserva la sustancia política del antiguo Derecho Consuetudinario y de los fueros. En ella se encuentra frecuentemente, por ejemplo, el privilegio de los súbditos de no ser condenados o despojados de sus bienes y derechos sin ser oídos de acuerdo con el fuero de sus ciudades o de su estado; la exigencia del consentimiento

[17] Destaca muy bien la diferencia que hacían los contemporáneos entre "negocios del Rey" y "negocios del Rey y del Reino", B. Wilkinson, "The Constitutional History of England, 1215-1399", I. Generalidades sobre el Estado estamental, en Heinrich Mitteis, "Der Staat des hohen Mittelalters", 437-448 y 495-498; desde un punto de vista comparativo, Otto Hintze, "Typologie der ständischen Verfassungen des Abendlandes" y "Weltgeschichtliche Bedingungen der Repräsentativverfassung".

para los nuevos tributos y leyes; la conservación de las jurisdicciones y tierras de cada estamento, etc. Los asuntos de incumbencia exclusiva del Rey (los negocios "de Cámara") se reducen a límites muy estrechos: designación de oficios, concesión de mercedes, derecho de perdón, etc. En cambio, la justicia, que es la regalía fundamental, concierne a los intereses del Reino, de modo que el Rey no la puede ejercer arbitrariamente y, ante las constantes peticiones de las Cortes del siglo XIV, tiene que desprenderse de su ejercicio, entregándolo a un Tribunal que se crea en la Chancillería, con derecho a usar en sus documentos el sello mayor del Rey depositado en esa oficina (Cortes de Toro de 1369 y de 1371). Los recursos últimos contra este Tribunal, que se interponen ante el Rey, se entregan, a su vez, al Consejo, cuya composición, hasta entonces dependiente de la costumbre, es regulada en las Cortes de 1385 y 1387, sobre la base de consejeros permanentes extraídos por el Rey de entre los tres brazos. El Consejo recibió, junto a la jurisdicción, el despacho de todas las cartas sobre materias de gobierno y administración, las libranzas contra las rentas reales (luego encomendadas a los Contadores Mayores) e, inclusive, el aconsejar al Rey en casi todos los asuntos de Cámara, especialmente en las designaciones de oficios y en las mercedes. Las Cortes confirman y amplían durante el siglo XV las funciones de este poder moderador del Rey. Pero su composición varió grandemente: en vez de representar equivalentemente a los tres brazos, el Consejo se compone a fines del XV, en su mayoría, de letrados, los que forman también la totalidad de la Chancillería.

Pero las Cortes no solo tienden a limitar el poder real; también en ellas se revela un sentido de unidad estatal. Aunque ellas dan una escala general a privilegios de los viejos Fueros, deben, en fin, aceptar la mayor fuerza histórica del nuevo Derecho. Las Cortes de Alcalá de 1348 fijan un orden de prelación de las leyes ante los tribunales, en que figuran, en primer lugar, las leyes en Cortes a partir del propio Ordenamiento de Alcalá; luego los fueros, en cuanto no fueren contrarios a las anteriores y se probara su uso; después las Partidas; y, en fin, a título de recomendación, el Derecho Común. La exigencia de prueba del uso de los fueros, como si fueran un mero hecho y no un derecho notorio, la aceptación de la fuerza legal de las Partidas y la importante recomendación del Derecho Común, cierran el paso al progreso del Derecho local en provecho de la legislación y la doctrina.

En otro aspecto manifiesta todavía su sentido estatal la legislación en Cortes, en su defensa del realengo. Hemos dicho que "Reino" tenía en las Partidas un sentido territorial-jurisdiccional, era la tierra sometida al supremo señorío real. Dentro de ella, el realengo constituía la porción inmediata al Rey, sin sujeción a la jurisdicción inmune de señores, eclesiásticos u Ordenes monástico-militares: era el núcleo mismo del poder estatal, pues los Reyes medievales asentaban su fuerza económica, militar, jurisdiccional, en primer lugar, en sus dominios directos. En ellos estaban enclavadas las grandes ciudades libres castellanas con voto en Cortes. Sin embargo, durante los siglos XIV y XV, los Reyes acuden a frecuentes donaciones a señores, para ganarse adhesiones en medio de las constantes luchas internas, con perjuicio inmediato de las ciudades, que tienen que sostener las finanzas reales, en mayor proporción mientras más se reduce el dominio. Las Cortes piden continuamente, en el siglo XV, el término de esta política de donaciones y consagran (especialmente en las Cortes de Valladolid de 1442) el principio de la inalienabilidad del realengo, avanzando más allá de la indivisibilidad del Reino contenida en las Partidas, para obstruir el acrecentamiento de los señoríos. En aquellas Cortes el Rey accede a la petición de que declare la inalienabilidad de las tierras y vasallos de realengo "por ley rreal e por paccion e contracto que (el Rey) con nos e con todos vuestros rregnos ponga"[18]. Acaso en ningún pasaje de la legislación en Cortes se condense mejor que en ese Ordenamiento los conceptos principales del Estado estamental: el dualismo Rey-Reino, las leyes fundamentales de tipo contractual, la autorización que da al Rey para resistir incluso de obra contra sus propios mandatos, en caso de que ellos traspasen la ley, la idea del patrimonio de la Corona. El "Reino" en esta época no es solamente el territorio bajo la jurisdicción suprema del Rey, como en las Partidas: "Reino" son también los brazos representados en las Cortes, tomados

[18] Cortes de los antiguos reinos de León y de Castilla. Publicadas por la Real Academia de la Historia, tomo III, 392-401.

orgánicamente, noción que se involucra dentro de la anterior, sin destruirla. El Rey es el señor de la tierra y de todos los que en ella habitan; pero el señorío directo solo lo ejerce en tierras de la Corona. La Corona es como el sujeto abstracto de esta jurisdicción directa sobre el realengo, que los Reyes no pueden enajenar. El realengo es una condición jurisdiccional, no implica en absoluto la propiedad, pues en él subsisten todas las formas de propiedad, de los mismos Reyes, de individuos, de concejos rurales y urbanos, baldíos, etc. Las tierras de señorío, abadengo, Ordenes militares, pertenecen al Reino, porque a pesar de su inmunidad están bajo la supremacía de justicia del Rey; pero no son parte del dominio de la Corona. Lo peculiar de las peticiones de las Cortes del siglo XV es la tendencia a detener la expansión de la tierra señorial, fundando el poder del Rey y del Reino en un extenso realengo. Los Reyes Católicos realizaron definitivamente esta política.

La época de Fernando e Isabel es como el momento clásico del Estado Castellano. El arcaísmo medieval estaba reducido a restos simbólicos; pero la idea más íntima del Derecho Medieval, la del Rey responsable de la justicia, recibió entonces su más alta realidad: "Todas las cosas estavan en paz e en seguridad, e se remitían a la justicia"[19]. La tradición de la monarquía legisladora para el bien común, consagrada en las Partidas, se imponía ahora a través de Ordenamientos en Cortes, y de un nuevo tipo de legislación por Ordenanzas y Pragmáticas, que procedían del Rey en Consejo, y que adquirieron el valor de leyes en Cortes, al comienzo por ratificación de estas, y luego, a pesar de sus quejas, que se hacen presentes en Valladolid en 1506. El proceso de decadencia de las Cortes, que se inicia entonces, tiene sus etapas bien marcadas. La primera es la derrota de los Comuneros que planeaban la revivificación del principio representativo. La siguiente es el retiro definitivo de los Prelados y los Grandes, después que una asamblea estamental de estos últimos, durante las Cortes de Toledo de 1538, se negó a conceder al Rey el tributo que se le pedía, defendiendo sus

[19] Hernando del Pulgar, "Crónica de los Reyes Católicos", I, 423. Ver también Ramón Menéndez Pidal, prólogo a la "Historia de España" publicada bajo su dirección, tomo I, vol. I, pág. XXV-XLII, LX XIX-LXXX.

libertades: "la diferencia que hay entre Hidalgo y pechero, dijo el Duque de Nájera, es servicio personal o pecunial, y en esto nos conocemos los unos de los otros[20]; los Grandes solo aceptaron seguir sirviendo al Rey por sus personas, como sus antepasados; los eclesiásticos contribuyeron en virtud de acuerdos separados. La representación de las ciudades paulatinamente se burocratiza y pierde independencia ante la Corona. La masa del poder militar y político del Rey no puede ya, desde Carlos V, ser equilibrada por los estamentos castellanos. La estructura del Estado estamental no desaparece, sino que subsiste hasta el siglo XVIII; pero el centro de la vida estatal ya no reside en asambleas representativas, sino en los letrados que forman los Consejos, Chancillerías y Audiencias. Ellos forman un elemento colaborador de la monarquía, pero con sentido de su independencia. No son una simple burocracia, pues poseen una tradición universitaria culturalmente muy poderosa, impregnada de la idea romanista del bien común. La justicia superior, la preparación de las leyes del Rey, la tuición de la administración, las designaciones y mercedes, están en sus manos; aunque hay siempre consejeros de capa y espada, el mayor peso reside en los letrados.

En el siglo XVI el Derecho Foral queda confinado a regiones determinadas; pervive hasta hoy, pero ya no se expande. El campo del Derecho Privado es ahora objeto de disputa entre la legislación real (especialmente por las Partidas), y la recepción global del Derecho Común, a que tienden por formación muchos letrados. Los principios romanos que aquélla absorbió en el siglo XIII le permiten estar en forma frente a los problemas de la vida jurídica. Las Cortes de Toro de 1505, manteniendo el orden de prelación fijado en Alcalá, se esfuerzan por detener el avance excesivo del Derecho Común, que a veces sustituía a la legislación castellana, transgrediendo su papel de supletorio. La Nueva Recopilación de las leyes regias posteriores a 1348, efectuada en 1567, permite la aplicación más fácil del Derecho Real; pero la lucha contra la hegemonía del romanismo-canonismo

[20] Cortes de los antiguos reinos de León y de Castilla, tomo V, 71-72.

ha seguido viva hasta el siglo XVIII, época del triunfo definitivo del Derecho Real y de las tendencias propias de la monarquía nacional.

4. La doctrina jurídica del Estado

La legislación de la Baja Edad Media y de los dos siglos siguientes, XVI y XVII, está inserta dentro de una concepción del Derecho del cual son portadores romanistas, canonistas y teólogos, y este Derecho de los letrados se hace inseparable de la legislación, particularmente desde los Reyes Católicos. Las Glosas de Gregorio López a las Partidas poseen una fuerza casi legal; y a través de esas Glosas podemos medir hasta qué punto la corriente universalista del Derecho Común influye en el pensamiento jurídico español maduro, como en el de las otras naciones europeas. Existe, durante los siglos XIII a XVI, toda una vasta literatura de romanistas canonistas y tratadistas del Derecho Nacional españoles, ligados todos ellos a aquella línea. Paralelamente, se produce una literatura doctrinaria política, cuya fuente de inspiración es, sobre todo desde el siglo XV, el neoaristotelismo. En el siglo XVI, la teología escolástica construye, a partir de Vitoria, una teoría jurídica del Estado del más alto rango científico. No nos corresponde, en este estudio, abordar sistemáticamente este tema; pero debemos marcar algunos conceptos fundamentales que son esenciales para el tratamiento del Derecho Indiano.

En primer lugar, la concepción orgánica del Estado. La comunidad política, según la noción aristotélica dominante en España, es producto de la naturaleza humana, de su sociabilidad natural: la conservación misma de los grupos humanos y la consecución del bien común adecuado a las necesidades y cualidades concretas del pueblo se hace impensable fuera del Estado. El bien común no es comprendido como utilidad general en sentido puramente económico, sino como bien de la naturaleza humana en toda su plenitud, filosóficamente concebida. "La comunidad es, por decirlo así, una naturalísima comunicación convenientísima a la naturaleza... Aparece, pues, que la fuente y origen de las ciudades y de las repúblicas no es un invento de los hombres, ni se puede enumerar entre las cosas artificiales, sino que viene de la naturaleza"[21]. El fin del Estado es la satisfacción de las necesidades vitales de los hombres, pero también la virtud en todos sus aspectos. Solamente la comunidad eclesiástica, con sus fines de salvación provenientes de un orden distinto al natural, forman un campo irreductible al de la república o Estado. Pero todas las formas de agrupación humana con un fin temporal, desde la familia a las sociedades puramente voluntarias, viven dentro del Estado, y el cumplimiento del fin de este, el bien común, corona y hace posible la realización de los fines de aquéllas. No es el Estado un mero aparato de poder, o de utilidad racionalmente calculada, sobrepuesto a una sociedad independientemente desarrollada, sino que el Estado comprende por su concepto mismo toda la comunidad humana y todos sus fines, salvo el Derecho Divino, y la jurisdicción espiritual, a la cual el Estado debe ayudar, pero que no está en su orden. De esta amplitud de los fines, del arraigo de ellos en la naturaleza, deriva la dignidad filosófica del Estado, que se marca especialmente en la doctrina de los teólogos.

Un segundo aspecto fundamental, es la radical necesidad del poder político, su indispensable existencia dentro del Estado. La "pública potestad" no es una creación arbitraria de la multitud, que esta podría libremente revocar, sino que es inherente a la naturaleza misma, "no solo justa y legítima —dice Vitoria— sino que tiene a Dios por autor, y ni aun el consenso de todo el orbe podría quitar o abrogarla"; ella equivale al derecho natural que tienen los individuos a defenderse contra la agresión, es el poder de defender el Estado, de asegurar su fin; sin la potestad pública, "necesariamente se disociaría la república, se disolvería la ciudad"[22].

[21] Francisco de Vitoria, Relectiones Theologicae, De potestate civili, 115: "sequitur, communitatem esse (ut ita dixerim) naturalissimam communicationern naturae convenientissimam Patet ergo fontem et originem Civitatumque rerumque publicarum, non inventum esse hominum, neque inter artificiata numerandum, sed tanquam a natura profectum...". Sobre la doctrina política de Vitoria, no he podido consultar a Salvador de Lissarrague, "La teoría del poder en Francisco de Vitoria", Madrid, 1947.

[22] Vitoria, *ibid.*, 111; "Omnis seu publica, seu privata potestas, qua Respublica saecularis administratur, non solum justa, et legitima est, sed ita Deum Auctoruin

La radicación de la potestad pública es uno de los problemas más graves para juristas y teólogos; la teoría dominante en el Derecho Común, adoptada también por la escolástica, es la del pacto de sumisión, es decir, de la posesión radical del poder por la república, la cual, al no poder ejercerla por sí misma colectivamente, la cede a un príncipe, a varios magnates o a magistrados elegidos por el mismo pueblo[23]. La doctrina española, en el período que estudiamos, participa plenamente de esta posición del problema. Los romanistas introducen tal teoría, trayendo al campo de la doctrina política el texto de Justiniano sobre la "lex regia", la transmisión del poder por el pueblo romano a los reyes. El pacto de sumisión es un contrato bilateral, por el cual el príncipe se obliga a servir al bien común y, a veces, a cumplir condiciones especiales, variables según los pueblos (las llamadas "leyes constitucionales", derivadas en la realidad histórica del Derecho Consuetudinario, pero conceptualizadas así por la teoría); el pueblo queda ligado a sujetarse permanente o temporalmente (según las formas concretas de gobierno) a la autoridad de los príncipes o magistrados. Estos no son, pues, meros "mandatarios", en el sentido revolucionario francés del siglo XVIII, es decir, depositarios de un poder libremente revocable, sino que han pactado con el pueblo, y no pueden ser despojados por él mientras no violen los deberes de su oficio: son verdaderos poseedores "actuales" de la potestad pública, en tanto que la república lo es solo en su raíz "radicaliter". La posición de Vitoria es, en este sentido, inequívoca: "La potestad monárquica o regia no solo es justa y legítima, sino que digo también que los Reyes tienen la potestad del Derecho Divino y Natural, y no de la misma República, o, en conjunto, de los hombres. Y se prueba: pues como

---

habet, ut nec orbis totius consensu tolli, aut abrogari possit"; 115: "Nam si omnes aequales essent, et nulli potestati subditi, unoquoque ex sua sententia et arbitrio in diversitatem tendente, necessario distraheretur Republica, dissolveretur Civitas; nisi aliqua esset providentia, quale in communi curaret, consuleretque communi bono".

23 La formulación y transmisión de la doctrina del pacto de sumisión, a la vez que su nítida diferenciación con el pacto social, por el cual se explica el origen mismo del Estado, están expuestas por Otto von Gierke en "Das deutsche Genossenschaftsrecht", III, 568-581, y en "Johannes Althusius und die Entwicklung der naturrechtlichen Staatstheorien", 76-121 y 340-349.

la república tiene potestad sobre sus partes, pero esta potestad no puede ser ejercida por la misma multitud (pues en verdad no puede cómodamente dictar leyes y promulgar edictos, dirimir juicios y castigar a los transgresores) fue necesario que la administración de la potestad se encomendara a alguno o a algunos, que tuvieran a su cargo este cuidado...: por tanto pudo encomendarse esta potestad, que es la misma de la república". "Parece, pues, que la potestad regia no viene de la república, sino del mismo Dios, como sienten los Doctores Católicos. Pues, aunque es constituida por la república (porque la república crea, al rey), no transfiere al rey la potestad, sino la propia autoridad, ni hay dos potestades, una regia, otra de la comunidad. Yerran, pues, como parece, los autores que conceden que la potestad de la República es de Derecho Divino, pero no la potestad regia"[24].

La diferencia entre la monarquía y las otras formas consiste, para Vitoria, no solo en el número de los titulares, sino que, en el principado monárquico, el Rey está por sobre cada uno de los súbditos, y por sobre la república entera, y no se puede apelar del Rey a la república[25]. Este último problema toca ya a una cuestión menos primordial que

[24] Vitoria, *ibid.*, 119: "Monarchiam, sive regiam potestatem non solum justam esse, et legitimam, sed dico Reges etiam a jure divino et naturali habere potestatem, et non ab ipsa Republica, aut prorsus ab hominibus. Et probatur: Quia cum Respublica potestatem habeat in Reipublicae partes, haec autem potestas per ipsam multitudinem exerceri non potest (non enim commode possit leges condere, atque edicta proponere, lites dirimere et transgressores punire) necesse ergo fuit, ut potestatis administratio alicui, aut aliquibus commendaretur, qui hujusmodi curas gererent. ergo potuit commendari potestas, quae eadem est, quae Reipublicae"; 120: "Videtur ergo quod regia potestas sit non a Republica, sed ab ipso Deo, ut Catholici Doctores sentiunt. Quamvis enim a Republica constituatur (crea t namque Respublica regem) non potestatem, sed propriam authoritatem in regem transfert, nec sunt duae potestates, una regia, altera communitatis. Errare ergo videntur authores concedentes Reipublicae potestatem esse de jure divino, non autem regiam potestatem".

[25] Vitoria, *ibid.*, 124: "Rex est super totam Rempublicam: violo dicere, quod in regio Principatu Rex est non solum supra singulos, sed etiam supra totam Rempublicam... Quia si Republica esset supra Regem, ergo esset Principatus democraticus, id est popularis, et sic non est Monarchia et Principatus unius Item non appellatur a Rege ad Rempublicam...".

la forma del Estado, a saber, al de la forma de gobierno. La doctrina romanista del pacto de sumisión y de trasmisión de la autoridad era una construcción jurídica conceptual, que podía dar cuenta de los vínculos históricos existentes de consentimiento y fidelidad, del dualismo Rey-Reino; ella suministraba una legitimación del derecho de resistencia, tan arraigado en el Derecho Consuetudinario, al captado como castigo por la ruptura del pacto. Pero la teoría era políticamente neutral, podía justificar todas las formas de gobierno de la época: la radicación originaria del poder en la república era un punto de partida general, las diferencias se marcaban al determinar si la cesión que ella efectuaba era total o parcial, irrevocable o precaria. En este plano, como se sabe, aparecen en la Edad Media tardía defensores abiertos de la potestad popular, de la posesión "actual" del poder por la multitud. Pero no es este el caso de Vitoria, de Soto, de Covarrubias, ni tampoco, posteriormente, de Suárez, los que, aceptando la legítima posibilidad de todas las formas de gobierno, se inclinan a la monarquía como forma superior, y ciertamente a una monarquía absoluta y perfecta. La gran excepción en este sentido, a comienzos del siglo XVII, será Juan de Mariana, defensor de la realeza limitada por leyes constitucionales y por organismos estamentales. En general, la gran línea del pensamiento español del siglo XVI es netamente monárquica.

Otro aspecto fundamental de la teoría política, que debemos considerar, es el de la relación del Estado al Derecho. Si el Estado es de Derecho Natural, su primer deber es el respeto de ese Derecho. Pero este deber pudo ser concebido en diversos sentidos. Hay una corriente voluntarista de romanistas y canonistas, italianos en su mayor parte, para los cuales el Derecho Natural es ciertamente un límite a la voluntad del legislador, pero este queda libre en el campo del Derecho Positivo, acentuando, dentro de este, el momento de la voluntad. En cambio, la teología tomista y algunos juristas, preferentemente alemanes y franceses, conciben el Derecho como una razón unitaria, progresivamente particularizada, desde la ley natural y divina, hasta las leyes positivas; aunque colocaban el Derecho Positivo bajo el legislador eclesiástico o civil, acentúan más el momento de la racionalidad de la norma que el de la libre voluntad del legislador[26]. En tanto que la posición voluntarista remató con la doctrina de Bodin sobre la soberanía, y vino a influir parcialmente en España en el siglo XVII, la concepción que podríamos llamar racional del Derecho Positivo domina en todo el siglo XVI español. La monarquía absoluta, tal como la conciben allí los doctores, es siempre un absolutismo templado por la ética, el Derecho Natural y Divino, y por un sentido normativo de la propia legislación estatal, actitud que armoniza claramente con la inspiración de las Partidas. La suma potestad, en este sentido, no es "soberana". La dirección hacia el bien común es la razón interna del poder y del valor de las leyes, y esa su finalidad inmanente las arraiga y fundamenta en el Derecho Natural, que abarca todo el bien del hombre. El gobierno tiene su poder, dice Alois Dempf comentando la teoría de Vitoria[27], no por un pacto constitucional, como tampoco las leyes positivas reciben su poder moral del legislador, sino más bien de la utilidad de la república, de la necesidad propia de la ordenación general de la vida; cuando la ley no corresponde ya al bien común, ya no es ley; aunque no admite Vitoria el derecho directo de resistencia por transgresiones aisladas del bien común, piensa que el papel de los consejeros del Rey es justamente velar por esa dirección al bien común. El Rey, según ese mismo teólogo, está sujeto, aunque no coactivamente, a respetar sus propias leyes, ya que ellas no obligan por la voluntad del legislador, sino por la utilidad pública y la conveniencia con el

[26] Otto von Gierke, "Johannes Althusius", 277: Durando, Alberico Roscellini, Baldus, Eneas Silvio Piccolomini, Hugo de Fleury amplían la omnipotencia formal del príncipe, aceptando la resistencia solamente cuando existía violación del Derecho Divino; en el siglo XVI su posición culmina en Bodin; 279 y siguientes: la acentuación del carácter razonable de la ley positiva, más bien que de la creación de la voluntad del legislador, se marca en los alemanes Ulrico Zasius y Althusius, el francés Cujacius (según el cual, el pueblo, antes de la transmisión, tenía una potestad limitada, y como tal la había entregado), los tomistas españoles, los monarcómacos franceses, los teóricos alemanes de la doble majestad. Emil Naszalyi, "El Estado según Francisco de Vitoria", identifica erróneamente la "potestad suma" de la doctrina española con la "soberanía" de Bodin (p. 139 y ss.).

[27] Alois Dempf, "Christliche Staatsphilosophie in Spanien" 42-43.

Derecho[28]. Gregorio López, en su Glosa 2 a la ley XXIX, tít. XVIII, III Partida, niega el valor de la cláusula por la cual las cartas del Rey deben cumplirse en virtud de la plena potestad, "ex plenitudine potestatis", cuando ellas son contrarias al bien común. Esta actitud ante el problema de la legislación positiva solo comienza a alterarse, como señala Otto von Gierke, en el umbral mismo del siglo XVII, en el pensamiento de Suárez.

La doctrina dominante en el siglo XVI español, la que actúa en los juristas y teólogos que crean la legislación y administran la justicia letrada en Indias, puede, pues, caracterizarse por un sentido clásico del pensamiento jurídico. El orden del Derecho y del Estado es pensado como un fragmento del orden general, regido por leyes que derivan de una legalidad superior, filosófica y teológicamente fundada. Aristotelismo y romanismo confluyen en la teoría del Estado: aquél por su explicación orgánica y finalista de la sociedad, este por la conceptuación que articula las relaciones políticas en categorías precisas. El influjo de los hechos históricos contemporáneos se manifiesta en la preferencia por la monarquía perfecta y absoluta, pero situándola siempre dentro de un horizonte jurídico, como realizadora del Derecho. El predominio de la teología tomista sobre la voluntarista es decisivo para esta etapa de la historia del pensamiento jurídico español, tan ligado a la teología. La palabra soberanía se usa, a veces, en el sentido de supremacía jurisdiccional: el Rey es soberano en cuanto no tiene superior en el orden temporal, es Emperador en su propio Reino, como lo plantean las Siete Partidas; pero la soberanía como voluntad desligada de las leyes, es ajena a la concepción jurídica de esta época, tan penetrada de la idea de unidad íntima de todas las partes del Derecho. Así, las decisiones en que los Reyes quebrantan los privilegios generalmente se fundamentan, más bien que en la mera declaración de la plena potestad, en antecedentes que presentan a tales privilegios como contrarios al bien común y a la equidad; es decir, la voluntad sirve a principios racionales de Derecho, al derogar un derecho existente.

[28] Vitoria, *ibid.*, 127: "Ut autein Lex Humana sit justa, et possit obligare, non sufficit voluntas legislatoris: sed oportet quod sit utilis Reipublicae, et moderata cum caeteris"; 132: los Reyes están obligados a las leyes que ellos mismos dictan.

La unidad de la "ratio" jurídica es una unidad de subordinación y de participación; la misión del Estado es realizar esta subordinación del Derecho Positivo al Natural y al Divino, y hacer partícipe a la realidad por medio de la legislación y la justicia, de la idea de Derecho. La organización de hecho del Esta-do, con su realeza, sus órdenes y clases, sus instituciones de Consejo, jurisdicción y administración, sus ciudades, etc., es elevada por los teóricos de la política, desde el siglo XIII en adelante, al plano de un orden racional que se procuraba enlazar con la Política aristotélica.

El Estado español, con un poder real firmemente asentado por Fernando e Isabel, con un Derecho muy maduro, es el que realiza la experiencia colonial, y sufre en el curso de ella determinadas transformaciones, cuyo resultado constituye lo que podemos definir como el Estado Indiano.

LA INCORPORACIÓN DE LAS INDIAS A CASTILLA

Gracias al descubrimiento de Colón, Isabel y Fernando adquieren un dominio territorial nuevo, como antes habían ganado las Canarias y Granada. Las Indias son un señorío de los Reyes, quienes firman las capitulaciones de Santa Fe en cuanto "sennores... de las mares Oceanas". Aunque el "señorío" tiene en los textos medievales castellanos pluralidad de sentidos, el de las capitulaciones es, evidentemente, el señorío real, pues se confieren al descubridor oficios emanados del Derecho Regio, cuyas atribuciones serían las mismas que tenían en Castilla (Privilegio de 30-IV-1492).

El título del nuevo dominio era inicialmente el descubrimiento; pero los reyes acudieron en 1493, como ya antes en las competencias con Portugal en el curso del siglo XV, al Derecho Papal, recibiendo de Alejandro VI, en las dos Bulas Inter Coetera de aquel año, "plena, libre y omnímoda potestad, autoridad y jurisdicción", para ellos personalmente, y luego para sus sucesores en los reinos de Castilla y León, en las islas y tierras descubiertas y que se descubrieren dentro de límites determinados.

Desde 1493 se inicia el proceso de incorporación de las Indias a la organización del reino de Castilla. Un consejero de Castilla, el obispo Fonseca, se encarga de despachar el nombre del rey todos los asuntos, y señala las cartas reales relativas a las nuevas tierras; el Consejo de Castilla tiene competencia judicial suprema en ellas; la Real Hacienda queda en manos de un teniente de los Contadores Mayores de Castilla.

A pesar de esta accesión a la organización castellana, cuyo fundamento es la sumisión de las tierras descubiertas a la suprema jurisdicción de los reyes de Castilla —supremacía de jurisdicción o señorío que en las Partidas es la que conecta las tierras en la unidad del "Reino"— las indias no son inicialmente del realengo, no pertenecen a la Corona. La corona era, como ya se dijo, la entidad a la cual se atribuía el directo dominio jurisdiccional de tierras, ciudades, villas y vasallos de realengo que, según la legislación del siglo XV, se debían conservar intactos, y transmitir conforme a las reglas de sucesión dinástica. Los territorios que los reyes no heredaban, sino de reciente adquisición, no se incorporaban todavía al dominio de la corona (Juan Manzano)[29]; los reyes habrían podido hacer donaciones o Mercedes de ellos a algún señor, disponiendo libremente durante su vida, en tanto que el realengo debía mantenerse, no solo bajo su supremacía, sino bajo su directa jurisdicción. Sin embargo, en el caso de las Indias, esta situación estaba modificada, porque las bulas de Alejandro VI, al designar sucesores de Fernando e Isabel a los futuros reyes de Castilla y León, fijaban ya una condición de incorporación a la Corona para después de la muerte de aquellos, y así lo entendió Isabel, que en su testamento dejó las nuevas tierras a su hija Juana, reina de Castilla, llegando solamente a Fernando la mitad de las rentas (1504). Fernando, sin embargo, siguió considerándose señor de la mitad de las Indias, apoyándose, en parte, en las mismas Bulas que le hacían donación personal. Desde 1504, por ser parte, se acrecienta la relación orgánica de Indias a Castilla: el Secretario de los Reyes de Castilla figura junto a Fonseca en las cartas; los contadores mayores de Castilla rubrican las cédulas que importan gastos para la Real Hacienda; el Consejo de Castilla no solo continúa teniendo la competencia judicial, sino que paulatinamente se forma un grupo de consejeros dentro de su seno que, con o sin Fonseca, rubrican todas las cartas, y van constituyendo el germen del Consejo de las Indias, en un

[29] Juan Manzano: "la incorporación de las Indias a la corona de Castilla", 315 y siguientes, trata este problema en todos sus detalles, a lo largo del reinado de Isabel y Fernando. Manzano ha desarrollado consecuentemente esta diferenciación entre bienes de los Reyes y bienes de la corona, en relación a las Indias. Lo hemos seguido en nuestra exposición, salvo en un punto: él explica el hecho de que Fernando legara su mitad de las Indias a Juana de Castilla por su afán de evitar que en las nuevas tierras se reprodujeran las libertades aragonesas, motivo que, según Mariana, lo llevó también a incorporar el reino de Navarra a Castilla y no de Aragón. En el caso de las Indias, no comprendemos la necesidad de esa conjetura, pues las Bulas en las cuales fundaba la interpretación de Fernando sobre su propio dominio en Indias, estipulaban la incorporación de ellas a la Corona de Castilla, a la muerte de ambos Reyes. La tesis de Manzano sobre este punto particular está en las páginas 338-353.

proceso administrativo descrito por Ernesto Schäfer[30]. Las pretensiones de Fernando a la mitad del señorío terminan con su muerte (1516); para Juana y Carlos V, las Indias, como dominios heredados, formaban parte inalienable de la corona, concordando además con la disposición de las Bulas. Las ciudades de La Española, en lucha por su libertad contra Diego Colón y siguiendo la política de la ciudades castellanas de mantenerse libres —es decir, inmediatas al Rey, exentas de toda jurisdicción señorial—, obtuvieron la Provisión de 14-IX-1519, que prometía solemnemente, y para siempre, que la isla no sería apartada de la Corona; en 9-VII-1520 se extendió la promesa a todas las islas y tierras firmes descubiertas y por descubrir, y en 22-X-1523 recibió la misma franquicia la Nueva España. Los tres textos declaran que se trata solamente de una confirmación del juramento inicial prestado conforme a las Partidas, y del precepto de las Bulas[31]. De este modo, todas las Indias pasan a tener la condición del realengo castellano, a ser inseparables de la corona y del reino de Castilla.

Las Provisiones no fueron, sin embargo, estrictamente aplicadas. La Corona concedió señoríos jurisdiccionales a algunos de los grandes conquistadores y más tarde a personas que capitularon poblaciones, hasta el pleno siglo XVIII; pero, en suma, los señoríos fueron escasos, fuertemente controlados por la jurisdicción regia y no comprendieron ninguna ciudad importante. Este último fue particularmente decisivo para la Corona. Cuando se prometió a los encomenderos el repartimiento perpetuo con jurisdicción, varias veces, de 1528 en adelante, se eliminaba siempre las cabeceras de provincia; por lo demás, aquel plan jamás se realizó. No obstante, la lucha de las ciudades contra los señoríos, característica del Estado medieval, alcanzó a esbozarse en el pleito de la ciudad de México contra Cortés, cuando este pretendió incorporar a su Marquesado dos pueblos cercanos a la ciudad, acotando los montes y pastos que ella necesitaba. En el litigio que se suscitó, la merced real del señorío fue combatida por la ciudad, fundada en la provisión de la inalienabilidad de 1523; pero el punto litigioso se

30 Ernesto Schäfer, "El Consejo Real y Supremo de las indias", I. 2-40.

31 Las provisiones están en CI, I, 58-60.

resolvió legislativamente, al ordenarse que los terrenos de montes y pastos del Marqués fuesen comunes[32].

La unión con el Reino de Castilla es una premisa de valor general. En ella se pasaba el fiscal del Consejo de Castilla, durante el pleito con Diego Colón, para alegar la vigencia de las leyes castellanas en Indias. Los Textos legales eran muchas veces terminantes. Así Felipe II, al anunciar la abdicación de su padre, por cédula de 17-I-1556, hablaba de los "Reynos y señoríos de Castilla y León, y lo anexo y dependiente a ellos, en que se incluyen esos estados de las Indias". Sin embargo, la accesión de las Indias a Castilla es un supuesto jurídico no un programa político, como lo fue a fines del siglo XVIII: un punto de partida más que un plan, ya que no existe en el XVI el sentido sistemático y unitario del XVIII. La monarquía es un haz de dominios, dentro del cual las Indias, no obstante su accesión a Castilla, se desarrollan con amplia autonomía. El Consejo de Indias, definitivamente ordenado en 1524, alcanza el título de Supremo, que excluye la jurisdicción del de Castilla. Las Ordenanzas de las dos Audiencias indianas de 1528 inician en cierto modo la definición legal del Derecho Indiano, al establecer la prioridad de las disposiciones especiales para Indias sobre las leyes castellanas, que adquieren una vigencia supletoria[33].

En ciertos campos se plantea en forma más aguda el problema de la relación del dominio indiano al castellano. Uno de ellos es el de la lucha por las encomiendas y oficios de Indias, entre los primeros conquistadores y sus descendientes y los no residentes o los recién llegados. Cuando Nieva y los Comisarios de la Perpetuidad redactan en mayo de 1562 su Memorial, advierten contra los peligros de conceder perpetuamente todas las encomiendas a los descendientes de los

[32] La merced del señorío a Cortés de 6-VI-1523, en PCI. El litigio citado, en una información de la segunda audiencia, en 1531, en CDIAO 14, 329 y siguientes.

[33] El alegato del fiscal en el pleito con Colón, en CDIU 1524, en 8, 356-361. Cédula de 1556, en CI, I, 35. Este texto, como el de la Cédula de 1-XI-1591 (CI, III, 436-437) muestran que no existía en el siglo XVI la pretendida oposición entre "incorporación a la Corona", de qué se habla en las provisiones de 1519, 1520 y 1523, e "incorporación a los Reinos", de qué si habla en 1556 y 1591. Esta oposición, supuesta en el siglo XVI, se haya enunciadas, por ejemplo, en C. H. Haring. "The Spanish Empire in América", 7.

conquistadores, por la desvinculación que se creará entre las colonias y la metrópoli. El "criollismo" como tendencia antiunitaria es ya definido en la correspondencia de las autoridades del Perú del decenio de 1560. Pero un campo en que se plantea, más inmediatamente, el alcance de la accesión fue el de la Hacienda Real. Las necesidades del Fisco Regio, ya durante los últimos años de Carlos V, imponen por primera vez una reforma importante al sistema de Consejo separado, consistente en quitar al Consejo de Indias el manejo de la Hacienda de Indias, entregándola al de Hacienda, pues la situación guerrera y diplomática de la monarquía exigía a veces una libertad completa Y una rapidez que no se conciliaba con la administración separada. Felipe II alcanzó a realizar dicha reforma en 1556-57. En este último año, los Oficiales de la Casa de Contratación recibieron sus Instrucciones del Consejo de Hacienda; pero las dificultades del desglosamiento detuvieron la marcha del nuevo sistema, de manera que hacia 1563 se detiene su aplicación[34].

Se produjo un factor que permitió la consideración teórica de las Indias como dominios diferentes dentro de la monarquía, a saber, la literatura teológica sobre los justos títulos. Hoffner señala que Vitoria, en su "De Temperantia" plantea un principio que va a ser luego ampliamente usado por los juristas indianos del siglo XVII: el de que el Rey que tiene diversos dominios en señoríos políticos, no los debe tratar como partes de su dominio propio, sino a cada uno como comunidad perfecta, supuesto que anteriormente lo fuera. Vitoria, como se sabe, afirma en general la posibilidad de estado perfecto entre los infieles, entendiendo por Estado o República perfecta aquella que tiene sus propias leyes, Consejo y magistrados, es decir, aquella que se gobierna, como totalidad, por sí misma. Por otra parte, Las Casas aportó la afirmación de que históricamente, las organizaciones indígenas eran estatales, y sobre tal supuesto construyó todas sus tesis. Así, la teología parte de un criterio distinto del de la accesión; sin embargo, es evidente que es este último el contenido —aunque sea en forma

[34] Sobre la tentativa de unificación financiera, ver Ramón Carande, "Carlos V y sus banqueros", I, 312-314; E. Schäfer, "El Consejo...", I, 103-109.

poco rígida y sin planificación unitaria alguna— en la legislación y en el Derecho Indiano. Las posibles consecuencias prácticas de la actitud propia de los teólogos las muestra un alegato como el del Lic. Francisco Falcón en defensa de los indios del Perú en el Concilio de Lima de 1567. Falcón declara que el Rey debe gastar las rentas del Perú en la conversión y administración de esta tierra, no pudiendo ayudar con ellas a las necesidades de los Reinos de España sin primero remediar las del Perú; declara que la contratación con España es innecesaria, pues el Perú tiene todo lo preciso para subsistir por sí solo. Su tesis parte del principio de qué debe considerarse "cada reino de por sí". Es evidente que esta rígida separación no triunfó en Derecho Indiano: en el plano legislativo, por la vigencia de las leyes castellanas, aunque progresivamente en un rango supletorio: en cuanto a la Real Hacienda, porque la política fiscal regia exigió cada vez más la colaboración Indiana, a partir de Carlos V, y sobre todo de Felipe II. Más tarde, Solórzano marcará la posición oficial con su doctrina de que las Indias se han unido a los reinos de Castilla por accesión, sin formar Reino separado[35].

[35] Joseph Hoffner, "Christentum und Menschenwürde. Das Anliegen der Kolonialethik Spaniens im goldenen Zeitalter", 220 y 285. La representación de Falcón en el concilio de Lima, en "Colección de Libros y Documentos referentes a la Historia del Perú, por Horacio H Urteaga y Carlos A. Romero, tomo XI, 133-176; y en CDIAO, 7, 451-495. La doctrina de Solórzano, en "Política Indiana" IV, XIX, 31 y 37; V, XVI, 12; VI, VIII, 12.

CREACIÓN DE LOS ÓRGANOS DE JURISDICCIÓN Y DE GOBIERNO

Los Reyes Católicos han llevado a la realidad el principio de que toda jurisdicción y gobierno temporales pertenecen en último término al Rey; su límite aparece solamente en la esfera sacerdotal. La justicia es la primera "regalía" o derecho regio; el Rey puede corregir incondicionalmente todos los fallos mediante recursos ordinarios o extraordinarios, o abocarse las causas por un mandamiento explícito; la limitación está exclusivamente en el ejercicio de la regalía: el Rey no juzga por sí, sino que lo hacen en su nombre las Audiencias y el Consejo. Junto a la justicia, está la "buena gobernación" del Reino hacia el bien común, que incluye el poder de tomar decisiones legislativas y administrativas, el de ejecutarlas: en suma, la responsabilidad por la realización del orden estatal. La legislación de la Baja Edad Media distingue justicia y gobierno, aunque los titulares de ambas funciones son generalmente los mismos. La finalidad del buen gobierno, como concepto, aparece gracias a la doctrina política del siglo XVIII; para cumplir este nuevo fin, no se crean órganos distintos, sino que se orienta en nuevas direcciones la acción del rey y de sus agentes; el gobierno se presenta con una función de los titulares de jurisdicción; esta, históricamente anterior, define la situación de cada institución. El Rey, los Adelantados, Merinos, Corregidores, etc. (llamados en globo "los justicias") juzgan y gobiernan, pero proceden en cada una de estas funciones conforme a reglas diferentes. Esta diferenciación de funciones ha sido destacada principalmente por Alfonso García Gallo[36].

Estudiaremos la fundación de las jurisdicciones y gobernaciones, no para seguir el curso de cada institución, sino para aclarar la

[36] Alfonso García Gallo. "Los orígenes de la administración territorial de las Indias", en el anuario de historia del derecho español, tomo XV, 16-106.

concepción estatal que se va a precisando en el proceso mismo de las fundaciones. Dejaremos fuera de nuestro campo el estudio sistemático de dos esferas especiales, la Hacienda y la Guerra, para concentrarnos en las funciones generales de la justicia y el gobierno.

1. Período 1492-1499

La organización Indiana no se funda inicialmente en una ordenación administrativa, sino en Capitulaciones con el descubridor, es decir, en la acción de la iniciativa individual apoyada y privilegiada por la Corona. Las Capitulaciones eran privilegios conferidos para realizar un rescate con los naturales, una conquista o población, dentro del marco fijado por el Rey. En el caso de Colón, el contenido de sus Capitulaciones ha sido investigado críticamente por Alfonso García Gallo, en cuyas conclusiones principales nos basamos. Según las Capitulaciones de Santa Fe, ampliadas por el privilegio de 30-IV-1492, Colón tendría hereditariamente el Almirantazgo y el Virreinato y Gobernación. El Almirantazgo implicaba mando y jurisdicción sobre flotas y tripulaciones, sobre "los fechos e cosas y contratos que pertenecen a la mar", conforme a los privilegios de los Almirantes de Castilla, que se extendía al Almirante de Indias. El almirante debía ser obedecido como si fuese el mismo Rey. El Virrey y Gobernador (dos títulos unidos inseparablemente en las fuentes) tiene jurisdicción ordinaria plena (alta y baja justicia, mero y mixto imperio, según la terminología precisa de la época), y está encargado, en nombre del rey, de la buena gobernación de la tierra. Es un oficio que debía regularse por el Derecho Castellano; sin embargo, conforme a las investigaciones de García Gallo, y a las de Vicens Vives[37], Virreinato y Gobernación provienen del Derecho aragonés. Se confía en 1493 a Colón el sello real, con el que puede proveer en nombre del Rey. Las capitulaciones distinguen justicia y

[37] J. Vicens Vives, "Precedentes mediterráneos del Virreinato Colombino, en el Anuario de Estudios Americanos, V, 571-601, quien discute varios resultados de la anterior investigación de García Gallo.

gobierno: a pesar de qué Colón ejerce ambas funciones, tiene derecho solamente a nombrar oficiales de justicia (alcaldes, alguaciles); los de gobierno son de designación real (regidores). Mientras la justicia se entrega para ser perpetuamente ejercida conforme al oficio de Virrey y Gobernador, el buen gobierno se realiza según una legislación regia que comienza a la vuelta del primer viaje, y que varía continuamente. Los Reyes han retenido más directamente el gobierno y la legislación, cediendo, en cambio, la jurisdicción, con la reserva de la supremacía de justicia.

En 1493 se inicia la organización militar y fiscal en Indias. Colón es designado Capitán General, con jurisdicción y mando sobre las tropas. En el segundo viaje van un lugarteniente de los Contadores Mayores de Castilla, un receptor y un veedor, germen de los futuros Oficiales Reales.

Colón podía designar lugartenientes y oficiales con jurisdicción. Entre estos últimos el principal fue el adelantado, Bartolomé Colón, quien sustituyó a su hermano durante su ausencia en 1496-98: su designación parece haber sido ilegítima, pues no se comprendía tal oficio dentro de los que el Almirante podía designar, de manera que fue necesario un nombramiento ulterior de los Reyes. En Indias no tuvo los caracteres que en Castilla, sino un rango más puramente militar, y un sentido honorífico. Otros oficiales de justicia designados por Colón fueron el alcalde ordinario y el alcalde mayor, cargos ambos ejercidos por Francisco Roldán, aunque la alcaldía mayor requería la condición de letrado, que él no tenía. Después de su rebelión y sus capitulaciones con Colón, Roldán se atribuyó a su vez el derecho de justicia en otras islas, nombrando en ellas lugartenientes, contra la tesis del Almirante.

2. El período 1499-1570

La gobernación de La Española, y las de provincia conquistadas. —Bobadilla, nombrado Juez Pesquisidor, para conocer de los disturbios causados por la rebelión de Roldán, llevaba también Provisiones de Gobernador, que hizo valer enseguida que llegó a las islas, en 1500.

Bobadilla y su sucesor Ovando inauguran en Indias el tipo de gobernador funcionario. Las atribuciones de este oficio quedan definidas en sus nombramientos. Como justicias, ejercen jurisdicción ordinaria en todos los asuntos criminales y civiles, pueden decretar pesquisas, nombrar lugartenientes, percibir las costas del proceso y derechos judiciales que se agregan a su salario; pero las penas pecuniarias impuestas por sus sentencias pertenecen al rey ("penas de Cámara"). Como titulares del gobierno de sus distritos tienen poder para desterrar sin forma de justicia. Las Provisiones de nombramiento no indican ninguna otra atribución gubernativa; son las Instrucciones, Cédulas y Cartas reales las que van marcando la orientación que debe seguir en el uso de esa función. Los Gobernadores pueden dictar mandamientos en justicia y en gobierno, en realización de los fines del oficio, pero bajo su propio nombre, sin el sello real.

Todos los futuros Gobernadores de Indias tendrán ese mismo conjunto de atributos como base de su oficio, aunque a ellos se agreguen a veces otros poderes. Como la denominación es, en realidad, reciente en la misma Castilla, en los primeros años de Indias el título suele variar, pero le corresponden siempre las mismas funciones. Así se habla de "Juzgado y Gobernación" o simplemente de Gobernación; Pedrarias Dávila es llamado "Lugarteniente General y gobernador" durante su mando en Tierra Firme (1513-26). A partir del cuarto decenio del siglo, queda definitivamente fijado el título: Gobernador.

A pesar de la transgresión de las capitulaciones de Santa Fe, los Reyes siguen haciendo uso de esa forma, generándose así nuevas gobernaciones. La relación de ellas con La Española es vacilante: en 1501 Yáñez Pinzón y Ojeda son gobernadores independientes, por considerarse, sin duda, que los territorios respectivos no han sido descubiertos por Colón; pero cuando se renueva la capitulación de Ojeda en 1508, para Urabá, se les somete a la segunda instancia del gobernador de La Española. Cuando los nombramientos reales o las capitulaciones se refieren a distritos ya descubiertos por Colón —Puerto Rico, Veragua— se mantiene la dependencia jurisdiccional con respecto a la isla matriz. La gobernación de Juan Ponce de León en Puerto Rico procede de una capitulación de aquel con Ovando, como gobernador de La Española, que fue después sancionada por el rey, conservándose así perfectamente la primacía del antiguo núcleo jurisdiccional[38].

Estos Gobernadores por Capitulación son además jefes militares de sus expediciones, "Capitanes". Hay capitulaciones que solo conceden la capitanía: son expediciones de rescate, que no van a poblar, y no necesitan de una justicia permanente.

El pleito de Diego Colón (que ya en 1509 fue designado Gobernador de La Española) por recuperar los privilegios paternos, modifica la situación jurisdiccional de las Indias; además, ese litigio revela muy bien la índole de la capitulación y de los problemas jurídicos que ella creaba. Para Diego Colón, es una fuente de derechos en el mismo sentido que un contrato; para el Fiscal del Consejo de Castilla, había siempre una condición en ella involucrada, la de que la supremacía jurisdiccional del rey podía limitar los derechos concedidos; más aún, la superioridad de la legislación pública sobre los privilegios implicaba, según el pensamiento del fiscal, la nulidad del otorgamiento hereditario de oficios con Jurisdicción, pues, estos no existían en Derecho Castellano. Esta concepción romanista no logró, sin embargo, imponerse en las sentencias del Consejo de 1511 y 1520: desde la primera de estas fechas, Diego Colón pasó a ser, como su padre, en virtud del fallo judicial, Virrey y Gobernador (el Almirantazgo se había conservado siempre en manos de su padre y de las suyas). Pero en cuanto a la extensión de su jurisdicción, triunfó el criterio fiscal que la confinaba a los territorios descubiertos por Cristóbal, sentándose definitivamente el principio de la pluralidad de las Indias.

En 1511 se inicia abiertamente la creación de jurisdicciones independientes. Balboa es nombrado en 23-XII-1511 Gobernador y Capitán del Darién, confirmando la anterior elección hecha por el cabildo de esta ciudad; sin embargo, la falta de fijeza inicial en la denominación de las jurisdicciones hace que en un documento real se le llame, en

[38] Nombramiento de Bobadilla, en CDIAO 38,412-415; de Nicolás de Ovando, en CDIAO, 30, 512-516; de Diego Colón, en CDIAO, 32, 55-60; de Ojeda enn 1501, en CDIAO, 38, 476-479; de Yáñez Pinzón en 1501, en CDIAO, 30, 537; de Ojeda y Nicuesa en 1508, en CDIAO, 22, 13; de Ponce de León en 1509, en CDIAO, 31, 459-460.

1511, "Gobernador e Alcalde Mayor", y, en otro de la misma especie de 1513, "Alcalde Mayor". En todo caso, no se menciona subordinación alguna a La Española. Siguen sucesivamente los nombramientos de nuevos justicias independientes, por capitulaciones o sin ellas, según los casos: en 1512, Ponce de León es designado gobernador y adelantado de Bímini; en 1513, Pedrarias Dávila, Gobernador y Capitán General de Tierra Firme; en 1518, Diego de Velázquez, que era Teniente de Diego Colón en Cuba, recibe la Capitanía y Adelantamiento independientes para las tierras que descubriese por su industria por la región de Yucatán; en 1518, Magallanes y Rui Falero, Adelantados y Gobernadores de las islas y tierras firmes de la Especiería; más tarde, en fin, nuevos nombramientos para Nueva España, Florida, Santa María, Yucatán, etc.

Capitulaciones o simples designaciones confieren oficios diversos. Desde luego, los de orden puramente militar: Capitanía, Capitanía General, Tenencia, Alcaidía de Fortalezas. La jurisdicción y el gobierno van ligados generalmente al título de gobernador; pero hay casos como el de la capitulación del Lic. Marcelo Villalobos para la isla Margarita (1525), en que figura la simple denominación de "Justicia", que parece tener un contenido idéntico a aquel.

El Adelantamiento —que en La Española perteneció hasta su muerte a Bartolomé Colón, sucediéndole en 1515 el Virrey y Gobernador Diego Colón, llevando ambos el título de "Adelantado de las Indias" fue concebido desde 1512 en otros territorios por descubrir y poblar. El carácter del cargo es inicialmente problemático. Ponce de León es designado Gobernador y Adelantado de Bímini, y se le fija como retribución de la empresa, un 10% de las rentas reales de esa tierra, sin que ese porcentaje esté afecto a uno u otro cargo. Balboa, que es simplemente Adelantado, está subordinado al Gobernador de Tierra Firme, y debe recibir los "derechos e sueltos" que reciben los adelantados en España y en Indias; el sueldo no se precisa, pero los derechos judiciales indican la existencia de jurisdicción. Velázquez recibe también el solo título jurisdiccional de Adelantado —a parte de la capitanía, puramente militar—; percibe un sueldo (no se especifica si como Capitán o como Adelantado), y un porcentaje de las utilidades. Magallanes y Rui Falero reciben el Adelantamiento y

Gobernación, no solo de por vida, si no en herencia perpetua, y con un porcentaje de los aprovechamientos de la tierra. La nota común de los Adelantados era, según estos primeros documentos, su calidad de descubridores; resulta incierto si tenían jurisdicción y remuneración en cuanto Adelantados o por otros conceptos. Pero, desde la capitulación con Lucas Vázquez de Ayllón para la Florida, (1524), se puede marcar nítidamente la acepción del título como un honor. En efecto, se le designa Adelantado por su vida y la de un hijo, mientras que la gobernación es solamente por su vida, y el sueldo se le fija precisamente como Gobernador. Todavía en las capitulaciones de 1524 con Bastidas, los términos son análogos a los pactados con Velázquez en 1518; pero ya en las capitulaciones de 1526 (Montejo, Pánfilo de Narváez), y en las posteriores, se produce la definitiva acuñación del Adelantamiento, así como del Alguacilazgo Mayor (este en menor rango) como honores perpetuamente hereditarios, sin sueldo y sin exigencia de aptitud especial; en tanto que las Gobernaciones capituladas solo se conceden vitaliciamente, o, a lo más, por dos vidas, y siempre que el sucesor sea hábil y aprobado por la Corona. La monarquía ha rectificado paulatinamente el criterio de 1492, absteniéndose de otorgar en herencia perpetua el gobierno de las nuevas tierras, cediendo solamente a los descendientes del conquistador títulos desafectados de jurisdicción, y sobre todo de poder gubernativo[39].

Ya hemos definido los poderes del gobernador de la época de Colón y de sus inmediatos sucesores; pero ellos han sufrido variaciones posteriores. Por su parte, se ha prohibido expresamente a algunos que

[39] Referencia sobre el nombramiento de Balboa como "Gobernador y Alcalde Mayor" por el Cabildo, y sobre su confirmación real como Gobernador, en Antonio de Herrera, "Historia General de los Hechos de los Castellanos", edición de la Academia de la Historia, tomo III, 337, nota 2; la Provisión de 24-VII-1513, en que se llama a Balboa "Alcalde Mayor", en José Toribio Medina, "El Descubrimiento del Océano Pacífico", II, 38. Nombramientos y Capitulaciones de Ponce de León, en CDIAO, 22, 26-32; Pedrarias en J.T. Medina, "El Descubrimiento…", II, 41-44; Balboa (como Adelantado), en id. *Ibid.*, 68-89; Velázquez, CDIAO, 22, 38-45; Magallanes y Falero, CDIAO, 22, 46-51; Villalobos, CDIAO, 22, 116-124; Vázquez de Ayllón, CDIAO, 22, 201-223 y otro gran número de capitulaciones, en CDIAO, tomos 22 y 23.

administren directamente su jurisdicción, debiendo dejarla a alcaldes mayores letrados (a Pedro de los Ríos en Tierra Firme, 1526; a Pedrarias Dávila en Nicaragua, 1527). El poder legislativo del gobernador, que reposaba inicialmente en la autorización discrecional para resolver en determinados asuntos, sobre los cuales no podía darse regla cierta en la península, confiriendo se facultad expresa para resolverlos, se amplía en un poder general para dar Ordenanzas de buen gobierno, como el que lleva Pedrarias Dávila a Tierra Firme en 1513. Y aparece, sobre todo, la prerrogativa de encomendar indios y de repartir tierras.

El poder de repartir tierras, conferido en 1497 a Cristóbal Colón, ha sido transmitido a los posteriores Gobernadores de La Española, y figura luego en las diversas capitulaciones. El derecho a encomendar indios, que se practicaba desde la época de Colón y Bobadilla, es sancionado por los Reyes en 1503; pero, desde 1511, y particularmente desde las leyes de 1512-13, Fernando el Católico lo reserva como una regalía, prohibiendo que lo use Diego Colón; en su nombre proceden a encomendar los Jueces Repartidores enviados en 1514; en Cuba recibe dicho título el mismo teniente de Gobernador, Diego de Velázquez. Pero esta reserva se refiere solamente al distrito jurisdiccional de los Colón; Pedrarias Dávila lleva poder para encomendar en 1513. Abolida la institución para el futuro, en 1520 y en 1523, fue no obstante regenerada por Cortés, como gobernador de Nueva España; y, en fin, desde 1526, todos los capítulos antes tienen licencia para repartir, haciéndolo con acuerdo de los religiosos. Tal prerrogativa, suprimida en las nuevas leyes de 1542, es restaurada en 1545; durante la segunda mitad del siglo, se produce, en fin, una diferenciación entre los gobernadores con poder de encomendar, y aquellos que carecían de él, sea porque residía en los Virreyes o Audiencias, sea en el solo Rey.

Las Gobernaciones son, pues, las unidades fundamentales de las Indias en los primeros decenios del siglo XVI, los núcleos de donde surgió el más complejo sistema posterior, por un doble proceso de fraccionamiento y delegación de las jurisdicciones, hacia abajo, y de conglomeración en torno de las unidades más bastas de Virreinatos y Audiencias, hacia arriba.

Pero el rasgo constitucional más importante de las primitivas Gobernaciones es el sentido comercial, luego vecinal, de la remuneración de los Gobernadores, propia de la situación colonial. Colón recibe un décimo de todas las rentas de Indias, y el derecho a participar con una octava parte en todos los rescates o trueques con los indios, llevando un octavo del cargamento de las mercaderías que se habrían de cambiar. El porcentaje concedido al capitulante de un décimo, un veinteavo, etc., de todas las rentas reales en los territorios por descubrir, figura en muchas capitulaciones. Pero, además, estas contienen el derecho a adjudicarse tierras e indios de encomienda, es decir, entradas que no son ya utilidades mercantiles, sino que proceden de formas de avecindamiento. Los Gobernadores designados, como Ovando, Pedrarias, etc., gozan del mismo derecho. Los salarios y entradas judiciales de los Gobernadores son mucho menos importantes que este conjunto de rentas extraburocráticas. Néstor Meza ha clasificado estas utilidades en tres tipos: 1. Provenientes de rescates; 2. de cabalgadas o expediciones de cautiverio de indios esclavos y naborias (así, sabemos por la Cédula de 30-III-1519 que el Gobernador y Oficiales de Tierra Firme hacían tales entradas y guerras por la irregularidad con que se les pagaban los sueldos); y 3. empresas de conquista, que producían, además del botín, las mercedes permanentes en encomiendas y tierras, con la posibilidad de montar explotaciones mineras, agrícolas, ganaderas, obrajes, astilleros, etc. Las utilidades sirven a su vez para equipar nuevas empresas. Incluso el primer Virrey de la Nueva España, Antonio de Mendoza, tenía tierras y estancias, celebraba compañías con un dueño de obrajes en que él ponía la lana y los esclavos, invirtiendo parte de esas utilidades en las expediciones de Alvarado, Vázquez Coronado, etc.[40].

El rasgo patrimonial es, pues, inseparable de las jurisdicciones coloniales primitivas. No obstante, hay diferencias constitucionales.

[40] Prohibición de que el Gobernador de Tierra Firme intervenga en causas judiciales en CDIAO, 23, 390; la misma orden para Nicaragua en Pablo Álvarez Rubiano, Pedrarias Dávila, 581-584. Sobre la estructura económica de las conquistas, ver a Silvio Zavala, "Las Instituciones Jurídicas en la Conquista de América"; Néstor Meza Villalobos, "Formas y Motivos de las empresas españolas en América y Oceanía. Su esencia económico cultural". La Cédula de 1519 para Tierra Firme, en Pablo Álvarez Rubiano, "Pedrarias Dávila", 473-474. Sobre las empresas de Mendoza, ver la Visita que se le hizo, cargo XV, en CDHM, II, 84-85.

En La Española, la temprana ruptura de los privilegios de Colón, la constante consulta al Rey sobre los puntos más importantes del gobierno y la copiosa legislación de allí resultante, el influjo gubernativo de los Oficiales Reales, van creando un tipo de gobernación legalmente controlada. Cuando se reconocen los derechos de Diego Colón, ese matiz se conserva, especialmente por el establecimiento de la Audiencia, que está por sobre el Virrey y Gobernador en la jerarquía judicial, y que le sirve de consejo en materias de gobierno. El regalismo de Fernando el Católico especialmente en cuanto al régimen de encomiendas; la venida de Jueces de Residencia de los Oidores, a partir de 1515, y de Jueces en Comisión para solucionar el problema indígena en 1516 —todo ello define una situación constitucional que, en comparación con otros distritos, autoriza a hablar de burocratismo, aunque dentro de los límites que esta realidad podía tener en una administración a pesar de todo incipiente, y en territorios distantes. La condición jurídica de los colonos, primero asalariados por los Reyes, solo más tarde vecinos independientes, no imponía fronteras a la acción real. En cambio, las Gobernaciones surgidas por iniciativa de los conquistadores en tierras nuevas, progresivamente más lejanas del primer núcleo administrativo de La Española, pertenecen a un tipo institucional más irreductible al sentido legal y burocrático; los gobernadores, que son primeramente los jefes de las expediciones de conquista, propagadores incesantes de nuevas empresas, están, durante largo tiempo, menos sujetos al control metropolitano: podríamos hablar aquí de un tipo "tipo colonial" de jurisdicciones.

Veremos como la creación de nuevas Audiencias va modificando esta situación, en sentido favorable al tipo administrativo y legal. En las Nuevas Leyes se anuncia el comienzo de una gran reacción contra el principio patrimonialista en los oficios, intentando hacer triunfar la noción de función pública. Sin embargo, una reforma fundamental sobre la base del puro principio burocrático era imposible por la misma razón por la que la monarquía prefería la iniciativa individual en las conquistas, a saber, por la imposibilidad de que la Corona financiara las nuevas adquisiciones territoriales. La empresa voluntaria, pero incorporada al Estado por privilegios y deberes, se reveló como la forma más eficiente de conquista, en un momento en que la monarquía española no podía emplear sus recursos en una política colonial. Las Indias debían sostenerse con sus propios recursos, y contribuir con sus tesoros al patrimonio general de la monarquía. Era históricamente comprensible que los Reyes no hicieran la conquista por sus propios medios, y que emplearan el fondo extraído de todos sus dominios (entre ellos, en una alta proporción, de las Indias) en las guerras por Italia, por las posesiones borgoñonas o por la unidad del Imperio, cuya significación no podía siquiera compararse entonces con las tierras nuevas. Tal necesidad imponía, a su vez, la admisión de la iniciativa privada en las conquistas y el principio patrimonial y colonial en la retribución de las justicias. Las Gobernaciones más pobres no podrían haber pagado de otro modo su propia administración. Tenemos, en los decenios de 1550 y 1560, el ejemplo de Tucumán. Los Gobernadores ganaron en esos años un promedio de 3 mil pesos anuales, que se pagaban con las pequeñas cantidades que entraban por concepto de penas de Cámara, bienes de difuntos y diezmos; en cambio, tenían, en su propia cabeza o en la de sus hijos, repartimiento de indios que, a pesar de no estar tasados, se avaluaban en 4 o 5 mil pesos. En Chile, Valdivia y Alderete fueron nombrados con 2 mil pesos de salario, pues tenían indios; Cañete, destacando el inconveniente de tal situación nombra a su hijo, con 12 mil pesos. El Consejo, en su consulta de 23-VIII-1558, se decide por nombrar a un encomendero, ante la enorme diferencia en favor del Fisco[41].

Justicias subalternos. —En los primeros años, se suele usar en las capitulaciones el título de "Corregidor", para descubridores de menor importancia: así en la de Cristóbal Guerra en 1503, y la de Yáñez Pinzón para Puerto Rico en 1505 (en este último caso, más que por el rango personal de Yáñez Pinzón, el título subalterno se explica porque Puerto Rico debía quedar jurisdiccionalmente sometido a La Española, como tierra descubierta por Colón). Además, desde Ovando,

[41] "Gobernación del Tucumán. Papeles de Gobernadores en el siglo XVI", publicación de Roberto Levillier, tomo I, I Parte, 404-416. Carta de Cañete de 15-IX-1556, en CDIHC, 28, 33-34; Consulta del Consejo en 23-VIII-1558, CDIHC, 28 197-199.

llegan Alcaldes Mayores letrados, que ejercen la justicia radicada en el Gobernador; no solo se les encuentra en La Española, si no posteriormente en Tierra Firme, Nicaragua, etc. Otro oficio de justicia es el de "Alguacil Mayor", de facultades relativas a la ejecución de la justicia: se le encuentra en 1503 concedido a Juan de la Cosa para Urabá; por lo general, queda concentrado en los mismos Gobernadores, lo mismo que el cargo militar de alcaide de fortaleza.

Los tenientes de Gobernador ejercen la totalidad de las funciones de este en alguna ciudad o territorio, en virtud de una delegación siempre revocable.

En el continente, después de las grandes conquistas, encontramos distintos tipos de justicias. Unos tienen competencia sobre el territorio, lo mismo que los Gobernadores, pero subordinados a ellos: Tenientes Generales nombrados por aquellos, generalmente entre sus compañeros, o alcaldes mayores letrados, designados por el Rey con un sueldo de la Real Hacienda, para ejercer la jurisdicción de que es titular el Gobernador. Los hay en Nueva España en tiempos de Cortés, en Tierra Firme, en Nicaragua, etc. Otros justicias son locales, ya nombrados por los vecinos, ya derivados de la jurisdicción de los Gobernadores. Los primeros —los alcaldes ordinarios— serán estudiados en el párrafo siguiente. Los jueces reales son también vecinos, pero designados por los Gobernadores o Virreyes, con el título de teniente, de alcalde mayor o de corregidor de determinada ciudad; a la jurisdicción y gobierno se acumula, además, generalmente, la capitanía de guerra, que los hace participantes del mando militar del Capitán General. Con respecto a los alcaldes ordinarios, todos esos justicias reales asumen el rango de "Justicias Mayores", y presiden el Cabildo, conforme ocurría en Castilla con los corregidores.

Los sueldos de corregidores llegaron a ser considerables en el Perú, donde la Audiencia Gobernadora acudió a este arbitrio, en tiempos de rebelión de Hernández Girón, a fin de asegurar la lealtad de los vecinos principales de las ciudades decisivas, fijándoles sueldos de 2 a 5 mil pesos, en circunstancias de que el Gobernador de Chile ganaba 2 mil pesos. Se trataba, pues, a veces, de mercedes importantes, que tomaron la significación de gratificaciones a vecinos, o, por el contrario, a familias y criados venidos de España con los Virreyes. La legislación central censuró este último uso al remover en 24-XII-1561 al Gobernador de Quito y a varios corregidores peruanos nombrados por Nieva, a causa de no ser vecinos antiguos con méritos en la tierra. Pero, por otra parte, la concurrencia de las calidades de corregidor y encomendero traía como consecuencia el incumplimiento de las leyes protectoras de los indígenas, encargadas a las justicias; por eso las células de 10-V-1554, para el Perú, y de 22-I-1556, para Popayán, declaran esa incompatibilidad. Fundándose en el criterio, sentado ya en el Derecho Castellano, en que los jueces no debían ser elegidos entre los naturales, por razón de la parcialidad, en 15-I-1569 se ordena al Virrey del Perú que no designe corregidores de entre los vecinos de la ciudad respectiva. De acuerdo con estos mandatos, el corregimiento debió haberse convertido en un estricto "oficio", proveído en extranjeros a la ciudad, aunque vecinos de la provincia. Por otra parte, a petición de algunos Oidores y de los mismos vecinos deseosos de extender así la jurisdicción de los Alcaldes Ordinarios, la Corona suprimió los corregimientos en las sedes de Audiencia, que significaban un gasto inútil, desde el momento en que la justicia de la ciudad podía ser ejercida por los Alcaldes Ordinarios y por los Alcaldes de Corte u Oidores de la Audiencia (23-IX-1565 al Perú).

Durante toda esta época, globalmente considerada, la característica de estos justicias mayores —salvo de los Tenientes Letrados— es su rasgo vecinal, su unión con la encomienda. La más alta capa de los vecinos, los mismos que ocupan en otras ocasiones los cargos concejiles, disponen también de esos oficios, que les permiten, en algunos territorios, contar con un sueldo relativamente importante; y, en las provincias más pobres, gozan, en todo caso, de influencia en la justicia (incluso percibir derechos judiciales) y en el gobierno. El carácter burocrático solo se marca en los Tenientes Letrados de las Gobernaciones, y sobre todo en los casos en que los Oidores desempeñan el corregimiento de alguna ciudad muy importante, como ocurrió a veces en el Cuzco y en Lima. Por la lista de oficios enumerados por Diego de Encinas en 1596, se comprueba que el título de Alcalde Mayor no se usa en el Virreinato peruano; en cambio, el título de corregidor se haya generalizado en todas las Indias. Dichos oficios coexisten, a veces en la misma ciudad, con el de Gobernador o el de Teniente

General; la jurisdicción del Gobernador, es su Teniente General y de los Corregidores o Alcaldes Mayores es la misma, todos ellos tienen el mismo estrado. Los objetivos generales de buena gobernación propios de todos estos oficios han sido enumerados conjuntamente en los Capítulos de Gobernadores y Corregidores dictados para todas las Indias en 12-VII-1530[42].

Corregidores de indios. —Al crearse la II Audiencia de Nueva España, la Corona ordenó anular las encomiendas concedidas por la I Audiencia, e incorporar sus tributos a la Real Hacienda; pero poniendo entre ellos personas de buena conciencia, que tuviesen los indios en justicia y fomentasen la doctrina, dándoles exclusivamente un salario situado en los mismos tributos. Un antecedente de este oficio eran los administradores de los pueblos de indios que la Corona recomendaba fundar en 1516 a los Jerónimos. Como ellos, los corregidores de 1530 debían residir en los pueblos naturales, siendo escogidos entre los que no fueran encomenderos, para dar sustento a otros vecinos, y bajo sujeción a juicio de residencia, durando un año en su cargo, pero con posibilidad de ser prorrogado por otro año más. Sin embargo, el aspecto menos destacado en el texto legislativo —el carácter de gratificación a los vecinos que el oficio implicaba— pasó a contribuir el esencial en la realidad mexicana e indiana. La II Audiencia no exigió presencia permanente del Corregidor, justamente para evitar que molestasen

[42] Capitulación de Guerra, citada por A. García Gallo, "Los orígenes…", 78, nota 142. Capitulación de Yáñez Pinzón en 1505, en CDIAO, 31, 318-322. Alguacilazgo de Juan de la Cosa en José T. Medina, "El Descubrimiento…", II, 1-2. Sobre salarios de los Tenientes Letrados, CI, III, 13-15; sobre salarios de corregidores en el Perú, ver las Cédulas de 18-X-1561, 23-IX-1565, 27-IV y 2-V-1574, que ordenan moderarlos, en CI, III, 23-25. Cédula de 24-XII-1561, en CI, III, 25. Cédula de 10-V-1554 en CI, III, 8; la de 22-I-1556, en CI, III, 6; la de 15-I-1569 en CI, III, 9. Cédula de 23-IX-1565, en CI, III, 22-23. Un ejemplo de Oidor que es a la vez Justicia Mayor de ciudad, es el de Cianca, en Lima, en tiempo de la Gasca. La ciudad de Lima, al enviar en 1550 procuradores al Rey, les da instrucciones, entre otras cosas, de pedir la supresión de estos Oidores-Corregidores, Y en general de los Justicias Mayores ("Libros de Cabildos de Lima", Libro IV, 254 y ss.), petición que vendría a ser consagrada por la legislación en 1565. Enumeración de los oficios provistos por el Consejo en 1596, en CI, I, 25-31.

continuamente a los indios; la Carta regia de 20-IV-1533, se remite al parecer de la Audiencia, pero en 16-II-1536 el Rey vuelve a insistir en las finalidades del cargo, que requieren la presencia constante, pues aún se aferra a la imagen de un oficio protector más que a la de una merced. Sin embargo, el Visitador Diego Ramírez hacía constar en una carta de 22-I-1552 que los indios llevaban leña y comidas a sus corregidores, que residían en la ciudad de México, y no en sus pueblos.

El corregimiento pasó a ser un medio de "dar de comer", de asentar a pobladores españoles; las finalidades del oficio, que eran lo esencial para la legislación metropolitana, son absorbidas por la noción de merced. Se obtiene del rey la declaración de que eran los vecinos de una ciudad quienes debían ser proveídos con tales cargos en los pueblos comarcanos (26-VI-1539, para Michoacán, y en 23-VIII-1543 para toda Nueva España). Los repartimientos más ricos podían costear, además del salario del corregidor, el de un alguacil, destinado a vecinos de menor rango; los pueblos más pobres se agrupaban en un solo Corregimiento, o bien solo se proveía en ellos a un alguacil. La Corona se inclinaba, sobre todo después de las Nuevas Leyes, por propagar esta forma de merced a expensas de las encomiendas, pues no era hereditaria, y se articulaba más fácilmente dentro de un Estado administrativo. Así se explica, no solamente su preservación, sino también la sujeción de los pueblos encomendados a la jurisdicción de los corregidores más cercanos (8-XI-1550 a Nueva España).

Las leyes procuran, a la vez, regular el uso del cargo, prohibiendo que los mismos corregidores cobren los tributos de los cuales reciben sus sueldos, estando la percepción cometida a los Oficiales Reales, pues se trata de bienes regios (16-IV-1550); condenando toda exacción de servicio o comidas a los indios que no fuesen estrictamente pagados por el corregidor (carta de 1552); pero la eficacia de la ley parece haber sido escasísima en ese último punto, por la formación de costumbres contrarias.

En 1565 la institución aparece en el Perú, dictando el Gobernador López García de Castro unas Instrucciones para el desempeño del cargo, aprobadas oficialmente por el Rey, diez años después. La jurisdicción del corregidor, lo mismo que en Nueva España, comprende los casos civiles y criminales entre indios y entre los españoles del respectivo distrito, y las causas mixtas, con apelación —según el arbitrio del apelante— al corregidor o a los alcaldes ordinarios de la ciudad española en cuyo término estaba el pueblo, o a la Audiencia. A diferencia de Nueva España, el salario del corregidor procede en Perú, no de la masa tributaria tasada, si no de una exacción adicional pagada por cada indio sujeto a tributo, lo que produjo vivas protestas; pero Castro la impuso, alegando una disposición del Ordenamiento de Montalvo, de que los corregidores castellanos debían ser pagados, cuando no hubiere propios de las ciudades, por los que solían contribuir para el bien común.

El establecimiento de corregimientos de indios, desde un punto de vista jurisdiccional, significó una limitación de la competencia inmediata de las ciudades españolas en los pueblos, aunque estuvieran allí las causas en segunda instancia. La ciudad de México, que pretendía, según dice la carta real de 20-IV-1533, jurisdicción en toda la Nueva España, vio confinado su distrito judicial a 5 leguas, quedando el territorio excedente bajo los corregidores de indios. Los conflictos que esto suscitaba se pueden apreciar en Chile, en una fecha muy tardía, en 1593, con el agravante de que, en esta ocasión, el Gobernador, al designar a un Corregidor, lo había eximido totalmente de la jurisdicción de la ciudad de Santiago, incluso por vía de apelación: el Cabildo, después de deliberaciones y protestas, recibió al nombrado, pero haciendo reserva de su jurisdicción ordinaria.

Respecto de la incompatibilidad de corregimiento y encomienda, las Ordenanzas de Audiencias habían hecho de ella un principio general[43].

[43] Sobre los Visitadores de Indios, ver Leyes de Burgos, N° 29-34, en Roland D. Hussey, texto de las leyes, publicaron Hispanic American Historical Review, vol. XII, N° 3. Analogía de los corregidores con los administradores de 1516, Lesley B. Simpson "The Encomienda in New Spain", 86. Sobre los corregidores en 1530, los capítulos de la Instrucción a la II Audiencia sobre su institución en CI, III 17-18, otras instrucciones de 1530, en PCI, 52-53. Carta de 20-IV-1533, en PCI, 84v-85; Cédula de 16-II-1536 en CI, III, 18-19; carta de Diego Ramírez en 22-I-1552 en ENE, VI, 127, Cédula de 26-VI-1539, en PCI, 117v-118; la de 23-VIII-1543, en PCI, 168. Cédula de 8-XI-1550, en CI, III, 19. Cédula de 16-IV-1550, en CI, III, 20. Carta de 1552, en CI, III, 1I. Instrucción de Lope de Castro, en GP, III, 116 y siguientes; sobre el pago de los corregidores peruanos,

Jueces Extraordinarios. —Uno de los medios puestos en práctica por los Reyes Católicos para controlar administrativamente la realización de las funciones estatales son los procedimientos de visita y de residencia. Mientras la visita es una comisión administrativa para controlar y reformar la realización del orden institucional, sin suspender al funcionario respectivo, la residencia es un juicio iniciado al término del período de un funcionario o cuando el Rey lo mande, asumiendo el juez la jurisdicción del procesado cuya conducta se examina.

En tiempos de Colón hay ya comisiones innominadas, como la de Juan de Aguado en 1495. Bobadilla es un Pesquisidor puramente judicial sobre el caso de Roldán, pero lleva también poderes del Gobernador. Desde 1515 llegan a La Española Jueces de Residencia de los Oidores. Un Visitador como Tello de Sandoval va en 1544 a México, no solo para un proceso de rutina al Virrey, sino para aplicar las nuevas leyes que implican una reforma amplia del Estado. En otras ocasiones, los enviados son letrados o religiosos —es decir, los portadores por excelencia del sentido de la legislación metropolitana—; tal es el caso de los Jerónimos, enviados en 1516 a La Española para conocer del problema indígena, pero con atribuciones incluso para suspender a cualquier funcionario; igualmente en comisión especial, van al Perú el Obispo fray Tomás de Berlanga y el Lic. Vaca de Castro, que deben controlar el régimen de Pizarro, pero sin destituir a este.

Audiencias. —El instrumento más permanente de control legal, a lo largo de toda la Colonia, fue la Real Audiencia. Todos los justicias ordinarios y mayores hasta ahora citados —Virreyes, Gobernadores, Alcaldes Mayores, Corregidores, Tenientes de Gobernación, Alcaldes Ordinarios— eran jueces de primera instancia, con jurisdicción acumulada: es decir, todos ellos tenían igual derecho a iniciar el conocimiento de las causas no sometidas a un fuero especial ("derecho de prevención"). La segunda instancia seguía luego el orden jerárquico

---

GP, III, 89 y 135-137 (Cartas de Castro de 15-VI-1565 y 12-I-1566). Carta de 20-IV-1533, en PCI, 86; la jurisdicción de corregidores de indios en Chile en 1593, en CHC, 20, 512-516, 524, 572. Capítulo de la Ordenanza de Audiencias sobre incompatibilidad de encomienda y corregimiento, en CI, III, 8.

de los jueces, a partir del que conoció primero. Las apelaciones de los Gobernadores iban hasta 1511 al Consejo de Castilla. Por cédula de 6-X-1511 se creó la Audiencia de Santo Domingo, depositaria en lo sucesivo de aquella instancia. Acababan de reconocerse judicialmente las Capitulaciones de Santa Fe a favor de Diego Colón; el nuevo tribunal representaría, frente a él, la supremacía de justicia del Rey. Además de la subordinación jurisdiccional del Virrey y Gobernador a la Audiencia, los Oidores recibieron una participación consultiva en el gobierno, solución que perduró a través de la historia colonial. La iniciación de este régimen en la isla significó el comienzo de una lucha entre el "partido del Rey" (dirigido por los Oidores y Oficiales Reales) y el "partido del Almirante" —según la narración de Oviedo— lucha que solo terminó con el alejamiento definitivo de Diego Colón de la isla, en 1524. La solución a que entonces se acudió fue un paso más en el sentido de apoyar el sistema indiano en el gobierno de letrados: la Audiencia asumió corporativamente la Gobernación. En 1526 su rango subió al recibir el sello real[44], al igual que las Chanchillerías peninsulares, y se le designó un Presidente, encargado del gobierno interno del Tribunal. En 1528 pasó a regularse por unas Ordenanzas mucho más completas que las de 1511. Hasta 1528 la competencia judicial de la audiencia se extiende sobre el Caribe y sobre la costa centro y sudamericana; participa en los conflictos de límites de las Gobernaciones en Centroamérica en 1525. Sin embargo, de que la gobernación corporativa duro allí poco (en 1529 el Presidente de la Audiencia pasa a ser Gobernador), se aplicó esa misma solución a las dos Audiencias de Nueva España desde 1527 a 1535, dejando la Capitanía General a Cortés; luego a Panamá (1538-42), Confines (1542-60), Nueva Galicia (1548-72, reservando la Capitanía General al virrey de Nueva España), Nueva Granada (1549-63), Chile (1565-67) y Manila (1583-90). El motivo de esta preferencia por las Audiencias Gobernadoras está bien explicado en la consulta del Consejo de 26-I-1536, sobre creación de tal organismo en Panamá: en

[44] Ver Javier Malagón Barceló, "El Distrito de la Audiencia de Santo Domingo en los siglos XVI a XIX"; cita en extracto, tomándola de Herrera, la cédula de -IX-1526, sobre concesión del sello real (p. 99).

tierra firme se había hecho poco fruto en servicio de Dios y del Rey, pues los naturales habían sido maltratados, y los súbditos de las varias Gobernaciones vecinas, cuando sufrían agravio de los Gobernadores, tenían que presentarse en juicio en España o en La Española, que estaban muy lejos; convenía por eso reemplazar al Gobernador por la Audiencia, que conocería de las apelaciones, agravios y querellas de esas provincias; uno de los Oidores saldría en visita y residencia de los Gobernadores dependientes, pondría en orden la Real Hacienda, la población y el régimen de indios[45].

Las Nuevas Leyes de 20-XI-1542 significaron el esfuerzo más poderoso de la monarquía por imponer el puro principio legal y administrativo por sobre las consecuencias de la Conquista, con el objeto de proteger a los indígenas. De acuerdo con este sentido, se refuerzan las Audiencias frente a los justicias de tipo militar y a los conquistadores. Desde luego, subió su categoría judicial por la supresión de recursos de apelación y primera suplicación contra sus sentencias al Consejo, admitiendo contra ellas solamente la segunda suplicación, que procedía en litigios de muy alta cuantía, y que no implicaba inferioridad del tribunal a quo, del cual se suplicaba, con respecto al tribunal ad quem, ante el cual se suplicaba: Audiencia y Consejo tenían ahora el mismo estrado del Rey y el mismo rango jurisdiccional, lo que no existía mientras se podía todavía apelar de la una ante el otro[46].

Pero el ataque más decisivo de las Nuevas Leyes contra las tendencias de la conquista residía en sus disposiciones sobre mercedes y gobierno. En esta última esfera, es capital la prohibición general de nuevas conquistas; las Audiencias podían solamente autorizar las expediciones de mero descubrimiento, dando instrucciones a los descubridores para el buen tratamiento de los indios, y enviando luego noticia y parecer al Consejo, para que este decidiese si se procedía o no

[45] Extracto de la Consulta de Ernesto Schäfer, "El Consejo…", 68-69.

[46] Las Leyes Nuevas, 1542-1543, transcripción y notas de Antonio Muro Orejón, páginas 6-9: sobre atribuciones judiciales de las Audiencias. Las Ordenanzas de 1528 admitían apelación de las sentencias de las audiencias ante el Consejo: ver PCI, 20. La diferencia existe entre apelación y suplicación, en lo referente al rango de los tribunales, está explicada por Juan Hevia Bolaños, "Curía Filípica, 257.

a la ocupación por españoles. La expansión colonial pasaba a depender exclusivamente del Consejo. Las empresas económico-militares, vinculadas a la gobernación, eran, pues, frenadas, en bien de los naturales; s despojaba a la administración Indiana del rasgo fuertemente patrimonialista y comercial ligado a la expansión, procurando se acentuar el carácter puramente funcionario de los justicias. Se suprimían las encomiendas a los eclesiásticos y a funcionarios: desde la provisión a la I Audiencia mexicana de 5-IV-1528, los miembros del tribunal no podían tener encomiendas; tampoco las había tenido el Virrey; pero la prohibición afectaba ahora a los Gobernadores, Oficiales Reales, y justicias inferiores pagados por el Rey. Desde 29-IV-1549 se inicia una legislación que prohíbe a Virreyes, Oidores y Gobernadores el comercio, la participación en armadas, la adquisición de tierras y las vinculaciones personales dentro de su distrito, que estorbaban la posición independiente de la burocracia[47].

Las Nuevas Leyes concedían a las Audiencias facultades de gobierno relativas a los indios: vigilancia por su buen tratamiento, cuidado de que se cumpliesen las leyes protectoras, tasación de tributos. En materia de mercedes, las Audiencias podían privar de encomiendas a los que tratasen mal a los naturales; y toda petición de premio dirigida por algún vecino al Consejo debía llevar un parecer secreto del Presidente y Oidores, que estaba precisamente encaminado a informar al organismo central de la conducta de los vecinos, sobre todo en este aspecto del tratamiento que daban a los indios. Por lo demás, la reforma fundamental de las Nuevas Leyes, la abolición de la encomienda para el futuro coronaba todo este programa de liquidación de la conquista; en el campo de los atributos de la Audiencia, ella repercutía en la supresión de los juicios sobre propiedad o posesión de las encomiendas.

En 1542 se concentra, pues, una importante masa de atribuciones gubernativas en las Audiencias. Las Nuevas Leyes no se refieren exclusivamente a las Audiencias Gobernadoras (en ese momento no quedaba subsistente más que una, la de los Confines), sino a todas las Audiencias Indianas, aun en aquellos distritos donde había

[47] La legislación sobre esta materia en CI, I, 345-365.

Virreyes o Gobernadores. Pero estas facultades de gobierno no son propiamente ejecutivas: se refieren más bien al "cuidado" por ciertos asuntos, es decir, al poder de controlar la buena marcha del régimen, a la potestad de dictar nuevas disposiciones legislativas en ese campo, a dar instrucciones, avisos, pareceres —o sea, a una serie de actividades que podían ser normalmente ejercidas por organismos colegiados de tipo predominantemente judicial. La Audiencia de Charcas, que no tenía legalmente poder de gobierno, ya que este residía en el Virrey del Perú, inició, sin embargo, una continua correspondencia sobre materias gubernativas con el Rey, y este le agradeció sus informaciones por Cédula de 1-X-1566. De este modo conquistaban tales tribunales una relación con el gobierno, que les confería una personalidad institucional siempre más amplia que el puro campo de la justicia[48].

Las funciones judiciales de las Audiencias están definidas en las Ordenanzas de 1511, 1528, las Nuevas Leyes y las Ordenanzas definitivas de 1563[49]. El tribunal tenía la segunda instancia respecto de todos los justicias ordinarios y mayores, salvo en causas de menor cuantía; la primera instancia en los casos de Corte (crímenes graves, causas contra justicias reales y concejos, pleitos de mayorazgos, litigios en que los "miserables" actúan contra poderosos, aplicándose ese concepto especialmente a los indios). También se confiaba a un Oidor o a un "Alcalde de Corte y del Crimen", la justicia ordinaria en causas civiles y criminales surgidas en la sede del tribunal y en 5 leguas a la redonda ("Audiencia de provincia"): este Oidor venía, pues, a tener derecho de prevención en concurrencia con todos los justicias ordinarios y mayores ya mencionados.

48 Las Leyes Nuevas, páginas 13, 14, 16, 22-23. Efraín Cardozo, "La Audiencia de Charcas y la facultad de Gobierno".

49 Ordenanzas de 1511 en CDIAO, 11, 546-555, y en Javier Malagón Barceló, "El Distrito", 90-98; las de 1528 de Nueva España (iguales a las de La Española de ese año) en PCI, 19v-36v; las de 1563, promulgadas para Quito, Charcas y Panamá, se introdujeron luego en todas las otras (Ernesto Schäfer, "El Consejo...", II, 102); sus disposiciones judiciales se hallan en CI, II, pero no formando un todo continuo, sino entremezcladas con otras leyes sobre las respectivas materias; los preceptos de las Ordenanzas sobre materias no judiciales están totalmente dispersas, a lo largo de los cuatro Libros.

El procedimiento más importante para extender la justicia regia de la Audiencia a través del territorio, y controlar toda la realización del buen gobierno de la tierra, adoptando las reformas urgentes que fuesen precisas, era la visita de un Oidor.

Las Ordenanzas apenas tratan de las atribuciones gubernativas de las Audiencias. Se refieren, ya desde 1511, al derecho a controlar los tributos municipales extraordinarios ("repartimientos"), en bien común de los vecinos, pues, aquellos eran establecidos por los cabildantes, y podían ser perjudiciales o inútiles a la ciudad; en 1563 se incorpora la facultad (fijada ya en Cédula de 1548) de confirmar las Ordenanzas de los Cabildos: la Audiencia ejercía una tuición sobre la vida concejil, en nombre de la jurisdicción regia. También, la Audiencia debía velar por la conservación del Patronato y de la jurisdicción del Rey en todas las materias eclesiásticas. La protección de los indios era el objetivo primero de la Audiencia: el fiscal debía pedir en su defensa todas las veces que lo necesitaren, lo mismo que debía acudir en favor de la Real Hacienda y del bien común. La tasación de los tributos de indios era del resorte de la Audiencia (14-VI-1543 y 4-VI-1551). Se conservó también, permanentemente, la disposición de las Nuevas Leyes sobre intervención de las Audiencias en las informaciones de servicios y méritos de los vecinos; en cambio sufrió una derrota la exclusividad que entonces se le había conferido de entender en descubrimientos. Las guerras civiles peruanas, sobrevenidas como una reacción contra las Nuevas Leyes, obligaron a la Corona a aceptar la continuación de la expansión, dando poder para ello a La Gasca, a Cañete y a los demás Virreyes, para poder sacar del Perú a los pobladores que carecían allí de encomiendas, los cuales constituían el gran factor del desorden peruano.

Así, el órgano representativo de la jurisdicción regia es también un órgano gubernativo, por la indispensable necesidad que tenía la monarquía española de fortificar a los poderes letrados indianos, que encarnaban la tendencia legal frente al Derecho de la Conquista. Este poder de gobierno tiene sus grados. A veces es pleno (Audiencias Gobernadoras); otras veces se trata de un cuidado en determinadas materias (indios, etc.); en fin, en todas las cosas graves de gobierno, los Oidores tenían una intervención consultiva (facultad de que trataremos más adelante).

El sentido representado por las Audiencias choca muchas veces, en la realidad de la historia colonial, con el sentido la conquista. En el Perú, el Gobernador Lope García de Castro escribía en 12-I-1566 que, cuando se ordenó que la ciudad del Cuzco perteneciera a la Audiencia de Charcas, todos los encomenderos que tenían indios desde Cuzco a Charcas querían quedar adscritos a la Audiencia de Lima, y los que los tenían desde Cuzco a Lima, preferían la de Charcas, para estar así siempre lejos de las Audiencias. En el caso de una Gobernación tan fuertemente militar como Chile, la oposición era aún más viva. En ella los Gobernadores habían seguido siendo encomenderos —con la excepción de Don García Hurtado de Mendoza, nombrado por el Virrey Cañete— debido a la exigüidad de las entradas de la Real Hacienda, que no podían soportar un sueldo competente: el Consejo, aun reconociendo que así se dejaba a un lado la disposición de las Nuevas Leyes, se declaró nuevamente por esta solución, en 1558, en vista del interés fiscal. La prolongación de la guerra de Arauco y las quejas por el manejo irregular de la Real Hacienda por parte de los Gobernadores movieron a Castro a pedir en 1565 la instauración de una Audiencia Gobernadora. La continuación de la guerra produjo, más tarde, un descontento contra ese tribunal. El Lic. Juan de Herrera, que había estado en Chile, aconsejaba suprimirlo, por el gasto de los sueldos; mientras hubiera indios rebeldes, dice, "el gobierno a de ser más por yndustria conforme a la necesidad del tiempo más que por horden de Derecho". Cuando el Rey volvió a designar a un Gobernador encomendero, los vecinos de la ciudad de Santiago celebraron públicamente la caída del régimen de la Audiencia, narra el cronista Góngora Marmolejo (1575). Los distintos niveles constitucionales de Audiencia y Gobernación se manifiestan aquí con claridad.

Sin embargo, el sentido de la institución necesita ser constantemente defendido de la absorción por el medio colonial, que actúa poderosamente sobre los Oidores. Los miembros de la I Audiencia de Nueva España fueron destituidos, inculpados de haber usurpado tierras a los indios para sí, de haberlos hecho trabajar en sus casas y heredades; el Presidente Nuño de Guzmán, en cuanto Gobernador de Pánuco, había realizado un tráfico en gran escala de esclavos indios hacia las islas. En cambio, la II Audiencia realiza el más alto modelo de independencia de la capa letrada frente al medio. El Lic. Cerrato, que tomaba la residencia al Presidente y Oidores de Guatemala, declara en su carta de 28-IX-1548 que no guardaban ninguna Ordenanza, ni las Leyes nuevas ni viejas. Después de 1542, los esfuerzos legislativos por aislar a la burocracia y a las Audiencias se hacen más consecuentes y sistemáticos; sin embargo, la calidad de los tribunales sigue dependiendo en parte de sus miembros, de su mayor o menor sentido de responsabilidad en el cumplimiento de sus deberes institucionales, Los dos grandes visitadores de la Nueva España en tiempos de Velasco, Diego Ramírez y Lorenzo Lebrón de Quiñones, han dejado sendas acusaciones contra los Oidores de México y Nueva Galicia, por parcialidad en favor de los vecinos, fundada en conexiones económicas y familiares (1553-54). La residencia del Presidente de Chile, Melchor Bravo de Saravia, tomada en 1575, está repleta de acusaciones de corrupción. La posibilidad de amortiguamiento de la fuerza jurídica propia de la Audiencia estaba evidentemente en relación, aparte del carácter personal de los miembros, con el mayor o menor poder de los conquistadores en la respectiva provincia y, correlativamente, con el menor o mayor control burocrático. Pero la estructura jurídica de la institución ha permanecido inalterablemente independiente del poder vecinal, a partir de 1542, de manera que las actitudes ilegales de algunos Oidores han podido ser siempre enjuiciadas como delictuosas, sin llegar a constituirse en costumbres creadoras de Derecho. El caso es totalmente diverso al de los corregidores de indios, donde las bases mismas del oficio pasaron a ser rentas vecinales extraídas de los indios, constituyéndose como un medio de sustento de los colonos. La deformación del oficio en merced y el nacimiento de costumbres ilegales no pudieron ser generalmente considerados, en este caso, como delitos, sino como rasgos inevitables de la constitución[50].

50 Carta de Lope García de Castro de 12-I-1566, en GP, III, 138. Cartas del mismo en 6-III-1565, y 12-1-1566, pidiendo Audiencia en Chile, en GP, III, 62 y 134. Informe de Juan de Herrera, en CHG, II, 250-253. Alonso de Góngora Marmolejo, "Historia de Chile", CHC, II, 209-210. Carta del Lic. Cerrato de 1548 en CDIAO, 24, 463-473. Diego Ramírez, sobre la Audiencia de México, en carta de 23-VII-1554, ENE, VIL 217-221; la lucha de Lebrón de Quiñones con

Virreyes. —El Virreinato y Gobernación capitulado en 1492 se extinguió por una transacción con la Corona en 1536. El año anterior se designó un Virrey de tipo funcionario para la Nueva España, y en 1543 otro para el Perú. Los titulares reciben el Virreinato y Gobernación acumulados; por provisiones distintas, son designados presidentes de la Audiencia de su distrito, y, en fin, Capitanes Generales. Como presidentes, tenían el gobierno interno del tribunal de la Audiencia, incluso la jurisdicción disciplinaria sobre los Oidores, pero no podían participar en las sentencias, por no ser letrados. Como Capitanes Generales, poseían mando y jurisdicción militar.

El oficio de Virrey y Gobernador incorporaba en un nivel superior todas las funciones de los Gobernadores, que ya hemos citado anteriormente. En primer lugar, era un justicia ordinario, si bien las Instrucciones a Mendoza le recomendaban dejar la justicia a la Audiencia, ya que esta tenía jurisdicción de primera instancia en su sede. Según los avisos de Mendoza a su sucesor, el Virrey debe oír continuamente a los indios, pero sin instruir procesos judiciales, sino remitiendo los asuntos de esta especie al Oidor de provincia, o al alcalde mayor del pueblo respectivo, o a árbitros religiosos o seglares, incluso a jueces indios nombrados por las partes. Más que justicia, esta función es pues, en esta época, un poder tutelar. El Virrey debía velar, además, por el correcto desempeño de todos los tribunales. Pero lo que especificaba al Virrey era la extensión de su poder de gobierno, por la importancia de sus provincias, y por su calidad de representante personal del Rey, procedente de la alta nobleza, por lo cual se destacaba de los simples Gobernadores. El rango noble era una de las condiciones que debía tener el Virrey, según el proyecto del Consejo de enviar uno en 1529 a Nueva España, en vista de los abusos de la I Audiencia, lo que vino

---

los Oidores de N. Galicia, en J. H. Parry, "The Audiencia of New Galicia in the Sixteenth Century", 72. Se puede agregar, en el mismo sentido, la carta dirigida al Rey en 28-IV-1551 por el Oidor Alonso de Zorita, encargado de una Residencia en el Nuevo Reino de Granada, en la que acusa a los Oidores de ese tribunal: ver Alonso de Zorita, "Historia de la Nueva España", tomo I, Apéndice, 338-859. Residencia de Bravo de Saravia, en el Archivo General de Indias, Escribanía de Cámara 936.

a cumplirse siete años después. Las funciones de gobierno de los Virreyes se enuncian de una manera formularia en las Provisiones de nombramiento: el servicio de Dios, la conversión de los naturales, la sustentación, población y ennoblecimiento de la tierra. La Instrucción de 25-IV-1535 a Mendoza contiene una enumeración más detallada: Informarse de la situación eclesiástica, construcción de templos, doctrina de los indios, división episcopal, conventos, diezmos; inspección de las ciudades, información general sobre indios y españoles, con vista a la encomienda perpetua que se proyecta; posibilidades de establecer alcabalas y subsidios; conmutación de tributos indígenas a dinero; trabajo minero; casa de moneda; fortalezas y guarniciones, régimen de la Real Hacienda, etc.[51].

La institución virreinal sufrió considerable disminución con la pérdida del poder de autorizar conquistas y del derecho a encomendar, en 1542; pero cuando se designó a La Gasca para hacer frente a la situación peruana, como un Presidente con facultades verdaderamente virreinales, la función subió nuevamente en atribuciones, en el caso peruano. Los poderes de 17-II-1546 le dan facultad para autorizar conquistas (siempre de acuerdo con la Audiencia) y para encomendar; derecho a proveer oficios, a reclamar ayuda de guerra a todos los justicias de las Indias, a conceder perdón, a disponer libremente de la Real Hacienda en casos de peligro, a dictar Ordenanzas y, en fin, a hacer lo que haría el Rey, "de cualquier calidad o condición que sea o pueda ser". Esta representación personalísima del Rey es la característica principal de los Virreyes. El poder legislativo de estos, ya ejercido en las Ordenanzas de Mendoza en Nueva España, no era en sí algo nuevo, pues lo poseían todos los Gobernadores; pero los Virreyes, lo mismo que las Audiencias, podían dictar tales Ordenanzas por Provisiones con el sello real depositado en la Chancillería, y así estos mandamientos tenían una sanción superior a las que dictaban en su propio nombre.

[51] Títulos de Mendoza en PCI, 98-99v; la Consulta previa del Consejo en 10-XII-1529, citada en Ernesto Schäfer, "El Consejo...", IL, 6-8; las Instrucciones a Mendoza, en CDIAO, 23, 423-445.

La revocación de las disposiciones más graves de las Nuevas Leyes sobre conquistas y encomiendas, en 1545-46, y los poderes que se dan a La Gasca, significan la prolongación del período de la Conquista en el Perú.

La construcción de la función gubernativa del Virrey peruano se completa en la época de Cañete (1555-61). Sus Instrucciones para tiempos de paz (10-III-1555) abarcan una gran masa de problemas, correspondiendo al desarrollo creciente del Derecho Indiano. Debe cuidar de la conversión de los indios y del orden de la Iglesia; de establecer corregidores en pueblos de indígenas; atender a que los Oidores visiten la tierra y se informen de los agravios; construir caminos y puentes para que los naturales no sean cargados; fijar la tasa de tributos y excluir el servicio personal en las encomiendas que fueran concediendo; procurar la elección de alcaldes de indios para defensa de estos últimos; vigilar la conducta de los caciques y conservar la unidad de sus cacicazgos; tratar semanalmente de los asuntos de Hacienda con la junta establecida por La Gasca; cumplimiento de las disposiciones de las Nuevas Leyes sobre buen tratamiento de los indios; archivo y conservación de las leyes recibidas y de las que él despachara; observancia de los Capítulos de Corregidores de 1530, particularmente, en cuanto al castigo de los pecados públicos; asentamiento de los españoles vagabundos. La Instrucción para tiempos de guerra, de la misma fecha, comprendía la provisión de gobernaciones, corregimientos, alguacilazgos y escribanías mientras el Rey no nombrara titulares; derecho de gracia; derecho a encomendar; poder de hacer la guerra a los rebeldes; poder de hacer justicia en los delitos cometidos (refiriéndose seguramente a los cometidos contra el Rey por rebelión); derecho a solicitar ayuda de todos los justicias de Indias; facultad de pedir a los prelados la expulsión de clérigos escandalosos; y, en fin, poder de librar en la Hacienda Real lo necesario para la pacificación, con acuerdo de dos oidores y de los Oficiales Reales. Además, Cañete llevaba el poder especial para nuevas empresas de conquista, tal como el que había tenido La Gasca[52].

[52] Todas las Instrucciones y poderes a La Gasca, resumidas en Ernesto Schäfer, "El Consejo...", II, 20-21; a Cañete, en GP, II, 432-447; sobre el poder especial de este para las conquistas, CDIAO, 3, 559-561.

Así, las Instrucciones a los Virreyes del Perú, desde la de La Gasca hasta la de Toledo (1568) llevan la marca de la Conquista, como consecuencia del retroceso sufrido por el criterio de las Nuevas Leyes ante el alzamiento de los vecinos. En cambio, en México, donde la aplicación de ellas fue más prudente, la monarquía aceptó pacíficamente la perduración de la encomienda, pero el derecho a autorizar nuevas conquistas no volvió a manos del Virrey. La Instrucción al Virrey Velasco, de 16-IV-1550 difiere, así, de los documentos similares peruanos. Figuran en ella el cuidado de los asuntos religiosos; la apertura de caminos para liberar a los indios de las cargas; el deber de ordenar la visita de la tierra para averiguar todo lo relativo al tratamiento de los naturales, guardando y ejecutando las Nuevas Leyes y las leyes sobre supresión de los servicios personales; la atención a liberar a los indios injustamente esclavizados empleados en las minas, así como a los libres que trabajaban en ellas contra su voluntad; la fijación de tasas ciertas y determinadas; el castigo de los excesos de los caciques; la regulación del trabajo obligatorio indígena y la imposición del mismo deber a los vagabundos españoles; el fomento de los cultivos; la protección de los sembrados de los naturales contra los ganados de los españoles; la fundación de nuevas ciudades; el cumplimiento de las leyes relativas a la expulsión de moriscos, al matrimonio de encomenderos, a los casados con mujer en la península; normas sobre conservación de las Cédulas y Despachos; la guarda de las leyes que prohíben a los Oidores las granjerías y comercios, así como de las que le prohíben al propio Virrey la participación en armadas, descubrimientos y negocios de carácter económico privado; la buena ordenación del ramo de los bienes de difuntos; el fomento de la reducción de los indios a pueblos. No existe en el documento poder alguno para permitir nuevas expediciones conquistadoras. Además, con la misma fecha, 16-IV-1550, se decretó que las encomiendas mexicanas extinguidas volviesen a la Corona, quitando así formalmente al Virrey el poder de encomendar. El alcance exacto y la eficacia de esta última disposición no han sido suficientemente aclarados. Es neta la diferencia entre el Virrey mexicano y el peruano, pues la Nueva España se asienta y organiza más tempranamente en un sentido legal y burocrático, de modo que la huella de la Conquista desaparece también allí antes que en el Perú. La dependencia directa de la Corona pesa más fuertemente en Nueva España[53].

Los Virreyes tienen, pues, una suma de poderes gubernativos, de gracia, de Hacienda, de guerra, de justicia, delineados en las grandes Instrucciones que hemos enumerado. A partir de la de Nieva (1559) todo un grupo de capítulos de esos documentos se estereotipan: el oficio virreinal está ya definido.

Un ingrediente del cargo virreinal, que aún no hemos mencionado, es su tuición sobre distritos más amplios que el de la Audiencia que presiden por razones derivadas de la historia misma de cada provincia. La conexión de las Gobernaciones con Audiencias y Virreyes varía según las circunstancias locales y las épocas. La procedencia de las expediciones conquistadoras crea vínculos de dependencia: es el caso de Nueva Galicia con respecto a México, de Chile con respecto al Perú. Otras veces, se trata de una conexión de rutas (Panamá, a partir de 1563, queda vinculado al Perú por esta razón). Las Gobernaciones tienen, desde luego, un vínculo judicial con las Audiencias, una subordinación de instancias; pero tanto las Audiencias como los Virreyes intervienen además en otros sentidos. Así, la Gobernación de Chile recibe la primera delimitación territorial de La Gasca, quien confirma en nombre del Rey al Gobernador Valdivia (1548), que antes solo tenía título por el Cabildo; en 1555 y 1556 la Audiencia Gobernadora de Lima decide sobre el gobierno de la tierra, por entonces vacante; en 1557 el Virrey Cañete envía un Gobernador; en 1565 Lope García de Castro destituye a otro. Como la guerra de Arauco exigía continuos socorros peruanos, se crea una subordinación de materias militares, que subsiste incluso cuando se crea en Chile una Audiencia, de tal modo que en 1573 el Virrey Toledo recibe autoridad para nombrar a los jefes de guerra. Existen otros casos de tuición aún más estrecha. Es el caso de las Audiencias de Charcas y Quito, con respecto al Virrey del Perú. Desglosadas del distrito de la Audiencia de Lima en 1551 y 1563, respectivamente, el Virrey retiene la Gobernación, la Capitanía General y aun inicialmente la Presidencia, teniendo los

[53] Instrucciones a Velasco, en CDIAO, 23, 520-547.

organismos citados solo competencia judicial; pero los problemas de urgente solución pudieron ser terminados por los Oidores Decanos y luego por los Presidentes letrados (Cédula de 15-II-1567 a Charcas). De hecho, incluso estas Audiencias tienden a arrogarse independencia gubernativa, estando en continua tensión con los Virreinatos.

Consejo de Indias. —La dirección suprema de las Indias tocaba al Rey en Consejo. Primero, solo actúa un consejero de Castilla, Fonseca, en contacto con los secretarios del Rey; luego, una sección del Consejo de Castilla (ya en 1514 dotada de sello propio); y, en fin, desde 1524, el Consejo de Indias, según el proceso descrito por Schäfer, y al cual nos referimos ya anteriormente. Los recursos de apelación, de primera y de segunda suplicación contra los Gobernadores, están en manos del Consejo de Castilla hasta 1511; desde 1511 siguen viéndose en el Consejo esos mismos recursos contra las Audiencias; solamente con las Nuevas Leyes, el Consejo de Indias queda descargado de todos los recursos que no fuesen de segunda suplicación, pues la intención de la legislación es concentrar la labor de ese organismo en el gobierno y especialmente en el bien de los indios. Los juicios sobre propiedad o posesión de encomiendas, que hasta entonces eran falladas por los justicias de primera y segunda instancia de Indias, provocando muchas veces coaliciones de interés privado que la monarquía quería eliminar, fueron suprimidos en las Nuevas Leyes, concordes con la idea fundamental de abolir la encomienda; pero, cuando se volvió atrás, se entregó la sustanciación de tales procesos a las Audiencias, y su fallo definitivo al Consejo, liberando así a los organismos residentes en Indias de toda posible dependencia de las partes (20-X-1545). Fuera de estos juicios, el Consejo tenía las residencias y visitas de Virreyes, Oidores y Gobernadores. En el orden gubernativo, los fines de la institución no fueron sistemáticamente expuestos durante este período: simplemente se orienta hacia los fines generales del Estado español. Sus funciones de gobierno son, en grandes líneas, las mismas del Consejo de Castilla: preparación de las leyes regias; administración general y particular de las Indias a través de la correspondencia, consultando al Rey cuando se trata de decisiones nuevas y graves; cuidado del buen gobierno eclesiástico; defensa militar; dirección suprema de la Real Hacienda (salvo en el período 1556-63, en que, como ya se ha dicho, ella se entregó al Consejo de Hacienda). Las Nuevas Leyes de 1542 contienen una acentuación marcada sobre la finalidad del buen tratamiento de los indios, y, en segunda línea, del provecho de la Real Hacienda.

En materia de mercedes o gracias, el Consejo de Indias, lo mismo que el de Castilla, presenta al Rey en Consulta los candidatos a oficios seculares provistos por la Corona, pues los oficios son regalías. También el Consejo señala los candidatos a beneficios eclesiásticos que el Rey presenta al Papa en virtud de la Bula de 1505. Pertenece también a esta esfera la concesión de encomiendas —aunque generalmente ellas son dadas en Indias, cuando los justicias tienen poder de repartir, o lo asumen de propia autoridad. Las tierras baldías son una regalía, de manera que las mercedes sobre ellas, otorgadas en Indias, deben ser confirmadas (Cédula de 17-II-1531 a Nueva España); pero León Pinelo declara que raramente se observó dicha cédula, por el valor exiguo de la merced en los primeros tiempos, y los inconvenientes de costo y de larga distancia para acudir al Consejo.

Un rasgo importante del gobierno de Indias en esta época, que ha sido destacado por García Gallo[54], es que los problemas decisivos son resueltos por grandes Juntas extraordinarias, de las cuales los consejeros de Indias son solo una parte. En Burgos en 1512, en Valladolid en 1513 y 1550, en Zaragoza en 1518, en Barcelona en 1529 y 1542, en Madrid en 1568, se reúnen personajes de otros Consejos. Así, en la última citada, participan 3 consejeros de Indias, 3 del de Castilla, 2 del de Estado, 2 del de Hacienda, 1 del de Ordenes, el Confesor del Rey, el Visitador del Consejo de Indias, Juan de Ovando, otras 5 personas más; el Cardenal Espinosa, Presidente del Consejo de Castilla, dirigió la Junta. Los aspectos más críticos de Indias son, pues, debatidos en este período por dirigentes de la totalidad de la administración de la monarquía, acompañados siempre por algunos hombres de Iglesia.

54 En sus lecciones orales de Historia del Derecho Indiano en la Facultad de Filosofía de la Universidad Central de Madrid, en 1947-48.

El objeto de este estudio es la jurisdicción y gobierno generales de las Indias. Prescindimos por eso de exponer lo relativo a jurisdicciones especiales. Entre ellas, la más importante es la de la Casa de Contratación, organismo que administra el comercio marítimo y la navegación en general de la península a América, desde 1503 hasta el siglo XVII, y que es, a la vez, una Audiencia para todas las causas surgidas en las flotas, o relativas a las rentas de la Corona que la Casa maneja. También quedan fuera de este estudio las jurisdicciones del Juez Oficial de Cádiz, de los Oficiales Reales de cada colonia, la jurisdicción militar, la Inquisición, los tribunales gremiales (los Consulados, la Mesta de los Ganaderos), los alcaldes de minas, los jueces de tierras, los de aguas, etc.

3. Los Cabildos

Formación del Cabildo. —La política de los Reyes consistió en "agrupar a los colonos en ciudades, impidiendo la dispersión rural, como se marca en las Instrucciones a Ovando de 1501 y 1503, y en las Capitulaciones, con Luis de Arriaga de 1501. Todo el sistema de justicia, administración, defensa e Iglesia, queda ligado a la base urbana.

El Cabildo se componía esencialmente de dos tipos de oficios, los de justicia (alcaldes) y los de gobierno o regimiento (regidores), que habían ido acaparando casi toda la vida del Concejo, comunidad de los vecinos. Después de la gran época de la libertad concejil castellana, la Corona había ido absorbiendo, desde el siglo XIV, una y otra clase de oficios dentro del concepto de regalías. Los corregidores sustituían a los alcaldes, y los regidores perpetuos nombrados por el Rey, a los que antiguamente eran elegidos por los vecinos. Aunque el poder de facto de los grupos dirigentes vecinales pudiera ser grande, jurídicamente la libertad concejil estaba muy desvanecida en la época de los Reyes Católicos.

Este mismo es el punto de partida en las Indias. En las Capitulaciones de Santa Fe, la justicia es una de las regalías cedidas a Colón, quien tiene poder para elegir alcaldes; los regimientos quedan reservados al Rey, pero este entrega al capitulante el derecho a proponer a los candidatos y a nombrar, inicialmente, a los titulares. No hay rastro alguno de elección vecinal.

La institución de los alcaldes tuvo una evolución distinta a la de los regimientos. En 1507, cuando los derechos de Colón habían sido ya desconocidos por los Reyes, los vecinos de La Española obtuvieron el privilegio de elegir a sus alcaldes; la monarquía renunció así a establecer la situación ya asentada en Castilla, como uno entre otros privilegios de las tierras nuevas, para atraer pobladores. Cuando Diego Colón volvió a la Gobernación, prescindió de aquel privilegio, pero en el proceso seguido en el Consejo de Castilla sobre devolución de los derechos de su padre se discute la legitimidad de tal actitud, y la sentencia de 1511 obligó al Almirante a reconocer a los concejos la libre elección de los alcaldes. Diego Colón continuó protestando; los vecinos tuvieron que apoyarse en la Audiencia; en las elecciones de 1513 se llegó a un acuerdo por el cual el Almirante, Jueces de la Audiencia y Oficiales Reales elegirían de una lista presentada por los concejos, en vista que estos no pudieron probar que, según Ordenanzas dictadas en tiempo de Ovando, ellos solos elegían a sus alcaldes, y existía en cambio el antecedente de la costumbre contraria iniciada por Diego Colón. Sin embargo, con la ausencia del segundo Almirante de la isla (1515) los Cabildos logran mayor libertad, y la sentencia del Consejo de 1520 vuelve a confirmar su privilegio: los alcaldes serían justicias de primera instancia; de ellos se podría apelar ante el Virrey, y de este a la Audiencia. El derecho a elegir alcaldes constituyó una "libertad permanente de las ciudades de La Española, obtenida y confirmada gracias a la tensión de la jurisdicción regia con la de los Colón. La política regalista sirvió aquí de base a la libertad concejil frente a la familia del descubridor y justicia hereditario. Muchas capitulaciones y privilegios extienden a otras tierras y ciudades las libertades de La Española. La designación del regimiento de las ciudades constituyó una regalía reservada, que se ejercitaba en el nombramiento de regidores perpetuos, ya que el pensamiento oficial de la monarquía, desde el siglo XIV, era que los oficios anuales perjudicaban a la buena administración de las ciudades, pues los titulares estaban siempre como de paso, sin tener verdadero interés por el buen gobierno. A pesar de las peticiones de los vecinos de La Española, la sentencia judicial del Consejo en 1520, en el pleito de Diego Colón, mantuvo el sistema de Santa Fe, de regidores perpetuos nombrados por el Rey y propuestos por el Virrey. Sin embargo, el fallo reconoció el principio concejil popular en un punto importante: el derecho a elegir procurador del común ante el Cabildo, funcionario indispensable —escribe más tarde el cronista Fernández de Oviedo— porque los alcaldes y regidores despachan asuntos cuyo conocimiento es conveniente al concejo en general[55].

El tipo de Cabildo resultante en el área del Caribe concede, pues, una parte significativa al principio electivo, vencido por entonces en la península. En Cuba, la amplitud de la elección aumenta durante el gobierno de Gonzalo de Guzmán. Primeramente, los regidores eran allí perpetuos, y la Corona concedió, además, plazas por derecho propio a los Oficiales Reales; los alcaldes, elegidos anualmente por los regidores, estaban sujetos a su voluntad.

En 1530, después de las enérgicas representaciones de los vecinos, ocurridas dos años antes, la legislación implantó un sistema de elección mixto para los alcaldes: el Gobernador propondría anualmente un nombre, el concejo en Cabildo Abierto, dos, y el regimiento, otros dos, de los cuales se sacarían por sorteo los dos alcaldes. La intervención del principio popular se vio, además, acrecentada por la designación del procurador en Cabildo Abierto de todos los vecinos y moradores, sistema iniciado ese mismo año de 1530.

El régimen mixto de elección y sorteo, suspendido en Cuba al extinguirse el Virreinato de los Colón (1536), se restaura en 1539. El régimen cubano significa un equilibrio entre el principio popular del concejo, la aristocracia del regimiento (mezclada con el elemento burocrático de los Oficiales Reales) y la jurisdicción real representada por el Gobernador. La fuerza del principio popular, que se revela en los ayuntamientos de procuradores de toda la isla, es favorecida, no solo por el Gobernador Guzmán, sino por otros funcionarios. Así, el alcalde mayor Lic. Bartolomé Ortiz pide, en 1539, que los alcaldes

[55] CDIAO, 34, 155-173. CDIU, 8, 331-340. Carta de Oviedo, en 19-XII-1537, en CDIHC, 5, 74-84.

salientes no puedan ser reelegidos, para dar opción a mayor número de vecinos a ocupar el oficio; los inconvenientes de la inexperiencia se solucionarían con la asistencia del Gobernador o el alcalde mayor. La legislación real, por lo demás, ha difundido en seguida el sistema electoral cubano; por Cédula de 25-I-1531 se aplica en Santa Marta.

Tal forma de designación de los Cabildos, con su nítida diferenciación de tres elementos participantes en las elecciones, vecinos, regimiento y Gobernador, se conservó por más de 25 años. En el Cabildo de La Habana, durante las elecciones de los años 1551 y siguientes, se han modificado los detalles del régimen implantado en 1530, pero subsiste su tendencia fundamental. Para la elección de regidores cadañeros, votaban el Gobernador o su teniente, los regidores perpetuos y los vecinos asistentes, cada uno con tantos votos como regidores por elegir. Generalmente se producía consenso alrededor de los mismos nombres, y a veces los vecinos aclamaban a los candidatos electos por los regidores considerándoseles así designados, si bien se dejaba constancia de los votos disidentes. En la elección de alcaldes, el año 1554, fueron al sorteo tres nombres que tenían la mayoría entre los vecinos; el Gobernador y los regidores unieron sus sufragios por uno de ellos, que quedó en seguida proclamado alcalde; el otro fue sorteado de entre los dos candidatos restantes de los vecinos. La vitalidad de este régimen electivo se denotó cuando el Gobernador quiso, en octubre de 1553, prohibir la elección de alcaldes, en vista de los alborotos causados por su designación; regidores y vecinos contradijeron la Provisión y apelaron de ella, declarando que un privilegio real no podía ser derogado por un justicia, y, continuando en la posesión de su costumbre, eligieron dos alcaldes, viéndose obligado el teniente del Gobernador, más tarde este mismo, a sancionar tácitamente lo ocurrido. Pero, en 1556, un nuevo Gobernador eliminó la elección de los alcaldes, aunque admitiéndola siempre respecto de los regidores; el Cabildo apeló ante la Audiencia de Santo Domingo, la que, en fin, restableció el oficio alcaldicio, pero entregando su elección solamente a los regidores, excluyendo a los vecinos. El procurador, ya desde años anteriores, era designado por el Cabildo, no por el concejo. Así, después de una época de fuerte intervención popular, el régimen cubano volvía al modelo general, procedente de La Española: alcaldes elegidos por los regidores; pero dejó todavía subsistente la elección popular en los regimientos no perpetuados[56].

La legislación real sobre la materia se extendió también a los países conquistados extraños a la jurisdicción colombina, manteniendo, en primer lugar, el principio de la regalía (nombramiento de regidores perpetuos por merced, incorporación de los Oficiales Reales, por derecho propio, al regimiento), pero abriendo subsidiariamente los regimientos no llenados por el Rey a la elección vecinal, confirmando el Gobernador a los electos. Tal norma se dictó en primer lugar en 1515 para Tierra Firme, y consta que se aplicó en ciudades como Nata, Nombre de Dios, Acla y otras, cuyos regimientos no se habían perpetuado; aunque no sabemos si esa elección era practicada por todos los vecinos o solo por los regidores salientes, así como tampoco conocemos la forma de provisión del oficio de alcalde.

En México, Cortés ejerció la regalía de designación de alcaldes y regidores en forma estricta, desde la misma fundación de Veracruz. Las Instrucciones reales de 1523 contenían una norma semejante a la de Tierra Firme: allí donde los regimientos no estaban perpetuados, los vecinos podrían proponer una lista de 3 nombres por cada oficio, y el Gobernador y Oficiales Reales deberían seleccionar. Sin embargo, Cortés no puso en práctica ese capítulo, escribiendo al Rey en 15-X-1524, que la elección solo serviría a las pasiones e intereses privados, siguiendo él la práctica de designar cada año a los alcaldes y regidores. Así, la ciudad de México tenía un grado de libertad menor que, contemporáneamente, las de las islas, debido al jefe de conquista, que no podía aceptar la formación de un poder vecinal independiente del suyo; en tanto que, en La Española, la ruptura del privilegio de Colón, luego el control de la Audiencia y del Consejo sobre su hijo, habían impuesto una situación en que podía darse la libertad urbana.

[56] Sobre la lucha de los procuradores con los Oficiales Reales en Cuba, CDIU, 4, 1-35; sobre la elección popular de procurador, CDIU, 4, 131-135. Carta del Alcalde Mayor Ortiz en CDIU, 6, 89-94. Cédula de 1531 para Santa Marta, en CL III, 32-33. Sobre el Cabildo cubano a mediados del XVI, "Actas Capitulares del Ayuntamiento de La Habana. Tomo I, 1550-1565", vol, I, 128 y vol. II, especialmente 37-38, 33-73, 82-87, 99-101, 141.

Esta diferencia inicial entre uno y otro tipo de cabildos no resulta de una legislación dual, sino del mayor o menos control que detenta el Gobernador sobre los vecinos y sobre la tierra. La investigación no ha destacado este punto, a fuerza de dar relieve al carácter popular de la Conquista: tal sentido popular no puede ser negado, pero hay que distinguir los planos.

Desde luego, la "Conquista" no es "popular" en el sentido de que sea un movimiento de la totalidad del pueblo, dirigido por su Rey, o conservando, al menos, su articulación originaria, sus cuadros intactos: se trata de empresas de libre reclutamiento individual, formadas por grupos provenientes de diversas regiones y capas sociales. Oviedo se percata claramente del abigarramiento de este "pueblo" (Historia, II, XII). Resulta legítimo hablar de un rasgo popular en las conquistas, en cuanto las empresas libremente reclutadas y financiadas implicaban una solidaridad concreta de intereses, y una camaradería militar, que se revelaba especialmente en las situaciones extraordinarias en que la suerte de toda la empresa estaba en juego: allí se producían los requerimientos populares, la proclamación del jefe de la expedición como Gobernador, independiente de otros justicias, etc.: todo un estrato del Derecho Indiano, peculiar de la situación de conquista, que analizaremos más adelante. Pero, aparte de estos aspectos, la empresa tenía una participación normal en la estructura estatal española: su jefe era depositario de la jurisdicción regia, inmediata o mediatamente; las ciudades que se fundaban quedaban bajo el Derecho concejil español, se creaban Cabildos, cuya condición jurídica provenía de las instituciones similares de España, con una estructura ya conformada. Estas instituciones implantadas en Indias no estaban inmediatamente vinculadas a la conquista, ni, por tanto, a sus factores populares: eran formas estatales ya constituidas, absorbidas por la noción de regalía, desprendidas de su base popular medieval más antigua. Los jefes de Conquista como Cortés se mantienen dentro de tal concepción, que era la vigente en su tiempo, ejerciendo sin vacilar la regalía. Cuando la legislación regia, siguiendo un afán de conceder privilegios a los nuevos pobladores dándoles ciertas libertades, abre un margen (nunca la totalidad del Cabildo) a la elección, motivos concretos de política impelen a Cortés a suspender tales franquicias, continuando el sistema anterior, que colocaba a los vecinos principales de cada ciudad, titulares de los oficios de concejo, bajo su directa dependencia.

En las ciudades peruanas, siempre hay, además de los regidores perpetuos nombrados por el Rey, regidores perpetuos designados por Pizarro, en virtud de su capitulación, de modo que raramente había elección para tales oficios. Sin embargo, los alcaldes son aquí nombrados por el Gobernador o por su teniente entre los candidatos propuestos por alcaldes salientes y regidores, de modo que, en este aspecto, Pizarro ha aceptado una mayor libertad que Cortés, abriendo campo a la proposición capitular. Pero los alcaldes son menos importantes que los regidores perpetuos y los Oficiales Reales, verdaderos detentadores del poder en la ciudad. Los procuradores, en todos estos países de Conquista, son designados por los alcaldes y regidores, no por el pueblo. Podemos, pues, afirmar que, en conjunto, el tipo primitivo de los países de Conquista no deja paso al principio concejil en la constitución del Cabildo, y que tampoco existe una autonomía aristocrática del Cabildo, sino que los elementos esenciales de la corporación son allí, en primer lugar, el mismo Gobernador, que la preside directamente o por su teniente, que nombra capitulares perpetuos o anuales; en segundo término, los Oficiales Reales y los regidores de creación regia; en último término, algunos vecinos principales que deben su situación en el Cabildo a los Gobernadores, quienes los eligen, libremente, o a proposición de capitulares a su vez nombrados por el Gobernador y por el Rey[57].

La elección de los alcaldes por los regidores se introduce en la Ciudad de México (en una fecha que, accidentalmente, no podemos precisar), y en 1540 en Panamá, donde se acoge expresamente el modelo dominicano: al crearse la Audiencia de Panamá, los vecinos piden la franquicia de poder elegir a los alcaldes, la que les es concedida por

[57] Carta de Cortés en 1524, en CDHM, I, 477-478. Elección de regidores en Tierra Firme, en J. T. Medina. "El Descubrimiento…", II, 48; Pablo Alvarez Rubiano, "Pedrarias Dávila", 606-619, Designaciones de alcaldes y regidores en los primeros años del Perú, en los "Libros de Cabildos de Lima", Libros I y II, y en el "Libro Primero de Cabildos de Quito", Tomos I y II, en las sesiones finales del año, o en las del primer día de sesiones del año entrante.

la Cédula de 15-IV-1540. Muy poco después, los vecinos de Quito obtienen la misma libertad, que se declara en las elecciones de 1544, y se aplica plenamente en las de 1545, eligiéndose además a los titulares de regimientos no perpetuados. La Gasca ordenó el retorno al sistema de mera proposición vecinal para las elecciones de 1550, pero al año siguiente se vuelve al tipo dominicano.

En Lima, las elecciones de 1546 se realizan ya por los regidores y los alcaldes salientes. A diferencia de Quito, aquí todos los regimientos son perpetuos o están en manos de Oficiales Reales, de manera que la elección queda confinada a los 2 alcaldes. Surge en ambas ciudades un litigio respecto de si los alcaldes salientes votaban o no junto a los regidores, que se prolonga indefinidamente, los alcaldes ejercen en Lima el sufragio, pero bajo la protesta, hecha por el regimiento, de que reserva su derecho a seguir pidiendo en juicio la exclusión de aquéllos. Las elecciones anuales limeñas se realizan, cuando se halla presente el Virrey, en presencia de este, quien confiere el oficio a los elegidos: en 1552, las actas dicen que los alcaldes son elegidos "por el Virrey y los alcaldes y regidores", si bien el primero no vota. Cuando el Virrey está ausente, preside el corregidor, durante los interinatos, acuden todos los miembros de la Audiencia Gobernadora; si bien, en todos estos casos, los justicias reales ejercen en verdad un poder de mera confirmación, sancionando la elección y entregando las varas a los designados, después de tomarles el juramento. Su presencia ratifica la concepción de que, en último término, los nombramientos de oficios concejiles son una regalía que el Rey ha dado en goce a los vecinos. Solo en casos de empate suele haber una intervención decisoria del justicia real.

En Santiago de Chile, el primer Cabildo (1541) es designado íntegramente por el Gobernador; desde 1545 se encuentra una constancia de que las elecciones son verificadas por regidores y alcaldes salientes, no solo para llenar las alcaldías, sino los varios regimientos no perpetuados. Así, a partir de 1540, el tipo dominicano se ha esparcido por toda Sudamérica, en una rápida propagación, sancionada, en ciertas ciudades, por la legislación, y luego extendida de uno en otro núcleo, por la aplicación natural de las costumbres de un centro a los núcleos urbanos relacionados con él. Es un ejemplo registrado de la expansión de una forma a través de las Indias, que nos revela la circulación de tipos institucionales en el Derecho Indiano.

No obstante, la recepción de un modelo no es completa. El principio de intervención popular, que se manifestaba en Santo Domingo en la designación de procurador en Cabildo Abierto, y en Cuba en la participación de todos los vecinos en las elecciones de alcaldes y regidores, no pasa a los principales centros continentales. La conquista ha operado una estratificación social muy fuerte, destacándose netamente el grupo de los principales conquistadores y de sus descendientes. El Cabildo se transforma en órgano de esos principales, adquiriendo un marcado sello aristocrático, especialmente en las ciudades más importantes. El procurador es nombrado por ellos. Dentro del mismo vecindario, el privilegio de la encomienda confiere una condición de elegibilidad, que tiende a hacerse exclusiva. En 1-III-1549 el Cabildo de Lima declara que solo los encomenderos pueden ser elegidos alcaldes, conforme a una costumbre ya observada hacia años. La tendencia al enclaustramiento de los capitulares se manifiesta cuando, 2-I-1558, obtienen que el Virrey Cañete dicte un auto por el cual uno de los alcaldes sería un vecino encomendero, y el otro un regidor, presentando como motivo la falta de vecinos de experiencia en los negocios de Cabildo. Sin embargo, en 1-I-1561, por motivos que no conocemos, se volvió al principio de 1549. Más aún, la categoría de vecinos principales —como lo veremos al considerar la clasificación jurídica de los súbditos de Indias— no correspondía exactamente a los encomenderos, sino que también abarcaba a un grupo selecto de moradores; el Cabildo limeño, en 22-XII-1567, acordó elegir a uno de los alcaldes entre los moradores, siempre que fueran hombres de honra, no artesanos o comerciantes con tienda. En la ciudad de Santiago de Chile se hace presente el deseo de mayor renovación de los Cabildos, en la petición que hace el procurador de la ciudad en 9-XI-1552 de que —además de la obligación del Gobernador o de su teniente de respetar siempre el orden de la mayoría— gocen por rueda de los oficios todos los vecinos honrados, pues hay muchos que no los han tenido jamás, y que el procurador tenga voto en el Cabildo. Pero el Gobernador rechaza la idea de la rueda en los oficios, y tampoco el procurador participa posteriormente en las elecciones. La ampliación del derecho a ser elegidos los moradores como alcaldes y regidores en Santiago distó mucho de ser espontánea, como no lo fue tampoco en el Cuzco, que resistió varias veces al mandato del Virrey Toledo en ese sentido. Tuvo que aplicarse, en fin, la Real Cédula dada inicialmente para Cartagena en 16-IX-1564, y convertida en costumbre en Lima desde 1567. La Audiencia de Lima, por carta y sobrecarta, impuso la norma para Chile: se aplicó así una reforma que significaba, no por cierto una democratización del Cabildo, sino la elegibilidad de todos los vecinos principales, sin exclusión. La convocación de todos los vecinos a Cabildo Abierto se restringe a los encomenderos y a un grupo de moradores notables, para tratar problemas extraordinarios, en los que los regidores y alcaldes quieren apoyarse en el parecer de los círculos más importantes del pueblo[58].

[58] No habiendo podido consultar las actas del Cabildo de México, no puedo precisar cuándo terminó el régimen de designación de los alcaldes por los justicias reales; probablemente ello ha ocurrido hacia 1530, ya que la Cédula de 9-IV de ese año (CI, III, 40) prohibe que el Presidente y los Oidores entren en sesión. Cédula de 1540 para Panamá, en CI, III, 34. Cédula de 4-V-1542 para Quito, con el mismo contenido, en "Libro Primero de Cabildos", T. II, 337, y "Libro Segundo de Cabildos", T. I, 131, y T. II, 3-4. Provisión de La Gasca para Quito, en 2-VI-1549, en "Libro Segundo", T. II, 279-281; vuelta al régimen anterior, en *ibid.*, 377. — "Libros de Cabildos de Lima": Libro III, 126 (elección de 1546); IV, 498 (elección en presencia del Virrey en 1552); IV, 321 y 628-629 (en presencia de la Audiencia Gobernadora); IV, 500 (elección por el Virrey, en caso de empate). En Santiago, CHC, I, 67 y 106. — "Libros de Cabildos de Lima", Libro IV, 82 (exclusividad de los encomenderos para optar a oficios concejiles en 1549); VI, 7-8 (auto de Cañete en 1558); VI, 333-338 (anulación del acuerdo anterior en 1561); VII, 528 (acuerdo de 1567). La designación de procuradores por el Cabildo de Lima se realiza en la segunda sesión de cada año; ejemplo en Chile, CHG, I, 139. Petición del procurador de Santiago en 1552, en CHC, I, 309-310. Aplicación en Santiago de la costumbre limeña en 1575, en CHC, 17, 471-478; y allí, la Audiencia limeña hizo, además, uso de la Cédula de 29-IV-1554, dada justamente para Chile, que incluía a los moradores dentro del término "vecino". Sobre este episodio de la vida del Cabildo de Santiago, ver Julio Alemparte, "El Cabildo en Chile colonial". En 23-XII-1575 se aprobó en Santiago un auto por el cual un regidor debía ser elegido por alcalde, como había ocurrido en Lima en 1558; pero al día siguiente fué derogado (CHC, 17, 419-420). Sobre las elecciones en el Cuzco, la lucha de Toledo con los vecinos puede seguirse en GP, VII, 33 y siguientes, y Roberto Levillier, "Don Francisco de Toledo", I, 233 y siguientes; los

La libertad del Cabildo indiano es, pues, producto directo de un privilegio del Rey, que deja subsistente en el fondo la regalía, pero que confiere un derecho electoral, considerado como fuente de honor para la ciudad, y de poder para sus vecinos más importantes. La condición de tierras nuevas impele a la monarquía a renunciar a la aplicación del sistema ya implantado en Castilla. La noción regalista permite la burocratización de parte del Cabildo (si bien los Oficiales Reales desaparecen progresivamente de algunos Cabildos, como el de Lima, donde la ciudad así lo pide en 1550; y nunca aparecen por derecho propio en otros, como el de Santiago de Chile); y, por otra parte, la concesión de regimientos en merced perpetua, sea por el Rey, sea por los descubridores y conquistadores en virtud de capitulaciones o privilegios especiales. Pero estos regimientos perpetuos son dados como puras mercedes a vecinos; todavía no se plantea un aprovechamiento fiscal de la regalía, como ocurrirá más tarde; la venta de oficios, antes de 1570, solo se refiere a oficios de pluma, como las escribanías de Cabildo, o al cargo honorífico de alférez real, que ya se venden en el decenio 1560-1570.

Gobernadores nombrados por el Cabildo o por el pueblo. — Un fenómeno que es manifestación patente del sentido de la Conquista es el de la elección de Gobernador por sus compañeros de empresa en determinados momentos de crisis. No se produce en La Española, cuya organización administrativa es tempranamente densa, sino, por primera vez, entre los expedicionarios del Darién. En 1510, ellos se rebelan contra el Bachiller Enciso, alcalde mayor de Ojeda, a causa de una prohibición de rescatar oro a los indios, y dan como razón el que, habiendo salido de Urabá, la jurisdicción del alcalde de Ojeda ha cesado, pues la capitulación con este se refería determinadamente a ese territorio. Además de esta versión de Las Casas, está la que hace el propio Enciso, recogida en la Cédula de 28-VII-1513, en la que se inculpa exclusivamente a Balboa de haber formado una liga

---

vecinos en fin obedecen, pero declaran que seguirán su justicia ante el Rey, pues la costumbre ha sido atropellada por el Virrey.

contra el alcalde mayor, la que promovió primeramente la elección del Cabildo, en ausencia de Enciso; el Cabildo ordenó, en seguida, la captura del barco del Bachiller, en que iba todo el oro recién tomado a los naturales en un combate, entregándolo a un "Tesorero designado por el mismo Cabildo. Cuando Enciso les requiere que no usen de sus oficios, por no tener poder para ello, y que devuelvan el oro para proceder al reparto legal, lo toman preso. Sea como fuere, el Cabildo los gobierna durante un tiempo, pero asoma pronto el sentimiento de la ilegitimidad, "alegando algunos que convenía estar superior uno solo, que los gobernase" (Las Casas). Llaman a Nicuesa, pero en seguida lo rechazan por su rigor. En fin, designan a Balboa como Gobernador o alcalde mayor, pidiendo al Rey la confirmación, que les es concedida en diciembre de 1511. "Fue inestimable —dice Las Casas— el gozo y placer que Vasco Núñez recibió de verse ya con autoridad del Rey... por Capitán General sublimado, porque hasta entonces, por fuerza y por mañas tenía la superioridad sobre los españoles usurpada"[59]. Un hecho análogo se produce en Veracruz en 1519. Los conquistadores se sublevan contra Velázquez, que les impide poblar en la nueva tierra, y por tanto recibir en ella recompensa. Requieren a Cortés para que funde una ciudad, "porque siendo esta tierra poblada de españoles, demás de acrecentar los reinos y señoríos de vuestras majestades y sus rentas, nos podría hacer mercedes a nosotros y a los pobladores que de más allá viniesen adelante". Fundada la ciudad y nombrado el Cabildo por Cortés, piden a este la exhibición de sus títulos, los declaran nulos porque Velázquez no ha participado realmente en la expedición, y porque les prohíbe poblar, a pesar de que esto es justo y conveniente para el Rey y para ellos, y, en fin, eligen a Cortés Justicia Mayor y Capitán General, hasta que el Rey decida, escribiéndole en seguida para darle cuenta de todo. Cortés fue nombrado por el Rey Gobernador y Capitán General. Estos hechos crean un precedente. En Santiago de Chile, el procurador del Cabildo se apoyaba, en 1541, en la experiencia de los Cabildos indianos, para requerir la proclamación

[59] Cédula de 28-VII-1513, en J. T. Medina. "El Descubrimiento...", II, 44-46. Bartolomé Las Casas, "Historia de las Indias", Libro IL, capítulo 64; III, capítulos 39 y 46. Confirmación de Balboa por el Rey, ver la nota de la pág. 47.

de Pedro de Valdivia como Gobernador independiente de los sucesores de Pizarro, fundándose esencialmente en que así el mando estaría en manos de uno que conocía a los conquistadores y los premiaría en justicia. Valdivia es elegido, previo requerimiento del Concejo, dirigido a los alcaldes y regidores. Durante las guerras civiles peruanas, los vecinos usan ampliamente del principio electivo: a veces nombran justicias mayores para suplicar de las leyes (Gonzalo Pizarro, Hernández Girón); otras veces, a la inversa, para luchar contra los usurpadores y mantener la adhesión al régimen legítimo, como cuando los vecinos del Cuzco eligen a Pedro Alvarez Olguín, contra el rebelde Almagro el Mozo; aquél entrega el mando al juez designado por el Rey, Vaca de Castro, en cuanto este llega[60].

En el Río de la Plata, fue la legislación real misma la que estableció para casos de emergencia una forma de elección popular. La Cédula de 12-IX-1587, llevada a esa tierra cuando ya Pedro de Mendoza se había vuelto a España dejando de teniente a Juan de Ayolas, permitía que, en caso de muerte del teniente, se juntaran los pobladores, juraran elegir a un buen vecino y el electo tuviera todo el poder de los Gobernadores. A su muerte, se usaría el mismo procedimiento, siempre que se practicara ordenadamente, sin bullicio ni escándalo. Este privilegio quedaba siempre condicionado por la merced del Rey, de modo que los designados por él debían ser obedecidos por preferencia a los elegidos.

La forma electiva instaurada por la legislación era un ensayo de democracia municipal más completa que la designación por los Cabildos, pues establecía una elección directa por todos los vecinos, y así fue practicada. Se aplicó por primera vez en 1538 para sustituir a Juan de Ayolas, y luego en 1543, cuando la revuelta contra el Adelantado Alvar Núñez Cabeza de Vaca. Este levantamiento, provocado según Ulrico Schmidel por la aspereza con que aquél trataba a los soldados, especialmente en el reparto del botín, es atribuido en los Comentarios

[60] La elección en Veracruz, CDIAO, 26, 44-52; 28, 488-490; Bernal Díaz del Castillo, "Historia de la Conquista de Nueva España", capítulo XLII. Sobre la elección en Chile, CHC, I, 75-95; en el Cuzco, ver Pedro Pizarro, "Relación del Descubrimiento y Conquista de los Reinos del Perú", 76-77.

de Cabeza de Vaca a las Ordenanzas contra la extracción de nuevos indios e indias por parte de los soldados, y a las intrigas de los Oficiales Reales, que querían cobrar el quinto de las cosas más menudas, contra la voluntad de aquel. Los "comuneros" deciden requerir al Adelantado para que no les quitase las haciendas e indias, y en fin lo prenden, acusándolo de tiranía, y lo envían a España. Los Oficiales, que dirigen la situación, convocan a una asamblea, donde justifican su actuación por la defensa de la libertad común, y luego todos votan en unas cédulas y eligen por mayoría a Martínez de Irala, que ya había ocupado el oficio en 1538. En España, se instauró un proceso por este hecho, pero no se hizo cambio alguno en la Gobernación del Plata. En 1548, cuando se creía muerto a Irala, su teniente Francisco de Mendoza convoca a los vecinos, pero sale derrotado en la elección por otro conquistador, Diego de Abreu, contra el cual tuvo que luchar Irala a su retorno del Perú. Este recibe después el nombramiento real; pero la Cédula de 1537 vuelve a ser usada en 1558, y todavía, nuevamente, en varias ocasiones, hasta las grandes revueltas de los comuneros de Asunción en el siglo XVIII[61].

Diferente es la situación que se presenta, a veces, durante la Conquista, cuando no se trata de resistir y Sustituir a un justicia, sino de llenar una vacancia. Entonces la iniciativa procede generalmente del mismo Cabildo. Así, en la Gobernación de Chile, a la muerte de Pedro de Valdivia, (fines de 1553), el Cabildo de Santiago procedió a elegir Justicia Mayor y Capitán General a Rodrigo de Quiroga, recordando un regidor el precedente sentado en 1541 por la designación de Valdivia. Dos meses después, le pidieron la renuncia, declarando que regirían corporativamente la ciudad. El Cabildo asume en esta ocasión el gobierno, pero limitado al ámbito de la ciudad, ya que los demás Cabildos habían tomado igual iniciativa.

[61] Ver Rui Díaz de Guzmán, "Historia Argentina del Descubrimiento, Población y Conquista de las provincias del Río de la Plata", Libro I, capítulo XVI (con la Céd. de 1537); Libro II, capítulos IV y VII; Libro MI, capítulo VII. Ulrico Schmidel, "Viaje al Río de la Plata y Paraguay", capítulo XXXVII-XL. "Comentarios de Alvar Núñez Cabeza de Vaca", por Pedro Hernández, capítulo LXXIV-LXXXIV.

El relieve jurídico de estos hechos históricos es muy grande. No pensamos que tenga relación alguna con la doctrina de la soberanía popular, con la cual anacrónicamente se la ha conectado: esta idea, como la de soberanía misma, procedentes del Derecho docto de los romanistas, no tenía relación con el círculo de los conquistadores, ni atingencia a los casos concretos planteados en Indias. Desde luego, las fuentes respectivas no se refieren en modo alguno a teorías sobre la soberanía. En cambio, se afirma, en la resistencia a determinados justicias reales y en la elección de otros, la convicción, formada durante la misma Conquista y como producto de ella, de que los conquistadores tienen derecho a ser recompensados con los frutos de la tierra ganada gracias a sus trabajos. Los Gobernadores que atropellan ese sentimiento jurídico del mérito, estorbando la remuneración a la cual creen tener derecho, aparecen como transgresores. En esta base se fundan los jefes de conquista que dirigen en su propio favor tales conflictos. La participación personal de Balboa y de Cortés en los acontecimientos ya mencionados se hace indudable, a través de las narraciones de Las Casas y de Bernal Díaz, respectivamente. Y, sin embargo, no se trata de una intervención artificial, sino que los conquistadores actúan movidos por un sentimiento muy real de rebeldía, que se organiza a través de los actos del Cabildo. Este sirve como un medio que el Derecho vigente coloca a disposición de los conquistadores para reunirse, tomar acuerdos válidos, y lograr soluciones a la situación de emergencia. Los intereses del jefe coinciden con los de sus hombres; pero estos, al actuar en Cabildo, adquieren una cierta independencia y un sentido de autonomía jurisdiccional que los coloca en una posición muy distante de la incondicional adhesión al jefe. Así, el Cabildo de Veracruz, junto con pedir el nombramiento de Cortés, solicita que no sea nombrado Adelantado y Gobernador perpetuo, pues estos funcionarios cometen grandes abusos, que ni siquiera el juicio de residencia puede remediar, ya que generalmente vuelven a sus cargos y se vengan de los que los han acusado[62].

[62] Instrucciones de Veracruz a sus procuradores, en Robert S. Chamberlain, "Two unpublished Documents of H. Cortés and N. Spain 1519 and 1524", Hispanic American Historical Review, volumen XVIII N° 4, 514-525.

Los principios jurídicos a que acudían los conquistadores en estos casos eran siempre concretos: deber de conservar la tierra, de poblar, de remunerar a los conquistadores, necesidad de tener un justicia en lugar del depuesto; jamás se postula doctrina alguna sobre el origen del poder. El jefe de la expedición, o el conquistador elegido, avisa en seguida al Rey, como fuente de la jurisdicción, pidiéndole que confirme la decisión adoptada. Incluso las rebeliones contra las Nuevas Leyes se refieren en último término, por lo menos formalmente, a la última resolución del Rey; y ya en este caso, se trata de un movimiento que la convicción jurídica de los conquistadores peruanos va calificando, a medida que los hechos se desarrollan, como una traición al Rey, lo que no se plantea cuando la resistencia se dirige contra un justicia. La monarquía interpreta justamente estos hechos como producidos por una necesidad que debe ser jurídicamente sancionada. La extensión de los territorios; la dificultad de las comunicaciones con España y con otros centros indianos (factor que explica p. ej., la Cédula de 1537 para el Río de la Plata); la precisión de tener siempre una autoridad; la aceptación del sentido de justicia que había en la aspiración de los conquistadores a ser remunerados después de haber ganado nuevos territorios; la voluntad de no perturbar el proceso de expansión, todo ello hace que la Corona renuncie a la aplicación rígida de los principios legales y administrativos que se ponían en práctica en la península y en las provincias ya pacificadas, y confirme todas las elecciones de Gobernador practicadas por los Cabildos. Se acepta, pues, junto al principio administrativo, un Derecho peculiar de las zonas de Conquista. Tal es uno de los rasgos capitales del período anterior a 1570[63].

[63] Es verdad que, a petición del Bachiller Enciso, se ordenó a Pedrarias instruir proceso contra Balboa a causa de los sucesos del Darién, y que también se formó un proceso por los sucesos del Río de la Plata al llegar Alvar Núñez Cabeza de Vaca con los Oficiales que lo llevaban prisionero a España (juicio cuyos términos exactos no conozco, y que según las crónicas comprendió en la condena al propio Adelantado). Pero, en todo caso, la Corona reconoció a las autoridades constituidas después de aquellos hechos, y lejos de destituir, por ejemplo, a Irala, lo confirmó años más tarde como Gobernador. Respecto a la doctrina de la soberanía popular como fundamento de las designaciones de Gobernador, sostienen la tesis combatida en este trabajo Manuel Giménez-Fernández ("Hernán Cortés

Funciones del Cabildo y relación con los Corregidores y Gobernadores. —Hemos dicho que las funciones de los alcaldes, de acuerdo con el Derecho Castellano, se referían a la justicia de primera instancia; los regidores tienen jurisdicción de segunda instancia en casos de menor cuantía de que hayan conocido en primera, no solamente los alcaldes, sino también los justicias reales, incluso los Gobernadores. Pero la función fundamental de los alcaldes y regidores incorporados en Cabildo era la administración de la ciudad en todo cuanto se refiriera al bien común: dictación y ejecución de Ordenanzas, aranceles de precios, salarios y derechos de toda especie, cuidado de los bienes comunales de la ciudad y de los propios del Cabildo, policía del comercio, transportes e industrias, todo ello de acuerdo con Ordenanzas orgánicas de la respectiva ciudad. Pero también el bien común de los vecinos decía relación con asuntos de justicia o de gobierno que se ventilaban ante otros organismos (Audiencias, Virreinato, Gobernación, Consejo); los Cabildos podían hacerse partes en causas judiciales; presentar peticiones al Consejo en materias gubernativas, por correspondencia o por procuradores; dar su parecer en asuntos generales, motu propio o por solicitud de la autoridad encargada del gobierno. La amplitud de estos poderes dependía realmente del curso histórico de cada provincia y de la medida en que los Cabildos sabían afirmar su posición[64].

La relación de los Cabildos con los justicias regios de la misma ciudad es diferente, que en España. Mientras allí los corregidores suspenden la jurisdicción de los alcaldes, en Indias estos pueden conocer en primera instancia, en prevención, de todas las causas de que podían conocer los justicias regios ordinarios. Los nombramientos de tenientes, corregidores, etc., contienen la cláusula expresa de que no se avocarán los pleitos de que ya conocían los alcaldes, sino solamente

y su revolución comunera en la Nueva España") y Julio Alemparte ("El Cabildo en Chile colonial").

64 La importancia general del Cabildo en todos los aspectos de la vida de una provincia ha sido destacada y descrita, en relación con diversos acontecimientos de la historia colonial chilena, por Julio Alemparte, "El Cabildo en Chile colonial". Sobre la justicia de segunda instancia de los Cabildos, ver la Provisión de 5-VII-1519, en CDIU, 9, 96.

una vez que ellos los hayan fallado y se entable apelación. También en las ciudades donde hay Gobernador, los alcaldes conservan su competencia: en Santiago de Chile, bajo el gobierno de Valdivia, este conocía exclusivamente de los juicios de encomienda, pero los pleitos por deudas eran fallados por los alcaldes. La Cédula de 22-IX-1560 prohibió expresamente al Gobernador de Tierra Firme el avocarse asuntos pendientes ante los alcaldes. Incluso se atribuyó a veces a los alcaldes la sustitución del Gobernador por vacancia, dentro del distrito de las respectivas ciudades: tal cosa ordenó para Chile la Audiencia de Lima en 1555-56, y la Cédula de 8-X11-1560 para Venezuela.

Se mantiene la práctica de que los justicias regios, antes de entrar en funciones, debían presentar sus Provisiones a los Cabildos, y prestar juramento de hacer justicia y buen gobierno, obedecer los mandatos del Rey, y guardar los privilegios de la ciudad y de sus vecinos. Este acto jurídico, característico del Estado medieval, llegó a tener verdadera importancia política en Indias en momentos como el de las guerras civiles peruanas: en la disputa de Hernando Pizarro y Diego de Almagro por el Cuzco, jugó un papel importante el reconocimiento de uno u otro por el Cabildo de esa ciudad; en 1544, cuando llega el Virrey Núñez de Vela, Lima lo reconoce inmediatamente para poner término inmediato al mando de Vaca de Castro, enemistado con ese Cabildo, según Cieza de León. En 1554, cuando dos pretendientes se disputan en Chile la Gobernación, el Cabildo de Santiago, como ciudad capital, se atribuye la última decisión; entrega el fallo en arbitraje a dos letrados, fijando ciertas condiciones que el electo debe respetar (reconocer los acuerdos anteriores del Cabildo; no tomar nada de la hacienda de los vecinos, y poner en seguridad las Cajas Reales; no llevar a nadie a la guerra de Arauco, porque el Rey así lo manda; sumisión al Gobernador que el Rey o la Audiencia envíen; buen tratamiento a los indios). Esta determinación de las libertades que el Gobernador debía jurar significaba que los Cabildos podían dar, en ciertas coyunturas favorables, un contenido político muy neto a las fórmulas procedentes de la Edad Media[65].

[65] La Cédula de 22-IX-1560 en CI, III 31-32. Sobre la justicia de los alcaldes ordinarios de Santiago de Chile antes de 1548, coexistente con la del Gobernador,

Los testimonios de algunas autoridades sobre la desventaja de dejar libre paso a la libertad concejil son importantes. El Presidente de la II Audiencia de México, Ramírez de Fuenleal, escribía en 1532: "Las alteraciones principalmente salen de los Cabildos, y más en tierras nuevas": por eso recomendaba anular el privilegio obtenido por la ciudad en Cédula de 9-IV-1530, según la cual el Presidente y los Oidores debían de abstenerse de asistir a las sesiones capitulares. La Cédula, sin embargo, no se derogó. Para el Perú, la legislación ordenó a Pizarro (7-XII-1537) que ni él ni sus tenientes debían estar presentes cuando se trataran negocios que les incumbieran personalmente, para dejar en libertad a los alcaldes y regidores; no obstante, se instaura allí la práctica de que los Virreyes y demás Justicias reales convoquen a sesiones en sus propias casas y no en las del Cabildo. En Lima, los capitulares protestan inútilmente de esa costumbre, en 1549; en 25-II-1568 una Cédula a la Audiencia peruana prohibió tal uso, porque se prestaba a la intervención en los momentos de elección. La correspondencia de funcionarios de Indias presenta muchas veces la proposición de implantar el régimen español del corregimiento. Tello de Sandoval, en 19-IX-1545, pedía que existiera un corregidor general, que pudiera entrar en todos los Cabildos, para poner orden en ellos, y además un alcalde mayor letrado venido de España, residente en la capital de cada provincia, con intervención en las elecciones capitulares. El Lic. Altamirano representa desde Lima,

CDIEC, 8, 358; su coexistencia con la de los justicias mayores letrados en la misma ciudad, CHC, I, 189-191. Sobre sustitución del Gobernador por los alcaldes ordinarios, la Provisión de la Audiencia de Lima para Chile en CHC, I, 482-484; la Cédula de 1560 en CI, III, 30. Reconocimiento de Almagro y H. Pizarro en el Cuzco, en CDIHC, 4, 418-448. Reconocimiento de Núñez de Vela en Lima, en Pedro Cieza de León, "La Guerra de Quito", cap. VI y XXI. Juramento de Valdivia en Santiago, CHC, I, 178-180 y 181-182 (el Procurador de Santiago pide de antemano que el Gobernador jure cumplir los mandamientos reales, mantener la paz y la justicia, respetar los privilegios de los conquistadores y pobladores y la jurisdicción de la ciudad dentro de los términos señalados al tiempo de su fundación, y dar tierras comunes para el concejo). Como Valdivia solo quisiera rendir pleito homenaje de caballero, el Cabildo exigió juramento de Gobernador. Instrucción del Cabildo de Santiago a los letrados árbitros sobre el nuevo Gobernador, 28-IX-1554, en CHC, I, 441-442.

en 1552, que los alcaldes son parciales en su justicia con los indios, por ser encomenderos, de modo que era preferible el corregimiento pagado. El Lic. Alfonso Zorita, a su tránsito por Santa Marta, en 1550, relata cómo los vecinos del Río de la Hacha quieren fundar un pueblo junto a las minas, con el mismo privilegio que esa ciudad tenía de elegir a sus alcaldes y regidores, sin admitir un teniente del Gobernador; sin embargo, se averigua que el nuevo pueblo no está dentro del término fijado en el privilegio del antiguo, y Zorita es francamente adverso al afán de los vecinos, porque en el fondo pretenden "que no aya justizia que los castigue, sino biuir con entera libertad, y esta tienenla. tan grande que hera menester muy largo proceso para dar a entender sus cosas".

Sin embargo, el Consejo no siguió estos pareceres. Hemos dicho que extendió el principio de autogeneración electoral del Cabildo (aunque sin sacrificar la regalía de nombrar algunos regidores perpetuos). Las funciones de cuidado de las obras públicas y de policía urbana quedaron prohibidas a la Audiencia, entregándolas totalmente al Cabildo (Cédula de 27-X-1535 a México). Se protegió, por virtud de disposiciones ya mencionadas, la libertad de palabra y de votación en las reuniones corporativas. En ciertos casos se accedió a las peticiones de las ciudades de suprimir al corregidor (p. ej., Antequera, Puebla de los Ángeles en México, etc.), especialmente en las sedes de Audiencia (Cédula antes citada de 1565, que, sin embargo, no se cumplió en ciudades donde había costumbre contraria). Es verdad que, a veces, se suprimen legislativamente algunas facultades de los Cabildos, como la de dar mercedes de tierras, retirada a México en 23-V-1559, pero el texto legal aduce entonces una razón de bien común, la protección a la propiedad indígena. La política general de la monarquía, en este período, consiste en proteger al Cabildo de las intervenciones de los justicias debidas a móviles personales o a exorbitancias de jurisdicción, defendiendo el grado de libertad y el ámbito de funciones que le es atribuido por la legislación o por las costumbres formadas en las mismas Indias, equilibrando esta libertad por diversos medios legales y administrativos. La relativa libertad capitular es uno de los aspectos de la política de privilegios a los pobladores de las nuevas tierras, política ya puesta en práctica en la Edad Media en las zonas de colonización interior[66].

Ayuntamientos generales. —Además de los Cabildos Abiertos, convocados en momentos extraordinarios por los alcaldes y regidores, existe una forma estamental extraordinariamente representativa del espíritu vecinal, los ayuntamientos generales, constituidos por procuradores de todas las ciudades de una provincia. En La Española, tales reuniones tuvieron que luchar por su libertad de reunión, obstaculizada por la asistencia del Virrey y de los Oidores; pero en 1518, durante la ausencia del primero y la residencia de los segundos, los Jerónimos convocan una de tales asambleas, a petición general de los vecinos. Las sesiones se inician el 20-IV y duran más de un mes, llevando los procuradores capítulos de peticiones dados por sus ciudades. Entre los puntos más importantes de tales instrucciones de las ciudades, hay que destacar: petición de que el Gobernador no sea perpetuo; que se anule toda jurisdicción que no sea la del Rey; libertad de comercio con todos los pueblos de España e Indias, aun a extranjeros; licencia para traer esclavos indígenas, y naborias de varios territorios; perpetuidad de las encomiendas y residencia de los indios en las estancias de los españoles; permiso de avecindamiento a extranjeros, salvo genoveses y franceses, verosímilmente excluidos a causa de su dedicación a la usura; varias franquicias tributarias; exigencia de la vecindad para los encomenderos; juicio periódico de residencia al Gobernador;

[66] Carta de Fuenleal, 10-VII-1532, en CDIAO, 13, 224-230. Cédula de 1537 en CI, III, 42. Problema de la asistencia del justicia mayor a las sesiones del Cabildo en Lima, sesión de 2-III-1549, "Libros de Cabildos de Lima", libro IV, 102-104. Cédula de 1568 en Cl, III, 40-41. Carta de Tello de Sandoval en 1545, en ENE, IV, 212-215. Carta del Licenciado Altamirano en 17-VIII-1552, en "La Audiencia de Lima. Correspondencia de Presidentes y Oidores", publicación dirigida por Roberto Levillier, tomo I, 51-52; otra en el mismo sentido, dirigida por la Audiencia de Charcas en 30-X-1564, en "La Audiencia de Charcas. Correspondencia de Presidentes y Oidores", publicación dirigida por Roberto Levillier, tomo I, 141. La Carta de Zorita de 27-II-1550, en Alonso de Zorita, "Historia de la Nueva España", I, Apéndice, 822-325, Cédula de 27-X-1535 en PCI, 109. Supresión de alcalde mayor en Antequera por carta de 20-II-1532, PCI, 80; en Puebla, ENE, IV, 126. Cédula de 1565, en CI, III, 22-23, Cédula de 1559 en CI, I, 66.

prohibición de que los funcionarios participen en las armadas que van a traer indios; libertad de los vecinos de irse a otras provincias o a España, a la vez que otorgamiento de premios a los que residan cinco años y a los que inventen granjerías; préstamo de esclavos negros por el Rey a los vecinos; libertad para reunirse en juntas de procuradores sin los justicias reales; que el Gobernador tenga poder de decisión inmediata, pues la dilación en la consulta es dañosa. A estas peticiones de la ciudad de Santo Domingo hay que agregar otras, igualmente significativas, de Santiago: que no haya regidores perpetuos; que las encomiendas sean perpetuas, pero que su número no exceda de 80 indios, residiendo personalmente los encomenderos entre sus indios. En la reunión se plantean conflictos de grupos alrededor de la elección de un procurador que debía ir a la Corte con todas las instancias aprobadas, para jurar al Rey. En conjunto, los capítulos de los procuradores representan nítidamente la tendencia a la libertad comunal, los afanes de exención tributaria, de expansión de la esclavitud, de la encomienda y de la adscripción de los indios a la tierra de los encomenderos. Por otra parte, de esta reunión, adicta al Rey y enemiga del Almirante, sale la petición de inalienabilidad de la Isla, destinada a impedir su transformación en señorío de los Colón, que dio lugar a la perpetua incorporación de esa provincia, y posteriormente de las Indias, al dominio de la Corona, por las Provisiones de 1519 y 1520.

La sentencia de 1520 del Consejo de Castilla no fue favorable a tales asambleas, declarando que la jurisdicción de Diego Colón se extendía a autorizar su convocatoria, prohibiéndolas en caso contrario; si bien admitía ayuntamientos particulares formados por los Oficiales Reales y vecinos de la ciudad, para tratar reuniones de interés común de ella. Verosímilmente, la sentencia se refiere, en este último acápite, a los Cabildos Abiertos.

No obstante, los ayuntamientos generales se esparcen por todas las Gobernaciones: en la Ciudad de México, los Oficiales Reales Cherino y Salazar, tenientes de Gobernador en lugar de Cortés durante la expedición de este a Honduras, convocan a una reunión semejante en 10-XI-1525. Entre las peticiones, figura la de perpetuar todos los regimientos, por ser inconveniente la escasa duración del oficio anual. Idéntica instancia habían hecho los vecinos de Tierra Firme en 1516, por medio de su procurador ante la Corte, Rodrigo de Colmenares, y los de Veracruz en 1519, por medio de Montejo; en cambio, los representantes de los vecinos de Santiago, en La Española, pedían en 1518 la elección anual, porque los perpetuos "tiranizan a la república". No existe, pues, en este punto, una convicción única: mientras la tesis de La Española concuerda con la tendencia general a la libertad concejil, los círculos dominantes de las ciudades, en otros momentos, han preferido el sistema de mercedes perpetuas, que recaerían dentro de su grupo, y que los vecinos podrían alcanzar por influencias ante los Gobernadores o en la Corte. Pero la petición más importante de la asamblea mexicana de 1525 es la de que el Rey nombre Gobernadores a los tenientes. Cherino y Salazar se retiraron antes de platicarse sobre la materia, para respetar formalmente el principio de todas las asambleas estamentales, que prohibía la presencia de los justicias reales cuando se trataba de cosas que les concernieran personalmente, para dejar en libertad a los asistentes.

De extremo interés es el ayuntamiento celebrado en Santiago de Cuba en febrero y marzo de 1528. El regimiento de esta ciudad estaba formado, en ese momento, por los Oficiales Reales. Los procuradores de Asunción, San Salvador, Santa María del Puerto Príncipe, por sí, y en nombre, además, de las de Trinidad y Habana, protestan contra la conducta de los Oficiales, porque imponen nuevas costumbres y, sobre todo, porque no suplican de ciertas reales cédulas sobre indios, contrarias al interés de los vecinos. Piden que el Cabildo de la capital nombre un procurador para que se junte con ellos. El teniente de Gobernador Gonzalo de Guzmán, de acuerdo con ellos, requiere al Cabildo para que haga tal nombramiento; los Oficiales-regidores se resisten, pero, en fin, en marzo aparece un procurador de Santiago. Entre las peticiones, algunas se refieren al problema indígena (suplicación contra la prohibición del trabajo minero de los indios; moderación del número de indios de algunos encomenderos, en bien de los que tienen pocos). Otras proponen reformas como las siguientes: que los Oficiales Reales no sean regidores; que el Gobernador sea vecino de la tierra, que dure 3 años, visite personalmente su distrito y sea residenciado al fin de su período; que en las ciudades pequeñas haya solo un alcalde, por inutilidad de un segundo, elegido por todos los vecinos y no por el regimiento; que no haya regidores perpetuos; que los alcaldes no sean visitadores de indios, porque cometen simulaciones y no aplican la ley a los regidores-encomenderos, de los cuales dependen en las elecciones; que los Gobernadores y sus tenientes entren en Cabildo, pues, aunque la disposición legal prohibitiva parecía conveniente, había resultado perjudicial para el común. Las más importantes de estas peticiones provenían de la ciudad de San Salvador, e implicaban (como las de Santiago, en La Española, en 1518) una tendencia fuertemente democrática, hostil a la preponderancia absoluta de los Cabildos sobre los concejos, adversa a los encomenderos más ricos, pero, a la vez, a la legislación protectora de los indígenas, representando un punto de vista estrictamente vecinal.

En el Perú se celebran ayuntamientos generales; un ejemplo de ellos es el de 24-VII-1544, celebrado sin asistencia de justicia real alguno, en la ciudad de Lima, para pedir al Virrey y Audiencia que hiciesen la paz con los rebeldes del Cuzco. En Chile, podemos citar el de 16-VIII-1555, durante la vacancia de la Gobernación, en que se acuerda pedir a las autoridades limeñas la designación de un Gobernador que fuese vecino.

La Corona confirió a las ciudades de México y del Cuzco el privilegio honorífico del primer lugar en las asambleas de sus provincias (1530 y 1540, respectivamente). Las reuniones se siguieron celebrando esporádicamente en todas las colonias, cuando se presentaba la necesidad de enviar procuradores generales a España o a algún Virreinato, para presentar "peticiones importantes para toda la provincia. La desconfianza de la administración hacia estos ayuntamientos, peculiar de la administración monárquica desde la época de los Comuneros, está claramente señalada en los Avisos del Virrey Mendoza a Velasco, donde le aconseja que excuse las congregaciones y juntas, porque el provecho es poco, y el daño mucho[67].

[67] Ayuntamiento de 1518 en CDIAO, I, 357-366; el de 1525 en México, en ENE, I, 78-90. Peticiones de Tierra Firme "en 1516, en J. T. Medina, "El Descubrimiento", IL, 150; las de Veracruz en 1519, en Robert S. Chamberlain, "Two unpublished Documents...", His. Am. Hist. Review, XVIII, N° 4, 514-525. Ayuntamiento de Cuba en 1528, en CDIU, 4, 1-35; del Perú en 1544, en "Libro

Surgen, pues, en Indias, con anterioridad a 1570, multitud de formas jurisdiccionales y gubernativas, conforme a las necesidades de los descubrimientos, conquistas y poblaciones. En La Española se oscila entre el Virreinato y Gobernación por capitulación, y la Gobernación burocrática, y se logra encuadrar al primer tipo dentro de un sistema de control que asegura la superioridad regia. El principio de la capitulación sigue siendo, entretanto, ampliamente utilizado, como el más apto para procurar el dominio de nuevas regiones, canalizando las fuerzas expansivas dentro del Estado. Gran parte de las Gobernaciones provienen de ese principio. En las ciudades, se organizan los Cabildos, a veces dominados por los Gobernadores, logrando, otras, una autonomía aristocrática, y conservándose, en sectores más reducidos, el principio concejil democrático. La monarquía admite dentro de la constitución indiana toda esta pluralidad de formas. Pero el principio legal y administrativo, triunfante en Castilla, avanza también en Indias, en perjuicio del sentido de la Conquista. Las Gobernaciones principales se convierten en sedes de Audiencias, las que extienden su autoridad a provincias fronterizas. El gobierno corporativo de las Audiencias, y más tarde el de los Virreyes, altos nobles que representan personalmente al Rey, constituye un núcleo y un modelo de tipo estatal que la monarquía quiere realizar en las Indias. Desde 1542, la legislación procura aislar a la administración y jurisdicción coloniales

de Cabildos de Lima", L. III, 94-96; en Chile en 1555, en CHC, I, 492-493. El texto de la Cédula de 1530 sobre preeminencia de la Ciudad de México no lo he podido conocer directamente, sino solo por la referencia de la Recopilación de Indias de 1680 (lib. IV, tit. VIII, ley II); la Cédula de 24-IV-1540 para el Cuzco, en CI, I, 61. Avisos de Mendoza, en CDIAO, 6, 484-515. Guillermo Lohmann Villena, en "Las Cortes en Indias", distingue netamente estos ayuntamientos generales, de las Cortes españolas, ante las tentativas de asimilación hechas por J. E. Casariego. La tesis de Lohmann es evidentemente correcta, sobre todo porque los ayuntamientos carecen de la principal prerrogativa de las Cortes, la aprobación de nuevos tributos. Sin embargo, no estamos de acuerdo con él, cuando reduce demasiado los objetivos de tales ayuntamientos a una esfera municipal, descartando toda intromisión en la "alta política estatal" (pág. 656). Si este término se refiere a la política general de la monarquía, es exacto; pero las peticiones citadas en nuestro texto muestran que esas asambleas se planteaban problemas generales de sus provincias y de las Indias.

de las formas propias de la Conquista (empresas económico-militares, encomiendas, etc.), a fin de realizar un orden puramente público de oficios; pero las jurisdicciones inferiores, los corregimientos, caen enteramente bajo la órbita de las mercedes para la sustentación de los vecinos. La tensión entre estos principios da su sello a la época, y provoca la aparición de distintos tipos constitucionales de provincias indianas, ya claramente definidos en 1570.

EL PRINCIPIO DE LA CONQUISTA EN EL ESTADO INDIANO

1. Justificación teórica del dominio real y regulación de las conquistas

Durante los primeros veinte años de la dominación española, el poder real en Indias carece de todo problematismo teórico; la toma de posesión de los territorios se fundamenta, desde 1493, en las Bulas papales; la sujeción de los naturales es considerada como una consecuencia obvia. La exigencia de sumisión se hacía a los indios solo verbalmente y sin formas legalmente determinadas. La cuestión de la legitimidad vino a plantearse solo en 1511-12, con la predicación de Montesinos y la Junta de Burgos.

La gran controversia de allí surgida ha sido críticamente estudiada en sus fases principales por investigadores de la Historia del Derecho Indiano tales como Hanke, Zavala y Manzano, y, desde otros puntos de vista, por internacionalistas y por historiadores de la teología y de la teoría política[68]. La teología jusnaturalista de Vitoria y sus discípulos desplazó a la teoría güelfa del dominio universal del Papa, en la que se apoyaba oficialmente el Requerimiento de 1513 para justificar la

[68] L, Hanke, "La lucha por la justicia en la Conquista de América", que recoge las ideas de anteriores artículos sobre el tema; Silvio Zavala, "Las instituciones jurídicas de la Conquista de América", "Servidumbre natural y libertad cristiana", "La doctrina del doctor Palacios Rubios sobre la Conquista de América". Juan Manzano, "La incorporación de las Indias a la Corona de Castilla". Sobre el punto particular de la posibilidad de abandonar América a los indígenas, y la actitud de Vitoria, Alfonso García Gallo, "La posición de Vitoria ante el problema indiano. Una nueva interpretación". Existen además sobre la biografía intelectual de Vitoria, los estudios de Luis Alonso Getino, Vicente Beltrán de Heredia, Victorio Carro, últimamente la de Joseph Höffner. Valiosas para la concepción histórica de la doctrina teológica española en general, son las conferencias de Alois Dempf, reunidas en "Christliche Staatsphilosophie Spaniens".

transferencia de las Indias por Alejandro VI a los Reyes castellanos. Las Bulas son reinterpretadas por los nuevos teólogos a la luz de la potestad puramente indirecta del Papa en lo temporal, en orden al fin misional. La discusión fue arrancada de la esfera del Derecho Canónico, para traerla a la del Derecho Natural y a la del de Gentes, derivado del Natural. En este plano se afirmó el pleno dominio político y civil de los indios. El señorío español no fue explícitamente aceptado ni repudiado por Vitoria, como hecho histórico, sino que, más bien, planteó una base teórica nueva para afrontar el problema de su justificación, en la medida en que se pudiese fundar en Derecho Natural y de Gentes la justicia de la guerra contra los príncipes indígenas. Paralelamente, Las Casas negaba la legitimidad de la conquista, desde el punto de vista teórico a la vez que histórico. Impugnaba la interpretación de las Bulas según la cual los señores indígenas eran privados de su poder, pues esos documentos, según él, solamente trasmitían una tutela imperial misional, análoga a la del Imperio en Europa, que no suprimía la jurisdicción directa de los Reyes. La conversión debía ser anterior a la sumisión, para que una y otra fuesen libres; solo por un proceso de conversión llegarían los indios a consentir en el imperio del Rey de España, consentimiento que él juzgaba indispensable. En su mente se unen las ideas jusnaturalistas, con una apologética racional, y con rasgos del Derecho histórico medieval que él quisiera aplicar a las relaciones con los indios (Imperio cristiano, pacto de sumisión, voluntariedad de tributos y leyes).

Los círculos religiosos más importantes fueron influidos por la ideología jusnaturalista. Sin embargo, aún no está claramente investigada la posición franciscana, Orden que figuró a menudo en controversia con Las Casas, y que tenía una teología independiente del tomismo. Uno de los suyos, Motolinía, plantea (en una carta puramente polémica contra Las Casas) una defensa de la Conquista desde un punto de vista misional, extraño a criterios jurídicos. Recuerda al Rey su deber de hacer predicar el Evangelio antes de la consumación del mundo, "i los que no quisieren oir de grado el Santo Evangelio de Jesu-Cristo, sea por fuerza". No se pronuncia decisivamente sobre la legitimidad de los tributos y guerras ("yo no me meto en determinar si fueron estas guerras más o menos lícitas que aquellas... esto determínenlo los Consejos de V. M."), marcando solamente la prisa que debe tener el Rey en cumplir y ensanchar el quinto reino, el del Mesías. Pero la fuerza de la tradición escolástica ha impedido la propagación de esta actitud[69].

La posición oficial española se definió explícitamente en el Requerimiento de 1513, redactado por Palacios Rubios, que afirmaba la concesión del pleno señorío real en virtud de las Bulas. Todas las expediciones llegadas a nuevas tierras debían leer a los indios el Requerimiento, en que se exponía la donación pontificia y sus fundamentos, de acuerdo con la doctrina güelfa del dominio universal del Papado, y, en seguida, se les hacia un llamado a la obediencia, pidiéndoles que deliberaran y acordaran someterse como era justo. Se les prometía la conservación de su estatuto de libertad, y la concesión de mercedes, si así lo hacían; pero si resistían al justo título real, debía hacérseles la guerra, cayendo los prisioneros bajo esclavitud, conforme al Derecho de Gentes medieval, que condenaba a esa pena a los infieles que hacían guerra a los cristianos. El Requerimiento significaba, como dice bien Manzano, un "planteamiento judicial"[70]: el conquistador no iba a crear un derecho, pues ni el descubrimiento ni la conquista creaban derecho alguno; el único justo título, la donación papal, era notificado para su aplicación. La notificación su ponía formalmente la libertad de los indios, pues se les pedía la voluntaria sumisión; el mismo texto declaraba que si se sujetaban al Rey, serían conservados en su libertad personal. No se siguió, pues, en la redacción de este documento, la teoría, ya planteada en 1512, de la servidumbre natural de los indígenas, es decir, de su incapacidad para un régimen político libre, y de su necesaria destinación a un dominio semipaternal[71]. La solución de 1513 no era en sí extraña: también el pueblo, en Derecho Medieval, debía jurar al Rey legítimo, reconociendo el justo derecho dinástico. El Requerimiento significaba trasladar rigurosamente a

[69] Carta de 2-1-1555, en CDHM, L 253-277 (especialmente 262-263).

[70] Juan Manzano, "La Incorporación...", 47, 54.

[71] Silvio Zavala, "Servidumbre natural y Libertad cristiana", distingue muy bien este concepto, de la esclavitud legal en que caían los prisioneros de guerra o los contractualmente adquiridos como esclavos.

América el deber medieval; el título dinástico era solamente reemplazado por el pontificio. Pero la crítica teológica señaló también la falta de equidad de esta asimilación. En el Derecho europeo, el pueblo conocía las viejas costumbres que legitimaban la herencia real, y adhería a ellas con plena convicción. Para los indios, el Derecho Papal era totalmente extraño. Las Casas se convierte, en este sentido, en campeón de la idea romano-canónica de equidad, que exigía libertad y voluntariedad en los actos jurídicos, mostrando la injusticia de aquel riguroso planteamiento judicial, que no contaba con los factores reales de la ignorancia y el temor.

Pero a pesar de toda la controversia, las conquistas han proseguido rápidamente a lo largo de la primera mitad del siglo. Se entiende en Derecho Indiano por conquista la expedición armada que penetra entre los indios para obtener su sumisión al Rey, que aún no ha sido otorgada. No existe aquí una guerra del pueblo, en sentido antiguo o germánico, ni tampoco ejércitos feudales fundados en la fidelidad vasálica. Se trata de bandas de guerra alistadas sobre una base totalmente libre, costeadas por el jefe y por algunos de los participantes más ricos, interviniendo en el fondo una serie de relaciones privadas (empréstitos, compañías, etc.). Pero la empresa no es puramente privada, sino que lleva consigo el principio estatal, pues el Rey la ha autorizado, ha trasmitido a los jefes la jurisdicción, ha fijado los fines y la forma que tomarán las expediciones, regulando la organización de las tierras por conquistar. El aspecto estatal está íntimamente unido al privado. También los primeros ejércitos permanentes europeos constituían empresas de este tipo, pero la remuneración final con que contaban los conquistadores, indios, tierras, etc., una vez que se poblaban ciudades, no tenía semejanza alguna en Europa. En cambio, el derecho de presa sobre el botín en bienes muebles era un rasgo común a ambos continentes.

Una empresa de tal estructura, tan radicalmente penetrada por el Derecho Patrimonial, involucraba naturalmente el peligro de que la población nativa cayera enteramente bajo su dominio, en una u otra forma, forzándola a la guerra para esclavizarla, o imponiendo servicios que iban contra el espíritu del Derecho Castellano de la época. Por eso aparece, bajo el impulso de la predicación de Las Casas y de los letrados y religiosos de la misma tendencia, una legislación reguladora de la Conquista, estudiada sobre todo por Silvio Zavala y Lewis Hanke[72]. Los momentos capitales de ella son: el mandato de dilatar los ataques cuanto fuere posible, dado a Pedrarias Dávila en 1513, y a Cortés en 1523; la adjunción de dos religiosos a todas las expediciones, para velar por la corrección del requerimiento, y la prohibición del trabajo forzado en las minas de los indios libres (1526); la supresión de la esclavitud bélica, principal incentivo de la violencia de los conquistadores (1530-34, definitivamente en 1542); radicación del derecho a autorizar las nuevas conquistas en el Consejo (Nuevas Leyes de 1542).

La tendencia de la legislación central en 1542 y los años siguientes es decididamente hostil a las conquistas. En 1543 se aprueba el proyecto del Obispo de México fray Juan de Zumárraga, de fray Domingo de Betanzos y fray Juan de Magdalena para llevar misiones al Asia, en una empresa totalmente distinta en su forma a las de América. La carta de Carlos V en 1-V-1543 a los príncipes asiáticos habla solo de objetivos misionales, de comercio y alianza; las instrucciones a los autores del plan conciben como punto final la declaración de obediencia al Rey, pero en virtud de un proceso de persuasión, y sin que se hable del envío de colonos españoles[73]. Pero ese proyecto no se realizó.

Los acontecimientos del Perú impusieron, en ese Virreinato, el viraje de 1546. La Gasca llevó poderes para nuevas conquistas, si bien se le instruía para que ellas tuvieran lugar con los menores daños posibles para los indígenas, y procediendo de acuerdo con la Audiencia. Los Gobernadores nombrados por él para territorios en proceso de conquista (Pedro de Valdivia, Juan Núñez de Prado, etc.) llevaban mandato de instar con benignidad a los indios a que se sometieran y a que oyeran a los predicadores, acudiendo a la guerra en caso de negativa, pero con el menor rigor posible, excusando muertes y perjuicios. El Requerimiento de 1513 parece haber dejado

72 Silvio Zavala, "Las Instituciones Jurídicas de la Conquista de América"; Lewis Hanke, "The Development of Regulations for Conquistadores".

73 Ver la carta en CI, IV, 221-222.

de usarse en las empresas posteriores a 1542 (Hanke). Mientras se prepara una Junta en Valladolid de 1550, se prohíben las expediciones de entradas y rancherías para coger botín e indios (31-XII-1549) y se ordena suspender las conquistas, deteniéndolas en el punto en que están (16-IV-1550). La rebelión de Hernández Girón impulsa a la Corona a dar otra vez poder para las conquistas a Cañete; pero en sus instrucciones de 1556 está ya delineado el nuevo procedimiento, que se recogerá más tarde en la Instrucción a Toledo de 30-XI-1568 y en la Ordenanza general definitiva de 13-VI-1573. En esta legislación tardía, se concibe la sujeción como un proceso paulatino de conversión voluntaria, comercio y alianza, que los españoles desarrollan desde una o más ciudades, que debían ser construidas sin despojar de sus tierras a los naturales. La guerra solo sería estrictamente defensiva, y previo parecer de los religiosos; también podría hacerse cuando los indios se negaran a permitir que los predicadores cumplieran su oficio, pero entonces con permiso de la Audiencia. La sumisión y el repartimiento en encomiendas era considerado como el término final de un proceso de atracción voluntaria[74].

La lucha de concepciones jurídicas alrededor de este problema se desarrolla completamente a lo largo de la guerra de Arauco, que se extendió desde 1546 hasta fines del siglo XVII (y aun se enciende esporádicamente en el siglo XVIII), mientras que el período propiamente guerrero en otras provincias termina mucho antes. Esta lucha de concepciones es lo que da su interés y valor al caso araucano, desde el punto de vista histórico-jurídico general.

El primer Gobernador, Valdivia, empleó desde el comienzo el Requerimiento. En 1555 la Audiencia de Lima ordenó prescindir de todo ataque, conforme a la orden general de suspensión de las conquistas dictada por la Corona en 1550, debiendo limitarse los

[74] Ejemplo de conquistas autorizadas por La Gasca, la de Chile y Tucumán (CDIHC, 29, 89-93 y 55-58). Lewis Hanke, "The Development of Regulations…", 1779-82. Cédula de 1549 en CI, IV, 254; la de 1550 en CI, IV, 255. Resumen de la Instrucción sobre conquistas a Cañete, en J. Manzano, "La Incorporación…", 203-207. Instrucción a Toledo de 1568 en CI, IV, 229-232. Ordenanzas de 1573 en CI, IV, 232-246.

vecinos a conservarse en sus ciudades. Cuando llega en 1557 del Perú la expedición del hijo del Virrey Cañete (quien tenía, como ya hemos dicho, autoridad para enviar a nuevas conquistas) repercuten inmediatamente en la Gobernación los principales problemas del Derecho Indiano, de los cuales las Gobernaciones periféricas vivían muy aisladas. Un dominico, fray Gil González. de San Nicolás, reprueba las guerras anteriores por la ausencia de verdaderos llamados a la paz; plantea la prioridad del adoctrinamiento sobre el servicio y la tributación, y exige la restitución de los daños ocasionados en injusta guerra. Sin embargo, de sus protestas, el nuevo Gobernador realiza la reconquista del territorio perdido en el alzamiento indígena. Frente al criterio del teólogo, se esgrime el argumento que los indios ya habían aceptado la sumisión, de manera que no se trataba de una conquista, sino del castigo de rebeldes. Juan de Herrera, teniente del Gobernador Villagra, instaura un juicio conforme a las reglas del Derecho Procesal español, con citación de los defensores de los naturales, y condena a estos a muerte como rebeldes al Rey. En rigor formalista era posible dar a la guerra este carácter penal. Pero la legislación siguió exigiendo un procedimiento equitativo, en favor del cual se sostenía la justicia de los indígenas al defenderse de los excesivos servicios. Cuando se establece la Audiencia (1567), ella impuso un método de pacificación, de moderación de las penas, y de seguridades a los indios de que se respetaría su libertad y sus bienes; pero la guerra recrudeció irremisiblemente, y en 1575 el nuevo Gobernador Quiroga inició una política de traslado en masa de los indios cautivos para trabajar en las minas de La Serena. Así, constantemente se confrontan el principio del tratamiento rigoroso de los indios, conforme al Derecho estricto, con el principio equitativo[75].

[75] El requerimiento en tiempos de Valdivia, en "Cartas de Pedro de Valdivia", editadas por J. T. Medina, 133 (carta de 15-X-1550), y en A. Góngora de Marmolejo, "Historia de Chile", 95. Provisión de la Audiencia de Lima sobre suspensión de conquistas en 1555, en CHC, I, 482-484. El problema de la guerra justa planteado por Fray Gil González de San Nicolás: CDIHC, 28, 276 y siguientes; A. de Góngora Marmolejo, "Historia...", 95. El proceso contra los naturales, en una relación de Juan de Herrera, CHC, II, 253-254. El requerimiento de la Audiencia en CDIHC, 10, 423-424, 427-428. Sobre la política de traslado de los indios de

Hacia 1570, la legislación indiana había llegado a una concepción equitativa del dominio sobre los naturales, pero manteniendo en los cimientos la misma concepción inicial, desarrollada en 1513, según la cual los indígenas eran súbditos directos del Rey por virtud de las Bulas. Las disposiciones sobre benignidad en el tratamiento a los indios estaban, sin embargo, confiadas a los mismos conquistadores, lo que constituía el inconveniente más grave para su aplicación; ni el control inmediato de los eclesiásticos, ni el más remoto de Audiencias y Virreyes, podían remediar tal dificultad. La solución radical a que acude en fin el Virrey Toledo es la obstrucción de toda nueva conquista.

Los problemas de los justos títulos del dominio regio y del tratamiento de los indígenas se han planteado también, de algún modo, para los mismos conquistadores. No, desde luego, en el plano del viejo Derecho Popular, vigente exclusivamente dentro del círculo del mismo pueblo; estas bandas, por su tipo de reclutamiento, su alejamiento del territorio nativo, su contacto con otras razas, estaban en vías de desarraigarse del propio Derecho Consuetudinario. El móvil que lleva a los individuos a partir, el afán de riquezas y de poder, o simplemente el desvincularse de las cargas propias del régimen campesino medieval, tiende a desarraigar de la costumbre popular, siempre localmente condicionada. En cambio, subsisten en la convicción jurídica los elementos estatales y eclesiásticos la obediencia al Rey y a la Iglesia. De allí que el problema de los justos títulos sea remitido por ellos a las leyes reales y a la Bula Papal, que legitiman el dominio real y permiten hacer la guerra y obtener las recompensas con buena conciencia. La guerra debe hacerse, dice Cortés, con recta intención, pues de otro modo no se podrá pedir con justicia una remuneración; y constituye recta intención la voluntad de obtener la conversión de los naturales y de someterlos al

Arauco a La Serena, petición de esta última ciudad para iniciarlo, en su presentación de 18-XII-1573 (Archivo General de Indias, Audiencia de Chile 28), y Cédula de 13-I-1575, que autoriza el traslado en calidad de mitimaes (Archivo General de Indias, Audiencia de Chile 166, 1, 40-41). Tales indios fueron en realidad encomendados, no esclavizados.

Rey[76]. Pero esta conciencia de los conquistadores se torna inquieta cuando los religiosos del grupo de Las Casas niegan la legitimidad de las guerras, y cuando la misma legislación del Rey pone trabas al impulso de engrandecimiento individual. La juridicidad definida por el Estado y por la doctrina teológica encuentra resistencia en el sentimiento —también jurídico, aunque sin elaboración teórica— del mérito ganado en la guerra. De allí los graves problemas colectivos de conciencia que se plantean en algunos momentos por las predicaciones, las exigencias de restitución de daños y tributos mal llevados, las negativas de absolución sacramental a los conquistadores, las peticiones de obtener bulas o indulgencias para purificarse de las faltas que los concilios americanos imputaban a los vecinos; pero también las alegaciones y representaciones de estos ante el Consejo, el encargo a algunos letrados para que escribiesen obras en defensa de los justos títulos y de la servidumbre natural de los indios, etc. Se popularizan entre los mismos conquistadores argumentos de controversia, manejados, obviamente, sin mayor fundamento teórico. Así, un conquistador de la Nueva España, Ruy González, refuta en 1553 a Las Casas, alegando el resultado de la conversión de los indios, las tiranías de Moctezuma, las peticiones de los indios de Tlaxcala y Chalco para ser liberados de los aztecas, los crímenes habituales en estos, etc. Bernal Díaz del Castillo, tan representativo de la conciencia de este círculo, alega como justas causas de la guerra la conversión de los naturales, la gloria de España, la humanización de las costumbres y la prosperidad de los indios sometidos de la Nueva España. La Ciudad de México encomienda a Cervantes de Salazar la redacción de un tratado en defensa de los justos títulos. En el Perú, la obra de Juan de Matienzo, anterior a 1567, justificaba la conquista por la tiranía de los Incas, la infidelidad voluntaria y los crímenes de los indios contra la ley natural y evangélica. La carta de los vecinos del Cuzco, en 18-X-1572, dirigida al Rey, menciona la donación papal y los vicios de los indígenas. Sin embargo, el mayor peso del punto de vista teológico hace a veces vacilante la conciencia

[76] Silvio Zavala, "Hernán Cortés y la teoría escolástica de la justa guerra".

de los conquistadores más cultivados. Hanke menciona el caso de Gonzalo Jiménez de Quesada, quien, leyendo a Paolo Giovio, cita la donación papal y la partición de los mares; pero, en otra ocasión, dice a los suyos que la tierra que pisan pertenece en justicia a los indios[77].

La inseguridad y la actitud teóricamente defensiva de los conquistadores ante el problema de la legitimidad de la adquisición de las Indias no impidieron en absoluto la firmeza y continuidad de la expansión; la intensidad del sentimiento de sus méritos y de su derecho a ser recompensados por el Rey no decrece, a pesar de la debilidad teórica de su posición. La tendencia al dominio sobre los indios va acompañada en muchos conquistadores de la conducta más brutal hacia ellos, pero esto no constituye una regla absoluta. Hernán Cortés es recordado, cuarenta años después de la conquista de México, por unos franciscanos residentes en Chile, en correspondencia con Las Casas, por su humanidad en el trato con los indígenas. Bernal Díaz del Castillo narra cómo, siendo el regidor más antiguo de Guazacualco y encargado del hierro para marcar a los esclavos indios, rompió ese instrumento porque los abusos que se cometían esclavizando a muchos libres eran excesivos, y señala a los culpables: "porque como los hombres no somos todos muy buenos, antes hay algunos de mala conciencia, y como en aquel tiempo vinieron de Castilla y de las islas muchos españoles pobres y de gran cobdicia, e caninos e hambrientos por haber riquezas y esclavos".

La conciencia jurídica de los conquistadores no ha sido, pues, totalmente compacta: no existe aquí una guerra del pueblo en común, sino empresas de pequeños o grandes grupos, con jefes de distinto

[77] Carta de Ruy González en 24-IV-1553, en ENE, VII, 31-36. Bernal Díaz del Castillo, "Historia...", capítulo CCVII-CCX. Referencia al trabajo de Cervantes de Salazar, en "Cuerpo de Documentos del siglo XVI sobre los derechos de España en las Indias y las Filipinas", por Lewis Hanke, página XXV.
Juan de Matienzo, "Gobierno del Perú", I, 3. Carta de los vecinos del Cuzco en 18-X-1572, inserta 2; comienzo de las Ordenanzas de la ciudad (en el ms. con portada impresa de 1610, copia de las Ord. mandada sacar por Montesclaros: Biblioteca del Palacio Real de Madrid, 49 y 50; (en este último vol. se halla la Ordenanza del Cuzco). La carta del Cabildo no se halla en las versiones impresas. Sobre Jiménez de Quesada, Hanke, "La lucha...", 364-365 y 373.

nivel moral y de distinta capacidad de organización, llevando consigo a eclesiásticos que no siempre profesaban el mismo criterio; los indígenas con que se han encontrado han tenido formas diversas de reacción ante la llegada de los españoles.

La conquista de América constituye, en 1570, un problema que no tenía una respuesta totalmente satisfactoria para ninguna de las partes. Los órganos centrales de la monarquía y los conquistadores estaban con conciencia insegura. Los eclesiásticos distaban mucho de ser unánimes. Hacia 1555, Motolinía legitima la adquisición, si no en su fundamento, en su resultado misionero; Las Casas condena toda acción conquistadora que vaya más allá de una tutela imperial; en un punto medio, el Obispo de Charcas, Fray Matías de San Martín, declara ilegítimas las primeras guerras y sujeta a restitución a los conquistadores, por haberlas hecho por propio interés, y dejando sin cumplir las Instrucciones de los Reyes sobre tratamiento de los indios; pero considera que la monarquía posee ahora con autoridad de cosa juzgada, por haber estado siempre de buena fe[78].

2. El asentamiento de la población española como problema jurídico

Alternativas iniciales.—La época colombiana parte de una concepción de factoría más que de colonización, como lo ha mostrado muy bien Néstor Meza. Por un proceso que se inicia en 1405, la primitiva factoría de los Reyes se va transformando en una colonia, es decir, en un núcleo de población metropolitana establecido permanentemente en la nueva tierra, y que extrae de esta sus fuentes de sustentación. Los asalariados, destinados a custodiar la factoría, a plantar lo suficiente para el abastecimiento de ellos mismos y de las tripulaciones de los barcos, a desempeñar oficios artesanales y a explotar las minas por

[78] Tres franciscanos escriben desde Chile en 6-III-1562 a Las Casas que Don García Hurtado de Mendoza había sido, por su buen tratamiento a los indios, "otro Hernán Cortés" (CDIHC, 19, 143-145). Bernal Díaz, "Historia...", capítulo CCXIII. Parecer del Obispo de Charcas, en CDIAO, 7, 348-362.

cuenta de los Reyes, se transforman progresivamente en colonos o vecinos. El rescate de oro con los indios se retiene como monopolio real, pero en 1495 se permite el paso a las islas y tierras firmes para iniciar otros rescates, (dando un décimo a los Reyes), y se prometen tierras a los que quieran venir sin sueldo a establecerse en La Española; el monopolio minero se disuelve al incitar al descubrimiento de minas por los particulares, pero exigiendo siempre un altísimo porcentaje del producto para los Reyes (dos tercios para los que no gozan de sueldo y cuatro quintos para los asalariados). En 1497 se autoriza a Colón a dar mercedes de tierra. Las rentas sobrantes provinieron, un tiempo, del comercio de esclavos abierto por Colón hacia Andalucía, pero ese tráfico fue detenido, y definitivamente suprimido en 1500. El Almirante implantó, en beneficio de los Reyes, hacia 1495, un tributo en oro y algodón sobre los naturales, y cerca de dos años después un servicio obligatorio en favor de los particulares, en labranzas y luego en minas. El primitivo tributo al Rey desaparece, y se consolida en cambio el servicio minero en beneficio de los colonos, sobre todo cuando Bobadilla aumenta enormemente el porcentaje destinado a los descubridores de minas. Con Ovando llegan, en 1502, una cantidad de pobladores ya muy superior a los necesarios para las explotaciones regias. En 1501 los Reyes rebajan a la mitad su parte en las minas (censurando la rebaja indebida acordada por Bobadilla), e inician la legislación sobre residencia de los colonos en ciudades, servicio personal de los indios, rebaja de la porción del Rey en las minas a un tercio, y finalmente a un quinto, para lograr así, dice la Cédula de 5-II-1504, que las islas sean bien pobladas y ennoblecidas.

Tributo y repartimiento son distintos en su origen: aquél se impone en favor del Rey en reconocimiento de señorío, este es una adjudicación de servicios en bien de los colonos. Las Casas conjetura (sin afirmarlo categóricamente) que el servicio se prestó en labranzas particulares, pero hechas en nombre del Rey. La legislación real repudia tales servicios obligatorios, y en cambio ordena cobrar el tributo, tal como lo pagan los súbditos castellanos (Instrucciones de 16-IX-1501 y de 20-III-1503 a Ovando). Esta posición se fundaba en los principios de libertad personal y de vinculación tributaria pública, propios del Derecho Común y del Derecho Castellano de ese momento. Pero el punto de vista del interés vecinal se impuso finalmente en la Cédula de 20-XII-1503, que aceptó el servicio compulsivo, aunque pagado, dando como motivo la ventaja de la comunicación de indios y españoles para la conversión de los primeros[79].

Al abandonarse el asentamiento asalariado e imponerse el vecinal, se ha planteado, pues, el problema de la base de sustentación de los colonos, cuya discusión se renovará todavía muchas veces antes de 1570. Este problema pudo resolverse en formas diversas del servicio personal indígena.

Una de estas posibilidades —planteada e intentada por Las Casas en 1518— fue el rehacer en América la sociedad de base campesina europea, con labradores españoles, que vivieran en sus propiedades, en relaciones de libre contratación con los indígenas. Se sabe cómo fracasó ese plan en la colonia de Paria, pues en suma los colonos no aceptaron vivir en esa condición. Vinieron, es verdad, a América labradores en buena cantidad, movidos por la exención tributaria. Así, Motolinía constata, en 1541, que la mayor parte de los calpisques o mayordomos de los encomenderos son antiguos labradores. Sin embargo, ellos no reconstruyen su tipo de vida europea. Esta es una realidad bien conocida, sobre la cual se puede citar el testimonio del Virrey Velasco (7-I-1554). Respondiendo a una Cédula de 1552 sobre la conveniencia de enviar labradores con aparejos, de la península a aquel Virreinato, Velasco objeta: "lo que cerca desto se puede decir es que hay cantidad de españoles que no quieren servir, ni trabajar, y se andan contratando entre los indios, de que ningún buen ejemplo ni provecho reciben los naturales. Todo lo que es posible se provee para evitarlo, y no basta por ser la tierra tan larga y estar los naturales tan derramados por montañas ásperas y en partes que no es posible tenerse cuenta con todos los españoles que entre ellos andan, por andar de ordinario a noche y mesón y no tener casa ni hacienda en lugar cierto, ni más de los que consigo traen, y destos los más son labradores y gente baja que se han venido de España por. no pechar ni servir, y acá

[79] Néstor Meza Villalobos, "Significado del período 1493-1508 en el proceso de la Conquista". Ramón Carande, "Carlos V y sus Banqueros", I, 325. Sobre el establecimiento del servicio personal, Silvio Zavala, "La encomienda indiana".

no quieren trabajar, ni tomarán arado ni asada en mano por ningún precio ni pena, ni curarán, ni aderezarán un caballo por que se le den. Y lo mismo que esto hacen harán los labradores que vinieren aunque traigan hábito y aparejo. Demás que la tierra templada y de riego está tan poblada de indios que no hay donde quepa, en las costas del mar del norte y del sur hay tierras despobladas en abundancia, es tan caliente y enferma que es inhabitable para españoles que crecen no se crían, ni se pueden sufrir estar dos horas al sol en el campo. Y ya que se dieren tierras cerca de México y de otros pueblos de españoles de la comarca, ¿quién les labrará las casas y les dará bueyes y arados, y carretas, que con doscientos ducados no comprará un labrador lo necesario, y pocos llegan con uno al puerto?... Y ya que labren y siembren la tierra, si indios no la desyerban, no se coge pan. Son tantas las dificultades que sería nunca acabar si todas se escribiesen"[80].

Aunque las condiciones climáticas y la misma densidad de población indígena, propias de México, no son generales de América Española, en todas partes resultó la misma resistencia al asentamiento de tipo aldeano, por afán de dominio, o por huir del trabajo. Es un hecho histórico determinado por una voluntad; no depende, como piensa Haring, de un condicionamiento mecánico de la producción natural sobre la organización americana, en el sentido que la existencia de grandes recursos mineros o de productos tropicales hayan impuesto el tipo de la "exploitation colony", en tanto que los climas templados y la falta de recursos mineros, con la consiguiente ausencia de interés por exportar a Europa, hayan producido la "farm colony", que se habría desarrollado en New England y, hasta cierto punto, en Chile y las Gobernaciones del territorio argentino[81]. Pero en estos últimos países, contra lo que piensa Haring, se desarrolla la encomienda y la utilización del trabajo indígena en toda la intensa proporción que permitía el número de naturales; si la explotación aurífera termina allí relativamente pronto, las exportaciones de

[80] Ver Motolinía, "Historia de los Indios de la Nueva España", 17. Carta de Velasco de 1554 en "Documentos Inéditos del siglo XVI para la Historia de México", colegidos y anotados por el P. Mariano Cuevas, 189.

[81] Clarence H. Haring, "The Spanish Empire in America", 30-31.

productos agrarios y ganaderos de zonas templadas a las colonias vecinas constituyen, en los siglos XVII y XVIII, la riqueza de esas Gobernaciones. Aprovechando todas las posibilidades naturales que se ofrecen, la voluntad de los españoles crea, en todas partes de América, la producción para la exportación, superando el nivel de la subsistencia, propio de la economía aldeana. No ha existido, como tipo, en América Española, la "farm colony"; lo que más se acerca a ella es el asentamiento en propiedades medianas y sin encomiendas, que se ensaya en Puebla de los Ángeles, estudiado por Francois Chevalier; pero aun aquí los colonos viven de la producción para el comercio y del trabajo compulsivo de los indios.

Una segunda solución del problema de la población era estrictamente patrimonial, entregada a la economía privada: la esclavitud de los indígenas. Ensayada por Colón, fue abandonada por los Reyes a causa de su contraposición con el espíritu del Derecho Castellano y del Derecho Común. Dentro de este, la libertad radicaba en el Derecho Natural; solo en el Derecho de Gentes se introducía la institución como pena. Sin embargo, la esclavitud logró conservarse todavía durante medio siglo, tanto en virtud de la aplicación del concepto penal del Derecho de Gentes a los que hacían resistencia contra la dominación española, como por compra de esclavos indígenas que ya lo eran en su propio Derecho, forma de adquisición derivada del contrato del Derecho Civil. Junto a los indios libres, o en sustitución de ellos, cuando las medidas reguladoras hicieron imposible su aprovechamiento en las minas, se ocupaba a los esclavos. La legislación sobre conquistas procuró eliminar la guerra, y, en consecuencia, la esclavitud penal; justamente para darle eficacia, la Cédula de 2-VIII-1530 declara abolida en adelante toda esclavitud. Su texto establece que el cautiverio y la compraventa podrían haber sido aceptados sin cargo de conciencia; pero que la codicia de los españoles ha llevado a extender la esclavitud a indios libres y de paz, que no merecían perder la libertad de que gozaban según Derecho Natural, de manera que hace preciso acudir a la prohibición en bloque.

En 1532-1553 sobreviene una oscilación. En esos años los conquistadores guatemaltecos y peruanos consiguen la reiniciación de la compra, y luego del cautiverio de esclavos, y en 20-II-1534 se deroga, para todas las provincias continentales, la Cédula de 1530, atendiendo a que ella, al eliminar el interés de los conquistadores y dejarlos sin remuneración de sus gastos y daños, había provocado mayores muertes de naturales, mayor osadía de ellos en la guerra, a la vez que desinterés de los españoles por defender a su Rey, en tanto que los esclavos de los mismos indios proseguían en sus idolatrías, de que podían ser arrancados por la venta a los españoles[82].

En 2-VI-1537 Paulo III declara en dos Breves la capacidad de los indios para recibir la fe, a la vez que su libertad, y la excomunión de los que por codicia los sujetan a esclavitud[83]. La legislación real inicia en 1539 una nueva reacción antiesclavista, que culmina en las Nuevas Leyes, que suprimen definitivamente la institución. En 1543 se prohíbe el tráfico de los indios ya esclavizados, de una provincia a otra, y en los años siguientes se dictan diversas cédulas que cierran definitivamente el paso a la prolongación de aquel régimen. Así, el Derecho de Gentes y el Civil, sin ser anulados, son superados por la equidad. La legislación indiana no consideraba injusta en general la esclavitud, pues ella existía en el Derecho Común; pero sí la consideraba injusta en el caso de los indios, cuya debilidad hacía imposible separar en la realidad la esclavitud justa de la injusta. Entre el peligro de violar la propiedad de los dueños y el de hacer perder la libertad a indígenas que gozaban de tal condición, la equidad imponía la solución favorable a la libertad. Donde no existía esa misma situación, como en el caso de los negros, la esclavitud fue generalmente aceptada; los problemas que también a este respecto empiezan a plantear algunos teólogos no llegaron a afectar al Derecho. Aquí se marca la gran distancia entre el jusnaturalismo escolástico del siglo XVI y el racionalista del XVIII. El primero tendía a la igualdad y a la libertad, operando con las categorías del Derecho Común; el segundo partía de una igualdad y una

[82] Cédula de 1530, en CI, IV, 364-366. Cédula de 1534, CDIU, 10, 192-203. En general sobre la esclavitud indígena, Silvio Zavala, "Los trabajadores antillanos en el siglo XVI", y "Contribución a la historia de las instituciones coloniales en Guatemala", 11-51.

[83] Breve de Paulo IM, en Roberto Levillier, "Organización de la Iglesia y Ordenes religiosas en el Virreinato del Perú en el siglo XVI", II parte, 53-56.

libertad abstractamente construida, independientemente de todo nexo con el Derecho Romano.

El imperio de una idea jurídica cerró pues, al cabo, la vía esclavista; por otra parte, la voluntad de dominación de los conquistadores eliminó la solución de una economía aldeana. Primó en Derecho Indiano un tercer camino, la encomienda, admitida por la legislación en diciembre de 1905.

La encomienda tiene raíces medievales castellanas. En la península, se concedía a los encomenderos una tierra, villa o castillo, donde aquél cobraba las rentas reales y se reservaba una parte recibiendo, además, generalmente, la jurisdicción civil y criminal. La obligación recíproca era la defensa de la tierra. Las Ordenes militares reciben del Rey muchas de estas encomiendas en Andalucía y las ceden a su vez a ciertos caballeros, con fines de remuneración y de defensa. Una encomienda del siglo XV, la del coto de Limanes, en Asturias, consiste, según un documento de 1446 —medio siglo antes de la colonización americana— en el derecho del encomendero a cobrar 30 maravedís de moneda vieja al año por razón de yantar (es decir, en sustitución de la obligación de dar comida al titular del derecho), y de otras prestaciones acostumbradas que no se designan; los vecinos quedan bajo la defensa y jurisdicción del encomendero, pero podrían elegir un juez anual por acuerdo unánime, y si no estaban de acuerdo lo nombraría aquél. La segunda instancia contra dicho juez iría al estrado del encomendero. Robert S. Chamberlain, que ha estudiado los antecedentes de la institución indiana en la legislación castellana, concluye que, entre las múltiples formas de concesión de rentas y jurisdicción propias de la constitución medieval, no hay ninguna que haya sido trasladada intacta a Indias, sino que se ha tratado más bien de una refundición y adaptación[84].

[84] "La encomienda del coto de Limanes", por R. Prieto. Robert S. Chamberlain, "Castilian Background of the Repartimiento-Encomienda".

La encomienda. del Caribe. —Tal como la institución aparece en La Española, no se trata de una apropiación privada del trabajo indígena, sino de un repartimiento estatal verificado en favor de los vecinos, reservando algunos grupos para el Rey. El contenido de la concesión antillana es el servicio personal remunerado, a cambio de la obligación de procurar la doctrina de los aborígenes. Así, la forma jurídica nacida en la colonia se alejaba totalmente de las encomiendas castellanas, que implicaban el pago de rentas en dinero o en especies, pero no la entrega del propio trabajo durante largos períodos del año, en la agricultura, y sobre todo en la minería. Este deber del servicio personal podría recordar las obligaciones que tenían los campesinos de los señoríos rurales europeos de trabajar parte del año en la porción del señorío directamente reservada por el señor (las "corvées" domaniales del Derecho Francés); pero la diferencia fundamental está en que tal gravamen recaía allí sobre los campesinos —fuesen libres o siervos—, que tenían el disfrute de algunas tierras dentro del mismo señorío, como una carga inherente al "mansus" (además del pago de censos en reconocimientos de señorío). En cambio, los indios americanos son propietarios de sus tierras y siguen siéndolo, aunque ocurren, naturalmente, de hecho, muchos despojos. La legislación del tiempo de Ovando que fija al español a la residencia en las ciudades y prohíbe la construcción de grandes casas rurales, colabora, por su parte, a estorbar la formación del señorío rural (Néstor Meza). Así, el servicio personal de los aborígenes se diferencia radicalmente del régimen medieval: es una prestación asalariada, eminentemente "colonial", prestada por hombres libres, propietarios de sus tierras, en beneficio del asentamiento de la población española, sin que el Derecho suprima su situación de libertad y de capacidad para la propiedad, ni modifique el estatuto jurídico de sus tierras.

Tal servicio no tiene relación cierta, en su origen, con el tributo al Rey. Se trata de una obligación de trabajar para la población española, cuya única justificación legal —pues se trataba de una excepción a los principios del Derecho Común, y a la tendencia a la libertad personal que los Reyes Católicos habían dado a su legislación sobre los campesinos— era la ventaja de la comunicación para la conversión. El principio de libertad era salvaguardado, al menos en la concepción jurídica, por la existencia de un salario, el cual consistió en tiempos de Ovando, según Las Casas, en comida y en un salario anual de medio peso de oro pagado en abalorios.

La institución cobró mayor firmeza jurídica cuando se la reconoció como un privilegio inviolable (14-VIII-1509), salvo la voluntad del Rey (12-XI-1509, documento típicamente regalista). Las Leyes de Burgos de 1512 suministran una reglamentación más completa. Para realizar la finalidad religiosa, ordenaron la concentración de los naturales en pueblos cercanos a los de los españoles, dotados de iglesias, asegurándoles la plena propiedad de sus nuevas casas y tierras (1-10); la encomienda implica concesión de un servicio para fines controlados por el Estado, (pues se obliga a enviar un tercio de todos los repartimientos a las minas, dejándose el resto para el trabajo en las estancias de los encomenderos, vecinas de los pueblos indígenas (25,28); el servicio minero debe ser prestado por turnos de indios, y por tiempos determinados (13); cada indígena de encomienda debe ser remunerado con comida, hamacas para dormir, y un castellano anual, destinándose una parte de este a vestuario (15, 19, 20). El carácter jurídico fundamental de la encomienda antillana es, pues, el de una concesión estatal controlada de servicio asalariado, destinado preferentemente a las minas, y que, incluso, Fernando quiso convertir en concesión retribuida por los encomenderos al Rey, a razón de un peso por indio; pero Diego Colón suspendió este último mandato. En la Junta de Valladolid de 1513, al dictarse el Requerimiento, quedó consagrado este servicio indígena como debido al Rey por razón del señorío político adquirido por las Bulas, pudiendo el Rey hacer merced de este servicio a los pobladores españoles. Se piensa, por tanto, la encomienda como concesión de una regalía, no como servicio señorial; pero, en conformidad con la tendencia jurídica dominante en España, no desaparece la noción de contrato retribuido, concorde con el estatuto de libertad reconocido a los indígenas. Esta concesión de regalía sustituye al tributo; en la Instrucción a los Jerónimos de 1516, donde se plantean varias soluciones alternativas, una de ellas consiste en que los indios no sean encomendados, pero paguen entonces el tributo al Rey en reconocimiento de "superioridad" (señorío político), como antes lo pagaban a sus príncipes. Se trata, pues, de un equivalente colonial del tributo, que consiste en una compulsión a trabajar para el Rey (en los repartimientos que este se reservaba) o para concesionarios españoles, pero mediante un salario, que retiene así al trabajo indígena dentro de la esfera contractual. "Tal solución es muy representativa: significa un compromiso entre regalismo, idea de libertad jurídica, necesidad fiscal y particular de desarrollar la explotación minera y subsidiariamente las otras ramas de la producción.

No hay que olvidar que la encomienda no es la única forma de trabajo, sino que se desarrolla paralelamente la esclavitud, permitida contra los caribes, y la institución de los naborias, cautivados en islas y tierras firmes despobladas de españoles y asentados perpetuamente con sus amos, si bien difiriendo de la condición de los esclavos por la prohibición de ser enajenados. Son particularmente ambas formas las que dieron al régimen antillano sus peores caracteres de rapiña, al provocar el desarraigo y la despoblación de regiones enteras, combinándose con la utilización incontrolada del trabajo de los indios de encomienda a través del servicio personal. La escasa duración de las encomiendas en los primeros tiempos, la asignación de ellas a compañías de españoles, el repartimiento de indios a personajes de la Corte y la administración peninsular que los explotaban por medio de mayordomos (aspecto, este último, del cual es particularmente responsable el Rey Fernando, quien mantuvo este criterio a pesar de las protestas de los Gobernadores) todo ello contribuyó al resultado fatal del régimen de indígenas creado por los españoles. A pesar de las tentativas de reforma impulsadas por Cisneros, el cardenal Adriano y Carlos V (exigencia de vecindad a los encomenderos por los Jerónimos; tipos de encomiendas combinadas con la organización en pueblos libres, bajo Rodrigo de Figueroa), hacia 1520 la extinción de los indios del Caribe era un hecho previsible.

La forma nacida en La Española se transmitió a las otras islas pobladas y a la Gobernación de Tierra Firme o Castilla del Oro, que constituyó a su vez un nuevo centro de difusión. El núcleo del Darién, durante los tiempos de Balboa y de Pedrarias, vivió fundamentalmente, más bien que de la encomienda, de las empresas de rescate y de las cabalgadas en busca de indios. Se cogía todo el oro del río y las perlas que hallaban en poder de los naturales; esclavos que se vendían en las islas; naborias ilegalmente vendidos, o bien asentados en las haciendas de maíz, pagando de todo este botín el quinto al Rey, que por algún tiempo les fue disminuido o remitido. No había indios en las cercanías, y la pacificación del interior fue bastante difícil, de modo que la encomienda propiamente dicha tardó en desarrollarse. La escasez de víveres y de indios de paz obstaculiza la explotación de las minas por los españoles, y mantiene en inseguridad constante la subsistencia misma de la población. Pero la fundación de Panamá y el traslado de la capital de la Gobernación a dicho centro, más salubre y abundante, modifica la situación, asentándose más formalmente la encomienda. Sin embargo, Oviedo acusa en 1523 a Pedrarias Dávila de haber encomendado indios a mujeres, muchachos, mercaderes, clérigos y personas sin méritos; de repartir en grupos tan escasos que no podían formar número suficiente de trabajadores para las cuadrillas de minas, y de permitir la venta y traspaso de naborias y de caciques e indios de encomienda en favor del mismo Gobernador, quien los vendía en las islas. La concesión a compañías de 8 o 10 españoles de cacicazgos de un número incierto de naturales; la ausencia de encomenderos, que se iban a Castilla y dejaban en su lugar a mayordomos, y otros rasgos semejantes, unidos a la esclavitud legal o ilegal, indican la huella de la institución antillana. Desde Tierra Firme, el tipo se transmite a Nicaragua, colonizada por Hernández de Córdoba y luego por el mismo Pedrarias, donde se repite el mismo predominio inicial de la esclavitud con finalidades comerciales. Por el lado del Sur, algunos elementos del régimen de Tierra Firme han sido llevados al Perú por la expedición de Pizarro[85].

[85] La fuente narrativa más importante sobre la encomienda es Las Casas, "Historia de las Indias", especialmente libro I, capítulo CLVI; libro IL, capítulo I, X, XI, XII, XIII; libro III, capítulos XIII, XIV, XV, XVI. Las dos Cédulas de 1509, en CI, 11, 183-184. Leyes de Burgos, publicadas por Roland D. Hussey en Hisp. Am. Hist. Review, volumen XII, N° 3 (es un traslado de las Ordenanzas para Puerto Rico), y también resumidas por Las Casas en los capítulos citados arriba del libro III. Noticia de la Junta de Valladolid de 1513, en CDIAO, II, 441-455 (especialmente 444), según referencia de Juan Manzano, "La Incorporación…", 37-42. La orden de pagar 1 peso de oro por cabeza de indio figura en la Cédula de 14-VIII-1509, mencionada más arriba, pero fue derogada, a petición de la isla,

Encomienda mexicana. —Cortés tuvo en vista el resultado de la colonización antillana: las islas, escribe el 15-X-1524, han sido esquilmadas y destruidas. Pero tampoco acepta un avecindamiento fundado en pensiones sobre la Real Hacienda. "Vistos —escribe el 15-V-1522— los muchos y continuos gastos de vuestra magestad, y que antes debíamos por todas vías acrecentar sus rentas que dar causa a las gastar; y visto también el mucho tiempo que habemos andado en las guerras, y las necesidades y deudas en que a causa dellas todos estábamos puestos, y la dilación que había en lo que en aqueste caso vuestra majestad pudiera mandar; y sobre todo, la mucha importunación de los oficiales de vuestra magestad y de todos los españoles"—, procedió, pues, a depositar los indios, para que dieran a los conquistadores respectivos "lo que hubieran menester para su sustentación", situando también repartimientos para el Rey. La institución del depósito, desconocida para la legislación central en relación con esta materia, es un resultado de la Conquista. Significó un recurso de emergencia, por el cual el jefe de la expedición de conquista usaba provisoriamente de la regalía de la encomienda, sin tener derecho formal, pero obligado por la necesidad de la población y asentamiento de sus hombres. Las conquistas, fundadas en la iniciativa particular, y estimulando al máximo el sentido del mérito y del valor individual, no podían encontrar una satisfacción en pensiones sobre los tributos reales: Cortés siente que la única solución posible para la sociedad que resultará de la Conquista es una base no burocrática, un vínculo

---

en 26-IX-1513. Una descripción general de la encomienda antillana, en Silvio Zavala, "La Encomienda Indiana". Sobre Tierra Firme, ver Pablo Alvarez Rubiano, "Pedrarias Dávila", 437 (carta del Tesorero de 23-IX-1515), 579 (carta del Rey de 16-III-1527, que deja constancia que los encomenderos hasta entonces no cumplían con la vecindad), 623 (Interrogación de Residencia de Pedrarias: existencia de encomiendas en compañía). Sobre régimen de indios en Nicaragua, id. *ibid.*, 693 (carta del Cabildo de Granada de 28-XI-1544: sobre la saca de indios hacia Otras tierras en tiempos de Pedrarias). Otros datos sobre Tierra Firme, en J. T. Medina, "El Descubrimiento ...", II, 54-56 (franquicias a Santa María del Darién sobre el régimen de entradas para coger esclavos y naborias) y 259-266 (Relación de Oviedo sobre las cosas de Tierra Firme en 1523, con mucha información sobre materia de indios).

directo de conquistador a indios, pero bajo control y con la sanción real, es decir, dentro del Estado. La Junta de Valladolid de 1523 se decidió en la península contra la continuación de las encomiendas, pues la posición de los teólogos dominaba en la Corte desde la época de Cisneros; las Instrucciones a Cortés en 26-VI-1523 y una Cédula de 20 del mismo mes ordenaban terminantemente la revocación de los depósitos; pero tales disposiciones no fueron publicadas por el destinatario, quien dictó en sentido contrario sus Ordenanzas, remitidas a la aprobación de la Corona, adjuntas a la Carta de 15-X-1524[86].

La idea de encomienda planteada por Cortés en esta Carta y Ordenanzas significa la creación de una institución muy diferente de la existente en La Española, y que vino a ser como el modelo de la unidad orgánica de la población española, no solo para México, sino para otras tierras. El inconveniente fundamental de la primitiva encomienda era que consistía en el disfrute pasajero del trabajo indígena por individuos sin arraigo alguno a la tierra; la nueva encomienda debía estar vinculada a la vecindad y concederse hereditariamente. Aunque las encomiendas de 1514 habían sido ya dadas por dos vidas, y los Jerónimos habían exigido la vecindad, en las encomiendas de Cortés estos rasgos están integrados en un sentido nuevo. Según sus Ordenanzas, los encomenderos deben prometer no retirarse de la tierra al menos durante 8 años; los solteros tienen obligación de casarse, y los casados, de traer a sus mujeres de España; todos ellos deben tener casa poblada y plantar especies de España en los pueblos de sus indios; no solo se coloca sobre los encomenderos el deber de doctrina, fijado por la legislación desde 1503, sino también el de tener armas, a proporción de sus encomiendas, y acudir a la defensa de la tierra. La vinculación económico-militar, tan característica de la Conquista, se prolonga en esta institución surgida de la misma Conquista. Pero, además, Cortés conformó las relaciones con los indios de un modo diferente que en el Caribe: estaba, desde luego, frente a formas comunales y estatales indígenas mucho más poderosas

86 Cartas de Relación de Hernán Cortés, en Biblioteca de Autores Españoles, tomo 22, páginas 95 y 116-117. Cédula de 20-VI-1523, en CI, II, 185-186. Instrucción de 26-VI-1523, en CI, IV, 247-252.

y configuradas que en las islas, y su intención fue conservarlos en sus pueblos y en el orden que tenían antiguamente "porque, segun la grandeza de sus poblaciones háse de creer que, si no la tuvieran en ello buena (la orden), no se hubieran conservado tantos tiempos, ni disminuido en tan pocos como ha que se sacaron de sus costumbres". Por eso, prohíbe el desarraigamiento de los indios, ordenando que el servicio sea prestado en labranzas hechas en los mismos pueblos de indios, o bien fuera de ellos, pero sometiendo entonces la extracción de los indios a plazo y control de los justicias regios. La libre comunicación entre ambas razas fue desechada expresamente por Cortés, pues se había probado en las islas su inutilidad religiosa y sus efectos destructores para los indios.

Aunque la existencia de la esclavitud indígena implicó siempre un largo margen de explotación comercial —con la cual se abasteció el trabajo minero— la encomienda mexicana superó el tipo antillano. La "vecindad" pasó a ser un lazo orgánico con la tierra, en sentido económico, militar, social, gracias al conjunto de deberes y derechos que recaían en el encomendero, que era el vecino por excelencia.

La institución de un tributo para el Rey fue totalmente descartada por Cortés. Una monarquía burocrática de cuyas rentas hubiesen aprovechado los conquistadores, habría significado la total independencia de los indios con respecto a la población española, sujetándose exclusivamente al Rey al cual habrían tributado. Esta solución, preconizada por Las Casas y establecida imperativamente en la Cédula de 20-VI-1523, significaba que los conquistadores habrían formado una capa dotada de rentas financieras sobre la Real Hacienda; pero esas rentas habrían sido limitadas; el centro de gravedad de las colonias habría reposado en la economía privada, para la cual los conquistadores deberían haber comprado esclavos y alquilado a los indios como trabajadores libres. La estructura de la clase dirigente de todo este período habría variado fundamentalmente. Cortés representa el sentido de la Conquista al oponerse a tal disposición. La tendencia de los conquistadores se dirigía a un disfrute ilimitado de las tierras nuevas, sea por la vía patrimonial pura de la esclavitud, sea a través de formas estatales (mercedes y oficios); la primera solución no podía aplicarse a la masa de la población mexicana, pues las fuentes de la institución de la esclavitud —guerra y compraventa— solo podían naturalmente extenderse a grupos, no a todo un pueblo, mientras las autoridades y las leyes mantuvieran el control. La forma burguesa pura del contrato de trabajo, como solución general, resultaba impensable dentro del sentido conquistador: su camino natural era el privilegio, el aprovechamiento patrimonial de funciones estatales. Las meras concesiones rentísticas, según Cortés, tampoco habrían sido base suficiente de sustento de los conquistadores; al lado de estos, tendría que haber existido un ejército permanente pagado por el Rey, que, dadas las condiciones de los ejércitos del siglo XVI, habría asolado la tierra. En cambio, la concesión de los servicios de los indios, evitando la explotación de rapiña, dando a la encomienda un carácter hereditario, de manera que el encomendero la sintiese como un patrimonio familiar semejante a los mayorazgos, arraigaba a la tierra conquistada en forma mucho más radical, y eliminaba la necesidad de un ejército profesional. El Rey conservaba los quintos y los tributos de indios no encomendados, abandonando el criterio de Fernando el Católico de usar de las encomiendas con un criterio puramente regalista, para permitir una población sólidamente asentada[87].

El pensamiento de Cortés coincidía de un modo tan cabal con el Derecho requerido para la época de la Conquista, que la legislación debió aceptarlo en su sustancia, a través de una serie de vaivenes y reformas, cuya exposición en detalle ha sido hecha por Zavala[88].

Una de estas reformas, la implantación del corregimiento de in dios, ha partido de una iniciativa de la Corona: la Instrucción a la II Audiencia, que anuló las encomiendas de la I, ordenó destinar, de los tributos que estos repartimientos pagaran al Rey, una parte fija para

[87] Carta de Cortés en 15-X-1524, en CDHM, I, 470-483 (especialmente 470-477). Ordenanzas de Cortés: las de 20-III-1524 en CDIAO, 26, 135-148; otra, en *ibid.*, 163-170; las Instrucciones a Francisco Cortés para Colima, en 1524, en *ibid.*, 149-159. Memorial sin fecha, publicado en CDIAO, 4, 566-571.

[88] "La Encomienda Indiana", 39 y siguientes. La obra de Lesley B. Simpson, "The Encomienda in New Spain", edición de 1950, no trae un aporte nuevo esencial para la Historia jurídica de la institución. No he podido consultar a J. M. Peña Cámara, "El tributo, su origen, su implantación en Nueva España" (1934).

salario del corregidor, sin derecho a ninguna otra retribución. Este asentamiento de vecinos que no habían recibido encomiendas, sobre una base burocrática, que comportaba el cumplimiento de funciones de justicia y policía entre los naturales, no correspondió, como ya se ha dicho anteriormente, a las esperanzas de la legislación metropolitana. El oficio se transformó en la realidad en un nuevo tipo de merced, pero con una estructura distinta a la encomienda; la duración temporal, la falta de sentido militar, la carencia del elemento jurídico propio de los privilegios que tenía la encomienda, hacían del corregimiento una forma nueva, en concurrencia con la creada por Cortés.

La II Audiencia se plantea nuevamente todo el problema del asentamiento. En general, la posición de sus miembros, así como la de los religiosos a quienes se pide el parecer sobre la cuestión en 1532, es favorable a la conservación perpetua de la encomienda. El Presidente Ramírez de Fuenleal repudia la solución regalista y la formación de una guarnición permanente con argumentos análogos a los de Cortés: "los intereses y rentas desta tierra se han de haber poblándola de españoles que descubran las minas que hay, y enseñen a criar ganados y a plantar lo que hay en esos reinos; y para todo esto han de ser instrumento los naturales, y de otra manera los tributos que esta gente de guerra (es decir, la posible guarnición real) sacarían, serían maíz, gallinas y algunas mantas, sin provecho, y habiendo españoles, como los hay, tienen precio y son de provecho". El Lic. Ceynos escribe que los tributos, que son víveres y mantas, necesitaban ser beneficiados para poder ser de provecho, lo que no podría ser bien realizado por oficiales regios, dada la distancia entre los pueblos, la cantidad de cosas menudas que, reducidas a dinero, serían de poco interés, la imposibilidad fiscal de pagar a una burocracia omnipresente; en cambio, "siendo granjeado por cada particular lo que le diesen los indios... de todo se aprovecharía, y como cosa propia no se le perdería un grano dello". El dominico fray Domingo de Betanzos rechaza radicalmente la estructura burocrática, señalando el ejemplo de los corregidores, solo preocupados de cobrar el tributo para pagarse de su sueldo, sin que tengan plantaciones, edificios ni demás granjerías; aconseja la encomienda perpetua, para el arraigo de familias poderosas, pues "éstos son los huesos sobre que se sostiene la república";

las rentas reales disminuirían al encomendar a todos los indios, pero luego se resarcirían abundantemente con el aumento de quintos y almojarifazgos, que incrementarían con el enriquecimiento general de la población. Vasco de Quiroga, también Oidor de la Audiencia, combate en 1535 la esclavitud restaurada el año anterior, pero en modo alguno la encomienda. Todos estos pareceres apuntan a la superioridad de la economía individual sobre la gestión burocrática.

"Por otra parte, de Fuenleal procede —como lo ha destacado bien Silvio Zavala— la construcción jurídica que permitía legitimar teóricamente la encomienda mexicana. Hemos dicho que en el Caribe se habían yuxtapuesto la idea de concesión de regalía con la de contrato de trabajo, en una forma híbrida. En México, Cortés había prescindido totalmente del contrato, planteando una prestación gratuita, pero limitada y controlada para evitar el desarraigamiento de la población indígena, que siguió articulada en sus formas comunales. Fuenleal justifica tal institución, en el mismo Parecer citado de 1532, recordando que estos indígenas contribuían antes a la ciudad de México y a Moctezuma, como a sus señores, con tributos personales —rentas y servicios diversos—, y que el Rey, al adquirir por justos títulos el dominio político, pasó a tener derecho sobre aquellas mismas prestaciones, pues cumple con el sentido de todo Estado, la conservación de la justicia, la paz y el bien espiritual, en retribución de lo cual los súbditos indígenas le deben aquel tributo. A su vez, el Rey no hace agravio alguno a los indios al ceder el mero disfrute del tributo a los españoles con tal que estos no lleven más de lo tasado, y se controle firmemente sus relaciones con los naturales. La concepción de Fuenleal se diferencia, pues, de la que preside la legislación antillana sobre la materia, en que rompe el marco del contrato de trabajo, y se funda radicalmente en la noción de tributo, lo que resultaba congruente en un país como la Nueva España, cuya población nativa estaba anteriormente organizada en formas estatales, que comprendían un orden tributario. Podemos pues decir que las instituciones indianas, todavía vacilantes y heterogéneas en La Española, se consolidan en la medida que el Estado español funde mejor sus propias nociones con la herencia de los Estados indígenas, tomando plena conciencia del problema jurídico de la sucesión del señorío político; y, naturalmente, esto debía ocurrir allí donde la vida estatal se había realizado en proporciones más altas, en México y en el Perú[89].

La reforma fundamental de la encomienda, acometida durante el gobierno de la II Audiencia, es la tasación de los servicios y tributos debidos por cada pueblo de corregimiento y de encomienda. Hasta entonces, los servicios prestados se atenían a una medida natural ("lo que buenamente se podía dar"), o se realizaban conciertos entre los encomenderos y los respectivos caciques, con o sin conocimiento de las autoridades. El régimen creado por Cortés podía conservar un equilibrio entre españoles e indígenas, en la medida en que funcionara un severo control que impidiera las arbitrariedades; de allí que hizo crisis bajo gobernantes como los que formaban la I Audiencia. La II recibe, por eso, instrucciones de moderar lo que se pagaría en los pueblos de corregimiento, y el proceso de tasación continuó luego en los de encomienda. Era un primer paso hacia la igualación del concepto tributario hasta entonces aplicado a los indígenas, con el sistema español, donde los gravámenes habían sido fijados por el Derecho Foral, también para evitar las imposiciones de pechos "desaforados", contrarios a la costumbre. En las relaciones entre los naturales y los españoles, donde las malas costumbres fundadas en la violencia eran frecuentes, el criterio de la II Audiencia fue el de fijar una tasación escrita, más allá de la cual no se pudiera pedir nada a los indios. La idea de tasa justa, vigente en el campo tributario, como en el del comercio y la industria medievales, aparece aquí como medida de defensa de los indígenas.

No interesa, desde el punto de vista de este trabajo, un estudio detallado de las tasas mismas. El Obispo Zumárraga, que intervino en ellas, se limitó, según testimonios posteriores, a rebajar las prestaciones

[89] Pareceres de Ceynos, Fuenleal y Betanzos, CDHM, II, 158-197. Simpson, en el capítulo VII de la obra citada en la nota anterior, por no hacerse cargo de este parecer de Fuenleal, lo hace enemigo absoluto del régimen de la encomienda, durante su gobierno, y no toma en cuenta su recomendación de una perpetuidad reglamentada y controlada, tal como ella se contiene en ese documento, alterando así considerablemente la fisonomía de sus ideas. Solo durante la deliberación de las Nuevas Leyes, cuando ya está en España, es enemigo de la encomienda.

existentes, sin visitar los pueblos. Las tasas se amoldan a las múltiples condiciones locales. La "Suma de visitas de pueblos por orden alfabético", documento que se puede datar de 1546-47, según demostración de George Kubler, enumera en cada pueblo las distintas estancias con las cifras de casas, indios casados, viudos, muchachos y niños, que han servido de antecedente para determinar la productividad del pueblo, especificando a continuación las tasaciones vigentes. Varios documentos del "Epistolario de Nueva España" de del Paso y Troncoso siguen el movimiento de las tasas para pueblos determinados, desde los años de la II Audiencia en adelante. Figuran, entre los tributos, cantidades de oro en polvo; sementeras de maíz; cargas de yerba, de cacao, de cera, de miel, de pescado; mantas; un número determinado de indios para el servicio en plantaciones de azúcar, morera, vid, para la guarda de ganados, para el transporte de comidas a minas de plata, etc.

En los pueblos del Rey, se agrega la comida ordinaria del corregidor. El trabajo minero propiamente dicho se realiza por esclavos indígenas: la tendencia a emplear en él a indios de encomienda, que conmutaban el pago de especies y de dinero por servicio en las minas, fue reprimida por Mendoza. Las Instrucciones que llevaba desde España le insinuaban implantar entre los indios del Rey un sistema de repartimiento por turnos, para que los que no pudieran pagar de otro modo sus tributos, lo hicieran sirviendo en las minas reservadas al Rey. El Virrey, sin embargo, prohibió en general el empleo de los encomendados en las labores de fundición y afinación, aceptando la conmutación en servicios de transporte de comidas, construcciones, etc., en las minas, pero solamente con su autorización. Así se confirmaba el principio de que las labores mineras eran exclusivamente para los esclavos, y se acentuaba el control burocrático sobre los pactos entre los encomenderos y sus indios[90].

[90] Referencia a los primitivos conciertos entre encomenderos y caciques, y al papel de Zumárraga, en el parecer de Motolinía y Fr. Diego de Olarte de 27-VIII-1554, en Mariano Cuevas, "Documentos del siglo XVI...", 228-232. Sobre la es clavitud bajo la I Audiencia, Motolinía, "Historia de los Indios...", 19. Sobre las tasas, ver en general la correspondencia de la II Audiencia en ENE, II y III (donde además figura la correspondencia de otras autoridades frente al mismo

El régimen mexicano alcanza, pues, en el decenio 1530-40, una ordenación sólida. La encomienda logra suministrar el trabajo necesario para el asentamiento general de la población española, produciendo las mercaderías para el comercio interno y externo; no se produce el desarraigamiento en la misma escala que en los países antillanos, pues el único cauce que se le deja abierto es el de la esclavitud; los indios libres conservan, al menos, en mayor grado que en otras partes, sus tierras y su vida comunal. La legislación sobre encomiendas de este período está presidida por la voluntad de afirmar al encomendero en la tierra: así se exige la inversión de un décimo de las rentas en edificios y plantaciones (16-II-1533, cédula de dudoso cumplimiento literal); se prohíbe el despojo de los indios sin proceso (25-X-1533, para Nueva Galicia, Yucatán, Guatemala, Honduras, Nicaragua), se prohíbe la partida de los encomenderos a nuevas tierras (18-IV-1534); sobre todo, se ordena publicar la concesión de los repartimientos por dos vidas, una vez tasados los tributos (26-V-1536, dirigida al Virrey y al Obispo). Mendoza interviene en la sucesión de las encomiendas, siguiendo una política de población; los matrimonios, la afectación de parte de las rentas a miembros de la familia que quedaban sin sustento, las renunciaciones y los traspasos en dote de las encomiendas, todo ello forma parte de una política que tiende a asentar a la mayor cantidad posible de españoles. El Virrey considera, al permitir los trueques de encomiendas o su traspaso, si el nuevo titular es casado, si tiene hijos, si es honrado y antiguo en la tierra, etc.

Existen otras bases de sustento de importancia menor. En primer lugar, la esclavitud, sobre la cual la legislación es tan oscilante. En seguida, los corregimientos y alguacilazgos, las quitas y vacaciones (pensiones situadas sobre salarios que se han rebajado a los corregidores), en

---

problema, tal como, la carta del Cabildo de México de 6-V-1533, en que se opone a la tasación, como favorable únicamente a los caciques, *ibid.*, III, 80-81). Listas de tasaciones de algunos pueblos, en ENE, III, 184; VII, 146 y siguientes. La "Suma de Visitas, por orden alfabético", en "Papeles de Nueva España", publicados de orden y con fondos del Gobierno mexicano por Francisco del Paso y Troncoso, II serie, tomo 1; sobre la fecha de esta obra, ver George Kubler, "Population Movements in Mexico, 1520-1600". Ordenanzas de Mendoza sobre conmutaciones, en 30-VI-1536, en ENE, III, 186-189.

cuya provisión atiende el Virrey a los mismos criterios que califican al buen encomendero. En fin, como una forma especial, los vecinos de Puebla de los Ángeles, labradores y españoles pobres de la provincia, se sustentan gracias a una conmutación en servicios personales de los tributos debidos al Rey por los indios de Tlaxcala y Cholula: estos naturales son repartidos en depósito (no en encomienda), en número relativamente pequeño, a esos vecinos, por una concesión graciosa del Rey. Esta forma de conmutación, que permitía depositar a los indios para trabajos de agricultura, construcción, etc., alcanza cierta expansión: se la encuentra, p. ej. en Oaxaca en 1543, en Cuba en 1546. En este último caso, se fomenta la repoblación de la Asunción por el depósito de indios del Rey, en número suficientemente pequeño para que no se utilizaran como cuadrillas mineras. La correspondencia cubana deja en claro que se ha seguido explícitamente el modelo mexicano[91].

En México se han generado, pues, las formas más sólidas del asentamiento de la población española. Todas ellas se fundan en la extracción de servicios y tributos indígenas, pero con una medida legal y un sentido estatal más alto que en el Caribe.

[91] Cédula de 16-II-1533 en PCI, 86-86v; la de 25-X-1533 en *ibid.*, 90-90v; la de 18-IV-1534 en CDIAO, 10, 206-208 (en 4-V y en 21-V de ese mismo año se dictan nuevas Cédulas del mismo sentido: CDIAO, 10, 208-210, y CL, II, 252). Ley de Sucesión de encomiendas de 1536, en CI, II, 200-202. Política de Mendoza en lo tocante a distribución de encomiendas y corregimientos, en las respuestas a los cargos 12, 18, 19, 20, 24, 25, 26, 27, 28, 30, que se le hicieron durante su Visita (CDHM, II, 74 y ss.). El régimen de Puebla ha sido estudiado por Francois Chevalier, "Signification Sociale de la Fondation de Puebla de Los Angeles"; sin embargo, no define con exactitud la condición jurídica de estos indios (ver págs. 123-125): en realidad, se trata de una conmutación de la tasa, tan usada en esos años con otros objetivos, y no del futuro repartimiento en mita: los indios del Rey, en Tlaxcala y Cholula, suministran 800 indios de trabajo a cambio de servicios agrícolas y comidas al alguacil, según concierto extendido en escritura pública: ver ENE, II, 222 y siguientes. Los españoles pasan a ser depositarios de los naturales. Una forma análoga en Oaxaca, Lesley B. Simpson, "Studies in the administration of the Indians in the New Spain", III ("The Repartimiento in New Spain and Guatemala", 122-123. En Cuba, ver CDIU, 6, 268-276 (carta del Gobernador, 30-V1-1546).

La encomienda peruana.—La relación con los indígenas peruanos reproduce, en los primeros años, las formas de Tierra Firme, de donde venían los conquistadores. La adquisición de tesoros, los rescates, la esclavitud, interesaban más que el avecindamiento y la encomienda. La clase de los yanaconas, desligada de las comunidades en tiempos de los Incas, es adscrita a los soldados, a semejanza del naboria de la zona antillana. Los pueblos (sobre todo los cercanos a las carreteras) tienen que sufrir por las entradas de los soldados y el desarraigo violento de sus indios. El Cabildo de Jauja requiere, en fin, a Pizarro para que proceda al depósito de los indios, antes de haber acabado la visita de los términos de la ciudad, haciendo presentes los males que causaba la ausencia de encomienda, la cual, efectivamente, involucraba una organización y una fijación de los vecinos que impedía el saqueo irregular de los indios. Las Ordenanzas de 26-III-1534, confirmadas por el Rey en 20-XI-1536 fijan sobre los encomenderos los mismos deberes religiosos y militares que en México, favoreciendo, además, su residencia frecuente entre los indios, con fines de protección. El exceso de conquistadores, venidos de todas las tierras del Norte al saberse la noticia de la caída del Imperio Incásico, debía asentarse en oficios, o partir a nuevos descubrimientos, según aquellas mismas Ordenanzas. Ese excedente fue el que se dirigió en los quince años siguientes hacia todos los países del Norte, el Sur y el Este. Santillán y Polo de Ondegardo coinciden, años más tarde, en que, durante estos primeros años, no había medida fija, sino que todo dependía de la diligencia o codicia de los encomenderos, quienes pedían cuanto querían a los caciques. La esclavitud operaba, por su parte, en un sentido trastornador para la subsistencia de las antiguas comunidades, La visita del Obispo de Tierra Firme, Tomás de Berlanga, en 1535, es una primera confrontación del criterio legal con la situación existente en el Perú. Berlanga censuró los repartimientos excesivos de los Pizarro y de los Oficiales Reales, la inexistencia de indios del Rey, etc. La posibilidad de tasar las encomiendas fue totalmente descartada en una situación general semejante.

Sin embargo, la legislación metropolitana procuró, desde 1536, introducir los principios legales, utilizando la influencia del Obispo Valverde, al cual se dirigen las Cédulas conjuntamente con Pizarro. En

19-VI-1536 se ordena moderar el número de los repartimientos, para favorecer a los futuros pobladores, y tasar los tributos de los indígenas. Se prohíbe el despojo de encomiendas sin juicio (30-III-1536). Se dispone que los encomenderos del Cuzco construyan casas de piedra en la ciudad (9-IX-1536), que se casen o lleven a sus mujeres de la península (8-XI-1539), que planten árboles (20-XI-1589), es decir, toda una serie de medidas destinadas a una población ordenada y estable. El Obispo recibe el encargo especial de libertar a los indios extraídos de los pueblos (8-XI-1539). Solo en 1540 Pizarro empieza a poner en práctica las medidas preparatorias de la tasación, disponiendo la primera visita de la tierra. Ese mismo año, el Rey y el Consejo decidían enviar a Vaca de Castro, en un esfuerzo por legalizar las instituciones, ordenar la Hacienda Real y obtener recursos para el Rey[92].

Nuevas leyes. —Las disposiciones de esta legislación, promulgada en 20-XL-1542, con los aditamientos de 4-VI-1543, significan el término de la concepción estatal dominante en Indias. La suspensión del poder de autorizar conquistas, la supresión de la esclavitud y de los naborias, la prohibición de encomendar para el futuro, y de efectuar traspasos de encomiendas, la abolición de los repartimientos de los justicias y de las iglesias, la reiteración de anteriores disposiciones contra el trabajo compulsivo en ciertas faenas pesadas (carga de mercancías, pesquerías de perlas, etc.), la orden general de tasar los servicios y tributos, sin que los actuales encomenderos tuvieran otro poder entre sus indios que el de llevarles lo tasado, todo ello implicaba una reforma capital del Estado en Indias. Renacía la idea puramente

[92] Requerimiento de Jauja en 27-VI-1534, en CDIAO, 10, 293-302. Ordenanzas de Pizarro, CDIU, 10, 353-359. Requerimiento de Berlanga a Pizarro, 13-X1-1535, en CDIAO, 308-318; respuesta de Pizarro y de los Oficiales Reales, *ibid.*, 318-332; carta del Obispo en 3-II-1536, en GP, II, 36 y siguientes. Las Cédulas sobre moderación de repartimientos y tasación de tributos, ambas de 19-VII-1536, en CDIU, 10, 334-339; la de 30-III-1536, en *ibid.*, 321: la de 9-IX-1536, *ibid.*, 347-349; la de 8-XI-1539, sobre matrimonio, *ibid.*, 465; la de 20-XI-1539, *ibid.*, 467; la carta de 8-XII-1539 al Obispo Protector, en Archivo General de Indias, Audiencia de Lima 565, III, 135. Sobre la visita de 1540, GP, I, 20. Instrucciones a Vaca de Castro de 15-VI-1540, en CDIAO, 23, 468-506.

administrativa del Estado, renunciando este a casi todas las formas estatales de asentamiento de la población española a expensas de la tributación indígena, concepto que se había procurado establecer en 1523, pero que entonces Cortés había derrotado. Los tributos de los naturales debían ir al Rey, a medida que las encomiendas se fueran extinguiendo en sus actuales poseedores. Las únicas rentas derivadas del Estado que pasarían a los vecinos serían sueldos de corregidores y pensiones sobre la Real Hacienda. Cuando tuvieron lugar en España las deliberaciones preliminares a las Nuevas Leyes, que conocemos por el resumen de Hanke[93], varios consejeros habían propuesto, para el futuro, en lugar de las encomiendas, la introducción del vasallaje en favor de los conquistadores. Los indios poseían, sobre los solariegos de Castilla, la ventaja jurídica de tener la propiedad de sus tierras; en cambio, los vasallos castellanos de todas las categorías estaban sujetos solamente a vínculos tributarios y jurisdiccionales a sus señores, habiéndose eximido de servicios. Pero esta asimilación al sistema señorial castellano tampoco fue aceptada por la monarquía, manteniendo exclusivamente en las Nuevas Leyes y en la Declaración suplementaria del año siguiente la promesa de otorgar corregimientos y pensiones a los vecinos.

Se sabe muy bien la fuerza que tuvo el movimiento de los conquistadores en todas las provincias indianas, tomando en el Perú las proporciones de una rebelión. Las representaciones hechas desde México son las que mejor analizan los inconvenientes de las leyes desde el punto de vista de la población indiana. Los dominicos del Virreinato expresan que la encomienda es conveniente, pues la perpetuidad de la religión de los naturales depende de la perpetuidad de los españoles, ya que aquellos no tienen constancia alguna; a su vez, los españoles ricos necesitan de servicios para todas sus granjerías, y esos ricos son los que defienden la tierra y permiten vivir a los pobres; los corregimientos son inferiores a las encomiendas, tanto desde el punto de vista del tratamiento de los indios, como del acrecentamiento de las rentas reales; la tierra está más segura con encomenderos, pues ellos llevan

[93] Lewis Hanke, "La lucha…", 225-229.

consigo a la guerra 5 o 6 hombres de armas a caballo, como acababa de ocurrir en Jalisco; sacadas las granjerías y tratos de los dueños de repartimientos, los españoles no podrían sustentarse sin hacerse criados de los indios, y los más nobles desampararían el país; el ejército permanente es una mala solución, por todo lo cual, ellos mantienen la superioridad de la encomienda tasada. Un particular, Francisco de Terrazas, en su carta de 1-VI-1544 escribe que, si el Rey estuviera en la tierra, y tuviera en sí todos los indios, aumentaría la cantidad de moneda, de contratos y granjerías, ya que el dinero no saldría del país; los indios, por sus tratos, podrían cobrar la moneda, que volverían a tributar, de acuerdo con la tasación; pero como el Rey estará fuera del país y la moneda sale, los indios no la pueden recuperar y el Rey deberá conformarse con recibir tributo en especies; en cambio, si la tierra está repartida entre los vecinos, estos benefician los tributos en especie, y del dinero que obtienen, aparte del quinto, todo el resto queda en la tierra, y los indios con sus tratos lo vuelven a cobrar para el siguiente pago del tributo. Los encomenderos, con esta ayuda, benefician las minas, de las cuales el Rey saca, por concepto de quinto, más utilidad que de sus indios. Los vecinos compran en almoneda los tributos en especie pagados al Rey, lo cual confluye también en las remesas de dinero enviadas a España. Los encomenderos venden en España la seda, la lana, el azúcar, a cambio de cosas fabricadas, enriqueciendo en ambas operaciones a las aduanas reales. Sin toda esta circulación, piensa Terrazas, el Rey no sería sino "señor de maizales y mantillas de algodón, e no del tesoro que agora lleva vuestra magestad cada año". La Nueva España remedia "a infinidad de pobres que allá no pueden sufrir los pechos ni sustentar sus hijos y con el remedio que acá hallan entre nosotros se vuelven a sus casas y pechan sin desmamparar el reino que parece claro que Castilla fuera despoblada si no fuera el socorro destas partes con que se sustenta".

El Fiscal de la Audiencia, Cristóbal de Benavente, en 1-VI-1544, hace ver que la ocupación de las tierras más fértiles por los aborígenes obstaculiza una colonización española distante de los núcleos indígenas, por lo que es claro que "el fundamento de donde se ha de sustentar la gente española es de tener los indios como hasta aquí lo cual se tiene por bienes raíces de donde no solamente se sustentan los que los tienen, más aún los que no los tienen, porque con estos tratan y contratan los mismos naturales y tornan a recobrar lo que dan con sus géneros de tratos que tienen, más aún se sustentan los mercaderes españoles y los oficios mecánicos y otra gente sobresaliente y soltera mucha que con la calor y sombra destos se mantienen, demás de los provechos que éstos dan de quintos y derechos de vuestra magestad, el diezmo a Dios y otras obras pías de caridad y hospitalidad que cada día se hacen"[94].

Tras de los argumentos mexicanos se jugaba el porvenir constitucional de las Indias, la alternativa entre un Estado administrador, dentro del cual se habrían desarrollado paralelamente comunidades indígenas y comunidades españolas, unas y otras con sus estratos de propietarios rurales, mercaderes, artesanos, sin tener entre sí sino relaciones de contratación controlada, de un tipo meramente económico. El otro polo era un Estado que asentaba a los colonos, a través de privilegios situados sobre el trabajo indígena, dando así origen a una aristocracia cuyas iniciativas económicas estaban ligadas al Estado. Se sabe que el triunfo correspondió a la última posibilidad.

El Visitador de la Nueva España, Tello de Sandoval, solo aplicó algunos pasajes de las Nuevas Leyes, e informó en favor de las encomiendas perpetuas. Carlos V debió admitir la renovación de la encomienda, ante las peticiones mexicanas (20-X-1545), y en abril de 1546 ordenó a Mendoza preparar el repartimiento perpetuo de los indios. Por su parte, La Gasca lleva en febrero de 1546 poder de encomendar, sin lo cual habría sido imposible la pacificación del Perú, alzado a causa de las leyes.

En un aspecto fundamental del régimen de indígenas fueron las Nuevas Leyes radicalmente eficaces, en la supresión de la esclavitud. En Santo Domingo, la carta de 1545 a la Audiencia suprimió inmediatamente la esclavitud de las mujeres y menores, y la de todos los adultos sobre los cuales no constara justo título. En Cuba, el Lic. Cháves aminoró algo el descontento de los vecinos dejándoles los esclavos.

[94] Parecer de los dominicos, en CDIAO, 7, 532-542. Carta de Terrazas, I-VI-1544, ENE, IV, 104-114. Carta de Benavente de 1-VI-1544, ENE, IV, 99-101.

depositados como naborias inalienables; pero como, al mismo tiempo, se le reiteró la prohibición del trabajo minero con indios, no quedó otra solución que la adquisición de negros. En Guatemala, el Presidente Lic. Cerrato puso en aplicación la carta de 1545 a Santo Domingo, a pesar de las grandes protestas de los vecinos y de algunos religiosos. El Comisario General de los Franciscanos, Fr. Francisco de Bustamante le aconsejó en vano dejar a los esclavos depositados en poder de sus amos, gozando de salario, pues así quedarían con sus familias, en tanto que, en los pueblos, los cogería la obligación del repartimiento, con la consiguiente separación de los suyos; especialmente destacaba la aceptable situación de los esclavos que estaban en las milpas de maíz, que recibían terrenos para su propio cultivo, bajo obligación de trabajo para el señor, a semejanza de los renteros peninsulares, y para los cuales la liberación debía consistir solamente en la moderación de los días de trabajo. En Panamá, el Gobernador Clavijo depositó por un tiempo los esclavos liberados en sus antiguos amos, destinando los jornales que ahora debían ganar al financiamiento de pueblos o reducciones, en que se asentaron después libremente, un experimento estudiado por Lesley B. Simpson. En las minas de plata de Zacatecas, los emancipados siguieron a jornal de los mineros, mediante contrato; pero después de transcurrido su tiempo, según el Oidor Morones, no se les dejó abandonar el trabajo. En México, la carta de 28-X-1548 y la posterior Cédula de 16-IV-1550 aplican el mismo principio que en La Española, y en consecuencia el Virrey Velasco inició la labor de visitación, juicios breves y sumarios para determinar los títulos, y emancipación; en virtud de una Instrucción de 1552, los liberados fueron, en seguida, afectos al régimen del repartimiento en las minas, donde antes trabajaban como esclavos, pero sin distribuirlos a sus antiguos amos[95].

[95] Cédula de Malinas de 20-X-1545, reintroduciendo las encomiendas, en PCI, 100v-101; Cédula de abril de 1546, dada en Ratisbona, PCI, 169v. Sobre la esclavitud: carta a Santo Domingo de 1545, Cl, IV, 371-372; carta de Cháves de 30-VI-1546 sobre indios de minas, CDIU, 6, 268-276; de 27-IX-1547 sobre los esclavos cubanos, CDIU, 6, 299-304; sobre la supresión en Panamá, Guatemala, Zacatecas, etc., Lesley B. Simpson, "Studies in the administration of the Indians

La reforma de la encomienda.—Las Nuevas Leyes habían dispuesto proceder en todas partes a la tasación de los tributos, conforme ya se había hecho en la Nueva España en tiempos de la II Audiencia. Pero estas tasas comprendían una serie de servicios personales, directamente o por conmutaciones posteriores: tal era su diferencia capital con los tributos señoriales castellanos, que se habían ido reduciendo al pago de especies y, preferentemente, de dinero, conforme a una tendencia general en Europa. La legislación castellana, a fines del decenio de 1540, procura eliminar esa diversidad en el concepto de tributo, característica de la situación colonial.

En 7-II-1549, se prohíbe que los encomenderos de Nueva España echen sus indios a las minas; en 22-II-1549, en una Cédula dirigida a todas las Indias, se suprimen radicalmente los servicios personales de cualquier clase prestados en virtud de las tasaciones o conmutaciones; la relación creada por la encomienda quedaría estrictamente limitada al pago de un tributo, tasado en objetos naturales o industriales fijados de acuerdo con la producción de la tierra. La Provisión de 4-VI-1551, dirigida a todas las Audiencias, confirma la disposición de 4-VI-1543, anexa a las Nuevas Leyes, en virtud de la cual debía procederse a una tasación cierta de los tributos, en cantidad menor que la antiguamente pagada a los señores indios, notificándola al cacique, para evitar todo fraude de parte de los encomenderos o de los Oficiales Reales encargados de los repartimientos del Rey. La Provisión de 1551 agrega todavía que, en la fijación de los tributos, las Audiencias deben atender, no solo a lo que absolutamente los indios puedan pagar, sino que deben dejar un margen suficiente para que alimenten y casen a sus hijos, para curarse de sus enfermedades, y suplir las demás necesidades. Así, la tendencia equitativa de la legislación quería borrar totalmente el

in New Spain", (IV: The Emancipation of the Indian Slaves and the resettlement of the Freedmen). Parecer de Bustamante, 22-III-1551, en NCDHM, II, 199-206. Carta de 28-X-1548, a México, en CI, IV, 372-373; Cédula de 16-IV-1550, PCI, 178v-179; Instrucciones de 1552, M. Cuevas, "Documentos...", 170-175.

rasgo servil de la antigua encomienda, y proceder con el máximum de benignidad a la fijación del tributo[96].

Mendoza, que recibió las leyes de 1549 un año antes de dejar el mando en Nueva España, procuró ponerlas solo paulatinamente en aplicación, y recomendó lo mismo a su sucesor Velasco, continuando así lo que puede considerarse la política mexicana, durante toda esta época: la ejecución parcial y progresiva de las revoluciones operadas en la legislación, en contraposición al ritmo más explosivo de la historia peruana. Mendoza objetaba la supresión de los servicios que, al coincidir con la abolición de la esclavitud, arruinaría las minas, de las que dependía fundamentalmente la economía del Virreinato, ("el ser de la tierra está en las minas"); impugnaba la norma de tasar en cosas producidas en cada pueblo, pues eso agobiaría a los indios de las regiones cálidas de la provincia, que eran las más ricas en algodón, cacao, etc., en circunstancias que los naturales de regiones templadas eran más fuertes y podían tejer más fácilmente el algodón.

En tiempos de Velasco, los Visitadores Ramírez y Lebrón de Quiñones realizan la tasación en vastas regiones, pueblo por pueblo. Diego Ramírez reforma por doquiera las antiguas tasaciones que incluían servicios personales, teniendo que actuar frente a una Audiencia que (a causa de las conexiones personales de los Oidores, según el Visitador), era favorable a los recursos de apelación de encomenderos y Oficiales Reales, quienes reclamaban por cada rebaja de tributos. Los intereses fiscales representados por los Oficiales, son tan perjudicados por la nueva legislación como los intereses particulares. La diferencia del criterio del Visitador y el de la Audiencia se marca, p. ej., en el caso de Zacatlán, donde Ramírez tasa en 600 pesos de oro común y 600 hanegas de maíz, a causa de la disminución que ha sufrido el pueblo por los servicios excesivos de los años anteriores, agregando que los indios no responderían del caso fortuito; sin embargo, la Audiencia acepta la sentencia del acompañado del Visitador, quien tasó en 2 mil pesos de oro común, 1 mil hanegas de maíz, y 40 de ají. En la provincia de

[96] Cédula de 7-11-1549, en CI, IV, 312-313; la de 22-II-1549, CI, IV, 294-296. Provisión de 4-VI-1551, CI, II, 154-156; la de 4-VI-1543 en "Las Leyes Nuevas", edición de A. Muro, 22-23.

Pánuco, por la lejanía de la Audiencia, era más agobiadora la situación de los naturales, y las antiguas tasaciones permitían, por ejemplo, que los encomenderos exigieran mantas de mayor superficie y de mejor calidad que las antiguas, aumentando así considerablemente el trabajo de las indias, que trabajaban recogidas en las casas de los principales. En uno de esos pueblos, Tanta, Ramírez tasa en maíz y pescado, suprimiendo el servicio de 2 indios y 2 indias; pero luego, los indios se ven obligados a aceptar, en su ausencia, ante el Alcalde Mayor, una conmutación de las 36 cargas anuales de maíz por el servicio anual de 1 indio y 1 india, esta para hacer el pan, aquel para traer agua y leña, turnándose continuamente en estos cargos los indios del pueblo. Ramírez envía los autos de este restablecimiento del servicio personal, para que el Consejo conozca. También va tasando las prestaciones de comida, debidas a los corregidores, fijándolas preferentemente en dinero; posteriormente, la Cédula de 3-VI-1552 ordenó que no se diese comida alguna al corregidor sino mediante paga. En cuanto a la naturaleza del tributo, Ramírez se ha guiado más por la legislación que por el parecer antes mencionado del Virrey Mendoza, pues los tributos de las regiones centrales de la meseta y del Pánuco tienden a uniformarse en dinero y maíz, disminuyendo los fijados en mantas de algodón, sin duda porque constataba (durante la visita al Pánuco) que las indias carecían de telares.

La tasación fue progresando en todo México y en la vecina Audiencia de Guatemala. La legislación real prohibió muchas de las incorrecciones denunciadas por Diego Ramírez, si bien defendió también los intereses fiscales. Los indios, haciendo uso de una Cédula de 10-V-1546, pedían retasa cada vez que probaban haber sufrido mortandad u otra calamidad, pero empleaban a veces fraudes, que la carta real de 29-X-1556 señala y manda vigilar; además, ordena que en la tasación de los indios del Rey estén presentes los Oficiales Reales, en defensa del Fisco. En 1-VI-1567 se prohíbe hacer retasa sino de 3 en 3 años, salvo notoria calamidad[97].

[97] Avisos de Mendoza a Velasco, CDIAO, 6, 484-515; y la Relación inserta en "Instrucciones que los Virreyes de Nueva España dejaron a sus sucesores", 9-48 (especialmente 14). Sobre la visita de Ramírez existe una obra que no he podido

Surgen problemas importantes en la tasación. Uno de ellos es el pago en dinero o en especies. Los indios pedían conmutar sus tributos en oro en polvo y en especies por dinero, que ganaban fácilmente en sus contratos. Los Oficiales Reales constataban en 20-II-1550 que esto provocaba escasez de víveres y disminución de ganancias para el Fisco, porque no se aprovechaba el alza del precio de las mercaderías. Velasco ordenó, en virtud de la Cédula de 26-II-1556, que los tributos en dinero se conmutasen en víveres, especialmente en maíz, para beneficio de toda la tierra. Aunque siempre figuró una parte de la tasa en dinero, se logró evitar así la conmutación total. Los problemas planteados por la tasa permiten comprobar los conflictos y equilibrio de los diversos intereses en juego: el de los indios, el de la población española, el del Fisco Real. La legislación intenta colocarse en el punto medio de la justicia.

Otra cuestión debatida fue la de si el tributo debía ser una capitación, o si debía fijarse al pueblo en su totalidad. Los religiosos eran generalmente opuestos a la última solución: Las Casas escribía hacia 1556 que era más justa la tributación por cabezas, pues a causa de los malos tratamientos, había muchos naturales que huían, y el gravamen no debía recaer en el resto. Este criterio logró imponerse en tiempos de Velasco. En un ejemplo de tasación, la del pueblo de Totolapa, en 1559, vemos que se fija sobre cada casado tributario 1 peso de oro común, media hanega de maíz y 3 almudes de trigo; sobre viudos y viudas, medio peso de oro, 3 almudes de maíz y 1 medio de trigo, haciéndose la suma de tributarios y de dinero y especies por pagar. Las

consultar, la de Walter V. Scholes, "The Diego Ramirez Visita". Puede verse la correspondencia de aquel funcionario en ENE, VI, VII y VIII (especialmente VII, 8-30 y 55-64, sobre Pánuco; VII, 48-55, sobre el caso ocurrido en Tanta; VII, 108-109, quejas de los Oficiales Reales por la reducción de los tributos; VII, 109-110, petición de los indios de Mextitlán de que se les moderen los tributos conforme a los repartimientos del Rey; VIII, 146 y siguientes, tasaciones anteriores y las hechas por Ramírez; VII, 3-9, tasación de Zacaiján). Carta de 1552 sobre comidas de los corregidores, CI, III, II. Cédula de 1546, en CI, II, 162; carta de 1556 en PCI, 197-198. El mandato de que los Oficiales Reales estuvieran presentes en las tasaciones de pueblos del Rey se había dado mucho antes, en 19-XII-1534, CI, II, 158. Cédula de 1567, en CI, II, 164.

cifras de 1 peso de oro y media hanega de maíz para los casados, y la mitad para solteros y solteras, viudos y viudas, desde 18 a 50 años, se generalizan en todo el Virreinato y en Guatemala: se las encuentra particularmente en la tasación de la Ciudad de México de 18-I-1564.

El Oidor Alonso de Zorita, en su carta al Rey de 10-VI-1560, da noticia exacta del sistema de tasación. Esta es precedida de una inspección ocular de los pueblos respectivos, para comprobar su fertilidad y población, acompañada de información rendida por ambas partes interesadas. Se fijan las cantidades en dinero y en maíz (en ocasiones en otros productos), y del total que resulta de multiplicar la capitación por el número de tributarios, se dan las tres cuartas partes al encomendero o al Rey; la otra parte queda para los indios, sumándole los rendimientos de la sementera de comunidad, y los tributos del exceso de indígenas que pueda producirse por sobre los numerados. De esa cuarta parte o sobras de tributos, se paga la parte tasada para el cacique, el salario del doctrinero, los gastos de iglesia, los salarios de alcaldes, y jueces de residencia indios, los gastos de beneficencia, etc. Para la fijación de esta cuarta parte, se han tomado en cuenta varias disposiciones reales, desde 1530, que declaraban que los indios debían contribuir para la construcción de sus iglesias, con que no fuera más de la cuarta parte de los tributos; la Audiencia ha hecho permanente ese porcentaje, dedicándolo a los gastos de doctrina y a los demás mencionados: es una caja que ha financiado toda la intensa vida de comunidad fomentada en México por los frailes, y la subsistencia de jerarquías señoriales o concejiles aborígenes.

Así, hacia 1560, la nueva tasa líquida de tributos ha triunfado pacíficamente de la antigua tasa de tiempos de la II Audiencia, mixta de tributos y servicios.

La descripción del Arzobispado de México, recogida en 1571 por Fr. Bartolomé de Ledesma, se limita a enumerar en cada pueblo los tributarios de toda condición, y las granjerías por medio de las cuales ganan para pagar su tributo: la variedad de productos involucrados en las antiguas tasaciones, contenidas en la "Suma de Visitas" ha cedido el paso a una capitación uniforme, salva la rebaja de la mitad para viudos y viudas, solteros y solteras. La visita de Valderrama en 1563, motivada por el deseo de buscar nuevos recursos fiscales, no logró modificar la estructura ya alcanzada. Sus disputas con los religiosos y el Virrey sobre la ventaja de establecer, en lugar de la capitación, el tributo real sobre las haciendas de los aborígenes, proporcionalmente a sus riquezas, careció de resultados positivos. La reforma fiscalista encontró una oposición general y no pudo alterar el sistema existente (Silvio Zavala)[98].

Por otra parte, el privilegio de la encomienda no llegó a perpetuarse, a pesar de la promesa de 1546. En 10-X-1549 el Cabildo de México urgía su cumplimiento, y pedía que, entretanto, se aprobara la práctica, seguida en esa provincia, de la renuncia del repartimiento en algún descendiente o pariente, a fin de prolongar la segunda vida. Pero, lejos de conceder la perpetuidad, el Rey ordenó en 16-IV-1550 que las encomiendas caducadas no volvieran a concederse a particulares, sino que se incorporaran a la Corona. Velasco informaba, en carta de 11-VIII-1552, que los vecinos estaban descontentos y suplicaban del mandato, que también él consideró inconveniente. La medida se palia con la orden de "disimular" la sucesión por una tercera vida, suspendiendo entretanto la medida anterior (3-VI-1555 y 11-VI-1559)[99].

El proceso de reforma fue mucho más sacudido en el Perú. Hasta La Gasca, no había tasa alguna. Después de su victoria sobre Gonzalo Pizarro, aquel procedió al reparto general de la tierra, estableciendo por el momento una medida natural, lo que los indios pudieran buenamente dar, bajo la sanción de restitución retroactiva después que se hubiera fijado la tasa. Designó en seguida a 72 vecinos visitadores,

[98] Carta de los Oficiales en 1550, en ENE, VI. Orden de Velasco, en virtud de la Cédula de 1556, en ENE, VI, 162-164, Carta de Las Casas, Cerca de 1556, en CDIAO, 7, 162-167. Tasación de Totolapa, ENE, VIII, 232-245; de Ciudad de México, ENE, X, 1-3. Alonso de Zorita, carta de 1560, en "Historia...", tomo 1, Apéndice, 406-416. "Descripción del Arzobispado de México", 1571, recopilada por Fr. Bartolomé de Ledesma ("Papeles de Nueva España", de F. del Paso y Troncoso, II serie, tomo III). Sobre las tasaciones en Guatemala, ver Rodolfo Barón Castro, "La Población de El Salvador". Sobre la visita de Valderrama, S. Zavala, "La Encomienda Indiana", 157-172.

[99] Carta del Cabildo en 1549, ENE, V, 195-196. Capítulo de instrucción de 1550, en PCI, 176v. Carta de Velasco de 1552, en M. Cuevas, "Documentos...", 203 Cédulas de 1555-1559 en CI, II, 210.

quienes, por inspección particular de los pueblos, proporcionaron las bases para la tasa definitiva hecha por tres personas. Los visitadores averiguaron el número de indios, sus haciendas, tratos y alquileres, la calidad de las gentes y las tierras, la manera antigua de tributar de la comarca, lo que los mismos indios declaraban que podían dar. Las tasas fijadas consistían en cantidades globales de dinero y de especies, y en servicios personales en las casas y haciendas; el cacique repartía entre sus indios el trabajo necesario para cada cosa. La fijación de la parte en dinero se hizo calculando lo que aproximadamente la décima parte del repartimiento podía sacar de las minas en un año; indirectamente, pues, dice Santillán, la tasa impuso un servicio minero, análogamente a la práctica de las conmutaciones en Nueva España en tiempos de la II Audiencia. Respecto de las otras cosas tributadas, se rebajó el monto entonces pagado de cada una, manteniendo una gran multiplicidad de especies, a veces extrañas a la producción de la tierra. Así, la tasa de un repartimiento de Guánuco, en 1550, comprendía 2.500 pesos de oro o plata; cantidades determinadas de trigo, maíz, cebada y papas, poniendo una parte en las minas donde trabajarían, especies diversas, ovejas, aves, etc.; alpargatas; servicio de 25 indios pastores (5 en la ciudad del encomendero, 20 en el pueblo), y 40 que trabajarán en las chácaras del encomendero, mudándose por mitas, para sembrar una cantidad fija de hanegas de trigo y de maíz, dándoles aquel tierras dentro de las mismas chácaras para sembrar sus comidas (indios "mitimaes" los llama la tasación). En otras tasas se diferencia aún mejor el trabajo que los indios realizan en la tierra del encomendero, y el que realizan en su pueblo, poniendo la cosecha en el tambo[100].

La Audiencia Gobernadora (1550-51 y 1552-56) bajó considerablemente los tributos por medio de retasas, y debió promulgar en 1552 la supresión de los servicios personales, conforme a la Cédula

[100] Datos sobre la primera tasación peruana: Cartas de La Gasca de 25-IX-1548 (GP, I, 107 y ss.), 28-I-1549 (GP, I, 135 y ss.), 8-XI-1549 (GP, I, 230 y ss.); Relación de Hernando de Santillán (Colección de Libros y Documentos referentes a la Historia del Perú, tomo IX, II serie), N° 60, 61, 62, 63, 64. Carta sin fecha de Fr. Domingo de Santo Tomás a Las Casas, CDIAO, 7, 371 y siguientes. Dos tasaciones, en CDIAO, 25, 5-23.

de 1549, aunque dejó subsistentes los que se prestaban en los mismos pueblos, donde no había peligro de desarraigo, y que eran indispensables para el sustento general. Fue autorizado el trabajo con los indios de la propia encomienda, bajo condición de ser libremente concertado y pagado; pero a los pocos meses, los conciertos fueron reformados por la Audiencia, porque los salarios eran demasiado bajos. Todas estas medidas, escribe el Fiscal de la Audiencia, Juan Fernández, provocaron el descontento creciente de los vecinos; sus suplicaciones fueron remitidas al Rey, sin suspender el cumplimiento, en conformidad al texto literal de la Cédula contra los servicios personales de 22-II-1549; se conocieron otras Cédulas, aún no publicadas, como la que prohibía la residencia de los encomenderos en sus pueblos. Todos estos motivos produjeron las rebeliones de Hernández Girón y de Sebastián de Castilla en 1553-54.

Como la Audiencia tuvo al fin que suspender la Cédula, mientras iban procuradores a España, la labor de la tasación líquida debió iniciarse, por retasas parciales, durante los períodos de Cañete y de Nieva. La tasa conservó definitivamente su carácter fundamental de gravamen sobre la totalidad del pueblo y no sobre los individuos, a pesar del parecer de los religiosos, y del ejemplo mexicano. Las retasas hechas por mera información de los indios son limitadas por la política de Nieva, que exige la comparecencia de un representante del encomendero, y que da autoridad de cosa juzgada a la tasación, exigiendo juicio ordinario para la retasa. En todo caso, la disminución del valor de los tributos de encomienda peruana, durante el decenio de 1550 ha sido grande, según muchos testimonios. El aumento del número de indígenas de un pueblo no podía ser alegado para que el encomendero pidiera retasa, de manera que el incremento de las rentas de encomienda, una vez eliminado de ellas el servicio minero indirecto, procede solamente del aumento del precio de los productos agrícolas comprendidos en el tributo[101].

[101] Sobre la política de la Audiencia Gobernadora, Carta de la Audiencia de 3-VIII-1552 ("Audiencia de Lima", de R. Levillier, I, 46 y ss.); Carta del Fiscal Juan Fernández, 11-III-1553 (Archivo General de Indias, Audiencia de Lima 92); Relación del mismo (CDIAO, 3, 246-271); Carta de la Audiencia de 27-XII-1553

En la época de Nieva (1561-64), al negociarse la perpetuidad de las encomiendas, se plantean nuevamente todos los grandes problemas del trabajo indígena. Polo de Ondegardo y Santillán redactan sus densos memoriales histórico-jurídico. Pocos años después, en 1567, escriben Matienzo y Falcón. Frente a la institución de la encomienda y de la tasa, los criterios de estos letrados son muy diversos. Polo de Ondegardo, Corregidor del Cuzco, se interesa más que nada por la conservación del orden de tributos de la época incásica, que para él es la clave de la buena gobernación de los indios. Defiende por eso la tasa en común, practicada por ellos desde antiguo, y que, gracias a un sistema rotativo cuya dirección corre a cargo del cacique, asegura un justo ritmo de trabajo y reposo; la capitación arruinaría la vida comunal por una división de cosas y de actividades que solo tienen valor practicadas en una escala general. Insiste en la fijeza irremisible de la tasa, pues las rebajas no han hecho beneficio alguno a los naturales, sino hacerlos ociosos: debe dárseles a entender que el tributo es estable y que el resto del producto de su trabajo será para ellos, sin jamás permitirles el ocio, que los disipa. El Oidor Hernando de Santillán está más cerca del punto de vista general del partido hostil a la encomienda; acepta como buenas las bajas decretadas; defiende la capitación, como más cierta e igual, siempre que sea en productos que se dan en la comarca, para evitar el desarraigo, y fijando el valor de ellos según lo que los indios de cada provincia puedan ganar en 30 días de trabajo. El gasto de doctrina, si queda a cargo del Rey, deberá costearse con parte del mismo tributo, parte que cobrarán por ahora los encomenderos, ya que están tan enseñoreados que no admitirían intervención ajena en sus pueblos (Santillán escribe antes de la creación de corregidores en pueblos de indios); pero, en el futuro, deberán percibirla los Oficiales

("Audiencia de Lima", de R. Levillier, 1, 103-104). Sobre las retasas, y en general sobre las tasaciones anteriores a 1561, ver el Informe de Polo de Ondegardo en Revista Histórica, XII (especialmente 154-163). Sobre la política de encomiendas en tiempos de la Audiencia, Cañete y Nieva, Relación de Santillán, ya citada, N° 61, 62, 117. Prohibición de Cañete de alzar los tributos de un pueblo cuyos tributarios habían aumentado, en Manuel Belaúnde, "La Encomienda en el Perú", 129-130. Tasaciones peruanas adaptadas a circunstancias especiales de los repartimientos, ver GP, I, 318 (en tiempos de Cañete).

Reales. Santillán insiste en la eliminación progresiva de los yanaconas, pues, esta antigua clase incásica se ha multiplicado por la extracción violenta de indios, o por la permanencia de estos en los asientos de minas. Acepta la perpetuidad de la encomienda, pero exclusivamente sobre la renta tasada. El Lic. Francisco Falcón, muy cercano a las ideas de Las Casas, pide también tasa personal, y exclusivamente en cosas que los naturales produzcan en sus tierras, insistiendo en la exención de numerosas categorías de principales indígenas y de sus servidores. El Oidor Juan de Matienzo es favorable a la encomienda tasada y perpetua[102].

La Corona no había siquiera intentado aplicar en el Perú la norma mexicana sobre incorporación de las encomiendas a la Corona después de las dos vidas, sino que los Virreyes encomendaban en seguida el repartimiento vacante. Desde 1559, Felipe II inició las negociaciones sobre la perpetuidad, tan deseada por los vecinos, que solicitaban incluso la jurisdicción anexa. La mente de los conquistadores no disociaba el poder económico del poder político: las encomiendas, como mercedes concedidas por el Estado, eran pensadas como fuente de poder político, a las cuales el Rey debía lógicamente dotar de jurisdicción. El sentido patrimonial se une al impulso señorial. El desastre financiero de la monarquía movió, a su vez, a Felipe II a negociar la perpetuidad (más no la jurisdicción), a cambio de un subsidio. Ante la insistencia de los vecinos en unir ambas peticiones, Felipe dejó caer todo el plan: el triunfo del poder real sobre el nobiliario, en 1560, era algo tan decidido en España, que el Rey no pudo aceptar una renovación tardía de formas señoriales en lo tocante a la jurisdicción en una escala tan amplia. La encomienda quedó detenida a medio camino, en su desarrollo jurídico, como simple feudo rentístico, dondequiera que se aplicó la legislación general. Respecto a la perpetuidad, los enviados del Rey la recomendaron para una tercera parte de los repartimientos, dejando otro tercio para encomiendas de una vida a los nuevos pobladores, y el tercero para el Rey, como un arbitrio para equilibrar

[102] Juan Polo de Ondegardo, Informe citado en la nota anterior; Hernando de Santillán, Relación citada (N° 80-91, 92-95, 118-122); Francisco Falcón, ver pág. 460: Juan de Matienzo, "Gobierno del Perú", 29-30, 39-41, 52-58, 61.

los tres principios políticos, el poder real, el de los conquistadores y su descendencia, y el de los españoles que deberían venir continuamente como un refresco de sangre castellana. Por lo demás, ellos aceptaban plenamente el valor de población que tenía la institución, repitiendo el concepto de que los encomenderos eran "nervio, hacienda y fuerza" del Reino[103]. Pero, en suma, continuó en vigencia la ley de sucesión de las dos vidas.

Así, pues, entre 1549 y 1570, el Virreinato mexicano y luego el peruano, han iniciado el proceso de reforma del sistema anterior de sustentación de los vecinos. La encomienda de servicios personales, característica de la Conquista, se transforma paulatinamente en una encomienda cercana al tipo castellano medieval, un privilegio sobre rentas de la Corona, estrictamente compatible con el principio de libertad personal del Derecho Común y del Derecho Español. La institución perdía, en gran parte, allí donde se ajustaba a este tipo legal, su valor específicamente colonial, como sustento suficiente de los vecinos españoles. Las tasas, fijadas indefinidamente o por largo tiempo (así Diego Ramírez las estableció por 10 años), muchas veces con tendencia a disminuir (retasas peruanas), impidieron un aprovechamiento continuo y creciente del movimiento económico, sobre todo cuando su factor principal era la parte determinada en dinero. Es verdad que, en absoluto, la tasa es considerable en los Virreinatos, a causa de la abundancia de la población indígena; sin embargo, los Virreyes limitaron también este crecimiento, fijando pensiones sobre los tributos, y en 1568 Toledo recibió Instrucción para no dar ninguna merced superior a 2 mil pesos. En los países más pobres o menos poblados, la tasa resultaba un obstáculo para la sustentación de una clase muy rica. Pero precisamente en las provincias de ese tipo —Chile, Tucumán, Paraguay, p. ej.— la encomienda legal no pudo aplicarse, y continuó imperando por largo tiempo el principio de la Conquista en todas sus consecuencias.

Además de la tasación, otro tipo de disposiciones disminuyen la influencia de las encomiendas. Entre ellas es importante la prohibición de

[103] Carta de Nieva y de los Comisarios de 4-V-1562, GP, L, 395-471.

que los encomenderos residiesen en sus pueblos. Cortés había restringido esa residencia, pero en su reemplazo establecieron a los mayordomos o calpisques, a quienes los frailes culpan de malos tratamientos con los indios. Pizarro impuso en sus Ordenanzas que los encomenderos visitaran a menudo sus pueblos o dejaran representantes, para proteger a los indios. Pero, en fin, en virtud de la carta de 17-VI-1555 y la Cédula de 29-XI-1563 la residencia de los encomenderos entre sus indios es prohibida a causa de los gastos y servicios que ocasionaban ellos y sus familias[104]. La extensión del régimen del corregimiento a los pueblos de encomenderos, que se realiza bajo Velasco en Nueva España y bajo Lope García de Castro en el Perú, elimina el influjo de aquéllos en la dirección de los pueblos.

El servicio personal por vía de repartimiento. —El asentamiento de la población española sobre la base del trabajo indígena no desaparece con la supresión de los servicios personales de encomienda, sino que se fija en un plano constitucional distinto.

Bajo la II Audiencia mexicana aparece ya el empleo compulsivo de los indios en construcciones: la Cédula de 20-III-1532 autoriza tal procedimiento, pero con remuneración. Lesley B. Simpson[105] ha señalado varios mandatos del Virrey Mendoza anteriores a 1549, en que se ordena a los justicias locales compeler con la menor vejación posible a los indios para trabajar en caminos, o como tamemes, o en casas y heredades de la ciudad de Oaxaca. En el primer caso no se menciona el pago de jornal; pero, en la orden relativa a la última ciudad, se especifica que los indios deben ir de su voluntad y a jornal, llevando bastimentos desde Antequera a Oaxaca, ya que esta no puede subsistir en otra forma. Pero solamente con la supresión de la encomienda de servicio personal llega a construirse un amplio sistema de tales servicios.

[104] Capítulo de Instrucción de 1568, sobre que no se den repartimientos tasados en más de $2.000, en CI, II, 239. Carta de 1555 y Cédula de 1563, en CI, II, 257-258.

[105] Lesley B. Simpson, "Studies" (II: The Repartimiento in New Spain and Guatemala, 119-123).

La Cédula de 22-II-1549, que abolía los servicios al encomendero, admitía, para el transporte de víveres, un "repartimiento" o prestación obligatoria para los indios comarcanos de las ciudades españolas respectivas en que ello fuera inexcusable, fijando la Audiencia un número determinado de cargadores o tamemes, que debían ser pagados con un salario competente, entregado particularmente a ellos, no a los caciques.

En 1-VI-1549, se reiteraba la prohibición general de cargar a los indios, ya enunciada en las Nuevas Leyes, de manera que los particulares jamás podían imponer ni contratar tal servicio, ni aun en partes sin caminos; pero, en cambio, se autorizaba a las Audiencias para establecer tal servicio, cuando fuera inexcusable, y sobre la base de un jornal. Muy pronto el repartimiento funcionó en la ciudad de México, compeliéndose a los indios de hasta 20 leguas a la redonda a venir a vender semanalmente víveres para la ciudad, producidos por ellos mismos, fijándose una tasa a los precios. Las cartas reales de 2-III y 23-IX-1552 ordenaron no fijar tasa para los indios; sin embargo, como Velasco informó que los indios no irían libremente, y que la fijación del máximo era imprescindible para evitar la carestía, se aceptó tal repartimiento por carta de 3-VI-1555, aunque recomendando siempre que los precios fuesen justos. Repartimientos semejantes, relativos al transporte y a la venta de mercaderías, deben haber ido surgiendo en otras ciudades, sobre todo porque la legislación, en su afán de reprimir el servicio dentro de la encomienda, había ordenado que los tributos en maíz se entregaran al encomendero en el pueblo y no en la residencia de aquel en la ciudad, creando así un grave problema de subsistencia; la carta del Rey en 3-VI-1555, ya mencionada, enumera todas las razones que ha dado el Virrey en este sentido, pero insiste en la orden: ha existido, pues, una consciente política metropolitana para rechazar (al menos en los Virreinatos) la solución de los problemas económicos a través de la encomienda, a pesar de las advertencias de las autoridades, introduciendo en cambio, allí donde era imprescindible, la nueva forma del repartimiento extraño a la encomienda[106].

[106] Cédula de 22-11-1549, en CI, IV, 294-296; la de 1-VI-1549, en CI, IV, 307. Cédulas de 1552, en CI, IV, 310-311; carta de 3-VI-1555, en PCI, 154-155.

La Instrucción a Velasco de 16-IV-1550 implantaba en general el repartimiento, al establecer que los indios holgazanes, que no tuviesen oficio de labradores, mercaderes o artesanos, debían alquilarse en sus pueblos o en las ciudades de españoles. Este alquiler forzado, celebrado por autoridad de los justicias del lugar, se basaba, lo mismo que los turnos de indios tamemes establecidos en 1549, en las necesidades de la población, en el bien común de la república, según la terminología doctrinal, mas agregando un nuevo fundamento teórico, la necesidad de evitar la holganza que disiparía a los naturales; aunque no se planteaba todavía la tendencia a la ociosidad como una condición exclusiva de los indígenas, pues se agregaba una instrucción para asentar compulsivamente en el servicio a los españoles vagabundos, disposición, por lo demás, de improbable cumplimiento, y que no significaría en caso alguno una transformación del régimen de trabajo en la escala del repartimiento indígena. Este fue aplicado a todas las faenas, repartiendo los indios a cualesquiera españoles, pero sin que estos privadamente pudieran compeler a la prestación de servicios, impidiendo sobre todo que lo hiciera así el encomendero respecto de sus indios. Una Instrucción a Velasco de 1552, relativa a los esclavos indios libertados, reitera la autorización para apremiarlos al trabajo, también mediante jornal, destinándolos en primer lugar a las minas (en las cuales los esclavos trabajaban desde antiguo), y en seguida a los ingenios de azúcar, casas y heredades. Ningún particular podía apremiar, sino solamente el Virrey, quien debería también dar la orden de alquilar a los españoles y a los mestizos vagabundos y a los indios ociosos de las encomiendas (pero siempre bajo prohibición de repartirlos a sus encomenderos). La nueva institución se expandió rápidamente en toda la economía mexicana: agricultura, obras públicas, construcciones, etc., dependen de estas destinaciones forzadas, hechas por los indios encargados de la dirección de los pueblos, previo mandato del Virrey.

El repartimiento se extiende fuera del Virreinato de Nueva España. Las Cédulas de 18-I-1552 y de 28-XI-1558 lo establecen en Guatemala; pero la última de esas disposiciones acentúa que la compulsión debe verificarse respecto de los indios que realmente no tengan oficio, cuando no bastare la mano de obra española, y sin sacar a los naturales de más de 2 o 3 leguas de sus pueblos. En Guatemala aparece también una combinación del nuevo repartimiento con la encomienda, en una característica solución local del problema del trabajo: según Las Casas, el Lic. Mejías repartió la mitad de los pueblos para que trabajasen tres veces al año en las estancias del encomendero, por un pequeño jornal. En Chile, la Tasa de Santillán constituirá otro ejemplo de interpenetración de encomienda con repartimiento en mita, con una peculiaridad local en cuanto al pago.

En el Perú, la Audiencia Gobernadora, al suprimir los servicios personales, dictó una Provisión, a petición de los vecinos, autorizando los libres contratos o conciertos de los indios, incluso con su encomendero, para servir en el transporte de agua, yerba y leña, en labores agrícolas, en construcciones, etc., verificando el concierto y paga ante el corregidor, remunerándose a los indios en particular y no a los caciques o principales (1553). Pero en la Instrucción al Corregidor del Cuzco de 28-IX del mismo año, la Audiencia reforzó el principio de libertad del concierto, tasó los jornales para evitar que fueran ínfimos, reglamentó especialmente los contratos para la coca, y limitó el tiempo de servicio y cifra de indios alquilados por los encomenderos al número de indios fijados en las tasas del tiempo de La Gasca para su servicio.

En tiempos de Nieva, estos contratos han evolucionado. Santillán constata que muchos de los indios con los cuales se han celebrado conciertos, a título de ser necesario su servicio para las casas, son enviados a plantaciones de coca, al mismo salario anterior. Pero, sobre todo, la Cédula de 2-XII-1563 describe una especie de repartimiento, proveniente sin duda de las Provisiones de la Audiencia en 1553: el Virrey ha dispuesto que diariamente vayan a las plazas de las ciudades de españoles cantidad de indios que se alquilan con los españoles en casas, viñas, heredades, etc., haciéndolos venir de grandes distancias, según la relación que se ha hecho en España, y mediante un pequeño jornal de 1 tomín. Tal "repartimiento de plaza" permite la libertad en los contratos de alquiler, pero fija previamente sobre cada pueblo el deber de enviar jornaleros en determinado número: en este sentido constituye, pues, una mita, que se ha superpuesto al régimen de total libertad contractual ordenado en 1553. La Cédula de 1563 citada manda disminuir las distancias y doblar el salario, conforme a las Cédulas dadas para Guatemala en 1552 y 1558.

Las Ordenanzas de Polo de Ondegardo para las minas de Guamanga, en 2-III-1562, mandaban a los caciques dar 700 indios para el asiento de Xunsulla, repartiéndolos entre sus sujetos, bajo control del justicia español; cada mita debía durar una semana, repartiendo el justicia a los naturales entre los mineros; el salario era tasado, pero recaía sobre los indios el deber de traer las comidas o adquirirlas a su costa, conforme al concepto estricto de jornaleros.

Lope García de Castro, en carta de 4-I-1567, planteaba una neta defensa de los repartimientos, defendiendo sobre todo el que debía establecerse para los grandes minerales de Potosí, que aun la Corona vacilaba en introducir: "... vuestra magestad no puede desamparar esta tierra sin pecar mortalmente por dos cosas la una porque los españoles los tiranizarían luego si en la tierra quedan y no abría quien mantubiese en justicia los yndios la otra porque si los españoles se fuesen luego los yndios apostatarian boluiendo a sus ydolatrias antiguas y pues vuestra magestad es obligado a sustentallos y no se puede sustentar sin estar aca los españoles para sustentar este rreyno es menester labrança y criança para los mantenimientos que sin ellos no se puede vivir y para esto justo es que labren pagandoles su jornal porque si a las labrangas de los yndios esperamos no hay para la mitad de ellos y guarden los ganados pagandoselos digo a los que no tienen labranza y crianca de suyo que andan holgazanes y en no teniendo en que entender luego andan en borracheras tambien es menester que aya comercio de este rreyno con esos rreynos porque nos traigan aca lo que emos menester de esas partes y esto claro esta que no traeran de alla a trueco de mayz y papas y agi y camotes que aca se cogen ni a trueque de trigo ni del ganado que aca ay sino a trueque del oro o plata y este no lo puede aver sino ay minas las minas aca no se pueden beneficiar con negros porque estan todas en tierra fria". Sin embargo, solo en tiempos de Toledo se organizó definitivamente la gran mita para Potosí[107].

[107] Capítulo correspondiente de la Instrucción a Velasco en CDIAO, 23, 530-531 y 545-546; Instrucción de 1552 en M. Cuevas, "Documentos...", 170-175. Cédulas de 1552 y 1558 en CI, IV, 301-302. H. De Santillán, Relación citada N° 117; Provisiones de la Audiencia en 1553, en Diego Fernández, "Segunda parte de la Historia del Perú" (Odriosola, Documentos Literarios, 9, 160-162). Relación

Juan de Matienzo en el "Gobierno del Perú" (hacia 1567) describe un panorama general del sistema de trabajo indígena. Además de plantear una serie de reformas esquematizadas en Ordenanzas, muestra el funcionamiento del régimen existente. Divide a los indios en atunrunas (que están en los repartimientos sujetos a los caciques), tindaruna (alquilados en ciudades y asientos de minas distantes no más de unas 12 o 10 leguas de su pueblo, mediante jornal), y mitayos (que sirven por tandas en los tambos o ventas, en servicio doméstico y en el pastoreo). Los tindarunas, tal como los describe Matienzo, son designados por los mismos caciques, y un alcalde o regidor los distribuye a los españoles según los trabajos necesarios (edificación, chacras, obras públicas), con paga semanal; generalmente están unos 6 meses o 1 año, yendo los casados con sus mujeres. Los mitayos destinados a los tambos se dan para traer yerba y leña a los pasajeros y llevar la carga de un tambo al otro mediante salario, según las Ordenanzas de Vaca de Castro, que continuaban el sistema incásico. Los mitayos domésticos se dan a corregidores y doctrineros, sirviendo todo el año, turnándose a la semana, mediante alojamiento, comida y salario. Hay, en fin, los mitayos pastores; los que se dan a los encomenderos para la construcción de casas e iglesias; los que los caciques dan a españoles sin encomiendas; pero este último caso constituye una costumbre prohibida por la ley[108].

La nueva forma requería ser doctrinalmente legitimada. Las leyes dictadas desde la metrópoli solo se referían a medidas para la consecución de trabajos inexcusables en el sentido más estricto (como el transporte de mercancías por países sin caminos ni recuas), y a la lucha contra los indios holgazanes que no sembraban ni practicaban oficios. Pero en las colonias el repartimiento se transforma en un medio de obtener el trabajo indígena en masa, para las ramas decisivas de la producción; la obligación se hizo pesar sobre todos los indios, excepto

de Juan Fernández, GP, III, 252, 265. Sobre Mejías, carta de Las Casas, CDIAO, 7, 162-167.
Cédula de 1563, CI, IV, 302-303. Ordenanzas de Polo de Ondegardo, CDIAO, 8. 449-462. Carta de Lope García de Castra en 4-I-1567, en GP, III, 220-221.

108 Juan de Matienzo, "Gobierno del Perú", 23-28.

los caciques, alcaldes, etc., pasando por sobre las restricciones legislativas. La preferencia del Estado por el repartimiento en lugar de la antigua encomienda radicaba en que la prestación del trabajo por causa del bien común, y bajo la dirección de la burocracia, eliminaba toda semejanza con las vinculaciones personales que ligaban a los aldeanos con los señores en los señoríos españoles y en la encomienda primitiva. El español que recibía indios en repartimiento no adquiría privilegio alguno, pues se trataba de una medida meramente administrativa que le confería el derecho a gozar de mano de obra remunerada, por la utilidad general resultante del funcionamiento de esa actividad-noción que vendrá a quedar totalmente desarrollada, como concepto, a comienzos del siglo XVII, a través de la defensa de la mita por Fr. Miguel de Agía, y de las precisiones de los Virreyes del Perú sobre la naturaleza precaria de la concesión de indios en repartimiento. En el momento inicial, la justificación del nuevo procedimiento parecía altamente problemática, pues, como hemos dicho, los argumentos y motivaciones de las mismas leyes solo permitían un repartimiento en proporciones reducidísimas, y los gobernantes que acababan de suprimir los servicios personales a los encomenderos lo concebían en una vasta escala, como única solución al problema del sustento de los españoles.

Las Casas se opuso, desde luego, al nuevo sistema. En 1556 describía los abusos del régimen en Guatemala: los indios venían desde 10 leguas a un corral, donde eran repartidos por un alguacil a bajísimos salarios. Pedía que los caciques señalaran a un cierto número de los suyos que fueran a las plazas y mercados a concertarse libremente con los españoles: era una forma análoga al "repartimiento de plaza", pero mejorando en favor del indio las condiciones de distancia y salario.

Los franciscanos de México son generalmente opuestos al repartimiento. Mendieta, en su carta de 8-X-1565 a Felipe II, rechazaba el que la "república de los naturales" tuviera que consumirse para sostener a los advenedizos; mostraba que los indios se alquilaban libremente en las ciudades de México y de Puebla, contra el argumento de su ociosidad inveterada. Un memorial de la Orden, en 1567, pedía un mejor salario y el pago del viaje de ida y de vuelta a los indios repartidos. Una carta de los caciques de Nueva España al Rey, en 25-II-1570, llevada a España por franciscanos, y seguramente inspirada por ellos, exponía lo que sufrían en el repartimiento para hacer sementera de trigo para la Ciudad de México: salían cada semana de 200 a 400 indios de cada pueblo, de hasta 15 leguas de distancia a la ciudad, llevando su comida, y eran repartidos entre vecinos que les imponían trabajos a un jornal muy estrecho de 2 o 3 reales por semana.

Muy próximo al pensamiento de Las Casas, el Lic. Falcón planteaba en el Concilio de Lima de 1567 un ataque doctrinal contra los repartimientos. Para él, las minas no son necesarias, pues solo sirven para comprar objetos suntuarios en Castilla; todos los bienes necesarios pueden adquirirse en el mismo Perú. La conquista y el asentamiento de multitud de españoles es la fuente del mal; solo deberían seguir viniendo religiosos o justicias reales, para cumplir los fines de las Bulas. Los indios no tienen por qué sostener a toda la muchedumbre de españoles; si aquellos son holgazanes, debían ser compelidos a trabajar para su propio bien, en sus haciendas, y en tejidos para su ropa; así habría víveres para todos, y con la utilidad, podrían los naturales explotar, solos o con ayuda de los españoles, todas las granjerías de la tierra. Como Falcón confesaba que no se podía mudar radicalmente el orden existente, proponía limitar el apremio para la labranza del trigo, fijando un jornal de 2 tomines y comida; pero rechazaba totalmente los repartimientos para productos de exportación, especialmente para las minas. Muy próximo a este criterio es el de Hernando de Santillán, quien solamente acepta el alquiler forzado dentro de la misma región en que habitan los indios, impugnando expresamente la mita para las minas de Potosí, que algunos proponían[109].

Distinta es la actitud de Polo de Ondegardo, quien defiende la idea de un nuevo sistema de repartimiento, que prolongue el antiguo régimen de trabajo continuo y moderado que habían establecido los

[109] Carta de Las Casas, citada en pág. 136. Carta de Mendieta de 1565 en NCDHM, I, 17-18; memorial de los franciscanos, *ibid.*, IV; carta de los caciques en 1570, *ibid.*, IV, 128-136. Memorial de Falcón, ver pág. 40. Relación citada de Santillán, N° 110, 112.

Incas, y que aseguró la buena conservación de estas comunidades indígenas desde hacía siglos, impidiendo su disipación[110].

Otro jurista que influye en la justificación y en la planificación de las mitas es Juan de Matienzo. El problema de la tasa se plantea mal, a su juicio, cuando se calcula si los indios han de dar mucho o poco a sus encomenderos, como se ha hecho en las tasas y retasas anteriores. Lo importante es, desde su punto de vista, considerar el trabajo de los indios, de manera que no se les exija una tarea superior a sus fuerzas, pero que tampoco queden ociosos después de la supresión de los servicios personales, sino que aprendan a adquirir hacienda. En principio, deberían pagar según sus bienes propios (tributo real); pero, como no los tienen, deben trabajar en las minas, agricultura, etc., tasándoseles el jornal, para que con él paguen la tasa. Propone toda una reglamentación, sobre la base de 70 días de trabajo obligatorio para ganar cuanto deban pagar al encomendero, cura, cacique, comunidad y corregidor, velándose por que el excedente de los salarios les quede para ellos y no para el cacique, y porque el resto del año trabajen para sí en sus chacras. En cuanto al repartimiento para las minas de Potosí, tal como lo proyecta, no solamente tendría la ventaja de la extracción de metales, sino que los aborígenes se acostumbrarían, durante la estadía, al comercio y a la propiedad individual, emancipándose de sus caciques, cuya tiranía pondera (a la inversa de Polo de Ondegardo, que hace ver la racionalidad de las costumbres indígenas). Como solo iría a Potosí un décimo de los pueblos, otro décimo sería repartido para tambos y construcciones de los españoles; el resto labraría las propias tierras, o se alquilaría en las de los españoles[111].

Polo de Ondegardo y Matienzo, hombres influyentes de la administración peruana, han forjado los principales argumentos doctrinales

[110] Ver su Informe a Bribiesca de Muñatones de 1561; su "Relación de los fundamentos acerca del notable daño que resulta de no guardar a los indios sus fueros", de 26-VI-1571, en CDIAO, 17, 5-100, y muy especialmente, en cuanto a este tema, el memorial "De la orden que los Yndios tenyan en diuidir los tributos e destribuyrlos entre sí", CDIAO, 17, 101-177, donde examina, entre otras cosas, las ventajas de la mita de Potosí.

[111] Juan de Matienzo, "Gobierno del Perú", 29-30, 39-42.

en defensa de la mita. Esta invade poco a poco todas las actividades económicas; la labor de Toledo consistirá especialmente en organizarla y unificarla, impidiendo una destrucción de los indios en una multiplicidad de trabajos controlados solo por los justicias locales.

El repartimiento de indios importa una forma de asentamiento colonial de la población española que, en vez de la antigua forma del privilegio, tiene la estructura de una política controlada por los agentes del Rey. Su objetivo es la sustentación de los colonos sobre una nueva base jurídica, a la vez que el provecho fiscal que emana del desarrollo de las economías particulares, especialmente de la producción minera; sin embargo, en su origen, la preocupación por la colonización, y no el fiscalismo, es lo esencial, pues la importancia jerárquica fundamental que toma la mita para los grandes minerales es posterior a 1570. La autoridad de los justicias indianos es la que selecciona las faenas dignas de protección, la que fija los salarios y condiciones de trabajo. Incluso en la forma más libre del "repartimiento de plaza", en que los españoles alquilan por su cuenta a los indios compulsivamente traídos de los pueblos, también intervienen los justicias, vigilando el cumplimiento de la obligación de los caciques o alcaldes de enviar a sus indios, y sancionando los contratos para hacer que se respete la tasa del salario.

El sustento de la población española en Indias se ha fundado, primeramente, en un régimen de mercedes estatales garantizadas. A mediados del siglo, paralelamente con el triunfo definitivo del poder regio sobre los órdenes, y con el desarrollo de un sentido administrativo cada vez más sistemático, durante el reinado de Felipe II, también en Indias se opera un tránsito de formas constitucionales. Los privilegios de encomienda continúan en vigor, conforme a la tradición de las monarquías occidentales de no quebrantar nunca radicalmente los derechos ya entrados en la costumbre; pero su densidad política y económica empieza a debilitarse por una deliberada política de reforma de los tributos indígenas. La característica situación colonial de las Indias, el asentamiento de los pobladores sobre el trabajo indígena se prolonga a través de una nueva forma de concesiones oficiales de mano de obra remunerada. Tal decisión ha sido adoptada, en primer lugar, por la necesidad colonial; también la Corona ha tenido en ello un interés fiscal, pues sus quintos y almojarifazgos dependían del trabajo minero y del comercio de toda clase de mercancías entre la península y las Indias.

Las mercedes de tierras.—Las mercedes de tierras —menos importantes a lo largo de toda esta época que las encomiendas— tienen, sin embargo, una significación capital para la población. En 10-IV-1495 los Reyes prometían casas y heredades a los que quisiesen ir a las Indias. En Provisión de 22-VII-1497, se concreta la concesión: el Almirante podría dar tierras como propias, con libre disposición después de 4 años de vecindad, lo mismo que en el Derecho Foral. La concesión sería puramente privada, sin jurisdicción. Los montes, pastos y demás baldíos serían regalías destinadas al uso común.

La fundación de ciudades y el Derecho concejil aportan una mayor complejidad a esta situación de las tierras. La ciudad tenía su traza y sus términos, definidos por los fundadores, investidos de la calidad de representantes de la jurisdicción regia. Los terrenos de la traza, destinados a solares para casas, eran distribuidos a los vecinos por el Cabildo; las calles, plazas, mercados, quedaban bajo la policía del mismo organismo; las chácaras vecinas a la traza eran concedidas a todos los vecinos con casa poblada; finalmente, se destinaba una extensión de unas leguas para ejidos, dehesas y potreros destinados al uso comunal de los mismos vecinos. Algunas tierras y montes eran reservados al propio Cabildo como "propios", para la obtención de rentas por terrazgo, arrendamiento o por el cobro de derechos por la extracción de madera, etc. Distinta es la condición de los baldíos no afectados a los concejos, y de las tierras de indios. Jurídicamente, estas quedaban reconocidas como plena propiedad; aquellos, como regalía, estaban libres de toda apropiación, mientras no se constituía sobre ellos una merced de tierras o de estancia de ganados, concedida en nombre del Rey por Gobernadores o Cabildos. Pero jurisdiccionalmente, los baldíos quedaban incorporados a los términos de la ciudad respectiva y de sus justicias ordinarios o mayores[112].

112 Provisión de 10-IV-1495, CDIAO, 21, 564-570; la de 22-VII-1497, en CDIAO, 36, 174-177. Sobre el régimen de la tierra en general, existe el estudio de José María Ots Capdequi, "El Régimen de la tierra en la América Española

Las extensiones de terreno urbano son la base elemental de la vecindad; pero la tierra que constituye una fuente importante de rentas sobrantes es la que se obtiene en mercedes sobre baldíos, trabajadas por indios labradores y pastores.

Las Leyes de Burgos de 1512 regulaban el régimen de tierra de indios y encomenderos. Los naturales reducidos a pueblos debían ser dotados de tierras donde construir sus casas, cerca de las ciudades de los españoles, sin que nadie pudiese disponer de tales estancias, ni el mismo encomendero. Por otra parte, este debía tener estancias vecinas de las de sus indios. Se trata, en este caso, de una propiedad que lleva consigo una condición, la de no poder ser enajenada sino después que se extinguiese la encomienda sobre esos naturales, vendiéndola

---

durante el período colonial", que se concentra especialmente en problemas planteados por la legislación con posterioridad a 1591; pero que ofrece las nociones elementales para nuestra época. Con todo, falta un estudio fundamental sobre la tierra en Indias. Podemos, por vía de ejemplo, comprobar en las actas del Cabildo de Santiago, las diferentes categorías enunciadas. Se nombra, un mes después de la fundación, a un alarife que entienda en la división de solares y de chácaras para los vecinos (CHC, I, 71). La dehesa es un terreno cerrado que se deja para las yeguas y caballos de los vecinos, en tanto que en el ejido se echan los caballos de los más pobres (CDIHC, 8, 119-120; CHC, I, 265). Solo los vecinos pueden usar de las dehesas, salvo privilegio especial para los de otras ciudades (CHC, I, 314). Cuando una merced traspasa los límites de las tierras comunes, o cuando se siembra sin título alguno en ellas, el Cabildo interviene para defender los derechos del concejo (en 19-II-1557 se ordena delimitar los egidos, CHC, I 576; en 26-VIII-1558 se pide revocación de una merced por transgresión de límites, CHC, 17, 42-43; acuerdos contra ocupaciones sin título en CHC, 17, 61, 68). Cuando se dan mercedes en baldíos, se deja sin embargo constancia que estos están en "los términos y jurisdicción de esta dicha ciudad" (GHC, I, 126). El Gobernador acepta conceder propios a la ciudad. El procurador le pide en 26-VII-1549 que sean propios todos los baldíos, y especialmente un monte para madera: aquél no responde explícitamente a la petición general, sino que declara que el Cabildo podrá dar mercedes conforme a Ordenanzas que sean confirmadas por él o por el Rey, pero admite la concesión del monte, de manera que los que quisieren cortar madera pidan licencia, pagando derechos, si no son vecinos de la ciudad o iglesias (CHC, I, 192-195). Los propios son concedidos a particulares, mediante terrazgo (CHC, 17, 71). A fines del siglo XVI, por un proceso que se presenta también en otras ciudades, los propios se engrandecen a costa de los bienes concejiles, siendo estos arrendados para dar rentas al Cabildo, eliminándose el uso común.

entonces obligatoria y precisamente a su sucesor en esta, para evitar que la disociación acarrease un desarraigo de los indios del repartimiento, que los obligara a ir a trabajar o residir a otras partes.

La encomienda mexicana, según la investigación de Zavala, es estrictamente diferente de la propiedad territorial, pues los indios seguían teniendo sus tierras en pleno dominio. Las tasaciones sujetaban a los indígenas a hacer sementeras para el encomendero en sus pueblos, pero ello no implicaba propiedad del encomendero sobre esas tierras: un documento guatemalteco de 1589, dado a conocer por Zavala, muestra al encomendero comprando a sus indios el trozo de tierra en que se plantaba la sementera de tasación, es decir, adquiriéndolo por una calidad distinta de la encomienda, obligándose aquel a dar siempre a estos los medios suficientes para pagar la tasación en la porción comprada. Así, se puede documentar, escribe Zavala, la tendencia de los encomenderos a adquirir tierras en el pueblo de sus indios, sea por mercedes en la vecindad, probando que eran sin perjuicio de los naturales, sea por compraventas, tendencia que va constituyendo las haciendas, por un proceso no conectado jurídicamente a la encomienda, aunque la calidad de encomendero facilitaba, de hecho, la obtención de las mercedes y los contratos. Las tierras adquiridas en propiedad por los encomenderos, de cualquier manera, quedaban incorporadas a su patrimonio, con entera independencia de la duración de la encomienda. Sin embargo, para garantizar a los vecinos que plantaban árboles, viñas, etc., contra la pérdida de su industria por cesación de la encomienda, el Cabildo de San Cristóbal de Chiapa obtuvo, por excepción, que se le aplicara el mismo régimen de las Leyes de Burgos de la compra obligatoria por el nuevo encomendero (8-XI-1538)[113].

[113] Ver Silvio Zavala, "De Encomiendas y Propiedad territorial en algunas regiones de la América Española", y "Contribución a la historia de las instituciones coloniales en Guatemala", 56-60. Los resultados de Zavala, muy lógicamente encadenados en esta investigación, superan algunas hipótesis planteadas por F. A. Kirkpatrick en "The Landless Encomienda", que creía ver el término de la "encomienda con propiedad" en la legislación reformadora de mediados del siglo XVI, particularmente en la prohibición de residencia del encomendero en su pueblo. Zavala radica el problema más atrás, en los comienzos mismos de la institución. Cuando se pensaba en la encomienda perpetua, en 1532, Fuenleal proponía dar al

Las mercedes de tierras situadas fuera de los pueblos, dadas indiferentemente a encomenderos y a simples moradores, han ido expandiéndose en Nueva España, con la difusión de la morera y la vid. El más grave problema jurídico suscitado por tales concesiones fue la necesidad de defender la propiedad indígena, cuya inviolabilidad estaba asegurada desde el Requerimiento de 1513, y, más atrás, desde la declaración de la libertad de los indios, en las Instrucciones iniciales a Ovando. La II Audiencia llevaba una instrucción especial para que las tierras que la I Audiencia había tomado por fuerza a los naturales les fueran devueltas, y se restituyera las compradas, si ellos lo pedían: la ley partía de la concepción de la equidad, favoreciendo a los indios, considerados como "miserables", dignos de una protección especial en los contratos. Las mercedes debían ser, pues, otorgadas en tierras baldías, sin perjuicio de los aborígenes.

En 17-II-1531 se ordenó para la Nueva España que, en señal de reconocimiento del Derecho Real sobre los baldíos, se pidiera confirmación de la merced dentro de un año y medio; un siglo después, León Pinelo declaraba que esta norma no había sido cumplida, a causa del escaso valor inicial de las tierras en Indias[114].

---

encomendero y a sus sucesores, una extensión determinada de 2 caballerías dentro del pueblo, que no podría ensancharse por compra ni otro título; pero como el plan de perpetuidad no cobró al fin realidad, esa proposición quedó sin efecto (CDHM, II, 170-172). Los encomenderos solo han seguido, pues, percibiendo el rendimiento de un pedazo de tierra; más tarde, al establecerse la capitación general, una determinada cantidad de fanegas de maíz, según el número de indios. Estos productos siguen siendo obtenidos, aparentemente, de un trozo señalado *ad hoc* dentro del pueblo. El papel de los mayordomos o calpisques (que según Cédula cit. de 1563 ocupan a los indios injustamente en las heredades de sus amos) parece estar ligado, sobre todo, a la dirección del trabajo de los encomendados en esta tierra destinada a pagar la tasa. Kirkpatrick se planteaba algunas preguntas aun no respondidas: ¿Qué significa la Cédula de 31-III-1631, que prohíbe a los encomenderos tener estancia en sus pueblos? Como no se ha ubicado, al parecer, el texto original de la Cédula queda obscuro su sentido. Ver pág. 162 sobre las diferencias específicas del régimen chileno.

114 Instrucción a la 11 Audiencia, 12-VII-1530, en PCI, 38v. Cédula de 1531, en CI, I, 75. Antonio de León Pinelo, "Tratado de las Confirmaciones Reales", 170.

El derecho a hacer merced pertenece al titular del gobierno de la tierra. Sin embargo, la Cédula de 20-IV-1529, a petición de las ciudades mexicanas, facultó a la Audiencia Gobernadora para proveer un camino más fácil, por la dilación que sufrían los vecinos en esperar que fuese al terreno un Oidor y un Oficial. En 23-IV-1530, el Presidente de la Audiencia, haciendo uso de la Cédula, ordenó que las peticiones de los particulares se presentaran en Cabildo, y lo que este proveyera fuese puesto en conocimiento del Presidente, por medio de dos regidores, para que los tres firmasen el título. El mismo trámite debían seguir las mercedes de aguas y de ingenios. Así, el Cabildo obtuvo una influencia decisiva en las concesiones de tierras. La Cédula de 17-II-1531 sancionó esa intervención.

El fomento que Mendoza dio a la industria de la seda; la dictación de las Cédulas de 8-XII-1535 y 23-VIII-1538, que promueven la siembra de trigo para sustituir al de Andalucía, todo ello favorece la petición de nuevas mercedes. Ellas han podido ser trabajadas por mano de obra esclava (aunque los indios de esta condición son preferentemente destinados a la minería), o por indios de encomienda, que prestan allí los servicios fijados por tasación o conmutación[115].

Respecto de los montes y pastos, Fuenleal aconsejaba en 1532 no permitir cotos cerrados, ni dar montes ni aguas a ningún particular, a fin de permitir el crecimiento de los ganados, pudiendo cada cual llevarlos donde quisiera; además, las futuras fundaciones requerían acceso a la madera de los montes; pero recomendaba respetar los términos comunales de los pueblos indios. En 20-III-1532 se había escrito a la Audiencia que enviara relación sobre el régimen relativo a esta clase de tierras, dando autoridad a ese organismo para proveer desde luego lo que considerara conveniente. Al abrigo de este poder concedido por la Corona, se ha impuesto el criterio manifestado por Fuenleal. La carta de 20-IV-1533 impuso el mismo principio de la comunidad de pastos y bosques en las tierras del Marquesado del

[115] Disposiciones de 1529 y 1530 en CDIAO, I, 479-481. Cédula de 1535, en CDIU, 10, 309; la de 1538 en *ibid.*, 438.

Valle. La Provisión de 28-X-1541 extendió al Perú el régimen de uso común de los pastos.

La legislación contra los cercamientos había aparecido, como se sabe, en toda Europa, desde el siglo XV, como medida de protección a la población campesina, que necesitaba indispensablemente de los usos comunes para sus animales, leña, etc. En Indias, el problema toma formas más complejas, por el entrecruzamiento de intereses de indios, encomenderos y pobladores españoles en general. La comunidad de pastos significaba, desde luego, libertad para llevar los ganados incluso por las tierras destinadas a labranzas, siempre que ya se hubieran retirado las cosechas, y este principio fue explícitamente definido en las Ordenanzas de Poblaciones de 1573, y se aplicó incluso a las tierras de indios en Nueva España (J. Miranda). Precisamente estos aspectos de la comunidad de pastos promovieron una oposición de los encomenderos contra el criterio de protección a los pobladores en general. Al publicarse en el Cabildo de Lima, el 12-II-1549, la Provisión de 1541, varios regidores piden que se declare el recto sentido de la disposición, excluyendo de la comunidad las chácaras de los indios, sus arboledas y términos; en cambio otros piden que se extienda a todos los pastos y montes, si bien moderando el número de los ganados, para que no hiciesen daño a los indios. El Justicia Mayor, Oidor Cianca, se inclinó a este último punto de vista. La Audiencia de Lima ordenó en 1556, con ocasión de un pleito particular en Chile, la observancia de la misma norma, en esta Gobernación, siempre que se respetara la propiedad de los indios sobre los frutos de sus árboles. En la ciudad de Valdivia, uno de los alcaldes declaró ante todo el pueblo, al promulgarse la ley, que defendería con las armas en la mano su repartimiento. En los disturbios de la gente común contra los encomenderos del Cuzco, de que da cuenta el Memorial de la perpetuidad de 1562, los pobladores protestaban contra la perpetuidad de las encomiendas, porque ella significaría —según decían— apropiación de los pastos y montes por los encomenderos. Así, existen indicios de que, frente a este problema, se ha definido una tendencia de los encomenderos a formar cotos cerrados en las tierras de sus indios, haciendo valer la tutela que tenían sobre estos, contra el afán de la totalidad de la población española a la amplia comunidad de pastos.

Por otra parte, el crecimiento de los ganados europeos en América lleva en todas partes al proceso a que apunta J. Miranda, el de la transformación del mero dueño de ganados en estanciero, al pedir aquel merced de un asiento permanente cerca de los pastos, para ganados mayores y menores, cada vez más numerosos. Pero, en general, tales estancias no son cercadas, y no constituyen propiedad sobre el suelo, de acuerdo con la legislación ya descrita. Así, en Chile, las mercedes de asiento de ganados llevan, desde el decenio de 1560, la cláusula expresa denegatoria de propiedad, autorizando a cerrar únicamente el lugar destinado a corral[116].

La expansión de las mercedes de tierras de labor, pero sobre todo las de estancias para asiento de ganados, afectaban gravemente a la propiedad indígena, por el crecimiento continuo de la población española, con sus consumos y comercios. La legislación no cesa de declarar que las mercedes deben ser sin perjuicio de indios ni de terceros (a Cartagena, 31-X-1543; a Chile, 5-VIII-1577, etc.). La comunidad de pastos y, sobre todo, la formación de estancias originan fuertes conflictos en Nueva España, en los últimos tiempos de Mendoza, y más tarde bajo el virreinato de Velasco. La Cédula de 24-III-1550

[116] Parecer de Fuenleal, CDHM, II, 168-169. Carta de 1532, CI, I, 62. Carta de 1533, en CI, I, 63; Prov. de 1541, en CI, I, 61-62; capítulo pertinente de las Ordenanzas de 1573, en CI, I, 63. Recibimiento de la Provisión de 1541 en el Cabildo de Lima, y dudas sobre su interpretación, en "Libros de Cabildos de Lima", Libro IV, 61-63 (sesión de 1-II-1549). La Real Provisión de la Audiencia de Lima de 26-I-1556, que estatuye la comunidad de montes y pastos del cacique Talagante, respetando sus tierras y árboles frutales, figura en el pleito de Bartolomé Flores, encomendero de aquel cacique, con Pedro Gómez, Archivo Histórico Nacional de Chile, Real Audiencia 206. El relato sobre la oposición del alcalde de Valdivia Hernando de Moraga, figura en el interrogatorio presentado por Juan Salvador en un pleito de encomiendas contra aquél, con fecha 17-IX-1566, Archivo General de Indias, Justicia 684.
Mercedes posteriores a la promulgación de la comunidad de pastos: CHC, 17, 123 (en 6-XI-1566 se concede licencia para hacer un asiento de ganados, pero "no ha lugar de se le dar estancia alguna"); *ibid.*, 199 (en 9-I-1568 se da licencia para hacer asiento de ganados, "con que no impida el pasto común a otros ganados y el uso de las aguas, y que no ha lugar de cercar más de dos cuadras de solares para sus corrales"). Sobre el régimen mexicano, J. Miranda, "Notas sobre la introducción de la Mesta en la Nueva España".

manda que las estancias se concedan distantes de los pueblos de indios, y que los estancieros tengan pastores; la de 2-V del mismo año ordena moderar el número de cabezas que pueden tener las estancias, y disponer su traslado a otras tierras, cuando amenacen las tierras de labor de los naturales, pagando, en todo caso, los perjuicios causados. El retiro de estancias debía ser solucionado breve y sumariamente por el Virrey, explicaba Mendoza a su sucesor; pero los ganaderos utilizaron la apelación a la Audiencia para detener la ejecución, hasta que la Cédula de 5-VI-1552 estableció que la apelación no tenía, en estos casos, efecto suspensivo. En el valle de Matalcingo, cerca de Toluca, la única solución posible, narra la Cédula de S5-VI-1555, fue cercar las estancias, dividiéndolas de las tierras de los indios: la constitución de la estancia permanente reactuaba así, en casos particulares, contra la legislación general que prohibía los cierres y disponía la comunidad de pastos. La oposición de intereses de los ganaderos contra los labradores indígenas superaba la que existía entre encomenderos e indígenas: una carta de Jerónimo López en 1548, y otras denuncias de particulares, según carta real de 29-X-1556, acusan a los indios, incitados por los encomenderos, de plantar sementeras junto a las estancias, para obstaculizarlas, y después exigir su retiro. Este último texto encargaba al Virrey mirar cuidadosamente, y hacer justicia, oyendo siempre a ambas partes, pero no alteró el mecanismo fijado en 1552[117].

El crecimiento de la inmigración española agrava el problema de la tierra en México hacia 1550. La tierra templada de la meseta pertenecía en buena parte a la densa población indígena; los españoles, por su parte, querían extender continuamente sus plantaciones de morera y de vid, y necesitaban espacio libre para los ganados. Velasco ensaya

[117] Cédula de 1543 para Cartagena, en CL, I, 64-65; carta de 1577 para Chile, en Archivo General de Indias, Audiencia de Chile 166, I, fs. 47-48 (en respuesta a una carta del Gobernador, sobre si se podrían dar tierras en las que tenían inexplotadas los indios, se le ordena dar solo en los baldíos y no en heredades de particulares). Las dos Cédulas de 1550 a México, CL, I, 69-70; la de 1552, en CI, I, 110. Quejas sobre fraudes de indios y encomenderos en esta materia, carta de Jerónimo López, 20-I-1548, en ENE, V, 67-68; carta real de 1556, PCI, 197-198. Avisos de Mendoza, CDIAO, 6, 484-515. Más detalles del conflicto de los ganaderos con los indios, J. Miranda, obra citada en nota anterior.

expedientes tales como el formar compañías de indios con españoles de algún caudal; los indios ponían la tierra y el trabajo, los españoles los bueyes, arados, carretas, y la industria personal, dividiéndose las utilidades en razón de dos partes para los indios y una para el español. Pero ignoramos la extensión y el éxito que alcanzó este sistema. Por su parte, fray Bernardo de Albuquerque escribía al Consejo en 2-II-1554 que los españoles no se dedicaban al trabajo, los indios se menoscababan, sobre todo los que vivían cerca de los españoles; él veía la solución en un plan paralelo de fundación de ciudades españolas y de reducciones indígenas: gracias a estas, los naturales vivirían en doctrina y policía, sometidos a un justo tratamiento; la misma reducción dejaría extensiones de tierras vacantes para los españoles; una descentralización de las ciudades españolas, situándolas cerca de los pueblos de indios, permitiría un mejor aprovechamiento del trabajo, desde el punto de vista de ambas partes. Sin embargo, tal plan no fue realizado: las concentraciones misionales, con ser numerosas, no pudieron absorber la gran masa indígena ruralizada, y la monarquía, para favorecerlas e impedir que los indios se consideraran expoliados, les retuvo la propiedad de sus antiguas tierras (19-II-1560). Por otra parte, se renovaron las quejas sobre concesión de mercedes a los españoles en fraude de los aborígenes, y la legislación atacó la fuente de estos abusos quitando al Cabildo de la Ciudad de México su intervención en las mercedes exteriores a la traza de la ciudad (23-V-1559). Las tierras realengas pudieron ser distribuidas, en lo sucesivo, por los justicias reales. En 1565, los Obispos mexicanos continuaban las quejas sobre los despojos, y pedían a la Audiencia que, cuando se dieran tierras y estancias a los españoles, se mirara que los indios quedaran con una extensión suficiente, porque los macehuales o indios comunes eran siempre perjudicados, oyendo, en información previa, a personas de conciencia (los doctrineros), sin fiarse de los caciques y principales indios, muchas veces sobornados por los españoles[118].

118 Sobre las compañías de españoles e indios, carta de Velasco de 7-II-1554, en M. Cuevas, "Documentos…", 189-190. Carta de Albuquerque, *ibid.*, 180-182. Cédula de 1560, en PCI, 208v. Cédula de 1559, quitando el poder de dar mercedes a la ciudad de México, en CI, I, 66. Una medida semejante había sido ya adoptada

En el Perú, los Pizarro realizaron grandes despojos de tierras cerca del Cuzco, dicen las Instrucciones a Vaca de Castro. El derecho del Cabildo a dar mercedes duró hasta la época de Toledo. Esto significó una gran latitud en la concesión de tierras para cereales, viñedos, olivares, y para las plantaciones de coca en las regiones cálidas de los Andes. La correspondencia da informes contrapuestos: el Oidor Cuenca se queja en 1563 de que los españoles gozan de pocas tierras, porque las más fértiles están en los valles fluviales, ya ocupadas por la población indígena; en cambio, Toledo (cuya visión de gobernante y desprendimiento de los intereses privados lo hacen más digno de fe) pondera los despojos en tierras de indios, debidos al manejo vecinal de las mercedes, y la estrechez en que se ven los naturales a causa de los ganados y plantaciones de los españoles.

Desde el tiempo de la conquista del Perú los yanaconas han sido asentados en las tierras y estancias de los españoles. Existen mercedes de tierra concedidas por Vaca de Castro y por La Gasca, con inclusión de pequeños núcleos de yanaconas residentes en ellas. Matienzo ha clasificado en general a los yanaconas en diferentes categorías, unidas por el solo rasgo común de estar desvinculadas del repartimiento y del cacique. Unos son indios de servicio doméstico; otros viven libremente en las minas de Potosí y Porco, alquilando sus servicios, a cambio de los llampos y desmontes de la tierra contigua al metal; otros, los más numerosos, están adscritos a las chacras de cereales o a las plantaciones de coca (estos últimos son los "camayos", ya existentes desde la época incásica). Los yanaconas de chacra, numerosos en Alto Perú, reciben el goce de tierras para sembrar sus comidas, y, además, anualmente, un vestido. Los camayos guardan las plantaciones de coca de sus amos, hacen los cestos, y reciben en pago terrenos, que dedican también al beneficio de la misma planta, siendo empleos muy codiciados por los indios. En el Virreinato peruano, la vida de los pueblos indígenas ha sido, pues, mucho más lesionada, por el aumento de los yanaconas, y

---

en Santa Fe de Bogotá, pues Ots Capdequi cita un acuerdo de esa Audiencia en 30-IX-1557, en el mismo sentido ("Creación de la Real Audiencia y su Gobierno hasta 1563", 243). Memorial de los Obispos mexicanos, 11-X-1565, M. Cuevas, "Documentos...", 279 y siguientes.

por la política de la tierra seguida por los Cabildos, sin el control que en México mantuvieron Audiencias y Virreyes, debido a los trastornos y a la falta de una sólida tradición administrativa, análoga a la que crearon en México la II Audiencia y el Virrey Mendoza.

La tierra tiene muy poco valor, si carece de mano de obra segura: de allí la subordinación de estas mercedes a las encomiendas, que proveían de trabajo; de allí también la necesidad de adscribir al indio a la tierra del encomendero, para asegurar la permanencia de su servicio. Ya los procuradores de La Española en 1518 piden que los naturales residan en las estancias de los españoles. Los vecinos de México solicitan en 1529 tres leguas de tierra situadas junto a la laguna, y junto con ellas, los indios allí residentes, prometiendo darles casas y tierras dentro de esa misma extensión. Los conquistadores del Perú piden, que cuando alguno quiera irse a la península, aquel que compre su hacienda reciba también la encomienda, pues, de otra manera la tierra no tendrá comprador, y quedará perdida. La Cédula de 27-XI-1537 se limita a mandar al Gobernador y al Obispo Valverde que envíen su parecer sobre tal petición. La aceptación de esta instancia habría significado un trastorno en la concepción de la encomienda como merced personal, pues habría sido absorbida por la constitución territorial. Este documento, que marca tan claramente la tendencia de los conquistadores a territorializar la encomienda, significa exactamente lo opuesto a la disposición de la ley de Burgos, N° 28: según esta, el encomendero que cesaba debía vender sus tierras vecinas al pueblo al nuevo encomendero; los vecinos peruanos pedían que, cuando alguno deseara vender la hacienda, se le encomendaran al comprador los indios que tenía el vendedor. La ley de Burgos condicionaba la propiedad por la encomienda, los conquistadores peruanos querían condicionar la encomienda a la propiedad: es un signo de su concepción patrimonial de la encomienda, pensada aquí, nítidamente, como un bien contratable, adherido a la tierra propia, extraño a la noción feudal de un don condicionalmente conferido a la persona. En 1550, al enviar procuradores a España, la ciudad de Lima reitera tal petición[119].

[119] Sobre los despojos de tierras ejecutados por Pizarro en el Cuzco, CDIAO, 23, 504. Carta de Cuenca, 30-IV-1563 en "Audiencia de Lima", de R. Levillier,

La vinculación de la tierra al trabajo se destaca especialmente en la proposición de Matienzo de que los yanaconas puedan ser traspasados junto con las tierras, garantizándolos así contra una expulsión por parte del nuevo dueño, y valorizando la tierra, pero con facultad para marcharse si lo desearen.

La constitución de la propiedad territorial española deriva, pues, en primer lugar, de mercedes estatales, en tanto que la de los indios subsistió, como preexistente e intangible para el Derecho Regio, dada la diferenciación romanista de Derecho Público y Privado. La propiedad española se constituyó legalmente sobre baldíos. Pero éstos no eran del Rey en el sentido de la propiedad, sino de la regalía, de un derecho primario de la realeza, existente ya en el Reino astur-leonés. La disposición citada de 1531, que exige la confirmación de las mercedes, define bien la situación jurídica de la propiedad territorial de los españoles en Indias: adquieren un derecho pleno sobre la cosa y libremente transferible, pero no en virtud de un título jusprivatista, sino de un acto regio, la merced, concedida inmediatamente por las autoridades indianas, y mediatamente por el mismo Rey. Este no ejerce acto alguno de propiedad en los baldíos: el contenido de su derecho es más bien negativo, garantiza la no apropiación de estas tierras destinadas al uso común o a ser repartidas entre los futuros pobladores. Las leyes contra el cercamiento de los bosques y pastos manifiestan el uso de la regalía en este sentido negativo, favorable a la expansión de la colonización.

I, 297-298; Toledo, sobre tierras, en su Memoria ("Colección "de las Memorias o Relaciones que escribieron los Virreyes del Perú…"), publicado por Ricardo Beltrán y Rózpide, 84-85 y 93-94, y Carta de 8-II-1570, en GP, III, 351. Mercedes de tierras con yanaconas, publicadas en Manuel Belaúnde, "La encomienda en el Perú", 104-108. Matienzo, sobre yanaconas, "Gobierno del Perú", 18-22, 75, 100-102, 108-109. Petición de los vecinos de México, con información recibida por la II Audiencia en 10-VII-1529, en ENE, L, 127. Cédula de 1537 al Perú, en Archivo General de Indias, Audiencia de Lima 565, II, fs. 305, Instrucción a los procuradores, por el Cabildo de Lima, en "Libros de Cabildos de Lima", Libro IV, 254.

La regalía es utilizada esencialmente en este período para fomentar la población, idea que ha sido tan destacada por Ots Capdequi[120]. La merced es la base de la propiedad territorial, pero el régimen peculiar a una situación colonial impone ciertas condiciones. Tampoco se puede asimilar lisa y llanamente la merced a un mero usufructo, pues se involucra en la concesión, y en la toma de posesión posterior, el ánimo de ejercer propiedad plena sobre la tierra así otorgada. No se trata, pues, de usufructo, sino de una propiedad peculiar a una ordenación colonial en proceso de constitución. La exigencia de 4 o 5 años de vecindad, antes de poder transferir la tierra, es una condición general, que favorece la población. En Santiago de Chile, fundada en 1541, se reforma en 1546 el repartimiento de chacras vecinas, a causa de su tamaño excesivo con relación al número de pobladores, rehaciéndose todo el repartimiento, y prohibiéndose la venta, salvo dejación de la vecindad. Los vecinos no querían tierras distantes más de una legua y media de la ciudad, pues los términos de estas aún no estaban totalmente pacificados. Pero pocos años después, en 1548-49, no solamente se conceden mercedes y se arriendan tierras más lejanas, sino que se ha afirmado la condición de la merced: el Gobernador Valdivia se niega a abandonar la propia a pesar de la petición del Cabildo, fundada en motivos de utilidad general. Es decir, que la abundancia de tierras disponibles ha borrado aquí, muy pronto, la relativa precariedad inicial, y se ha procedido con liberalidad a nuevos repartos, respetando la estabilidad de las mercedes ya consolidadas. En Santiago de Cuba, las Ordenanzas de Alonso de Cáceres, en 1574, manifiestan el sentido poblador de las mercedes, al exigir ocupación dentro de 6 meses, y al establecer que las tierras desocupadas por 3 años volvían a ser baldíos disponibles. Tales Ordenanzas fueron dictadas después de un período de conflictos y litigios[121]. La mayor o menor estabilidad

[120] José María Ots Capdequi, "El Régimen de la tierra en la América Española durante el período colonial".

[121] Reformación de chácaras en Santiago, 12-IV-1546, en CHC, I, 602. Sobre la paulatina concesión de mercedes a distancia de esa ciudad, ver los testimonios en el proceso de Valdivia de 1548, CDIHC, 8, 335, 360, 385; sobre la firmeza de la merced de tierras de Valdivia, CHC, I, 311 (9-XI-1552). Las Ordenanzas de

jurídica de la propiedad ha dependido de su conexión con la situación general de la población. Las mercedes daban las mayores garantías de perpetuidad, pero imponían a la vez condiciones: el funcionamiento del orden jurídico colonial acentuaba uno u otro aspecto, según los casos. Hemos citado solamente dos ejemplos de condicionalidad de la propiedad, y sería necesaria una investigación monográfica para determinar completamente los rasgos de esa institución durante esta época. Provisoriamente, solo podemos marcar la tensión entre el pleno sentido jusprivatista de la propiedad —que tenía en su favor el espíritu del Derecho Común, y la natural necesidad de seguridad jurídica en tierras nuevas— y la noción de la merced, vinculada a ciertos deberes y condiciones de bien común, concepto que se hacía presente en momentos de dificultad (falta de espacio, abundancia de pleitos, etc.).

Solo a finales del período, a partir de 1560, aparece en la monarquía un nuevo interés por definir sus derechos sobre tierras, con un objetivo fiscal. La gran crisis financiera del comienzo del reinado de Felipe I —tan influyente en muchos aspectos de la constitución indiana— ha llevado a la transformación de un derecho del tipo de las "altas regalías", análogas a la jurisdicción, en una regalía fiscal, en una explotación de la Corona. Este es un largo proceso —que, por lo demás, jamás llegó a eliminar el sentido del bien de la población, como lo ha demostrado Ots Capdequi— en que solo se dan, antes de 1570, los primeros pasos. Se elevan informaciones sobre las diversas calidades jurídicas de tierras antes de la Conquista, para determinar la legitimidad de la sucesión que sobre ellas han constituido los españoles, los caciques o principales, etc. La visita de Valderrama a la Nueva España, durante la cual se discute la posibilidad de gravar a los indios según sus riquezas, lleva a plantear graves problemas jurídicos sobre la propiedad indígena en relación con la regalía. En cuanto a la propiedad de los españoles, la legislación inquiere, p. ej., en el Perú, si ella está constituida sobre las antiguas tierras del Inca y del Sol, que debieron haber pasado al Rey como sucesor de los

---

Cáceres, citado en Duvon C. Corbitt, "Mercedes and Realengos: A Survey of the Public Land System in Cuba".

príncipes indígenas y como patrono de la Iglesia, respectivamente (20-VII-1551). Un memorial mexicano, hacia 1562, expresa que el Rey es dueño de todas las tierras, pastos, montes y aguas, como los tenía Moctezuma; las tierras de los españoles no tienen justos títulos, son: mercedes ilícitas hechas a criados de los Virreyes; las compras de tierras a los indios son también ilegales, pues ellas pertenecían a los barrios o a las haciendas tributarias: las "demasías" o transgresiones de límites, obviamente injustas; pide, pues, que se exhiban los títulos, y se ponga término a la política de mercedes gratuitas, para darlas con un gravamen tributario.

En las Instrucciones a Toledo de 1568, se intenta extraer un resultado útil al Fisco de las informaciones sobre tierras llegadas de las Indias, encargando al Virrey que mire si se podrá sacar algún aprovechamiento de los baldíos[122]. Es la primera de una serie de órdenes que vendrán en los años posteriores, en este mismo sentido, indicios de la nueva concepción fiscal de la regalía. En contraste con esta nueva época, la anterior, que es objeto de nuestro estudio, está dominada por el más amplio uso de la merced gratuita, permitiendo así el crecimiento de la riqueza y el arraigo territorial de los conquistadores y a sus descendientes. Las instrucciones a Toledo —que por lo demás este no cumplió, sino que vinieron a producir efectos a finales del decenio de 1580— señalan el término de una concepción puramente colonizadora de la merced, para acentuar a su lado, sin destruirla del todo, la preocupación fiscalista. Antes de 1570 el Estado es fundamentalmente un Estado Poblador.

Junto a la merced, título originario de adquisición del dominio de la tierra para los españoles, estaban los títulos de Derecho Privado: compraventa, donación, sucesión por causa de muerte, etc. Ellos estaban sometidos a las reglas generales del Derecho Español, salvo las compraventas a indígenas. Las Instrucciones a Ovando de 20-III-1503, al estatuir la agrupación de los naturales de La Española en pueblos, disponían la inalienabilidad de las tierras concedidas a cada

[122] Referencia a la Cédula de 1551, de Richard Konetzke. Memorial de 1562, CDIAO, 6, 177 y siguientes. Instrucción a Toledo sobre aprovechamiento de tierras baldías para el Fisco, carta del Virrey en 8-II-1570, en GP, III, 351.

uno de los vecinos indios, como una de las condiciones indispensables para la subsistencia de las nuevas comunidades. El principio subsistió respecto de las posteriores reducciones indígenas, que se fundaron esencialmente en el aislamiento de la población española; las compras fraudulentas podían ser efectivamente controladas por las autoridades españolas del pueblo. Pero los indios dispersos —la casi totalidad en los primeros decenios del siglo— pudieron vender libremente sus tierras, a los encomenderos o a terceros. Ramírez de Fuenleal proponía en 1532 fijar definitivamente una porción dentro de los pueblos para los encomenderos perpetuos que proyectaba, con estricta prohibición de ensancharla por compra, donación, etc. Por otra parte, Zavala constata los numerosos conflictos en Nueva España entre encomenderos y terceros que habían adquirido tierras de los indios de aquellos. Sin embargo, ya en la Cédula de 11-II-1540 se adopta para Nueva España el principio del control de los contratos de compraventa de terrenos de naturales por un Oidor de la Audiencia, a fin de evitar los fraudes; en 23-VII-1571, se ordena que los bienes raíces, e incluso los muebles, sean vendidos en pública almoneda ante un justicia español. La idea de protección equitativa rectificó así el principio de la libertad contractual. Estas disposiciones se aplican paulatinamente en todas las Indias, rigiendo igualmente para encomenderos que para extraños. Por otra parte, la carta de 14-V-1546 eliminó la posibilidad de aplicar al encomendero la sucesión de los que morían abintestato, a la manera de los señoríos, estableciendo que tales tierras y heredamientos pasarían al pueblo en común. Estas medidas de protección y conservación de la propiedad territorial indígena no impidieron, sin embargo, por las dificultades de hecho, que los contratos con los naturales fueran muchas veces viciados, particularmente interviniendo la autoridad del encomendero: por eso Toledo proponía en 1-III-1572 que ellos no pudieran tener tierras ni heredades en sus pueblos (salvo los ganados), para evitar compras a precios viles[123].

[123] Instrucción de 1503, CDIAO, 31, 156-174. Cédulas de 1540 y de 1571, en CI, IV, 854-355. Carta de Toledo, 1-III-1572, GP, IV, 63 y siguientes. Carta de 1546, en CL, IV, 352-353.

Formas de asentamiento en las Gobernaciones. Chile. —Las Gobernaciones relativamente aisladas, formadas por el movimiento centrifugo de la Conquista tenían, como ya lo hemos dicho, una vida institucional muy determinada por condiciones locales; la legislación llegaba a ellas tardíamente, gracias al influjo de Virreinatos y Audiencias, y cuando la estructura fundamental ya estaba constituida, de manera que la confluencia con las formas impuestas por las leyes generales indianas daba lugar a instituciones peculiares—, el llamado en el siglo XVII "Derecho Municipal de Indias". México y Perú también pasaron por esta etapa, en 1519-30 y en 1530-48, respectivamente: la II Audiencia de México y La Gasca son quienes introducen en esos países el sentido de la vida legal. Pero incluso anteriormente, cuando los conquistadores dirigen más espontáneamente sus propias creaciones, el contacto con pueblos indígenas altamente organizados, conforme a cuadros comunales, señoriales y aún imperiales, da a la constitución indiana en México y Perú un rango jurídico que no poseyeron las Gobernaciones asentadas entre tribus de muy débiles formas. De allí que, en todos estos últimos casos, el tipo de Estado que surge manifieste una vida jurídica casi totalmente impuesta por los españoles, sin fuerza de resistencia de parte de la organización indígena. Los indios se suelen alzar en guerra, pero mientras están sometidos, no presentan una densidad de vida jurídica que influya sobre la constitución establecida por los conquistadores.

El estudio del concepto de Estado en tales Gobernaciones tiene evidentemente, para el total de la Historia Americana, menor interés que en La Española (importante por el azar de ser la primera provincia, más que por sí misma), que en Perú (cuya significación proviene de su cultura prehispánica), y que en México, donde confluyen la alta cultura indígena, por una parte, con la capacidad de nuevas creaciones institucionales propia de Cortés, la rectitud y sentido administrativo de la I Audiencia y de Mendoza, y las iniciativas de los frailes, por la otra parte. Sin embargo, quedaría incompleto nuestro objeto si no marcáramos la realidad estatal de las Gobernaciones independientes. Y, justamente, el problema del asiento de la población española, y de su relación con los indios, constituye el punto que puede diferenciar más netamente a esas provincias de los núcleos centrales ya considerados, pues allí se mostraba con más fuerza el sentido de la Conquista, casi independiente de los frenos legislativos.

Los ejemplos podrían multiplicarse. Vázquez Coronado, informando sobre su labor como juez de residencia de Nueva Galicia, en 15-XII-1588, escribía que los indios no pagaban allí tributo, y que los pueblos daban cierta cantidad de esclavos y otra de libres para el servicio minero, no pudiendo funcionar las minas únicamente con esclavos, a causa de la gran venta que de ellos se había hecho en el exterior; además, los indios eran arrendados en la ciudad de México, y volvían de allí cargados con mercaderías para sus encomenderos. El Gobernador de la Torre, anteriormente, había encomendado por cantidades de tierra —todos los indios que viviesen en tantas leguas— sin individualizarlos por sus caciques, quebrantando así todos los antiguos vínculos tribales. Venezuela, a pesar de la fundación de la ciudad de Coro, llevó bajo los Gobernadores alemanes una vida casi sin formas vecinales, constituyendo el afán principal de aquéllos la explotación mercantil de la tierra, la búsqueda de oro y de esclavos, iniciándose muy tardíamente la encomienda. En la Gobernación del Paraguay, los colonos viven pendientes de las entradas de Martínez de Irala; el servicio no lo realizan los varones, libres carios, sino las mujeres cedidas en prenda de amistad, y los esclavos de guerra. Las Ordenanzas de Alvar Núñez Cabeza de Vaca en 5-IV-1542, para impedir los contratos y rescates con los indios, las compraventas de indias, y la esclavitud de los indios amigos, fueron una de las causas de su deposición. El Factor Pedro Dorantes asumió en 1551 y en 1553 la oposición a las nuevas entradas: en su Requerimiento de 12-X-1553 hace presente la necesidad de poner fin al trato de las indias, encomendando, y poblando a los indios en reducciones, para hacer posible su trabajo controlado. Irala aceptó esta vez, pues las nuevas conquistas habían sido por entonces prohibidas por la legislación metropolitana. Estos ejemplos manifiestan la conexión de la encomienda con la estabilización de la población: en estas tierras de indios pobres y sin organización estatal, la tendencia natural de los conquistadores era la continuación de la expansión, aprovechándose de las tribus que encontraban, por vía de esclavitud bélica, o mediante la singular situación con los carios —una alianza de guerra y una cesión de las mujeres—; la encomienda ponía fin a las formas esclavistas. Pero el mismo Irala se ve frente al problema de la escasez de los indios de encomienda en relación al número de conquistadores, y, previo parecer del Obispo, Oficiales Reales y capitanes, ordena nuevas poblaciones, y envía a Ñuflo de Chávez hacia Santa Cruz, como único medio de asentar a los que todavía no tenían sustento. La prohibición de nuevas entradas no es todavía suficientemente constante y rigurosa, de manera que la conquista sigue siendo la gran solución colonizadora[124].

Una descripción sumaria de los rasgos de la encomienda en una de esas Gobernaciones, la de Chile, servirá para conocer más de cerca la organización y los conceptos estatales imperantes en este tipo de provincias[125].

Desde 1541 a 1549, la Gobernación vive totalmente al margen del movimiento legislativo, doblemente aislada por las distancias y por las guerras civiles del Perú; solo en 1548 La Gasca confirma a Pedro de Valdivia, hasta entonces Gobernador por el Cabildo, y le fija las normas legales sobre la conquista. Los primeros años han sido, pues, de una vida jurídica totalmente autónoma. La pobreza de medios militares y la resistencia de los indios comarcanos de la ciudad de Santiago impidieron que se impusiera inicialmente el servicio, viviendo

[124] "Coronado's first report on the Government of New Galicia", publicado por Arthur S. Aiton en Hisp. Amer. Hist. Review, volumen XIX, N 3, páginas 306-313. Ordenanzas de Núñez Cabeza de Vaca en 1542, en Juan Carlos García Santillán, "Legislación sobre indios del Río de la Plata en el siglo XVI", 348-356; requerimiento de Dorantes en 1553, en *ibid.*, 403-409. Población de Ñuflo de Cháves (1557), en Rui Díaz de Guzmán, "Historia Argentina", Libro III, capítulo III. No he podido consultar el artículo de R. Zorraquín Becú, "La reglamentación de las encomiendas en territorio argentino".

[125] El principal libro hasta ahora publicado sobre la encomienda chilena es el de Domingo Amunátegui Solar, "Las encomiendas de indíjenas en Chile", 2 volúmenes, 1909-1910. Aunque es un libro bastante bueno dentro de la literatura americanista de su tiempo, está hoy anticuado; puede ser utilizado para datos aislados, pero no en su elaboración total. Los libros posteriores sobre el tema no aportan resultados nuevos de significación. Al nivel de la historiografía americanista actual están los artículos de Néstor Meza Villalobos, sobre aspectos parciales de la institución: "Régimen Jurídico de la Conquista y de la Guerra de Arauco" y "Política indígena en el siglo XVI".

los españoles de su propio trabajo y del de los yanaconas peruanos venidos en la expedición, quienes eran también empleados en los lavaderos de oro. No se impuso la esclavitud, legalmente existente en el Perú en el momento de la partida, sino que los capturados fueron hechos yanaconas. Se concedieron en 1542 los primeros depósitos de indios, antes de reconocer el territorio, fijándose a veces la condición de que el encomendero con los suyos dominara la respectiva comarca. La encomienda implica un deber indeterminado de servir, por parte de los indígenas, y obligaciones correlativas de doctrina y defensa, por parte del beneficiario, conforme al modelo mexicano inicial. Los plazos y formas del trabajo minero, una vez introducido (la "demora"), son regulados por el Cabildo.

La encomienda aparece, similarmente al resto de las Indias, como el principal instrumento y base de la población. Una ciudad sin un número suficiente de indios de encomienda, como La Serena, solo es pensada como una estación militar, con muy pocos encomenderos y otros criados del Gobernador, que será despoblada cuando ya no sea necesaria, a menos que se encuentren más indios. En 1546 se disminuye el número de los encomenderos de Santiago, aumentando las rentas de cada uno, y prometiendo remuneración en el sur a los despojados: como el repartimiento había sido hecho en depósito, el Gobernador no estaba sujeto por privilegios judicialmente defendibles.

El rasgo característico de la falta de límites legales se manifiesta en la flexibilidad con que la encomienda se adapta a todas las necesidades económicas de la conquista, población y pacificación. Valdivia da cédulas de encomienda temporales sobre sus indios, para pagar las deudas contraídas en su empresa; forma compañías para la administración de sus encomiendas; entrega sus indios, sin documento alguno, al principal eclesiástico de la expedición, en pago de un préstamo. Sus compañeros siguen las mismas prácticas. Se forma, por ejemplo, una compañía en que un encomendero de Angol, que carece de medios para ir a la reconquista de su ciudad, cede la mitad de sus futuras rentas de encomiendas y tierras, a cambio de los caballos, armas, herramientas, ganado menor y yanaconas que servirán de jefes de cuadrilla. Se contratan trueques de encomienda. Uno de los grandes conquistadores, Francisco de Aguirre, recibe del Gobernador la promesa de que, en caso de muerte, sus indios serán entregados a sus albaceas hasta que se paguen las deudas que deja, o hasta que su hijo vuelva de España y reciba la encomienda, Pero este sentido patrimonial no rebaja la institución al nivel de la antillana, porque persiste a su lado la vinculación vecinal y militar en toda su fuerza: el deber de defensa de la ciudad, cuando se sale de ella a nuevas conquistas, o en viaje fuera de la tierra, es rigurosamente controlado por los Cabildos, que exigen la presencia de un escudero sustituto, con armas y caballos; la multiplicidad de encomiendas está prohibida en principio, ya que hace imposible la ejecución de aquel deber; en caso de larga ausencia del encomendero, se entregan condicionalmente sus indios, mientras él no retorne. Las necesidades económicas y militares no solamente imponen este sello sobre la encomienda, sino que también obligan a una completa falta de discriminación social en su concesión, durante los primeros años. Valdivia las da indistintamente a hidalgos de solar conocido, a simples hidalgos y a villanos que tenían oficio de artesanos. Reciben indios los marineros del primer barco llegado a la tierra. Un mercader que, desde Arequipa, queda encargado de proveer a soldados que van a Chile, y de servir de agente ante la Audiencia de Lima, recibe indios "por acreditar la tierra para que fuesen mercaderes". Incluso un negro que aparecía como libre recibió una encomienda[126].

[126] Encomienda de 19-VII-1542, dada con condición de dominar la comarca de los indios respectivos, en CDIHC, 15, 217-218. Sobre las condiciones iniciales del servicio, y sobre el caso de La Serena, "Cartas de Valdivia", 42-43; el exceso cometido en los primeros repartimientos, por ser demasiado exiguos, y la necesidad de su reforma, *ibid.*, 44; el acto jurídico de la reformación, a requerimiento del procurador y Oficiales Reales, en CDIHC, 8, 120, 132. Organización del trabajo minero y la demora, CHC, I, 113-122 y 161-162; CDIHC, 8, 326. Sobre las cargas militares de la encomienda, hay muchos testimonios tempranos de su alcance: CHC, I, 212, 220 (obligaciones impuestas "por el Cabildo en 1549); CDIHC, 8, 456 y siguientes (hospitalidad militar); sobre ello, ver Néstor Meza, "Régimen Jurídico de la Conquista...". Compañías sobre los indios del Gobernador, CDIHC, 9, 441-442, 455-456; préstamo de indios sin cédula a González Marmolejo, futuro Obispo de Santiago, CDIHC, II, 431 y siguientes. Contrato de compañías entre dos, un vecino de Angol y un prestamista, en 1554, CDIHC, 12, 359-364. Encomienda de 1-VIII-1549 a Francisco de Aguirre, en Archivo General de Indias, Audiencia de Chile 50 (esta práctica de dejar los repartimientos a los albaceas no era, por lo

La encomienda muestra, pues, en estos primeros años, su faz económico-militar con absoluta nitidez y adaptabilidad a la situación. Pero esto mismo, desde el punto de vista legal, implicaba numerosos vicios. En 1568, cuando el Gobernador-Presidente Saravia quiso presionar a los vecinos para que dieran una contribución de guerra, los amenazó con exigir una exhibición de títulos, obteniendo así lo que pedía, pues los encomenderos estaban temerosos, a causa de que él era letrado. La estabilidad jurídica se obtenía, en buena parte, mediante la aceptación de las costumbres contra la ley. Los Gobernadores encomiendan sin tener, a veces, poderes muy seguros para ello. Francisco de Villagra fue acusado ante la Audiencia de Lima de que, siendo mero justicia mayor elegido por las ciudades, encomendó sin facultad del Rey. Se defendió diciendo que lo había hecho solamente para "sustentar la gente y animarla al trabajo, porque con aquello se hacia la guerra y trabajaban los hombres por sustentar la tierra por la esperanza que tenían de que se les darían encomiendas de indios". La Audiencia no lo condenó por esta causal. Había otras numerosas irregularidades dentro del régimen chileno. La ley de sucesión de las dos vidas resultaba casi inaplicable por la práctica, autorizada por los Gobernadores, de renunciar en vida a los repartimientos en manos de parientes, o por dinero, entrando los nuevos encomenderos a sustituir a los que habían hecho dejación, sin computarse una nueva vida. Los recién llegados más importantes obtienen indios por la prosecución de las fundaciones; pero las expediciones numerosas venidas del Perú en socorro de la colonia contra los araucanos provocan luchas entre las distintas generaciones de conquistadores. El exceso de pretendientes

---

demás, cosa nueva en Indias: se la siguió, p. ej. con los indios de Pedrarias Dávila en Nicaragua: CDIAO, 24, 175). Trueque de encomiendas, casas y chácaras, en 1553: CDIHC, II, 176-179. Sobre la incompatibilidad de la encomienda en dos ciudades, ver CDIHC, 19, 137, y 14, 264; excepciones, en N. Meza, "Régimen...", 6-7. Deber de dejar sustituto en caso de ausencia, Cédula de 22-V-1555 para Pedro de Villagra, Archivo General de Indias, Audiencia de Chile, 170, I, fs. 47v. Encomienda condicional, mientras el titular está ausente, en 1563 (CDIHC, 14, 427). Encomienda para un mercader, CDIHC, 3, 329-330; a un artesano, *ibid.*, 335; a hombres de mar, CDIHC, 17, 259-264; a un negro, ver el pleito de Pedro Valiente con Diego de Arana, Archivo General de Indias, Justicia 684.

y la exigüidad de los indígenas sometidos disponibles lleva a expedientes tales como el de dar varios repartimientos pequeños en la misma ciudad a un mismo vecino (en Valdivia, en 1565), detalle que resulta impensable dentro del sistema legal. El Rey no tiene repartimientos: el de Quillota, administrado por los Oficiales Reales, vuelve a ser encomendado en 1560 y 1564, después de un proceso en que se acusó a esos funcionarios de servirse de los indígenas. El régimen del corregimiento no existe hasta 1580[127].

En Santiago y La Serena, los indios se encomiendan en un solo bloque; en las ciudades del Sur, mucho más pobladas de naturales, los indios se distribuyen en dos: los del repartimiento propiamente dicho, que queda asentado en sus antiguas tierras, y un grupo mucho más reducido para el "servicio de casa". Esta diferenciación confluye pronto en la división entre indios de pueblo y yanaconas, que es general en toda la Gobernación. Los primeros prestan sus servicios en la demora minera o en labores agrícolas realizados en sus mismas tierras. Los yanaconas comprenden, además de los peruanos, a "piezas de servicio", capturados en la guerra y encomendados por cédulas especiales de Valdivia a los captores; y, en fin, a los indios de encomienda destinados al servicio en las casas o en las tierras propias del encomendero. Los

[127] En el pleito de Diego de Velasco con Alonso de Córdoba, Archivo General de Indias, Justicia 687, se litiga entre otras cosas porque el título inicial del primero procede de Valdivia, antes de que fuera confirmado por La Gasca, pues los Gobernadores por el Cabildo, sostiene la defensa de Córdoba, no tienen poder para encomendar. En otro litigio se plantea la misma cuestión; CDIHC, 14, 230 y siguientes. Falta de poder de Villagra, CDIHC, 17, 348. Amenaza de revisión de títulos en 1568: Alonso Góngora Marmolejo, "Historia", 200-201. Ejemplos de dejaciones: CDIHC, 10, 280 y siguientes; 14, 214; quejas que ellas producen, CDIHC, 29, 382-384. Desposesión en masa de encomenderos y depósitos en nuevos: CDIHC, 28, 113-115. Lucha de generaciones de conquistadores: CDIHC, 19, 101; pleito de Diego Díaz y otros encomenderos de Concepción contra los nuevos nombrados por Don García después de la repoblación de esa ciudad (incorporado en la causa de Pedro Valiente con Diego de Arana, Archivo General de Indias, Justicia 684); falta de título en los depósitos acordados en esa ocasión por Don García, CDIHC, 19, 67 y 77. Pluralidad de repartimientos en Valdivia, CDIHC, 18, 361. Encomienda de indios del Rey, CDIHC, 11, 319-322, 397 y siguientes.

yanaconas suelen ser sirvientes de guerra y mayordomos de cuadrilla, pero, sobre todo, son asentados en las estancias y heredades, dándoseles "chacarillas" (dice el Oidor Santillán), a cambio de su trabajo. En una donación de 1550 figura la condición de que el donatario debe dejar en la tierra a los yanaconas ya asentados[128].

El régimen de propiedad indígena ha sufrido un grave impacto con la conquista. Las mercedes son otorgadas por los Cabildos; incluso cuando el Gobernador concede tierras, el título no es válido si el Cabildo no da la posesión, después de reconocer el lugar. La fundación de Santiago trajo ya el desplazamiento de algunos caciques, cuyos grupos fueron llevados más allá de las 4 leguas que se fijaron para la traza y terrenos comunes; los respectivos encomenderos los han trasladado a otros puntos de la misma zona, cerca de los ríos, perjudicando la propiedad de otros grupos. Los encomenderos reciben tierras dentro de las de sus indios, a veces por merced otorgada después de la encomienda, otras veces en la misma cédula de encomienda: en la encomienda a Jerónimo de Alderete de 4-III-1552 se dice que, como no hay tierras de pan para llevar el sustento de su casa en los alrededores de la Imperial, de donde es vecino, se ha de repartir el daño entre los indios. Se le da, además, un grupo de 100 naturales para una estancia en otra ciudad. Se mencionan, pues, en el mismo documento, tres mercedes: la de encomienda, y dos de carácter territorial. En otros casos la merced es concedida posteriormente a la encomienda. La casi totalidad de los encomenderos poseen tierras junto a sus pueblos, muchas veces seccionadas de estos, ya sea por merced de Gobernadores o Cabildos; ya por compra-ventas, celebradas inicialmente sin presencia de funcionario alguno, hasta la creación de los protectores; ya, finalmente, por sucesión de indígenas fallecidos o de la totalidad del pueblo. La proximidad de la propiedad de los aborígenes a la de sus encomenderos provoca peligros muy efectivos de despojo. Así, consta el traslado de los

[128] Ejemplo típico en encomiendas del Sur, con dos grupos de indios, en CDIHC, 14, 220-223. Yanaconas por cédulas de encomienda, CHC, I, 192; dispersión temporal de indios de repartimiento como yanaconas, CDIHC, 15, 17; yanaconas ya asentados en la tierra y donados con ella, 2-I-1550, CDIHC, 12, 474. Referencia a las chacarillas de los yanaconas, en Relación de Santillán, CDIHC, 28, 284-302.

indios de la encomienda de Bartolomé Flores, de unas tierras a otras de su antiguo pueblo, por orden de aquel, y los campos vacantes son destinados a estancias de ganado. Hay otros ejemplos de desposesión de los indios del Rey en Quillota, en documentación de 1560-1561: algunos vecinos de Santiago ocupan tierras de esos naturales para sus labranzas, sin pagar terrazgo alguno; las tierras que el grueso de la encomienda cultiva para el Rey pertenecen a un cacique muerto, sin que tampoco se pague terrazgo alguno a sus herederos.

Puede, pues, concluirse, primeramente, que existe una diferencia capital entre indios de pueblo, que conservan jurídicamente su propiedad, aunque ella esté muy amenazada de hecho, en determinadas situaciones, y yanaconas, asentados en tierras de propiedad de vecinos españoles de todas clases. En segundo lugar, los títulos de propiedad son los mismos que en el resto de las Indias, presentándose la particularidad de que las mercedes son a veces concedidas en la misma cédula de encomienda, y otras, en documentos separados. Tercero, que los encomenderos son preferidos para las mercedes situadas en tierras quitadas al pueblo, procurando los encomenderos evitar la introducción de terceros. Cuarto, que la legislación general no se aplica en algunos aspectos: así, se seccionan parte de las tierras de los indios, con la mera mención de que ello no les produce perjuicio, y se reconoce propiedad de tierras de indios fallecidos al respectivo encomendero[129].

[129] Las encomiendas chilenas no envuelven merced de todas las tierras del pueblo, a pesar de que a veces las cédulas dadas por los Gobernadores conceden a los indios con sus valles, tierras, lomas, vertientes, quebradas, montes. En la encomienda a Jerónimo de Alderete, citado en el texto, el otorgamiento de una parte de esas tierras es indiscutible y explícito, y va incorporado a la encomienda: "en la tierra destos principales se os han de dar chácaras y caballerías y tierras de pan llevar para la sustentación de vuestra casa, e conforme al gasto que tenéis en ella, por cuanto no hay tantas tierras en la ciudad Imperial para dar a los vecinos della, y a esta causa se ha de repartir el daño entre los indios más cercanos" (4-III-1552, CDIHC, 14, 220-223). En otros casos, el sentido era más dudoso. La declaración de Gonzalo de los Ríos, en un pleito de 1614 ante el Consejo de Indias, es importante a este respecto: cita los términos de la encomienda hecha en 1552 a su ascendiente, términos que se referían explícitamente a "los valles" de Ligua y Papudo; algunas personas —agrega— lo han inquietado en la posesión de esas tierras, "diziendo no haverse hecho merced al dicho su padre más que tan solamente

El régimen chileno muestra un tipo de encomienda sin otra regulación que la noción concreta del bien de la población, tal como la concebían conquistadores y Gobernadores. Los vínculos tribales son en gran parte sacrificados por desmembración de los grupos y desarraigamiento de parte del pueblo, que se convierte en yanaconas.

---

de los indios de los dichos dos medios valles, y no de las tierras de ellos, como por el título de la encomienda que dellos le dió el dicho Gobernador... Atento lo qual y que nunca se hace mención de tierras en mercedes ningunas de encomiendas de Indios, ni se dize ni nombra más que tan solamente los Indios corno se verá por otro título de otra encomienda de Indios que el dicho Gobernador Don Pedro de Valdivia dió al dicho su padre...: Este alegato disminuye voluntariamente el número de títulos de encomiendas en que se mencionan las tierras, para destacar la peculiaridad del propio, y por eso el Fiscal del Consejo pidió que el Gobernador de Chile informara "si por el nombre de balles se entiende la encomyenda o los dichos lugares... y como se entiende el título que tiene", petición acogida por el Consejo (Archivo General de Indias, Audiencia de Chile 50). En verdad las Cédulas que hacen mención de las tierras son varias, pero sin emplear las palabras tan precisas del título de Alderete, sino solo refiriéndose a la concesión de los indios "con todas sus tierras, valles, etc". Habría que pensar, si se interpretaran literalmente tales documentos, que se concedían íntegramente las tierras de los indios encomendados; pero un estudio global del régimen chileno permite decir categóricamente que ello no ocurrió. Parece, pues, acertada la interpretación que de tales fórmulas de encomendación da Zavala ("Ensayos sobre la colonización española en América", 144): tales referencias territoriales eran formas de delimitar la tierra en que vivían los indios repartidos. Un caso de merced al encomendero, por título del Cabildo, distinto al título de encomienda, sobre tierras de sus indios: CLIC, I, 126 (2-VI-1547). El encomendero se había opuesto, en esa fecha, a que se diera una merced en ese lugar a un tercero: se prefirió, pues, dar tierras vecinas a las de los indios al encomendero, no a un extraño, criterio típico de Chile, donde la documentación posterior nos muestra la presencia casi constante de campos de labranza y estancias de ganado de los encomenderos junto a los respectivos pueblos indígenas, por mercedes, compraventas, sucesión de pueblos extinguidos o de indios muertos abintestato o ausentes, etc. La escasez de documentos de la primera época impide coger muchas veces desde los comienzos la formación de la propiedad. En uno de esos documentos, el pleito de Bartolomé Flores y su cacique con Pedro Gómez y el suyo, en 1556-1560 (Archivo Histórico Nacional de Chile, Real Audiencia 206), Flores aparece dueño de parte de las tierras del pueblo, y traslada a los indios de un sector a otro de sus posesiones, sin que conste merced alguna en los Libros de Cabildo; pero se trata, tal vez, de una adquisición derivada del Derecho Indígena, ya que Flores casó con la hija del cacique (sugerencia que debo a D. Néstor Meza). En todo caso,

La introducción del servicio personal entre estas tribus, que anteriormente desconocían la tributación, no solamente al Estado, sino a sus propios caciques, que "eran behetría", como dicen las fuentes, contribuye fatalmente a su liquidación.

Las interferencias legislativas comienzan en el segundo decenio de la colonia. En 10-V-1554 se ordena cumplir las leyes sobre supresión de servicios personales, prohibición del trabajo minero compulsivo y de las entradas y rancherías y tasación de tributos. Pero solo por la conexión con el Virreinato peruano, debida a la expedición enviada por Cañete, se inicia la regulación legal. El Virrey pensaba que en tierras nuevas era imposible no encomendar, pero que después de asentada la tierra deberían suprimirse los servicios. Su hijo, enviado como Gobernador, llevaba orden expresa de tasar. La Tasa del Oidor y Teniente General Hernando de Santillán, promulgada en 1559, es una importante solución intermedia entre el antiguo régimen y la tendencia imperante en la legislación. Santillán consideró que los indios chilenos no podían tributar de sus propios bienes, y estableció como solución la mita de trabajo remunerado, dentro de la encomienda, combinación que se dio también, como hemos dicho, en Guatemala. En Chile, todas las

Flores y Gómez reconocen explícitamente la diferencia jurídica de sus propiedades y las de sus indios, negando las recíprocas acusaciones de pretender para sí mismos las tierras sobre que versa el litigio entre ambos pueblos indígenas, a pesar de que la fórmula de la merced de Santiago a Pedro Gómez era altamente ambigua: "que las dichas tierras las haya e tenga el dicho Pedro Gómez como cosa suya propia, para los dichos indios..." (CHC, I, 357). En un nuevo litigio sobre las mismas tierras, en 1604, la situación es la siguiente: Pedro Gómez ha heredado las tierras antiguamente concedidas por el Cabildo de Santiago a sus indios —otra situación, muy frecuente en el siglo XVII, característica de la historia rural chilena, que aparece abiertamente en contradicción con la Cédula dada para Nueva España en 1546, que negaba al encomendero todo derecho sobre la herencia vacante de sus indios—; los herederos de Bartolomé Flores conservaban sus tierras; los descendientes del antiguo cacique Talagante gozan también de sus derechos inmemoriales, que no se han confundido teóricamente con los de los encomenderos, y el cacique litiga ahora, apoyado por aquéllos, contra los que han sucedido en los derechos de Pedro Gómez por compraventa. —Traslados de indios a causa de la fundación de Santiago: CDIHC, II, 403, 406 y siguientes; CHC, I, 285, 317, 357. Desposesión de parte de las tierras de los indios de Quillota: CDIHC, 11, 336, 345, 356 y siguientes, (pregunta N° 13 de la información de los Oficiales Reales).

actividades productoras: el servicio minero en primer lugar, el trabajo en las haciendas, estancias y casas, quedaban canalizadas dentro de la encomienda, fijándose mitas que desempeñaran por turno las faenas. Los yanaconas —conforme a una idea de Santillán expresada también, posteriormente, en su Relación sobre los Incas— debían desaparecer como clase, realizándose la labor agrícola por las mencionadas mitas de los pueblos, aboliéndose así la adscripción semiservil de los naturales a las haciendas de los españoles. El otro rasgo importante de la Tasa es la forma de retribución de los indios de las mitas: los que trabajaban en la minería recibían el sesmo del oro extraído, pero su administración e inversión en ropas y ganados corría a cargo del encomendero, con responsabilidad ante el doctrinero y ante encargados especiales; los que trabajaban en las mitas de haciendas y casas recibían un salario anual. Los indios yanaconas liberados y desafectados de cacique podían asentarse voluntariamente con un español, a jornal o por compañía. Este último contrato era también recomendado para los cultivos en la tierra de los pueblos. La idea de la compañía, como ya se ha dicho, había sido puesta en práctica para la agricultura por el Virrey Velasco en Nueva España, y era una forma jurídica ampliamente utilizada en el Derecho colonial.

Cañete consultó en Lima a los teólogos, quienes declararon que la Tasa era licita, por no implicar servicio personal. El Rey la confirmó en 10-III-1560, provisoriamente. En suma, la Tasa eliminaba totalmente las formas no remuneradas de trabajo, fortificaba en todo sentido el estatuto de libertad indígena, intentaba poner coto a la disolución de los pueblos mediante la supresión de los yanaconas; pero, a la vez, contrariando la tendencia general de la legislación metropolitana, establecía las mitas como forma de cumplir los indios su obligación con el encomendero; mientras que los repartimientos de los Virreinatos se realizaban en beneficio de todos los españoles. La solución de Santillán, cuyo pensamiento, a través de su obra, escrita unos cuatro años después de la Tasa, es muy poco adicto a la encomienda por sí misma, revela el peso de la necesidad. La encomienda absorbía toda la fuerza de trabajo indígena, con excepción

de los indios ya desarraigados, que podían concertarse a jornal con los vecinos sin encomienda. Es una típica legislación de las provincias periféricas, cuya vida jurídica no podía adaptarse automáticamente a la legislación metropolitana. En ella se manifiesta netamente la fuerza que sigue teniendo el principio de la Conquista, pero, a la vez, la posibilidad de influencia de la idea de libertad de los indios, aportada por la legislación central, pues aquí se llegaba a una interacción de las dos tendencias jurídicas, de acuerdo con la situación de la provincia. Su asentamiento en la realidad está revelado por su larga vigencia de veinte años, hasta la implantación de la tasa líquida de tributos en 1580, con una pasajera modificación en el monto del porcentaje dado a los indios de minas, en 1561-1563, y con una mayor reglamentación de la administración de los ganados de indios por los encomenderos, en 1563[130].

* * *

Podemos ahora recapitular cuanto hemos dicho sobre la influencia de la Conquista dentro de la concepción de Estado en Indias. El hecho histórico inicial de este proceso es el descubrimiento y el establecimiento de una factoría, luego de una colonia formada por vecinos, a los cuales la monarquía concede, en vista de la necesidad de sustentación

130 Cédula de 10-V-1554, en CDIHC, 13, 445-446; en 4-IX-1555 se manda a Alderete que fomente el trabajo minero, pero sin apremiar a los indios, y pagándoles sus jornales, (CDIHC, 28, 22-25). Carta de Cañete sobre la necesidad de la encomienda en Chile, 15-III-1558, GP, I, 326-327; el poder de encomendar, dado por el Virrey a su hijo, previa tasación de tributos, en CHC, 17, 27-29; carta del Virrey sobre la Tasa de Santillán, en 28-I-1560 (GP, I, 348-349). La Tasa de Santillán, en el texto destinado a las ciudades de Imperial, Valdivia, Villarrica y Osorno, se encuentra en el Archivo General de Indias, Patronato 189, Ramo 7 (encartadas en otras de Pedro de Villagra). Relaciones de Santillán sobre su Tasa, en CDIHC, 28, 284-302; la de Don García Hurtado de Mendoza, *ibid.*, 319-324; disposiciones complementarias a la Tasa, en CHC, 17, 40; confirmación de la Tasa, 10-III-1560, en Archivo General de Indias, Audiencia de Chile 170, I, 110v. La Tasa de Santillán era considerada por Amunátegui Solar como tasa de servicios; Néstor Meza ha mostrado claramente, siguiendo el testimonio de las fuentes, el carácter de compañía implicado en ella. —Concierto de un yanacona del Sur con un morador de Santiago, para servirle 2 años, mediante salario, en Archivo Histórico Nacional de Chile, Escribanos de Santiago, I, fs. 126v (30-I-1578).

independiente, la explotación del trabajo indígena. Viene en seguida la expansión, a partir del Caribe, en todas las direcciones, hacia el continente americano. Esta expansión la realizan bandas de guerra costeadas por los jefes y por capitalistas que forman compañías con aquellos; en menor escala, está la participación directa de la. Corona. Los conquistadores, bajo la presión ordenadora de sus caudillos, son arraigados al territorio, avecindados en ciudades, sobre el fundamento del trabajo indígena. La medida de la necesidad de este trabajo es el bien de la población, en sentido político-económico, al cual se refiere Matienzo, cuando escribe que los encomenderos no pueden limitarse, como quieren los escrupulosos, a lo necesario para comer y vestir honestamente, sino que deben llevar lo suficiente para tener casa, y gente que guarde la tierra y la adoctrine[131]. Estas finalidades de doctrina, defensa, dan sentido jurídico estatal a la apropiación del trabajo indígena. Para los conquistadores mismos, la encomienda no es puramente económico-privada, sino un corolario de la dominación; la noción de Estado que les es propia es la de un señorío indiviso de la tierra, un verdadero Estado Conquistador. Pero no se atribuyen el dominio ni las encomiendas con independencia del Rey, de quien venía para ellos la sanción del Derecho, y a quien piden la encomienda perpetua y con jurisdicción, que habría rematado el cumplimiento de su concepción señorial.

Los Reyes abren paso a las conquistas, conceden privilegios y exenciones; pero deben encargarse a la vez de legislar para los nuevos territorios, y en la legislación interviene la doctrina jurídica, la idea europea de Derecho, que se revierte sobre el hecho mismo de la Conquista.

La reacción jurídica se manifiesta en la consideración del dominio regio de las Indias como un hecho que debe ser legitimado, que debe aparecer como ejecución de un derecho: se abre toda la problemática de los justos títulos. Se procura disolver el hecho militar en un proceso de paulatino consentimiento de los aborígenes al señorío real. La apropiación del trabajo indígena, inicialmente aceptada como ineludible

[131] Juan de Matienzo, "Gobierno del Perú", 56.

para la población de la tierra, es contenida dentro del concepto de regalía tributaria, y esta forma jurídica permite todas las limitaciones y tasaciones, que habrían sido mucho más difíciles de fundamentar en una estructura esclavista, extraña al Derecho del Estado, la que solo podía ser regulada para evitar casos extremos de malos tratamientos (así, la prohibición de emplear a los esclavos indios o negros en las pesquerías de perlas, si ellas son contrarias a la salud). La reacción de la idea de Derecho Natural, integrante capital de la idea europea de Derecho en el siglo XVI, lleva a desafectar, en fin, el trabajo de la encomienda, ligándolo a una obligación exclusiva con el Estado, que aparece más conciliable con la libertad natural que la forma anterior. En cuanto a la propiedad territorial, la legislación logró salvar el principio fundamental de la propiedad indígena.

Este proceso de acción y reacción entre el hecho histórico de la Conquista y la idea española y europea de Derecho y de Estado, se desenvuelve a través de grandes vaivenes que se imprimen en el Derecho Indiano, y que distan mucho de ser uniformes y sincrónicos en todas las provincias. Pero, en general, en todas ellas se plantea, en momentos y con intensidad distintos, la polaridad entre lo que es Derecho por la necesidad fundada en la situación —un Derecho especial de las tierras nuevas y de los tiempos de conquista— y lo que es para la monarquía del siglo XVI el Derecho mismo: un complejo surgido de la historia de España, de que forman parte el Derecho Real Castellano, el Derecho Común Romano-Canónico, la idea del Derecho Natural.

LOS SÚBDITOS ESPAÑOLES EN INDIAS

1. Deberes de los súbditos españoles

La fidelidad de los súbditos, en el Derecho Medieval, se expresa en la ayuda y el consejo al Rey. Ambos deberes subsisten sobre los súbditos españoles pasados a América y sobre sus descendientes criollos.

Deber de consejo. —Existe una institución cuyo objeto preciso es asistir al Rey en los asuntos del Nuevo Mundo, el Consejo de Indias. Pero el vínculo que liga a los súbditos al Rey no queda resuelto por la existencia de aquella institución administrativa, ya que el deber de consejo compromete la personalidad misma del súbdito, debiendo siempre, incondicionalmente, dar al Rey su consejo, sea que aquel o sus representantes se lo pidan, sea espontáneamente. En España, las Cortes encarnaban este principio del consejo en sentido amplio, este planteamiento de las necesidades generales del Reino y de las medidas necesarias para solucionarlas, que se confunde con la "petición". En Indias, los "pareceres", escritos generalmente a solicitud de las autoridades metropolitanas o indianas, por religiosos, Obispos, vecinos notables, etc., son una fuente importante de decisiones tomadas en la península o en la provincia.

La correspondencia de los Obispos, Cabildos eclesiásticos y seculares, frailes, vecinos particulares, en que aparece continuamente, junto a la simple información, el consejo, constituye igualmente otra fuente de la ley. Todos estos medios implican una cierta colaboración jurídica entre el Rey y los súbditos, que son un sustituto parcial de la representación estamental europea de la época, aunque, evidentemente, no influyen en la estructura constitucional con el mismo poder que aquella. La eficacia del consejo de los súbditos depende completamente de factores individuales, de la personalidad del que recibe y el que lo da. Hay que pensar en la fuerza sorprendente que significó en la reforma legislativa un hombre como Las Casas. Los religiosos insisten particularmente en defender esta posibilidad de llevar personalmente su parecer al Rey. No se descarga la conciencia del Rey, escribe el franciscano Mendieta en 8-X-1565 a Felipe II, remitiendo todo al Consejo de Indias, si él no se informa por sí mismo de lo esencial de la gobernación, y en especial de lo que se le avisa que el Consejo no puede remediar; el Rey es como un ciego de excelente entendimiento, que no ve las cosas de Indias sino por relaciones; por eso debe saber por quién se guía, especialmente en cuanto a su obligación principal, la conversión de las almas[132].

Tributación y Regalías. —La monarquía de la Baja Edad Media tiene un patrimonio, la Real Cámara, a la cual ingresan las rentas que provienen del dominio de la Corona y de las regalías o poderes inherentes a la suprema jurisdicción: por tanto los pechos, terrazgos, y demás entradas de la tierra; porcentajes sobre los metales preciosos, salinas, etc., entregadas en explotación a los particulares; tesoros; bienes de difuntos muertos sin herederos; tierras baldías; penas pecuniarias impuestas por los justicias regios; derechos de aduanas o almojarifazgos, etc. A esta masa patrimonial —cuya clasificación estricta no podemos hacer aquí— se agregan las ayudas temporales, ordinarias o extraordinarias, que el Reino reunido en Cortes le concede voluntariamente, según la concepción dualista del Estado estamental, como un pacto continuamente celebrado entre el Rey y el Reino. El proceso del absolutismo europeo, mirado desde este nivel, consiste en un incremento constante del concepto de regalía y un desvanecimiento de la noción de ayuda, tendiendo todos los tributos a caer progresivamente bajo el rubro de las regalías al convertirse las ayudas temporales en perpetuas. Tal cosa había ocurrido, por ejemplo, con las alcabalas, concedidas hasta mediados del siglo XIV como ayuda, y después transformadas en tributo permanente, automáticamente cobrado.

El régimen inicial de La Española es el de un absoluto monopolio de todos los beneficios para los Reyes, salvando el décimo del descubridor, y el derecho de este a un octavo del volumen total del comercio con los

[132] Carta de Mendieta, NCDHM, I, 35-51, especialmente N° 2 y 4.

naturales. En 1495 se abre a los particulares un margen importante: pueden explotar minas, si bien la noción de regalía se revela en el alto porcentaje del Rey en la producción; los rescates y comercios distintos del oro pueden ser libremente practicados, pagando un décimo al Rey. El monopolio cedía su lugar a una percepción de porcentajes sobre las producciones y comercios, a título de regalías, salvo en el caso del rescate del oro. Por otra parte, desde el segundo viaje de Colón, se instala en La Española una aduana, donde se percibe el almojarifazgo sobre mercaderías entradas y salidas; pero el comercio indiano por los puertos andaluces goza desde 6-V-1497 de una franquicia total.

El régimen de 1495 experimentó una anulación a partir de los viajes de Ojeda, Niño, Lepe, Pinzón (1499-1501), que, como anota Haring, no se realizaron ya libremente, sino por capitulación, es decir, como una cesión privilegiada del derecho a rescatar. Por otra parte, tanto el mismo autor como Carande subrayan en la Casa de Contratación la finalidad inicial de casa mercantil de los Reyes, quienes proyectaron realizar los viajes de rescate por su propia cuenta, siguiendo el modelo portugués.

Pero el comercio de gestión burocrática fue un plan muy pronto abandonado: en la Casa de Contratación, el Factor, encargado de aquella función, fue cediendo el paso en importancia —marca Carande— al Contador y al Tesorero; la Casa se trasformó simplemente en órgano del aprovechamiento fiscal del comercio particular. El monopolio de los rescates se transforma en un régimen de capitulaciones de descubrimiento de nuevas islas y tierras, que suministran a los Reyes un quinto del oro, piedras preciosas, perlas, esclavos por causa de cautiverio bélico. El monopolio de la explotación minera ya había sido abandonado en 1495, sustituido por la regalía, fijada desde 1504 en un quinto. Las penas de Cámara son también regalías. Los indios encomendados al Rey trabajan para él en lavaderos y minas[133].

[133] C. H. Haring, "El Comercio y la Navegación entre España y las Indias en la época de los Habsburgos". Ramón Carande, "Carlos V y sus Banqueros", I, 298-308; 326-327. El tomo II de esta obra, sobre la organización de la Real Hacienda castellana, que tan importante me habría sido para una mejor exposición de este párrafo, no lo he podido consultar.

A todas esas entradas, se añade el diezmo eclesiástico sobre los productos agrícolas y ganaderos plantados o criados por los españoles, en virtud de la Bula Papal de 16-XI-1501, que lo concede al Rey, bajo la obligación correlativa de sostener las iglesias americanas. Aunque este tributo era de origen eclesiástico, y su percepción y distribución correspondía a los Obispos y Cabildos catedrales cuando su monto era superior al mínimo necesario para la congrua sustentación de la diócesis (concordia de 1512), la noción de regalía se conservaba, haciéndose patente en el derecho de los Oficiales Reales a supervisar su régimen, y a cobrar los dos novenos que correspondían al Rey. Pero, en todo caso, los diezmos apenas representan en el siglo XVI una renta sobrante, pues en realidad la monarquía los invertía casi íntegramente en misiones, beneficencia, salarios, etc.[134].

El fundamento de las finanzas regias en La Española son pues los quintos, almojarifazgos y servicios personales de los indios del Rey en las minas. No existe ayuda voluntaria alguna de los súbditos al Rey. Los mismos rubros fundamentales se conservan en el resto del continente, pero los momentos iniciales en las nuevas tierras de conquista están caracterizados por una exención casi completa, conforme a la política de atracción de nuevos pobladores. La expedición de Pedrarias Dávila llevó consigo la promesa de exclusión de pechos, subsidios o pedidos, moneda, alcabala, portazgo; el almojarifazgo dejaría de cobrarse en Tierra Firme durante cuatro años, en caso de que las mercaderías fueran llevadas por comerciantes. Condiciones análogas se encuentran constantemente en las capitulaciones, aparte de exenciones locales y temporales del quinto a algunas ciudades. La expansión se ha realizado por una especie de acuerdo entre la Corona y los conquistadores, en cuya virtud estos reciben una inmunidad tributaria amplísima, y aquella se resarce con los quintos sobre los

[134] Sobre los diezmos, Woodrow Borah, "The Collection of Tithes in the Bishopric of Oaxaca during the Sixteenth Century". C. H. Haring, "The Spanish Empire in America", 286, informa que la Bula de la Santa Cruzada, otra concesión financiera pontificia al Rey, no se inicia en 1573, según se sostiene generalmente, sino ya en 1535. Una enumeración general de las regalías, en José María Ots Capdequi, "El Régimen de la tierra ...", 22-27 y 31.

rescates, las explotaciones mineras, los esclavos (aunque este último capítulo ha sido limitado o suprimido por la misma legislación real, movida por una convicción jurídica). La libertad frente al criterio fiscal es muy amplia; los conquistadores y el Rey saben que las mercedes temporales significarán un enriquecimiento de la tierra por el acceso de población, que repercutirá más tarde en el aumento de las rentas reales. La petición de Pedrarias de que los Oficiales Reales no abrumen a los vecinos por las deudas que tienen con la Real Hacienda, narrando que él ha declarado una moratoria, salvo en la percepción de los quintos en las casas de fundición, representa una actitud típica de los Gobernadores de países de conquista[135].

La política europea de Carlos V ha provocado un lento cambio en la política de inmunidad, debido a la necesidad de dinero para la guerra; los dominios de Nueva España, que pasan al primer plano dentro de las Indias, son considerados como fuentes de un posible servicio pagado por los encomenderos, en cambio de la perpetuidad, a manera de reconocimiento de señorío real sobre los indios (5-IV-1528 a la I Audiencia). Pero la destitución de los miembros de este organismo, y la reacción contra las encomiendas del año siguiente detienen este plan. En cambio, el Rey consideró justificado el quebrantamiento de la exención del almojarifazgo por ocho años, otorgada a la Nueva España en 1522. Dentro de la concepción romanista, los privilegios estaban sujetos a la posibilidad de abolición por el príncipe; la Cédula de 5-IV-1528 hacía uso de tal principio, fundando este acto extraordinario en las grandes necesidades de la Corona, en el enriquecimiento de los mercaderes importadores de esa provincia, y en la gran abundancia de abastecimientos que tenían los vecinos de esa tierra. Mendoza llevaba instrucciones de implantar alcabalas y servicios, que él no puso en práctica. En 28-11-1543, Carlos V acudió a una medida semejante a la de 1528 respecto del comercio indiano por los puertos andaluces, mencionando los mismos principios que en

[135] Exenciones de Tierra Firme en 9-VIII-1513, en José T. Medina, "El Descubrimiento...", II, 54-55. Peticiones de Pedrarias, 20-IV-1519, relativas a la benignidad con que deben tratar los Oficiales Reales a los deudores a la Real Hacienda, en Pablo Alvarez Rubiano, "Pedrarias Dávila". 478-479, 480.

aquel documento, y alegando también la equidad, pues esta imponía la eliminación de un privilegio de que no gozaban los otros tráficos de la península[136].

A la vez que esta densificación de la tributación aduanera, Carlos V intentó valerse de la petición de donativos voluntarios a los súbditos de Indias, que tenían el sentido de una liberalidad para con el Rey, con un carácter absolutamente libre. Sin embargo, la documentación cubana de 1530 describe una realidad diferente. El Gobernador Gonzalo de Guzmán recibe cartas reales de petición, en blanco, que él llena fijando a cada vecino la cantidad que le parece adecuada; llama individualmente a los destinatarios, los persuade o los apremia, hasta el punto de que al Tesorero Real, que se negaba a conceder el donativo, le son suspendidos los indios: con lo cual todos se amedrentaron y doblegaron. Frente a una práctica que atentaba de tal manera contra la esencia de la institución del donativo, encontramos, sin embargo, que en situaciones distintas se respeta el principio voluntario. Así, el Lic. Vaca de Castro llevaba instrucciones para pedir un donativo en el Perú, provincia indefinidamente exenta, salvo en los quintos y diezmos; sin embargo, los Cabildos peruanos no concedieron lo que se les solicitaba de parte del Emperador. En el momento de ascender al trono, Felipe II renovó la instancia de un donativo encargando al Virrey Velasco que no compeliese a españoles e indígenas a tal don, ni a préstamos forzosos. Posteriormente se transformó la petición en una costumbre, en los casos de nuevo reinado o de grave peligro, pero sin ser nunca un tributo[137].

[136] Sobre el servicio de los encomenderos, proyectado en 1528, PCI, 8v. Revocación de la franquicia de almojarifazgos para N. España, 5-IV-1528, en CI, III, 445-446. Capítulo de Instrucción a Mendoza sobre pago de alcabala y de algún servicio, CDIAO, 23, 429. Revocación de la franquicia del almojarifazgo en los puertos españoles, CI, III, 446-448.

[137] Cartas de Gonzalo de Guzmán, de 19-VIII y 18-IX-1530, en CDIU, 4, 107-108 y 135-144; carta de Juan Barba, de 30-VIII-1530, *ibid.*, 128-131. Negativa de los Cabildos peruanos al donativo voluntario, en "Libros de Cabildos de Lima", Libro III, 34. Carta de Felipe II a Velasco, 17-VI-1556, sobre petición de donativo o empréstito, CDIAO, 4, 403-406.

La bancarrota inicial de Felipe II lo lleva a plantear en sentido fiscalista la posibilidad de perpetuar las encomiendas peruanas, encargando a Nieva, no solamente el obtener un servicio pecuniario de los encomenderos, sino examinar la posibilidad de convocar periódicamente a Cortes con procuradores de las ciudades peruanas, lo que permitiría la obtención regular de servicios, como en Castilla. Sin embargo, el Virrey no negoció esta instrucción, y, como sabemos, todo el proyecto se frustró[138].

Así, únicamente en esta ocasión se llegó a plantear, en el siglo XVI, la posibilidad de una ayuda voluntaria periódica, que habría equiparado considerablemente la constitución indiana a la castellana. En lugar de un Estado rentísticamente fundado en las regalías, se habría introducido, con el concepto de ayuda, un elemento representativo. Pero ello no ocurrió, y el Rey procedió, en cambio, a la duplicación de los almojarifazgos (1566) y, sobre todo, a la explotación fiscal de la regalía de los oficios, que se inicia con los de escribanos y de alférez mayor de las ciudades. El predominio total de la regalía dentro de la Real Hacienda es uno de los factores de diferenciación más decisivos con el sistema europeo.

Sin embargo, el principio de la tributación libremente acordada se realiza a escala municipal. En 6-IX-1521 se autorizaba a Pedrarias Dávila a imponer en repartimiento cierta cantidad de dinero a los vecinos, para obras públicas y gastos de procuradores que van a la Corte, siempre que lo consientan las ciudades de su libre voluntad. Otro ejemplo de ello se da en Cuba en 1543 y en 1545, donde, para resistir a los corsarios franceses, y a los indios cimarrones, los vecinos se imponen sisas, exacciones cobradas en la venta de mercaderías[139].

138 Este proyecto lo he conocido por la carta de Montesclaros de 12-IV-1611 (Archivo General de Indias, Audiencia de Lima 36). Guillermo Lohmann Villena, "Las Cortes en Indias", 658-659, da la referencia a las Instrucciones a Nieva y a los Comisarios, de 23-VII-1559: "Nueva Colección de Documentos Inéditos para la Historia de España y de sus Indias", Madrid, 1896, VI, páginas 16-17.

139 Carta de 6-IX-1521 a Pedrarias, en Pablo Alvarez Rubiano, "Pedrarias Dávila", 529-531. Carta del Factor de Cuba de 31-VIII-1543, en CDIU, 195-197; carta de la ciudad de Cuba, 9-1-1545, *ibid.*, 239-240.

Las derramas o contribuciones extraordinarias fijadas por los Cabildos se encuentran en todas las ciudades indianas y a lo largo de toda la Colonia. Esta responsabilidad común, por esporádica que se presente, es un germen de vida política.

Deber militar.—La ayuda de los súbditos, en Derecho Germánico, consiste sobre todo en acudir al llamado de guerra hecho por el Rey. En la Edad Media, este deber se concentra en categorías especiales de súbditos, ligados por el Derecho Feudal; el resto queda exclusivamente afecto a la defensa de la tierra de que son comarcanos, o de las ciudades donde tienen vecindad.

La defensa de la isla Española radicó inicialmente en los soldados pagados por el Rey; cuando se inicia el régimen vecinal, subsiste solamente una guarnición en la fortaleza de Santo Domingo. Las rebeliones indígenas de Higuey son reprimidas por fuerzas de colonos, con capitanes nombrados por el Gobernador, jugando así un papel la obligación general de defensa de la tierra. Este principio jurídico se perpetúa en la isla, amenazada ya en el cuarto decenio del siglo por los corsarios franceses. La Cédula de 7-X-1540 ordena que todos los vecinos tengan armas, y los que puedan tengan caballos, y hagan revista o alarde tres veces al año. Así se esboza en La Española la institución de las milicias, que después se expandirá por todas las Indias, como encarnación del deber general de defensa de las ciudades y sus términos por los propios vecinos de esas ciudades[140].

Totalmente diversa de la defensa es la conquista, expedición que se dirige a zonas que aún no han dado la sumisión al Rey. Sea que se financie por el Rey, sea por particulares, la participación en ella es totalmente voluntaria. Pero la conquista se afianza fundando ciudades y los vecinos de ellas deben soportar el grave peso de la defensa contra poblaciones indígenas inmensamente superiores en número. El principio del deber vecinal, proveniente del Derecho Español, y ya aplicado en La Española, es transformado originalmente por Cortés

140 Rebelión de Higuey, en Las Casas, "Historia de las Indias", Libro II, capítulo VIII. Cédula de 1540, en CDIU, 10, 527.

al hacer incidir ese deber general en una categoría de vecinos, los encomenderos, cuyas entradas provenientes del trabajo indígena les permitían el armamento a caballo. La vecindad se condensaba en los encomenderos: no en vano, el vocabulario jurídico indiano usa como sinónimos las palabras vecino y encomendero; aunque la legislación real corta explícitamente esta ambigüedad (1554), la práctica continúa a lo largo de los siglos XVI y XVII.

Sin embargo, la expansión progresiva del dominio español puso en peligro la creación de Cortés, al atraer a los encomenderos de las ciudades ya pobladas hacia tierras nuevas que presentaban mayores posibilidades de sustento y de poder. La legislación procuró detener este movimiento, prohibiendo que las expediciones de conquista tomasen pobladores en las partes ya asentadas (Provisión de Granada de 1526). Sin embargo, un hecho como la conquista del Perú produjo una ruptura en gran escala de este régimen legal de relación excluyente entre encomienda y nueva conquista. La Corona aceptaba solamente en casos excepcionales como el de Pizarro y el de Almagro que se conservasen las antiguas encomiendas al marchar a la empresa; pero el movimiento en dirección al Sur pasó por sobre las prohibiciones. Las islas del Caribe, Venezuela, Tierra Firme, Nicaragua, Guatemala, México sufren una fuerte corriente de emigración. Sin embargo, en México, con su mayor disciplina, la carta de Jerónimo López de 10-II-1534 habla solo de vecinos sin encomiendas, que andan "sin sosiego como la hoja en el árbol". En cambio, en Nicaragua se acusa al Lic. Castañeda de haber dejado partir a cuantos querían, llevando consigo por la fuerza a muchos indígenas, lo que está de acuerdo con la falta de tradición de arraigo de la encomienda que se percibe allí y en Tierra Firme en estos decenios. Pedro de Alvarado lleva desde Guatemala a muchos encomenderos, aunque más tarde él procuró atenuar el hecho; consta que algunos de ellos renunciaban a sus indios, a veces mediante una retribución pagada por el sucesor, o lograban que se les aceptase dejar un escudero como sustituto (tendencia repudiada por Cortés, pero luego generalmente aceptada). La expansión se realizó a pesar de la enérgica Cédula de 21-V-1534, que castigaba con perdimiento de bienes y de indios a los que abandonaban la provincia sin licencia del Gobernador. El exceso llegado al Perú fue el que se desbordó años después en las nuevas conquistas en todas direcciones. La legislación logra mantener el principio de que el encomendero debe mantener armas y caballos en su ciudad, para garantizar su defensa; admitiendo la institución de los escuderos sustitutos, solución de compromiso que permitía la partida de los encomenderos, conservando sus indios hasta que volvían o se hacían encomenderos de otra ciudad, en cuyo caso perdían la primera, salvo expresa concesión.

La obligación de los encomenderos deja latente la de los otros súbditos, que subsiste en segundo plano. Durante las guerras civiles peruanas se hicieron llamamientos generales en nombre del Rey; pero evidentemente la eficacia real de los ejércitos dependía de los encomenderos que estaban a uno u otro lado, y de las fuerzas que cada uno aportaba consigo. La legislación considera preferible su servicio, a causa de que desliga a la Real Hacienda de gastos militares. Los encomenderos, en momentos como las guerras civiles del Perú, la sublevación de los indios de Nueva Galicia en 1540, etc., no solamente defienden el distrito de su ciudad, sino que parten a la defensa de la tierra, allí donde los convocan los representantes del Rey, o ponen caballos para que vayan otros. Cuando el Virrey Velasco pedía tropas para contener las sublevaciones de los chichimecas, indios nómades del Norte de la meseta, se le responde en 11-VIII-1552 que ello toca a los encomenderos, pues "las encomiendas son rentas que su Magestad les da a los tales encomenderos, porque defiendan la tierra"[141].

[141] Provisión de Granada de 1526, en CI, IV, 222-226. Carta de López en 1534, ENE, III, 133-134. Carta del Cabildo de Granada de 28-XI-1544, respecto de la gobernación de Castañeda, en Pablo Alvarez Rubiano, "Pedrarias Dávila", 694. Carta de Pedro de Alvarado de 12-V-1536, (sobre que no ha llevado sino poquísimos encomenderos de Guatemala, CDIAO, 24, 235); probanza de servicios de uno de los participantes de su expedición, en que constan las condiciones en que partían los encomenderos, en "CDIHC, 8, 38-41. La actitud de Cortés contra las sustituciones se desprende sobre todo de la disposición de sus Ordenanzas de 20-111-1524 de que los encomenderos acudan a los alardes, y no otra persona en su lugar. Cédula de 21,V-1534, CI, II, 252. Funcionamiento concreto del deber militar por parte de los encomenderos que salen desde Santiago de Chile a nuevas conquistas, dejando hombres y caballos obligados a permanecer en la ciudad, en CHC, I, 212 y 220 (sesiones del Cabildo de 13-X y 23-X11-1549). Ejemplo de llamamientos generales a todos los españoles durante las luchas peruanas, en

Néstor Meza, en una densa monografía sobre la guerra de Arauco desde el punto de vista jurídico[142] ha comprobado el carácter voluntario de la participación de los encomenderos de la ciudad de Santiago en las nuevas conquistas que realizan al Sur del Bío-Bío, desde 1546 adelante; y, a la vez, las dificultades concretas para la realización del deber de defensa de la tierra. Tales dificultades provenían, desde luego, de la larga duración y de la rudeza de la lucha, que hizo necesario el frecuente empleo de recursos de la Real Hacienda junto a los de los encomenderos. Pero también se produce un conflicto de tendencias jurídicas, porque los vecinos de Santiago se resisten al cumplimiento del deber de defensa de la tierra más allá de los límites de su ciudad, y los Gobernadores, desde 1564, interpretan expresamente aquella obligación referida a la unidad total de la Gobernación. No se trataba, efectivamente, en esta fecha, de nuevas conquistas, sino de una sublevación de los indios de ciudades allí fundadas; la pacificación tocaba evidentemente, en primer lugar, a los encomenderos de ellas, pero también —así lo declaró la Audiencia de Lima en 1564 y la de Concepción en 1567— a los vecinos de las ciudades ya pacificadas. La Provisión de esta última en 17-VIII-1567 no solo incluyó en el apercibimiento a los encomenderos, sino a todos los vecinos, pero permitiendo al Cabildo determinar la forma concreta de cumplir este gravamen, de tal modo que los que no pudiesen acudir, soportasen las derramas (donativos y préstamos forzosos). La defensa de la Gobernación reposaba, pues, en los vecinos de todas las ciudades, los encomenderos, más específicamente, estaban sujetos a la concurrencia militar, teniendo edad suficiente, o si no, enviando sustitutos:

Pedro Gutiérrez de Santa Clara, "Historia de las Guerras Civiles del Perú", II, 40 (por parte del Virrey Núñez de Vela, desde Túmbez). Cumplimiento de la tarea de defensa de la tierra en Nueva España, personalmente o dando caballos, en la Visita al Virrey Don Antonio de Mendoza, N° 16 (CDHM, II, 76: si bien este texto es equívoco, pues dice que los encomenderos sirven en "alguna conquista o pacificación": por las bases mismas del sistema de la encomienda, sabemos que solo en la pacificación o defensa del territorio tenían obligación de servir los encomenderos, de modo alguno en las nuevas conquistas, reclutadas precisamente entre quienes no tenían repartimientos. —Cédula de 1552, CI, II, 218.

142 "Régimen Jurídico de la Conquista y de la Guerra de Arauco".

los comerciantes sostenían el peso de las derramas en ropas para el ejército; los hacendados, las derramas en víveres.

La extrema acentuación del carácter militar, propia de la encomienda chilena, a causa de la guerra de Arauco, chocaba con el principio vecinal-económico que estaba en la estructura misma de la institución. Las necesidades de la población entraban en lucha con el sentido militar. El conflicto solo vino a ser solucionado por el Consejo en 1597, cuando se sentó la norma de que los encomenderos debían ser llamados solo en casos muy precisos e inexcusables: es decir, confinando el deber militar exclusivamente a los términos de la ciudad, dejándolo subsistente, más allá de ellos, solamente en forma eventual. La guerra continua de Arauco ya solo pudo ser continuada por un ejército permanente. El interés de este proceso no es solamente local, sino que reside en que, a través de él, se patentiza de una manera viva un cambio de época. En otras provincias se presenta el problema menos acusadamente: se sabe que, p. ej., en el Perú el Virrey Toledo tuvo que reforzar vigorosamente, a pesar de las resistencias, el deber de todos los encomenderos de acudir personalmente, o enviando soldados a la guerra de los chiriguanes; pero el mismo Virrey, según carta de 1-III-1572, consideraba las convocatorias como excepcionales, ya que el deber del encomendero, mientras el Virrey no mandase otra cosa, consistía en asistir en sus ciudades. El conflicto tomó en Chile formas más graves (así en 1595-98, durante el gobierno de Oñez de Loyola), revelando un desarrollo creciente de la resistencia a las condiciones militares de la encomienda[143]. Si el sentido vecinal había podido conciliarse

[143] La Provisión de la Audiencia de Lima de 24-111-1564 es conocida por referencia de una presentación de Domingo de Eraso en nombre del Gobernador de Chile, en 1596; ella ordenaba que los encomenderos y todo género de gentes acudieran a la guerra según los mandamientos de los Gobernadores (Archivo General de Indias, Patronato 227, Ramo 28). Provisión de 1567, en CHC, 17, 169-170. La resolución del Consejo en 1597 (que se convirtió en la Cédula de 15-X de ese año), en el mismo Ramo 28 de Patronato 227, del Archivo General de Indias, arriba citado. Resistencia de los encomenderos peruanos a participar en las guerras de Vilcabarnba y de los Chiriguanes, en la Memoria de Toledo, en "Colección de las Memorias o Relaciones..." de R. Beltrán y Rózpide, I. 81-82. Carta de 1-III-1572, en GP, IV, 65 y siguientes.

con la participación voluntaria de los encomenderos en las nuevas conquistas, resultaba, en cambio, incompatible con el peso de una guerra de defensa territorial en que no existía posibilidad de nuevas remuneraciones, pues se luchaba para refundar o pacificar ciudades que tenían sus propios encomenderos. La encomienda podía seguir siendo la base de la defensa de la ciudad contra peligros esporádicos de corsarios; pero no de una guerra continua. La dominación militar se realiza fundando ciudades, sometiendo y después encomendando a los indios. Cuando, por causa de la inexistencia de nuevos grandes núcleos indígenas que conquistar, o por transformación de vastos distritos en territorios misionales, la Conquista puede darse por terminada, el disfrute de encomiendas en tierras pacificadas pierde el rasgo militar. Donde aún subsisten guerra endémicas —uno de estos casos excepcionales es el de Arauco— la base defensiva vecinal se reveló difícil de obtener, e insuficiente, a causa de su misma estructura económica. La existencia de un fuerte sentido estatal-nacional habría sostenido la guerra; pero él resultaba impensable en las luchas contra los indígenas del siglo XVI. En los casos en que fue necesario, surgió por eso, en el siglo XVII, la solución europea del ejército permanente y voluntario pagado por el Rey.

2. Clasificación jurídica de los súbditos españoles

Los órdenes dentro del Estado. —Las Indias fueron descubiertas y organizadas cuando la organización estamental tenía un lugar capital dentro del Estado europeo. Pero los estamentos, en sentido estricto de grupos con derecho a representar al Reino, no se realizan en Indias por la falta de Cortes. En un período en que la concesión de subsidios o servicios pecuniarios al Rey, y la petición correlativa de privilegios, constituían el núcleo de la vida interna del Estado, las Indias —relativamente exentas de tributos pagando al Rey los quintos y otras regalías que no requerían consentimiento— carecen de densidad política, y del pronunciado dualismo Rey-Reino, propio de la Europa de esa época.

Considerando el estamento en un sentido más amplio, como un grupo con privilegios jurisdiccionales comunes, debe excluirse, en primer lugar, la existencia de un orden señorial: los escasos señoríos con jurisdicción son excepciones dentro de la organización indiana, más bien que verdaderos integrantes de ella. La Iglesia forma, en cambio, claramente, un "brazo", un estamento dentro de la constitución: no en cuanto comunidad católica ligada al Papado (pues en este sentido el Derecho la reconoce como un cuerpo distinto frente a la monarquía, ligado con ella por acuerdos especiales sobre Patronato, etc.) sino en cuanto los eclesiásticos son súbditos del Rey en lo temporal. Como brazo del Estado, la Iglesia tiene su fuero jurisdiccional propio en causas meramente temporales, exenciones e incompatibilidades diversas, aunque la jurisdicción regia de las Audiencias interviene por recursos de fuerza, en litigios conocidos por tribunales de ese fuero. Los conflictos de competencia entre la justicia eclesiástica y las Audiencias constituyen un fenómeno característico del Estado estamental, con sus luchas de los órdenes entre sí y con los tribunales reales, para afirmar y extender cada cual su esfera jurisdiccional.

Los vecinos de Indias gozan la jurisdicción concejil, que tiene igualmente un carácter estamental. Los Cabildos del período de que tratamos, designados inicialmente por los justicias regios o autogenerados, son extraídos siempre de entre los mismos vecinos; e igualmente los regidores perpetuos nombrados; por el Rey o por el jefe de conquista; solamente los Oficiales Reales representan dentro de esos organismos un elemento burocrático, sobre todo desde que se les prohíbe tener indios. Es verdad que los Cabildos se seleccionan entre un número reducido de vecinos, y que el procurador, que representa al común frente a ellos, muchas veces sale de su mismo círculo; pero este proceso de estrechamiento del sentido representativo de los ayuntamientos se produjo igualmente en Europa, como un fenómeno general del orden burgués. Tampoco hay que olvidar que la conciencia estamental de los vecinos de Indias cobraba, en ocasiones extraordinarias, formas tales como la del Cabildo Abierto, la del requerimiento del procurador, los ayuntamientos generales, que superan el círculo normal de la vida del Cabildo. Los movimientos vecinales de resistencia, sobre todo durante las guerras civiles peruanas, implican un sentido estamental del privilegio. Sin embargo, hay una diferencia entre la burguesía medieval y la clase vecinal indiana.

Es difícil establecer la comparación con las ciudades españolas, cuyo origen e historia apenas han sido investigados. Es posible marcar la diferencia con las ciudades del norte de Europa, cuyo origen por la colonización mercantil, planteado por Rietschel, ha sido comprobado ampliamente por la investigación alemana posterior. Pirenne, por su parte, ha seguido las grandes líneas de la historia urbana, no solamente en el norte, sino también en Italia, destacando en todas partes el papel del gran comercio, no ya solo en el origen de la ciudad, sino en su constitución y en su desarrollo ulterior, hasta el siglo XVI; los gremios de artesanos y el pequeño comercio representan un elemento económico y socialmente secundario, portadores de un principio corporativo contrapuesto al comercio capitalista. En cambio, las ciudades indianas no provienen del comercio, nacen por fundación estatal: los conquistadores, cuyos jefes llevan consigo la jurisdicción regia, se asientan, constituyen una autoridad concejil subordinada a la del justicia regio que los dirige; y realizan así, no solamente la población en sentido económico, sino los fines estatales de justicia, buen gobierno, defensa militar. Las ciudades no extraen sus riquezas principales del comercio, sino de la tierra y la minería; los vecinos principales están arraigados territorialmente; los comerciantes, cuya importancia en los grandes centros de México y Lima no puede ser subestimada, no representan, sin embargo, durante este período, el elemento predominante, ni en esas mismas ciudades. La tendencia a la adquisición de tierras por los vecinos —que no se satisfacen en modo alguno con las chácaras del distrito urbano y con el uso comunal de los egidos y dehesas— también se presenta en la burguesía europea del siglo XVI, pero como un fenómeno tardío, que se explica por la ascensión de los precios agrícolas, a causa de la plata americana; en Indias, esa tendencia está en la base originaria de la constitución vecinal. Podemos, pues, decir que en el siglo XVI indiano existen las instituciones estamentales burguesas, que ellas sirven de punto de concentración y de órgano de expresión de los intereses y convicciones de los conquistadores, pero que estos y sus descendientes forman una clase estructuralmente muy distinta a la burguesía europea, de donde emanaban aquellas instituciones[144].

Clases y rangos dentro de los vecinos: Encomenderos y Moradores. —La palabra "vecino" se usa como sinónimo de encomendero, pero la legislación declara terminantemente en la Cédula de 21-IV-1554, dada para Chile, que son vecinos todos los que tienen casa poblada en las ciudades[145]. Los vecinos de la ciudad, en conjunto, son designados, siguiendo el influjo docto de la terminología aristotélica recibida por la escolástica, como "la República". Dentro del vecindario se distinguen inicialmente los encomenderos; el resto son denominados "moradores". Los primeros tienen un conjunto de privilegios y deberes, pero no llegan a constituir un brazo o estamento, porque carecen de jurisdicción separada dentro del cuerpo general del vecindario; son una clase económica, dotada de servicios o rentas a cambio de la realización de

[144] Sobre el origen de las ciudades españolas, Luis G. de Valdeavellano, "El Mercado. Apuntes para su estudio en León y Castilla durante la Edad Media", (1931), decía, páginas 394-403, en forma de conjetura, que la ciudad ha nacido tal vez en Castilla de distintos factores, acentuando el papel de la fortaleza, y por otra parte el de la población rural, allí concentrada; cita (403), aunque sin pronunciarse definitivamente, la tesis de Díez-Canseco, que ve el comienzo del municipio en el concejo rural. Sánchez-Albornoz, en una conferencia de 1933, eliminaba la posibilidad de explicación por las grandes teorías europeas sobre el punto (Anuario de Historia del Derecho Español, tomo X, 522-523). En "Ruina y extinción del Municipio Romano en España e instituciones que le reemplazan" (1943), aporta la prueba de la falsedad de la antigua tesis de la supervivencia de la vida urbana romana después de las Invasiones, despejando el camino para otras hipótesis. Ramón Carande, "Carlos V y sus Banqueros", tomo I, 99, destaca la dificultad de admitir para las ciudades castellanas, un origen mercantil. Si el origen rural, que estos autores tienden a admitir, resultara fundado, después de una investigación radical del tema, la diferencia que hacemos en el texto entre el orden burgués europeo y la clase dirigente indiana resultaría inaplicable a España; la clase urbana española sería análoga a la americana, en el sentido que ambas extraerían su poder económico de la tierra; los hidalgos de las ciudades castellanas y los patricios dueños de propiedades comarcanas equivaldrían a los encomenderos y hacendados americanos, desde este punto de vista. Sobre la territorialización de la burguesía en el XVI, ver Fernand Braudel, "La Méditerranée et le monde méditerranéen à l'époque de Philippe II", 616-628.

[145] CHC, 17, 473-474.

ciertas funciones estatales—doctrina y defensa. El gravamen militar especial que pesa sobre los vecinos de esa clase ha suscitado (ya en los mismos documentos oficiales de la época) la analogía con el feudalismo, llamándose "feudatarios" a los encomenderos. Las Cédulas de encomienda del Virrey Toledo imponen la prestación de un juramento especial de que "demás de la obligación que tenéis de servir a su Magestad como Rey y Señor Natural, le seréis fiel y leal... y os meteréis bajo del real estandarte con vuestra familia, armas y caballo, y pelearéis por el servicio de su Magestad en defensa destos reinos a vuestra costa...". Se yuxtapone, pues, al deber general del súbdito, una obligación más potenciada, correlativa a la cesión de tributos indígenas.

Si es verdad, en primer plano, que hay una feudalización de ciertas funciones del Estado, el análisis de cada una de esas funciones conduce a la conclusión de que el Estado Indiano de esta época no es un Estado feudal, en el sentido de que exista realmente un "feudalismo" como principio general dominante. La función de procurar la doctrina a los naturales se tradujo simplemente en una deducción de determinada cantidad de la masa del tributo para pagarla.

El deber militar, sobre el cual se apoya más fuertemente la analogía con el feudalismo, difiere, sin embargo, grandemente de las formas correspondientes francesas y alemanas, que constituyen el tipo clásico del feudalismo, de origen franco. Mientras en Europa la ayuda militar queda entregada a las reglas de un Derecho Feudal, distinto del Derecho Popular general, con sus propios tribunales, en Indias se trata de un servicio controlado directamente por los justicias del Rey, quienes comandan las fuerzas llevadas por los encomenderos; si estos resisten muchas veces a la prestación de su deber más allá de sus ciudades, como ocurrió en la guerra de Arauco, no tienen en su apoyo otros principios ni otras instancias donde acudir que al Derecho Regio, y a los representantes del Rey (Audiencias, etc.), no a un Derecho especial. Las relaciones de dependencia de los campesinos a los señores (propias del señorío rural, cuya relación con el feudalismo es por lo demás problemática) no existen en Indias: los indios no pagan tributos señoriales, sino propiamente servicios y tributos al Rey, que este cede, al menos desde 1512, fecha en que las Leyes de Burgos dan un contorno jurídico claro a la encomienda; tampoco el indio de encomienda sufre disminución de su estatuto jurídico de libertad. Los señoríos jurisdiccionales, cuya amplitud define verdaderamente al Estado Feudal, porque ellos confieren potestad sobre los hombres libre, no han existido en Indias sino en casos excepcionales; aparte de ellos, los indios estuvieron siempre bajo la jurisdicción real. Es verdad que el encomendero ejerció una protección judicial, en cuya virtud se hacía parte en los procesos que interesaban a sus indios; pero también, desde que hubo Protectores eclesiásticos y Audiencias, los naturales pudieron litigar incluso contra sus propios encomenderos. La residencia en los pueblos de los encomenderos o de sus mayordomos o calpisques dio, es verdad, un poder de gobierno económico muy amplio sobre la vida de los repartimientos, que continuó hasta el asentamiento del sistema de corregimientos en los pueblos encomendados. En suma, la encomienda es un feudo que proporciona servicios personales, más tarde solamente tributos: un feudo puramente rentístico. Los encomenderos pidieron repetidamente la jurisdicción, pero jamás la lograron, de manera que su poder directivo de facto sobre sus pueblos es precario, dentro de un orden jurídico que no es verdaderamente feudal. Faltan en América tantos rasgos del Derecho Feudal que caracterizan profundamente al Estado occidental medieval, que es difícil hablar de feudalismo, por la mera existencia de fragmentos. No hay subinfeudaciones, ni jerarquía vasálica: la fuerza de la fidelidad al Rey impide la formación de otros lazos jurídicos contractuales animados por la misma idea, como en el resto del Occidente. Durante la Conquista se produce el fenómeno del séquito, pero la relación se restringe en seguida al pago de salario a uno o más soldados, en caso de que el encomendero no pueda asistir personalmente a la guerra, perdiendo así todo influjo significativo sobre el desarrollo constitucional.

Es verdad que esta comparación de feudo y encomienda se refiere siempre, no al feudalismo español, todavía no suficientemente determinado por la investigación, salvo en las etapas iniciales en que ha trabajado Sánchez-Albornoz, sino al feudalismo proveniente del Reino Franco, que es el tipo central europeo. Pero se puede plantear también una discusión en un plano distinto. ¿Cabe la caracterización del Estado Indiano de la época inicial como un Estado Feudal, no ya en sentido estrictamente histórico-jurídico, en comparación con el feudalismo franco, sino en un sentido corporativo más amplio, como cuando se habla del feudalismo japonés, islámico, etc.? Otto Hintze ha definido, desde este último punto de vista, el feudalismo como una forma que se produce por la desproporción entre la fuerza material y psíquica de los Estados con el espacio sobre el cual imperan[146]. Desde este ángulo, las Capitulaciones representan una creación de poderes feudales, a los cuales se otorgan perpetuamente, o por una o dos vidas, oficios jurisdiccionales y gubernativos, por incapacidad del Estado español para realizar por sí mismo las conquistas, a causa del problema financiero que ellas implicaban. Las encomiendas sustituyen al ejército permanente, que la monarquía tampoco podía ni quería costear.

Una consideración semejante suministra indudablemente una respuesta a muchas cuestiones de la historia colonial. El debilitamiento de la acción administrativa en las regiones más distantes de las Audiencias y Virreinatos, la mayor fuerza que entonces adquieren las Gobernaciones militares y las encomiendas, etc., es algo confirmado netamente por las fuentes.

Pero debemos plantear dos restricciones. En primer lugar, es preciso no olvidar que la concesión de oficios hereditarios, practicada en 1492, es abandonada pocos años después y si se firman nuevas capitulaciones, la Gobernación aparece en ellas concedida por una vida, a lo más por dos, y con la condición de confirmación regia: es decir, que casi en seguida la monarquía ha ido reabsorbiendo los oficios superiores dentro del sentido administrativo, el cual recibe todavía una acentuación por la erección de jurisdicciones más altas que las Gobernaciones, las Audiencias y Virreinatos, mucho más ligados a la dirección metropolitana.

En segundo lugar, aceptando la realidad de esa descentralización, no creemos que se la pueda llamar, en Indias, "feudalismo". La palabra no refleja con exactitud la situación histórica concreta. No hay que olvidar que se trata de una colonización, de un movimiento de individuos que se asientan en nuevos territorios, que buscan riquezas

146 Otto Hintze, "Staatenbildung und Verfassungsentwicklung", 12-13.

o dominio, que en fin son arraigados por el esfuerzo de los jefes y del Estado. El problema esencial de esa colonización era el sustento de la nueva sociedad, no en sentido puramente biológico, sino político-económico, con sus funciones estatales bien precisadas, con sus jerarquías sociales, con un desarrollo de una clase rica, ligada a la exportación de los productos de la tierra, etc. Los conquistadores se afanan por la posesión de las regalías y mercedes, fuentes jurídicas de riqueza, formas estatales de asentar y mantener a la población española en las tierras nuevas. Este afán de posesión, más propiamente que de feudalismo, puede calificarse de patrimonialismo, de un aprovechamiento patrimonial del Estado. Los jefes de conquista no se sienten extraños al Estado, ellos mismos son portadores de la jurisdicción regia, forman parte de los Estados del Rey, pero conciben el Estado como una masa de tierras, tributos, oficios, beneficios eclesiásticos, mercedes de toda especie, riquezas y honores, que son del señorío real, pero cuyo disfrute y posesión deben pertenecer hereditariamente a los que los han adquirido para el Rey. La relación de fidelidad específicamente vasálica se esfuma ante la fidelidad general de los súbditos al Rey; la vinculación de los conquistadores al Rey asume un nuevo aspecto, no por un lazo personal distinto del que tienen como súbditos, sino por la relación que ellos tienen con las tierras, ganadas para el señorío regio. El sentido patrimonial domina en forma tal, que resulta impropio hablar de feudalismo, el cual se asocia siempre con una vinculación fundamentalmente personal. Hay que recordar también que la terminología feudal, en el siglo XVI, es puramente docta, proviene del Derecho Lombardo, que forma parte del Derecho Común: cuando se propuso a los encomenderos peruanos la negociación sobre la perpetuidad de las encomiendas, la instrucción real hablaba de dárselas por vía de feudo, lo que aquellos impugnaron. "Por vía de feudo —dice el Memorial de Nieva de 4-V-1562—, dizen que ellos son españoles nacidos en estos Reynos donde no ay platica de feudo sino de mayoradgo"; los Reyes han dado mercedes de mayorazgos perpetuos de villas y castillos, y así es justo que lo haga en Indias, no en feudo, "pues no son ytalianos", pidiendo que la sucesión incluya a las mujeres y a los transversales, bajo compromiso de que ellos y sus sucesores en el mayorazgo harán el juramento que como fieles vasallos deben, según fuero de Castilla y León[147]. Nieva y los Comisarios son partidarios de aceptar el mayorazgo, si no se muda la sustancia de la concesión; pero, desde el punto de vista de las categorías jurídicas, la diferencia es importante, ya que el mayorazgo es un vínculo radicado en el patrimonio territorial, en tanto que el feudalismo es fundamentalmente personal, a pesar de que el desarrollo de la Edad Media tardía haya recubierto ese vínculo por una cosificación muy densa; la diferencia entre ambas instituciones sigue siendo esencial. Es preferible, pues, en suma, liberar al fenómeno indiano de una analogía que puede ocultar parcialmente su singularidad, y hablar de "patrimonialismo", más que de "feudalismo".

La clase de los moradores carece de una definición unitaria, es económica y socialmente indefinida. Pertenecen a ella vecinos que reciben rentas reales: así los llamados "situados" del Perú, titulares de pensiones situadas sobre las encomiendas de otros vecinos, y los "lanzas y arcabuces", creados por Cañete en ese mismo Virreinato, con salarios pagados por el Rey, que este radicó luego, exclusivamente, en los tributos de encomiendas vacantes. Son también moradores hombres de guerra más o menos importantes; hacendados que trabajan las mercedes obtenidas con esclavos, o con yanaconas, o con indios alquilados por sus encomenderos: grandes comerciantes de las capitales, que desde fines del siglo formarán los Consulados; tenderos; artesanos. Las diferencias de riqueza, de sangre, la falta de honra socialmente adherida a la práctica del pequeño comercio y de los oficios, producirán una escisión dentro de tal clase. Los moradores principales, entre los cuales figuran siempre algunos hombres de guerra (generalmente descendientes de conquistadores, segundones de encomenderos, etc.) y los mercaderes más ricos, quedan equiparados a los encomenderos en los Cabildos Abiertos, más tarde en el derecho a ser elegidos para los oficios de Cabildo. La Cédula de 16-IX-1564 a Cartagena —de la cual ya hablamos al tratar de la elección de los Cabidos (N° II, § 3)— relata cómo en aquella ciudad había 13 encomenderos, de los cuales 8 eran regidores perpetuos, y, en conjunto con el Gobernador,

147 GP, I, 426-427.

elegían a los alcaldes, que solían ser también encomenderos, por lo cual los precios de los víveres, producidos en sus mismas tierras, estaban sujetos a su arbitrio. El Rey mandó, en vista de eso, que uno de los alcaldes fuese siempre un morador, y que ambos, con el Gobernador, pusiesen precio al pan y demás artículos. Luego fue introduciéndose en otras ciudades —como ya lo dijimos— el derecho de los moradores a participar en el Cabildo, pero exigiéndose la calidad principal, la descendencia de conquistadores o primeros pobladores; en todo caso, que no practicaran oficios plebeyos, que fueran "de honra". Así se va formando un patriciado homogéneo. Las oposiciones entre encomenderos y moradores notables, una vez conquistada la igualdad en el Cabildo, son esporádicas, como lo revela el estudio de las actas de Cabildos de alguna ciudad: en Santiago de Chile se presentan muy raramente, y en relación con cuestiones circunscritas. Las encomiendas vacantes pasan a moradores sin dificultad alguna. Se sabe, por referencias del Memorial de la Perpetuidad de 1562 ya mencionado, que en el Cuzco, con motivo de las negociaciones sobre ese problema, hubo protestas del común de esa ciudad contra el incremento del poder de los encomenderos, quienes ocuparían los pastos, montes y abrevaderos, según decían. Pero el abandono del plan quitó realidad a una oposición que podría haber cobrado más volumen, ya que la perpetuidad, y con mayor razón el otorgamiento de la jurisdicción, habrían creado realmente una verdadera aristocracia de encomenderos. Tal como quedó, la aristocracia de las provincias indianas extrae —durante esa época— sus principales riquezas de la encomienda, pero el elemento socialmente definidor no es la encomienda misma. Los dos grupos del patriciado —encomenderos y moradores principales— tienen una diferencia jurídica y económica, pero no social, principalmente a causa de la libre opción de los moradores a los privilegios del otro sector, por la duración limitada de las encomiendas.

Los conquistadores y primeros pobladores. —Los encomenderos forman, pues, una clase jurídica y económica, no una clase social. La aristocracia indiana, en total, está informada por un principio propio, emanado de la conquista y población: la calidad de conquistador o primer poblador, que se transmite a los descendientes, quienes forman lo que los turistas del siglo XVII llaman "beneméritos de Indias". La fuerza de este principio es lo que constituye peculiarmente la conciencia de los grupos dirigentes de cada provincia, aunque sus miembros no posean actualmente encomiendas, y aunque, de hecho, algunos de ellos no provengan realmente de los conquistadores, ya que se trata de un fenómeno de conciencia social más bien que de genealogía.

Los rangos nobiliarios europeos han tenido una escasa importancia constitucional en Indias. Es verdad que la convicción popular de los conquistadores valorizaba altamente la nobleza de sangre, así como la condición racial, religiosa de "cristiano viejo" (que, incluso, era exigida imperativamente a todos los pasajeros a Indias); pero ni uno ni otro principio dan lugar realmente a formaciones sociales. La hidalguía, concedida, p. ej., a los conquistadores del Perú en la Capitulación con Pizarro, implicaba franquicias, como la exención de pechos y servicios pecuniarios, de tormento y de penas infamantes, de prisión por deudas; pero la libertad tributaria no constituía excepción alguna en Indias, de manera que el fuero de hidalguía solo venía a tener valor en la esfera penal. La concesión de encomiendas u oficios estatales no estuvo nunca condicionada por la calidad de hidalgo. En las probanzas de servicios, en las alegaciones de las partes litigantes en los juicios de encomienda, se alega frecuentemente la hidalguía y la limpieza de sangre; las ciudades suelen pedir que no entren en los Cabildos personas que ejerzan oficios villanos (tenderos, artesanos), y las Ordenanzas del Cuzco redactadas por Toledo exigen que el Alcaide elegido de entre los moradores no tenga aquellos oficios y sea hidalgo. Pero en todos estos casos, la hidalguía no significa estrictamente la clase social española; sino, más ampliamente, la extracción distinguida dentro de la población indiana, la distancia a las capas inferiores. Y justamente en la discriminación de las capas altas indianas juega un papel fundamental la participación en la Conquista y la población de la tierra. La primacía que adquiere en Indias la concepción aristocrática de la Europa de esa época no ha significado una traslación de la sociedad española con sus rangos intactos: ha ocurrido más bien una nueva creación social, que se justifica en la idea jerárquica. Una tentativa frustrada de modelar reglamentariamente las clases indianas según los rangos españoles fue, p. ej., la Cédula de 14-VIII-1509 a

Diego Colón, que ordenaba repartir indios en número determinado por la condición de caballero o de escudero. La transmisión del sentido aristocrático se efectuó a través de una formación más libre[148].

Los derechos de los descubridores y conquistadores y de sus descendientes están, desde luego, amparados por las Capitulaciones. Estos documentos contienen promesas de hacer merced hereditaria de oficios, jurisdicciones y ventajas comerciales, que el Rey se obligaba a dar siempre que el capitulante cumpliera con sus obligaciones. Lo característico de esta situación jurídica es que estas mercedes pueden ser exigibles judicialmente al Rey, como lo hizo Diego Colón: viendo éste "que por la vía de suplicación y de merced no le aprovechaba con el Rey nada, pidióle licencia para se lo pedir por justicia, y ponerle por demanda que le guardase sus privilegios y restituyese en la posesión de los oficios y dignidad y jurisdicción que su padre, con tantos trabajos y servicios hechos a la Corona, había merecido. El rey le dió licencia para que pidiese y siguiese su justicia como a él bien visto le fuese"[149]. En las conquistas, el sentimiento del mérito individual apoyado en la propia iniciativa, la convicción del derecho a recibir mercedes, no ya solamente por parte del jefe de la expedición, sino por todos los participantes, adquiere una fuerza jurídica extraordinaria, independiente incluso de la existencia de Capitulaciones. La justificación de esta convicción residía en el principio consuetudinario —luego recogido en las Partidas— de que el Rey estaba obligado a dar mercedes a los que servían bien en la guerra, o a sus hijos en caso de muerte; esta norma no se fundaba solamente en la justicia con los servidores, sino en que el premio exalta la virtud del pueblo, por el afán de merecerlos (II P., XVII leyes I y V; XVIII, leyes I y II.

Aunque los derechos fundados en Capitulaciones tenían el valor superior del reconocimiento regio de la obligación de premiar, el derecho emanado del mérito individual adquirido en las conquistas

148 Cédula de 1509, en CI, II, 183-184: las más altas cifras de indios a los oficiales y alcaides, luego a los caballeros, en fin, a los labradores. El repartimiento general de 1514 en La Española, no toma en cuenta tales categorías (CDIAO, 1, 50-238); mucho menos en los países de conquista.

149 Citado por Silvio Zavala, "Las Instituciones Jurídicas…", 128.

tiene, para la convicción de los conquistadores, una fuerza indudable e incondicional. Jefes de conquista, hombres de armas que han gastado todo lo necesario para su equipo y mantención y, a veces, para equipar y dar hospitalidad a varios soldados y familiares, afrontan estas responsabilidades financieras, no solamente por la esperanza del botín inmediato, sino por la de mercedes de indios, tierras y oficios. Los jefes que desconocen su deber de remunerar, como Nicuesa o Velázquez, se ven frente a insurrecciones y a la negativa de obediencia. Los Gobernadores cuya designación se pide al Rey son siempre alabados por su conocimiento personal de los que merecen que se les "dé de comer" en la tierra, a causa de sus trabajos. La solidez de la confianza en el derecho a las mercedes se acredita singularmente en el contrato de Pizarro, Almagro y Luque, que pactan una compañía ante escribano, aportando cada cual la hacienda que tiene en Castilla del Oro y las mercedes que recibirán en las tierras por conquistar, tierras, metales preciosos, servicios y tributos de indios, jurisdicciones y vasallos: se trata de expectativas que ellos consideran pertenecientes a la esfera del Derecho patrimonial, susceptibles de ser objetos de contrato, a pesar de consistir en actos propios de la autoridad regia.

La conciencia de este derecho, amparado por la vieja costumbre de las monarquías de la Reconquista y por las leyes de Partidas, es la base del espíritu de independencia de los conquistadores y de su noción patrimonialista del Estado. Una crónica como la de Bernal Díaz del Castillo recibe su sentido de esta convicción del mérito individual, que domina, no solo ya en los grandes jefes, sino en los soldados: "Y además de lo que tengo declarado, es bien que aquí haga relación, para que haya memorable memoria de mi persona y de los muchos y notables servicios que he hecho a Dios y a Su Magestad y a toda la cristiandad, como hay escripturas y relaciones de los duques y marqueses y condes y ilustres varones que sirvieron en las guerras, y también para que mis hijos y nietos y descendientes osen decir con verdad: "Estas tierras vino a descubrir y ganar mi padre a su costa, y gastó la hacienda que tenía en ello, y fué en lo conquistar de los primeros".

La conquista significaba la ganancia de una tierra para el Rey, pero este contraía tácitamente el compromiso de recompensar en la nueva tierra a los que la habían ganado para él; en casos como el de

México, la remuneración en encomiendas la realizó Cortés a pesar de la prohibición legal, pidiendo al Rey la confirmación, por las razones de bien común que exponía en su carta. Como la monarquía debe aceptar su deber de dar premios, establecido en el Derecho Medieval, fija un procedimiento para verificar los servicios prestados. Los conquistadores levantaban probanzas testimoniales de servicios para autentificar sus antecedentes y pedir recompensa en el Consejo cuando el jefe no los había ya remunerado suficientemente. Desde 1528, la legislación real, para evitar el abuso de la prueba testimonial, y aminorar la fuerza de la pretensión, exige un parecer del justicia del lugar, que debe ir adjunto a la probanza; las Nuevas Leyes disponen que la Audiencia debía hacer una información secreta y remitir un parecer adjunto siempre que algún vecino pidiese ante el Consejo alguna merced; en 1561 se ordena que ese parecer contenga una opinión del Fiscal sobre los méritos y defectos del interesado, y una lista de los oficios y mercedes ya recibidos; en 1562, se manda llevar un libro de servicios y mercedes en cada provincia. El contenido de las probanzas o informaciones es la enumeración de todos los hechos del respectivo vecino que lo constituían en "buen" descubridor, conquistador o poblador. Las Cédulas de encomienda de los Gobernadores van igualmente precedidas de una exposición de los servicios del conquistador, de manera que la merced asume el sentido de una remuneración. Desde luego, figura en primer lugar entre los méritos el de haber sido conquistador de la tierra; en seguida, el hecho de haber venido a su propia costa (pues el haberla hecho con ayuda de costa de la Real Hacienda rebajaba el mérito); haber traído compañeros armados, yanaconas y esclavos, que han colaborado a ganar el dominio de la provincia; las jornadas de guerra en que ha participado, los donativos y préstamos para las campañas; la sustentación que ha dado a sus indios encomendados, entregándoles semillas y enseñándoles el cultivo, la crianza de animales, el arar, el fabricar carretas, etc.; el haber construido barcos, molinos y otras industrias; el tratar bien a los indios; el tener numerosos deudos y amigos que por su influjo han ido a poblar la tierra; haber servido al Rey en casos de rebeldía; el ser buen "republicano" en los Cabildos, ejerciendo oficios concejiles; el ser hombre de honra e hidalgo. Esta enumeración de hechos valiosos no procede exclusivamente de las convicciones espontáneas de los conquistadores, sino que a veces la misma legislación real ha establecido el valor: así la Provisión de 5-IV-1528 mandaba preferir en las encomiendas a los casados, por ser más estables y tratar mejor a los indios; la Cédula de 10-XII-1531 a la II Audiencia le ordenaba enviar relación de los merecedores de mercedes, oficios y beneficios eclesiásticos, seleccionando a los buenos pobladores y edificadores, amigos de plantar, provechosos al servicio real y a la República, benévolos para con los indígenas; cuando se trata de aspirantes a dignidades eclesiásticas, sobre todo de doctrinas de indios, la Cédula de 11-XI-1566 al Obispo de Quito ordena preferir a los mejores en letras, vida y ejemplo[150].

El mérito fundamental, como ya se ha dicho, es la calidad de conquistador o de primer poblador. En la colonización de La Española, debido a la mayor dependencia directa de la administración real, por el origen asalariado del avecindamiento, no se destaca esta noción. A pesar de que Diego Colón pedía al Rey Fernando que reservara las encomiendas a los vecinos (carta de 25-VII-1511), siguió imperando el principio regalista de la absoluta libertad regia en la gratificación, hasta la venida de los Jerónimos. Las empresas de conquista dieron, en cambio, a la idea de mérito un valor nuevo.

La legislación admite la idea de retribución a los primeros conquistadores y a sus descendientes en la II Instrucción a Luis Ponce de León, ordenando que se les den todas las mercedes y aprovechamientos a que hubiere lugar (4-XI-1525). En 5-IV-1528, al anunciar el Rey a la I Audiencia mexicana el proyecto de perpetuidad de las encomiendas, destinaba estas a los conquistadores y primeros pobladores que quisieran arraigar en la tierra, dando a cada uno lo justo según su calidad y servicios, como "enmienda de los dichos servicios y trabajos". Esta misma idea de la encomienda como premio fue planteada en las Instrucciones al Virrey Mendoza de 1535 y en la Cédula de 19-VII-1536 a Pizarro, llegando a constituir una norma

150 Provisión de 5-VI-1528, sobre información de servicios, en CI, IL, 175; "Las Leyes Nuevas", sobre información de servicios, página 16; Cédulas de 1561 y 1562 al Perú, CI, IL, 177-178. Provisión de 5-IV-1528, en CI, II, 189; Cédula de 1531, en CI, 1, 273; de 1566, en CI, 1, 97.

para todas las Indias. En cuanto a los corregimientos y alguacilazgos, la II Audiencia los proveyó asimismo en conquistadores y pobladores sin indios. El Rey dio muchas veces cédulas de recomendación a personas que recién pasaban a la Nueva España, pero autorizaba a la Audiencia, en tal caso, a informarse de la calidad del interesado y a designarlo solamente en igualdad de condiciones con otros candidatos admitiendo así implícitamente la superioridad de los pobladores más antiguos (27-X-1535). La Cédula de 10-XII-1531 planteaba ya la destinación de los oficios de justicia a los pobladores, y ella se acentúa particularmente en la de 26-VI-1539, solicitada por el Obispo Vasco de Quiroga para Michoacán; conviene, dice el texto, para la población de la provincia, que los pobladores de calidad sean proveídos de corregimientos, para que aquella tierra reciba favor y se acojan a ella españoles que andan dispersos haciendo daño entre los indígenas. El Virrey Mendoza aplicó plenamente ese principio[151].

En cuanto a los oficios concejiles, ellos se proveían, obviamente, entre los mismos conquistadores y fundadores de la ciudad; la legislación recomienda enérgicamente a los descendientes de aquellos que fueron sus primeros pobladores (16-XII-1565 para Ciudad de México)[152].

Los beneficios eclesiásticos, dependientes del Rey en virtud del Patronato, debían ser llenados por naturales de la tierra, siempre que tuvieran la calidad exigida por la función. Tal principio había sido sentado en la Baja Edad Media, como una reacción de la monarquía nacional castellana (lo mismo que en Inglaterra, Francia y otros Estados) contra la política papal de libertad absoluta en la disposición de los beneficios, para ligar así a la Iglesia al sentido estatal-territorial. Los Reyes mantuvieron firmemente esta norma en las Indias: en las

151 Carta de 1511, CDIAO, 32, 257-266. Despachos sobre premio debido a los conquistadores y pobladores: las Instrucciones a Ponce de León en 4-XI-1525, las Provisiones a la I Audiencia de 5-IV-1528, las Instrucciones a la II Audiencia de 12-VII-1530, están todas ellas en PCI, 15, 25, 43, respectivamente; Cédula a Pizarro de 19-VII-1536, CDIU, 10, 334-336; otra al mismo de 7-XI-1537 (Archivo General de Indias, Audiencia de Lima 565, IL, 310v); la Cédula ya citada de 1531, en CL, EL 273; la de 1535, en. PCI, 109; la de 1539, en PCI, 117v-118.

152 CL, HL, 28-29.

capitulaciones regias con los primeros prelados de La Española (1512) se establece que las dignidades y canonjías de cada episcopado se darán por el Obispo, con confirmación regia, a hijos legítimos de castellanos nacidos en Indias. Esta patrimonialización de los beneficios por destinación a los naturales de la sede respectiva recibe constantemente nuevas confirmaciones: así, la Cédula de 19-V-1525 al Obispo de Santa María la Antigua dispone "que se provean las iglesias a hijos patrimoniales", que son "los vecinos de la tierra"[153]; la Cédula ya citada de 10-XII-1531 a Nueva España contiene la misma idea. La doctrina de los "beneficios patrimoniales" —es decir, beneficios que forman parte del patrimonio del conjunto de los vecinos de la tierra, en calidad de justas expectativas— no solamente tiene importancia para la formación de un clero criollo, sino que revela un principio jurídico análogo a la tendencia patrimonial que se presenta en la provisión de oficios y encomiendas. En el siglo XVII, cuando Solórzano intenta legitimar el derecho de los criollos a todos los oficios y beneficios de sus provincias, acudirá preferentemente al ejemplo de los beneficios eclesiásticos.

Las Nuevas Leyes procuraron, en bien de los indios, eliminar las mercedes de encomiendas, pero dejaron subsistente la patrimonialización de los corregimientos y demás oficios, que deberían ser llenados con los vecinos (Declaraciones de 4-VI-1543). La fuerza de la reacción manifiesta la profundidad del sentido que los conquistadores tenían de su derecho a ser recompensados con las encomiendas, que eran la riqueza fundamental de las Indias. López de Gómara resume muy bien las quejas: "Otros decían que les fuera mucho mejor no tener hijos ni mujer que mantener, si les habían de quitar los esclavos, y que los sustentaban trabajando en minas, labranzas y otras granjerías; otros pedíanle pagase los esclavos que les tomaba, pues los habían comprado de los quintos del Rey, y tenían su hierro y señal. Otros daban por mal empleados sus trabajos y servicios, si al cabo de su vejez no habían de tener quien los sirviese; estos mostraban los dientes caídos de comer

[153] Resumen de dicha Concordia, en Antonio de Herrera, "Historia General...", I Década, Libro VIII, capítulo X. Cédula de 1525, por referencia de Richard Konetzke.

maíz tostado en la conquista del Perú, aquellos, muchas heridas y pedradas, aquellotros grandes bocados de lagartos; los conquistadores se quejaban de que habiendo gastado sus haciendas y derramado su sangre en ganar el Perú al Emperador, les quitaban esos pocos vasallos que les habían hecho merced. Los soldados decían que no irían a conquistar otras tierras, pues les quitaban la esperanza de tener vasallos, sino que robarían a diestro y siniestro cuanto pudiesen; los tenientes y oficiales del Rey se agraviaban mucho que los privasen de sus repartimientos sin haber maltratado los indios, pues no los hubieron por el oficio, sino por sus trabajos y servicios. Decían también los clérigos y frailes que no podrían sustentarse ni servir las iglesias si les quitaban los pueblos...". Y más adelante: "... unos decían que siendo justa la conquista de Indias, lícitamente podían tener por esclavos los indios tomados en guerra; otros, que no podía justamente quitarles el Emperador los pueblos y vasallos que una vez les dió durante el tiempo de la donación, en especial que se los dió a muchos como en dote porque se casasen; otros, que podían defender por armas sus vasallos y privilegios como los hidalgos de Castilla sus libertades; las cuales tenían por haber ayudado a los Reyes a ganar sus reinos de poder de moros, como ellos por haber ganado el Perú de manos de idólatras". Los vecinos de Trujillo decían, según Gutiérrez de Santa Clara, "que si al cabo del tiempo no auian de medrar, ni tener con qué sustentarse, que tomarían por mejor partido no seruir a su Magestad, sino buscar otro señor a quien seruir para que les hiziesse muchas mercedes y que no les quitasse con tanto rigor lo que tenían, sin ser oydos", y "que no era razón ni justicia que les quitassen los repartimientos de yndios, por quanto ellos no los auian auido en el Real officio, sino por los muchos seruicios que hizieron a Su Magestad en la conquista de la tierra"; otros alegaban todas las cédulas anteriores que garantizaban la firmeza del privilegio concedido: "si el Rey quería quebrantar a los españoles los privilegios hechos por los Reyes pasados que los grandes de Castilla no lo consentían hacer, y que en este ejemplo lo habían ellos de hacer hasta morir, pues habían ganado la tierra". En una información levantada por el Corregidor de Lima contra el Virrey Núñez de Vela, se atribuía a este el haber dicho que el Rey quería ser como el Gran Turco —modelo entonces del despotismo asiático— y que nadie tuviese nada sino como salario del Rey. Gonzalo Pizarro escribía a Pedro de Valdivia que las Nuevas Leyes significaban quitar a los Gobernadores el poder de dar en la tierra a los que lo merecían. La Gasca pudo, en fin, hacer triunfar la fidelidad al Rey, pero sobre la base previa de la derogación legislativa de la disposición que suprimía las encomiendas. El derecho de resistencia sufrió una derrota capital, pero la legislación tuvo que aceptar definitivamente el principio de la merced en relación con los tributos de indios. La firmeza que tenían los privilegios en la convicción de los conquistadores pesó decisivamente en el curso de la política regia[154].

Las disposiciones posteriores a los años 1545-46 rehacen el curso de la legislación anterior a las Nuevas Leyes, mandando satisfacer con las encomiendas a los conquistadores y primeros pobladores y a sus descendientes (despachos de 1548 a Guatemala, de 1568 "al Perú, Instrucción a Toledo de 1568, etc.). La carta de 5-X-1562 a la Audiencia de Nueva Granada ordena que, antes de encomendar, se reciba información de que el nuevo titular es descendiente de conquistador, y de sus méritos y necesidades, ligando estrecha y causalmente aquella calidad con la gratificación que se le daba. En materia de corregimientos, la Cédula de 23-VIII-1543 —para dar una compensación a los conquistadores mexicanos, después de las Nuevas Leyes— permite que sean proveídos en vecinos de la misma comarca, ya que en caso de requerirse el traslado del funcionario "el prouecho sería poco", dice el texto, que acepta de esta suerte la concepción de aquel oficio como gratificación. En 3-IX-1552 se manda al Virrey Velasco que prefiera a los primeros pobladores, y después a los pobladores casados, siendo personas hábiles y, hasta que estos no hayan sido designados, no provea a otra persona alguna, especialmente cuando estas no fuesen honradas, pues la ciudad de Antequera ha denunciado el nombramiento de artesanos para los

[154] Provisión de 4-VI-1543, "Las Leyes Nuevas", 21. Francisco López de Gómara, "Hispania Victrix. Primera y Segunda Parte de la Historia General de las Indias", 251, 252. Pedro Gutiérrez de Santa Clara, "Historia…", 1, 84, 129, Información del Corregidor de Lima contra el Virrey, GP, IL, 316 y siguientes. Carta de Gonzalo Pizarro a Valdivia, CDIHC, 8, 137-151.

corregimientos. En 24-XII-1561 se suspendió a varios corregidores, alguaciles mayores y a un Gobernador, nombrados en Perú por Nieva, porque eran recién llegados a la tierra, mandando nombrar a personas antiguas. Sin embargo, el uso de los oficios para sostener la situación de los descendientes de conquistadores envolvía un peligro de sacrificar a los indios, que la legislación intentó salvar, prohibiendo la acumulación de encomienda y corregimiento (10-V-1554 al Perú) y derogando implícitamente, en Cédula de 15-I-1569, dada para el Perú, el principio de que el corregidor debía ser vecino.

El peligro de las tendencias vecinales ha sido confrontado en el Memorial de Nieva y los Comisarios, donde se pide que no se perpetúen todas las encomiendas, porque "de aquí a treynta o quarenta años los hijos descendientes y subcesores de ellos no ternan amor a los rreyes ni Reynos de españa ny a las cosas de ellos por no las aver conocido y nascido acá antes aborrescimiento como regularmente se vee y entiende ser los de un Reyno governado por otro aunque sean descendientes de españoles y por que el amor que por nascimiento y naturaleza de nascer el hombre en la tierra se adquiere es muy grande". Aconsejan por eso dejar siempre un tercio de las encomiendas para refrescar continuamente la tierra con gente española. El problema político de los criollos ha sido también claramente señalado por el Gobernador Lope García de Castro: ellos gustan de oír y de creer —escribe en 2-IV-1567— a algunos mal intencionados que les dicen "como sufris que aviendo vuestros padres ganado esta tierra ayan de quedar vuestros hijos perdidos pues en vosotros se acauan las dos vidas"; recuerda que la conjuración mexicana en que estuvo implicado Martín Cortés fue formada por criollos, y que los del Perú eran mucho más inquietos que los de México, porque nunca la tierra fue bien asentada. En 2-IX-1567 Castro narraba que, al advertir a muchos que habían recibido anteriormente mercedes pecuniarias sobre quintos y almojarifazgos, que ellas eran ilegítimas, y que lo que ellos tenían del Rey no habían pedido ni siquiera los conquistadores, los afectados se quejaron de que el Rey iba poniendo muchos repartimientos en su cabeza. Pide como remedios, para satisfacer a los criollos, disimular una tercera vida, como se hace en México; pagar a los lanzas y arcabuces de la Real Hacienda, a pesar de los sacrificios fiscales; no quitar a los corregidores de ciudades, por ahorrar salarios, pues eso deja la jurisdicción en los alcaldes ordinarios; conservar los corregimientos de indios; encomendar todos los repartimientos que el Rey ha adquirido recientemente, quedando solo con los que se reservó al principio; sacar de la tierra a los ociosos al viaje de descubrimiento de Álvaro de Mendaña a las islas del Pacífico; fundar universidades para formar letrados y clérigos, con lo que los criollos dejarán su ánimo guerrero. En 18-I-1568 agrega todavía el consejo político de exigir a los sucesores de encomiendas un tiempo de residencia en España[155]. Los problemas de la dominación, el conflicto entre el sentido patrimonial del Estado de los conquistadores y criollos con su vínculo al Estado español, están pues claramente planteados ya desde la segunda mitad del siglo XVI, son tema de la reflexión política de los mandatarios.

La expectativa de oficios y mercedes no constituye en sí un derecho perfecto, a pesar de los contratos que sobre ellas celebran los conquistadores. Las autoridades tenían, en verdad, que ajustarse a la norma de preferencia fijada por la legislación, pero la expectativa no pertenece determinadamente a una persona, no ha entrado en su patrimonio. No existe una construcción jurídica sistemática sobre tales expectativas, pero en la convicción de los conquistadores, ellos tienen el sentido de un derecho exclusivo sobre oficios y mercedes radicados en la tierra conquistada. Este mismo sentido se transmite a los descendientes, pues la herencia de los méritos era un principio medieval castellano aceptado por la legislación indiana. Esta noción jurídica es la que constituye el espíritu de aristocracia de los principales grupos de vecinos. La descendencia de conquistadores no define rigurosamente a una clase, porque no origina, en definitiva, un derecho patrimonial actual; pero define netamente un rango social, del cual

155 Carta a Guatemala de 1548, en CI-III, 238; carta de 19-XII-1568 al Perú, CL Il, 238; carta de 1562, CI, Il, 236. Cédula de 1543, en PCI, 168. Cédula de 1552, PCI, 139-139y. Cédula de 1561, CI, TIL, 25. Cédula de 1554, CI, II, 8; la de 1569, en CI, III, 9. El pasaje citado del Memorial de la Perpetuidad, en GP, III, 410. Carta de Castro de 2-IV-1567, en GP, III, 240; la de 2-1X-1567, *ibid.*, 254; la de 1568, en *ibid.*, 290-292.

salen los encomenderos, los corregidores, los alcaldes y regidores, los canónigos, en parte los Obispos. Los conquistadores aun no recompensados forman la masa de los "pretensores", que constituyen el más grave problema político del Perú a lo largo de todo este período; se les satisface por nuevas conquistas, o creando pensiones sobre los encomenderos o sobre la Real Hacienda. Para los hombres que han tomado parte en las conquistas y fundaciones, las Capitulaciones, contractualmente interpretadas, son la expresión misma del Estado. El Estado es pensado como un conjunto de jurisdicciones, tributos, tierras, minas, etc., que el Rey debe entregar como merced a los que lo han ganado por su iniciativa y a su propia costa. Los encomenderos y los moradores de alta calidad proceden de esta capa conquistadora y fundadora: la encomienda, aunque crea una clase económica, no alcanza a definir una clase social de la que estuvieran excluidos los principales moradores. El *substratum* económico de la aristocracia no es solamente la encomienda, sino en general todas las mercedes que el Estado cede a los conquistadores, aunque aquella es ciertamente la más importante en el comienzo; pero el factor socialmente decisivo para la formación de esta aristocracia es un sentido jurídico, la convicción del mérito individual, familiarmente transmitido, y la concepción patrimonial del Estado creada por la Conquista. Este principio jurídico es el que da a la aristocracia de las Indias su independencia, su fuerza para desconocer los fines públicos del Estado cuando estaban en contraposición a su sentido, su oposición al regalismo y al burocratismo, sin lo cual, aun existiendo riquezas, no habría existido conciencia aristocrática.

Los vecinos de clases inferiores.—Los comerciantes ricos, aunque no son conquistadores, lograron formar parte del rango más alto de los moradores, por la importancia capital que para cada colonia tiene la importación de ropas, armas, etc. Estos mercaderes no tienen todavía —antes de fines del siglo XVI— una organización gremial. En Sevilla, los comerciantes de Indias se constituyen en Consulado en 1543.

Los comerciantes en pequeña escala y los artesanos forman la plebe urbana. Los artesanos están organizados en gremios que, sin embargo, no pueden aspirar al monopolio debido a la falta de mano de obra europea y a la abundancia de indios, negros, mulatos, etc., hábiles para muchos oficios[156]. A pesar de que unos y otros tienen casa poblada y forman parte del vecindario, han sido generalmente excluidos de los Cabildos y de toda participación en el Estado. Paralelamente a ellos todavía están los españoles no avecindados: "hombres de soldada", soldados sustentados por los encomenderos, mayordomos de los Gobernadores y Virreyes, etc.: en general, los "criados", palabra que implica dependencia familiar y militar, no servil. Desde el punto de vista del Derecho Concejil, todos los que no tienen casa poblada y no son por tanto vecinos, son llamados los "estantes".

La distancia que se abrió en seguida entre las clases altas y los vecinos pobres impidió que se produjesen en Indias las luchas, tan características de las ciudades medievales, entre los gremios y los comerciantes patricios, en que aquellos constituían parte importante de los organismos representativos comunales, y procuraban imponer el principio corporativo, obligando a los comerciantes a matricularse en los gremios. En América la clase urbana más importante, que es a la vez la clase dominadora del territorio, ocupa todos los cargos concejiles, y está totalmente libre de la presión de los gremios de artesanos, inexistentes como fuerza política. En general, la clase alta está libre de toda organización corporativa. La única excepción en este período es la Mesta de los ganaderos, constituida en México: sus Ordenanzas de 1537, redactadas por el Cabildo de México, y aprobadas en 1542 por el Consejo, constituyen a los ganaderos más importantes en una corporación territorial con fines de policía y con derecho a dictar Ordenanzas sujetas a la aprobación del Virrey[157].

156 Richard Konetzke, "Las ordenanzas de gremios como documentos de historia social de Hispanoamérica durante la época colonial".

157 Ordenanzas de la Mesta, dictadas en 31-VI1-1537, en CI, 1, 70-72. J. Miranda, "Notas sobre la Introducción de la Mesta en Nueva España", resume las segundas Ordenanzas, de 1574.

LOS SÚBDITOS INDÍGENAS: SU ESTATUTO DENTRO DEL DERECHO INDIANO

Los indios han pasado a ser súbditos del Rey de Castilla, pero sin perder jurídicamente la totalidad de su antigua organización. El Estado Indiano admite dentro de su cuerpo estas comunidades, regidas por un Derecho distinto del castellano, aunque con numerosas interferencias de las leyes de Indias, tanto en sus relaciones con la población española, como en su vida interna. El Derecho Indígena, desde la Conquista, pasa a ser, en rigor, un sector del Derecho Indiano, y los justicias reales deben aplicar las costumbres de los naturales en la medida que sean consideradas "buenas", es decir, compatibles con la religión cristiana, el Derecho Natural y la autoridad regia, según los mismos criterios exigidos para la validez de las costumbres en el Derecho Español. Los Capítulos de Corregidores de Nueva España de 12-VII-1530, más tarde la Cédula de 6-VIII-1555 al Cacique de Verapaz, establecen explícitamente tal concepto[158]. Puede, pues, plantearse hasta qué punto los conceptos estatales que sin duda existían en los grandes pueblos indígenas han persistido en ellos, transformándose, después de la sumisión. Pero el estudio de estos procesos, desde el punto de vista de los indígenas, pertenece a la etnografía jurídica, no a la Historia del Derecho. Renunciando, por tanto, a una visión de conjunto de la vida jurídica indígena, me limitaré a un sector: a la regulación de la condición política de los indios en el Derecho creado por los españoles para las Indias. No seguiremos tanto las transformaciones de la vida indígena, como la concepción que los españoles tenían del régimen a que debían someterse los naturales.

[158] Capítulo de 1530, en PCI, 54. Cédula de 1555, en CI, IV, 355.

La Española.—Los colonos entraron en contacto, en las Antillas, con grupos organizados en formas comunales, con jefes denominados caciques, palabra que ellos trasladaron al resto de las Indias para todas las situaciones que consideraron similares. Los acuerdos iniciales sobre tributos fueron adoptados con ellos, y la Instrucción de 16-IX-1501 impuso a Ovando el seguir esta práctica de Colón. La monarquía y sus agentes entran en relación con los naturales a través del cacicazgo, dando así validez a instituciones y principios del Nuevo Mundo. Los caciques son considerados como señores naturales particulares, bajo el señorío universal del Rey[159]. La transferencia de esta noción consuetudinaria medieval explica la medida de Ovando de quitar el cacicazgo a los españoles que lo habían adquirido por matrimonio, para que no se ensoberbecieran como señores, dándoles encomiendas en indemnización. Las Instrucciones de 20-III-1503 ordenan a aquel Gobernador respetar los derechos tradicionales de las autoridades caciquiles, pero también proteger a los indios contra sus abusos —apareciendo ya aquí el criterio estatal de limitación y control del poder de estas instancias señoriales. Sin embargo, estas fueron, en realidad, anuladas por el servicio personal en su forma antillana. Las leyes de Burgos ordenan que los caciques sirvan en trabajos moderados, rebajando así grandemente el valor de su señorío. La vida tribal quedó totalmente trastornada. Tampoco se pudo implantar la nueva forma de los pueblos, recomendados por la Instrucción de 20-III-1503 para que los indios se agruparan y pudieran vivir bajo un justicia español, junto a una iglesia, cerca de sus propias labranzas. Las leyes de Burgos estipularon la creación de pueblos, dentro de la encomienda; la Declaración de Valladolid de 1513 permitió liberar de encomienda a los indios que pudieran vivir políticamente en tales reducciones. Los intentos de poner en realización esos planes en los países antillanos fracasaron muy pronto, como lo ha mostrado Hanke[160].

[159] Robert S. Chamberlain, "The Concept of the "Señor Natural" as revealed by Castilian Law and Administrative Documents". Instrucción de 1501, en CDIAO, 31, 15-25.

[160] Las Casas, "Historia de las Indias", Libro II, capítulo 41: sobre el cacicazgo de los españoles. Instrucción de 1503, ver pág. 154. Leyes de Burgos, N° 22 (ed.

Las Casas. —En las controversias de La Española se formó el pensamiento de Las Casas, y su actitud jurídica no solamente influirá en la legislación metropolitana, sino que repercutirá en creaciones ensayadas en otras provincias de Indias. Su oposición a las conquistas y su defensa de las jurisdicciones indígenas, salva la tutela suprema del Rey, conformaron la misión de Tuzutlan (Verapaz), libre del contacto de los conquistadores. El territorio de Verapaz quedó cerrado a los españoles, salvo a los misioneros dominicos, por expresa disposición del Gobernador y de la Audiencia guatemaltecos; la legislación real declaró la validez de las buenas costumbres de esos indígenas, anteriores y posteriores a la conversión, con la condición de que la Corona pudiera introducir ulteriormente nuevo Derecho, no siendo incompatible con el antiguo (6-VIII-1555). En 25 del mismo mes, una nueva Cédula declaraba que, como la manera de regirse esos indios era distinta de la de los españoles, tendrían vigor las costumbres que introdujeran, de común consentimiento, respecto de la designación de autoridades indígenas. Hasta el momento en que triunfó una reacción de los infieles entre aquellos indios, la misión de Verapaz constituyó un importante ejemplo de una formación autónoma dentro del Estado Indiano. Junto a estos ensayos misionales, Las Casas no deja de mano, en sus últimos años, la lucha por la aplicación a los indios de países de conquista de los principios jurídicos castellanos. Con motivo de las negociaciones sobre la perpetuidad en el Perú, él y fray Domingo de Santo Tomás, en representación de todos los caciques e indios peruanos, ofrecen a la Corona un servicio mayor que el que ofrecerían los encomenderos, para que no se conceda la perpetuidad, y para que, una vez terminadas las actuales provisiones de encomienda, los respectivos repartimientos fuesen incorporados inalienablemente a la Corona, aunque con la mitad de la tasa que hasta entonces pagaban. Agregaban peticiones que muestran otros aspectos del pensamiento de Las Casas y de su círculo: su concepción medieval aplicada a los indígenas (la libertad tributaria de los señores aborígenes, al igual que los hidalgos españoles;

de Hussey, Hisp. Am. Hist. Review, vol. XII, N° 3, 316). Lewis Hanke, "La lucha por la Justicia...", 131-152.

la reunión de los procuradores de los pueblos y comunidades indígenas cuando se hubieran de tratar negocios generales tocantes a sus repúblicas, para que consintieran en las decisiones propuestas o dieran razón de la negativa, como las Cortes españolas), y, por otra parte, su afán de conservar las viejas costumbres indígenas (agregación de los pueblos vacantes menos importantes a los principales, "según la orden antigua de policía que tenían en tiempo de los reyes Ingas, porque en esto consiste toda su conservación, y de otra manera no se pueden conservar, como se ha visto claro")[161].

La idea de Las Casas consistía en un desarrollo libre de las comunidades aldeanas indígenas (más aún: de los Imperios y Ligas de carácter estatal, si hubiera sido posible), protegidas por los privilegios y libertades medievales. Estas habrían servido en América de baluarte para la conservación de las viejas costumbres e instituciones prehispánicas, penetradas por la religión cristiana, libremente fundida con ellas. Tal posición era incompatible con la Conquista y con sus efectos. Pero también dentro de la organización fundada en la Conquista, cabían diversas maneras de concebir la organización indígena y su articulación con La Española.

México. —Cortés, después de la destrucción del poder azteca, dejó en pleno vigor, en la base, la organización mexicana, con toda su riqueza de formas señoriales y comunales. Su Segunda Carta de Relación revela la asimilación mental inmediata que verifican los conquistadores de las instituciones indígenas a las españolas: habla allí de señores, de ciudadanos, de gobernadores que reciben los tributos de Moctezuma en las provincias, etc. Esta misma forma de considerar la organización existente presidió su concepción y su política en materia de encomiendas, que él intentó superponer a las estructuras indígenas sin destruirlas, realizando una estratificación de los señoríos naturales aborígenes y de las encomiendas españolas, que parecía significar un tipo de estable y equilibrada dominación. Sin embargo, solo con las

[161] Sobre la experiencia de Verapaz, Lewis Hanke, "La lucha por la justicia...", 196-202. Cédulas de 6 y de 25-VIII-1555, en CI, IV, 355-356. Presentación de Las Casas y de Fray Domingo de Santo Tomás, en CDHM, II, 231-236.

grandes reformas del tiempo de la II Audiencia, quedó definitivamente demarcada la nueva organización. Los señores de los pueblos sometidos a los aztecas, o de los que se habían conservado hasta entonces independientes, quedaron exentos de toda tributación, y algunos de ellos, que habían prestado servicios durante la Conquista, recibieron privilegios especiales que les aseguraban tal inmunidad y señorío. La comunidad de Tlaxcala quedó sujeta exclusivamente al Rey, recibiendo en 13-III-1535 la promesa de que no sería jamás encomendada, en premio de su ayuda. Los señores de indios, cuya situación quedó así defendida dentro de la organización española —como antes lo había estado bajo el dominio azteca— conservaron sus tierras patrimoniales, con indios allí residentes, con sus usos y tributos propios; a la vez, ellos constituían el eslabón entre sus súbditos y el sistema español, particularmente en la recepción y pago de tributos al Rey o encomenderos, y en la distribución de los servicios entre sus indios. La práctica de la esclavitud por compra-venta se fundaba también en la responsabilidad de los señores, quienes podían vender a los que en el Derecho Indígena eran esclavos: sin embargo, Vasco de Quiroga demuestra, en su Informe en Derecho de 1535, que no existía esclavitud originaria indígena, sino una entrega perpetua de servicios, que no autorizaba a la enajenación, práctica que él atribuye a la codicia de los principales indígenas y de los españoles[162].

La actitud de la II Audiencia y de la legislación metropolitana, en el decenio de 1530, se inclina más bien a refrenar el poder de los señores. En carta real de 12-VII-1530, se ordena nombrar a 2 regidores y al alguacil indios en la ciudad de México, incorporando a aquellos al Cabildo español, para que se instruyesen en la manera de gobernar las ciudades. La Audiencia procedió a generalizar la institución; si bien no se han integrado a los Cabildos españoles, regidores y alguaciles han constituido dentro de los pueblos una nueva jerarquía, que interviene

[162] Ejemplo de privilegios señoriales a caciques mexicanos, en CDHM, II, 1-24. Privilegio de Tlaxcala, CI, I, 60-61. Información en Derecho de Vasco de Quiroga, CDIAO, 10, 333-525; sin embargo, Zavala advierte que esta versión impresa carece de notas importantes, que se hallan al margen del mansc. original ("Ideario de Vasco de Quiroga").

en la vida interna, frente a los antiguos poderes caciquiles, velando por que los naturales trabajen para pagar los tributos, haciendo cumplir las Ordenanzas, castigando a los borrachos, etc. El sentido de los nuevos cargos es elevar a los indios a la organización municipal española, a la "república", en el significado que desde el neoaristotelismo se daba al término.

La fundación de aldeas indígenas, con objeto de evangelizar a los indios dispersos, había sido iniciada desde los años de Cortés. Robert Ricard cita la de Acámbaro (Guanajuato) en el año 1526, congregación de indios Otomis y Tarascos, bajo la dirección de dos franciscanos: se reparten tierras a cada jefe de familia, se trazan las calles y la plaza, y, en fin, se nombran, de entre los indígenas a un Gobernador, alcaldes, un regidor y un fiscal encargado del control de la doctrina. Franciscanos, dominicos y agustinos inician desde entonces su labor de fundación de aldeas o reducciones —"villages d'évangelisation", las llama Ricard— con su plaza, su mercado, iglesia, escuela, alcaldía, cárcel, posada para los viajeros. La caja de comunidad formada por los frailes con el trabajo de los mismos indígenas en plantaciones comunes (especialmente de morera, a la cual se debe la industria de la seda, tan desarrollada durante todo el siglo), o bien arrendando tierras, o por la multiplicación del ganado, servía para reparar las faltas de tributos de los indios pobres, para la doctrina, beneficencia, etc. Al implantarse las tasas, ingresaron a la misma caja las "sobras" de tributos[163].

Paralelamente a estas fundaciones de los religiosos, Vasco de Quiroga propicia, ya en 1531, otro tipo de comunidades. En carta de 14-VIII de ese año escribe a España, proponiendo crear pueblos apartados de los viejos, en terrenos baldíos, fomentando así la doctrina y policía de los naturales, a la vez que el cultivo de la tierra. En su Informe de 1535, insiste sobre la desventaja del aislamiento de las familias indígenas, tanto desde el punto de vista de la conservación de su infidelidad y de sus malas costumbres, como porque así no pueden soportar la carga de los servicios y tributos, sin ninguna forma de ayuda común. Así surge

163 Pasaje de la carta de 12-VII-1530, en PCI, 40. Robert Ricard, "La conquête spirituelle du Mexique", 163-185. Las sobras de tributos se fijaron en la cuarta parte, como explicaba Zorita en su carta de 1560, en su "Historia", T. I, 406-416.

el plan de los Hospitales, ajenos a los antiguos cuadros indígenas, y de estructura colectivista, a la inversa de la generalidad de las fundaciones misionales, que conservaban la propiedad privada, si bien dejaban en común terrenos para egido y pastos. Silvio Zavala ha expuesto dicho plan, marcando su conexión con el de Thomas More[164].

El punto de vista de Quiroga es el de una reforma general de la vida indígena, siendo explícitamente hostil al poder de los antiguos señores. Muy diversa es la actitud de los religiosos, que apoyan su propagación misional entre los indios sujetos (macehuales) en el influjo de los caciques. Los frailes han censurado generalmente la tendencia legislativa a rebajar los antiguos señoríos. Dicha tendencia legal se marca sobre todo en la Cédula de 26-II-1538, que, con un criterio severamente regalista, prohíbe el uso del título de señor a los jefes indígenas, de donde procede la expansión de la designación de "Gobernadores". A veces, estos son los mismos antiguos caciques; en las regiones donde toda la organización es reciente, producto de las reducciones españolas, como en Nueva Galicia, estos Gobernadores son macehuales libremente elegidos por el Virrey.

Jerónimo de Zorita, que escribe hacia 1560 su "Breve y Sumaria Relación de los Señores y maneras y diferencias que había en ellos en la Nueva España", basada principalmente en la tradición franciscana (sigue a veces literalmente a Motolinía) concentra su alegato en favor del buen tratamiento de los indios en un punto, en la necesidad y la justicia de mantener los antiguos señoríos y la antigua policía en que vivían, "que para ellos era muy buena y muy necesaria". Desde que los señores vieron mudado su título en el de Gobernadores, escribe, su autoridad se vio decaída, y paulatinamente se han visto suplantados por alcaldes, alguaciles, etc.; se han promovido pleitos de los indios unos contra otros, de los pueblos entre sí por cuestiones de límites; los macehuales, que son como niños y pueden ser manejados a voluntad, se han quejado ante la Audiencia contra sus señores, y gracias a la nueva condición de estos, se les ha podido despojar de la Gobernación,

[164] Carta de Quiroga en 1531, CDIAO. 13, 420-429. Silvio Zavala, "La Utopía" de Tomás Moro en la Nueva España" "Ideario de Vasco de Quiroga".

de modo que han perdido su mando, sus rentas, los indios mayegues o terrazgueros asentados en sus propiedades, todo ello sin beneficio alguno para los naturales. Un franciscano, Fr. Francisco de la Parra, desde Guatemala, escribía, con anterioridad, algo análogo: los españoles hacen señores a quienes no lo son, para que les paguen mejor el tributo, y, como estos están en el Gobierno por corto tiempo, comen opulentamente y roban al pueblo.

La defensa del arraigo de los naturales ha movido a los frailes a la defensa de la propiedad indígena, a sostener la ventaja de la tasa de tributos, mediante la cual se convertían en libres aldeanos tributarios y a combatir el repartimiento surgido desde 1549. Zorita, inspirado, como hemos dicho, en el criterio franciscano, compara el trabajo que los indios realizan en sus pueblos, para pagar tributos y contribuir a la caja de comunidad, que no envuelve ninguna fatiga ni molestia extraordinaria, con los servicios prestados entre españoles, en los grandes edificios de cal y canto, cargados, mal tratados por los capataces negros, trasladados a climas diferentes al suyo.

Los franciscanos de México han intentado crear —sin atacar como Las Casas el sistema de conquistas y encomiendas, pero pidiendo su regulación— una organización social hermética de los aborígenes, como supuesto esencial de su conservación. Tales comunidades, ligadas a los españoles por la relación tributaria, debían conservar la antigua jerarquía señorial y las formas comunales, manteniendo a los macehuales en completa obediencia frente a señores y frailes, pues su debilidad hacía necesaria la tutela. El Comisario General de Guatemala, Fr. Francisco de Bustamante, representa en este sentido un criterio extremo, al pedir para los frailes el poder de castigar a los indios, ya que lo pueden hacer con menos pasión y menos costa de los naturales, sobre todo en casos leves. Robert Ricard ha señalado ese punto de vista paternalista y desconfiado frente a la capacidad de autogobierno de los indios, como motivo principal que ha movido al clero mexicano —después de una tentativa frustrada de los mismos franciscanos— a rechazar la participación de los naturales en el Orden sacerdotal[165].

[165] Cédula de 1538, CI, IV, 291. Alonso de Zorita, "Breve y Sumaria Relación de los Señores y maneras y diferencias que había de ellos en la Nueva España",

La defensa de esta concepción tuvo que hacer frente, en México, a criterios opuestos por una u otra razón.

El Virrey Mendoza explica en su Instrucción a Velasco su punto de vista frente al problema. En general, el Virrey dicta mucho de una voluntad sistemática de conservar o de eliminar el cacicazgo. Si a los señores indígenas, dice, se les da favor, roban a los macehuales; si se les quita ese favor, no tienen autoridad para mandar. Los principales de Guaxocingo, por ejemplo, se han repartido entre sí casi todos los baldíos: él, que estaba recién llegado a la tierra, lo aprobó entonces, pero recomienda ahora revisar esos hechos. No queda sino arreglar los negocios en particular, según la calidad de las personas. Si ya antes los señores eran electivos, deben seguirse eligiendo, seleccionándolos bien y dando confirmación por el tiempo que fuere de la merced del Rey o de su Virrey, para removerlo si se hace preciso; incluso los que son hereditarios deben ser destituidos si hay motivos. La tasa de tributos al cacique debe ser hecha, pero lentamente, según se ofrezcan los pleitos, o cuando haya elecciones, o reducción a pueblos. Justifica la nueva jerarquía de Gobernadores, alcaldes y alguaciles, pero advierte que hay que tomarles juicios de residencia, y controlar también a los mismos jueces de residencia indígenas, para que no cometan abusos.

Frente a este sentido de realismo político, los Oidores aparecen más absolutos en su lucha contra el cacicazgo, con la notable excepción de Alonso de Zorita. En 1531 los Oidores escribían que muchos señores tenían títulos tiránicos; que la tasación de los tributos al Rey y a los encomenderos había sido convertida en provecho de los caciques, pues seguían cobrando lo mismo que antes; que casi todas las tierras eran suyas y los macehuales estaban en ellas siempre como de paso. El proyecto de Vasco de Quiroga está muy distante del respeto de los misioneros por las antiguas costumbres, es fruto de un pensamiento reformador individual. Vasco de Puga es el que manifiesta mejor la tendencia jurídica regalista en esta lucha contra los señoríos indígenas.

---

en CDIAO, II, 1-126, y en NCDHM, III, 71-227. Carta de Fr. Francisco de la Parra, 19-11-1547, NCDHM, II, 193-196. Carta de Fr. Francisco de Bustamante, 22-III-1551, NCDHM, II, 199 y siguientes (especialmente 201-202). R. Ricard, "La conquête...", 260-281.

En su carta de 28-II-1564 combate sobre todo la formación de inmunidades tributarias, afirmando que el tributo, por ser debido al Rey en calidad de reconocimiento de su señorío universal, tiene que ser pagado incluso por los terrazgueros de los caciques. Distingue, entre las antiguas tierras indígenas, las que pertenecían a los principales, las baldías colocadas bajo la jurisdicción de Moctezuma, y las de los dioses. Estas dos últimas clases han pasado al Rey, como sucesor de aquel monarca, y como Patrono de la Iglesia, respectivamente, y debe impedirse que ellas sean usurpadas por los señores, que tratan de introducir en ellas a sus terrazgueros. También las reducciones, según Puga, sirven ilícitamente a los principales, quienes se reparten las tierras y asientan a los indígenas comunes con esa misma calidad de terrazgueros, obligados al pago de un canon. Su posición, netamente regalista y antiseñorial, se resume en el plan de reparto de tierras a los macehuales y de sumisión general de los indios al tributo[166].

Martín Cortés, el segundo Marqués del Valle, coincide con algunas de estas tesis, si bien por otros caminos. Su criterio, que correspondía en general al de los encomenderos —por más que él estuviese personalmente muy ligado a los franciscanos, siguiendo el ejemplo de su padre— se manifiesta en su carta de 10-X-1563. Según él, había antiguamente cuatro clases de tierras: las calpulales, que Moctezuma daba a los barrios, y que estos repartían entre los jefes de familia, bajo condición de dar un tributo, conforme a las suertes de tierra repartidas; otras eran hereditariamente de los señores y principales, sin obligación de tributar por ellas a Moctezuma; otras estaban destinadas al culto; y en fin, las últimas estaban directamente bajo la explotación de Moctezuma, teniendo los indígenas la obligación de acudir a su cultivo. Aparte de estos tributos reales, había otros personales sin tasa ni medida, según las necesidades del señor supremo. Según Cortés, los principales habían usurpado en gran parte las tierras del culto y

[166] "Relación, Apuntamientos y Avisos que por mandato de S. M. da el Señor Don Antonio de Mendoza, Virrey, y Gobernador y Capitán General desta Nueva España" (en "Instrucciones que los Virreyes de Nueva España dejaron en sus sucesores"), 18, 27, 31-34, 42. Informe de la II Audiencia en 1531, en CDIAO, 14, 329 y siguientes. Carta de Puga, ENE, X, 33-40.

las de Moctezuma, después de la Conquista; las comunidades habían continuado en el goce de las tierras calpulales o tributarias, tomando también una parte de las tierras de los dioses y de Moctezuma; a pesar de la tasa personal que fijaban los españoles, se repartían entre sí el tributo conforme a la tierra de cada uno, siguiendo el antiguo sistema real. Cortés pide numerar estrictamente a todos los indios de cada lugar y darles a todos tierras tributarias en iguales porciones, incluso a los terrazgueros de los señores, fijando una tasa que grave la tierra y no a la persona. Así se terminarán los abusos de los caciques, y todos contribuirán al Rey como solariegos suyos, pues de él reciben las tierras tributarias. Cortés ve en esta solución la ventaja de las rentas reales (es la época de la visita de Valderrama, en que el problema fiscal es planteado en la Nueva España, en toda su urgencia), y a la vez el incremento de las rentas de encomiendas, ya que la norma sobre tributos en los pueblos del Rey debía aplicarse en justicia a los pueblos encomendados. Independientemente de la reforma del sistema tributario y de la extinción de la clase de indios terrazgueros de los caciques, la concepción planteada por Martín Cortés proyecta una grave modificación en la situación general de los indígenas, al convertirlos en solariegos o terrazgueros del Rey, meros tenedores de las tierras regias. El tributo variaba de fundamento al ser pagado como terrazgo, no como reconocimiento de señorío, pues se eliminaba el derecho indígena de propiedad. Hasta ese momento, la Corona no había planteado cuestión alguna que implicara negación de la plena propiedad indígena, proclamando solamente la regalía sobre los baldíos, en donde se situaban las mercedes de tierras hechas a los españoles. La Cédula de 14-V-1546 ha sido citada por Silvio Zavala para confirmar su tesis de que la Corona ni el encomendero tenían dominio directo sobre las tierras de los indios, pues ella declaraba que la comunidad heredaba a los naturales muertos sin parientes. Martín Cortés, en una hora en que Felipe II busca afanosamente nuevos recursos, plantea por primera vez la posibilidad de un uso fiscalmente provechoso de la sucesión de Moctezuma, que ya no es simplemente la regalía de los baldíos, sino el dominio directo de toda la tierra indígena, que no anula ciertamente el dominio útil de los aborígenes, pero que abre el camino a diversas intervenciones del Rey, en uso de las atribuciones de propietario. Pero la concepción jurídica allí enunciada tardará mucho en ser parcialmente adoptada por la monarquía[167].

El problema de la calidad de los señoríos y el de la condición de las tierras, tan íntimamente ligados, no son los únicos debatidos. Los enemigos de los religiosos o del poder caciquil discuten la utilidad de las cajas de comunidad. Martín Cortés, en la misma carta antes citada, hace presente que hay 440 mil indios del Rey en México, todos tasados en 1 peso y en media fanega de maíz, y que, sin embargo, la Real Hacienda solo recibe 150 mil pesos; la diferencia la usan como quieren los frailes y los principales mandones del pueblo, aquellos en edificios lujosos de culto, estos en borracheras. El Visitador Valderrama repite las mismas acusaciones, así como otro gran enemigo de los frailes, el segundo arzobispo de México, fray Alonso de Montúfar, quién insiste en que los macehuales son explotados para utilidad de los principales.

La querella de las Ordenes con Montúfar presenta, por una parte, un rasgo general a todo Occidente: la lucha del clero regular por escapar a la jurisdicción ordinara eclesiástica. Pero también la disputa se refiere a un problema específicamente indiano: el afán del arzobispo por dirigir la actividad misional, crear un clero secular misionero y obligar a los indios a pagar el diezmo, indispensable para financiar este plan. Woodrow Borah ha descrito este conflicto, cuyo término fue un punto medio: los indios debieron pagar el diezmo de productos traídos de Europa: el trigo, el ganado y la seda. Este expediente,

[167] Carta de Martín Cortés, CDIAO, 4, 440-462. Carta de 1546, CI, IV, 352-353: sobre ella, Silvio Zavala, "De Encomiendas y Propiedad territorial…", 77, 78. Hay que advertir, sin embargo, que Zavala cita el texto de esta carta indirectamente, a través de la Recopilación de 1680, y en esta versión aparece un agregado que no está en la Cédula original: cuando el pueblo tenga tierras suficientes, las de los indios muertos abintestato pasan al Rey. En 1546, cuando no se había planteado el fiscalismo territorial que aparece a mediados del reinado de Felipe II, la disposición legal daba simplemente todas esas tierras al pueblo indígena. Esta variante introducida en la Recopilación —no se cita ninguna otra fuente de la ley XXX, Título I, Libro VI, que el texto de 1546— indica una diferencia en la concepción jurídica de la propiedad indígena entre la época de formación del Derecho Indiano y el momento de la codificación. Por otra parte, esa variante muestra un claro ejemplo de la indispensable necesidad de eliminar la Recopilación como fuente para la legislación del siglo XVI.

definido ya en tiempos del primer arzobispo Zumárraga (1543), no satisfacía a los frailes, ni tampoco a Montúfar, quien hacía presente el escaso rendimiento del tributo parcial, ponderando el deber que en Derecho Divino y Canónico pesaba sobre los fieles de costear los gastos del sacerdocio. El argumento gracias al cual se había mantenido hasta 1543 la exención total, a saber, el escándalo de los indios ante el pago que se les exigía por la conversión era desestimado por el arzobispo, recordando las viejas costumbres indígenas de las oblaciones y presentes: se trataba, según él, solamente de una maniobra de los frailes para mantener las cajas de comunidad, que debían ser abolidas para establecer el diezmo. Los religiosos negaban, según la carta de Montúfar de 15-V-1556, que los indígenas tuvieran la obligación de pagar diezmos, porque el Rey ya recibía tributos, y el señorío que tenía sobre la tierra no tenía otro sentido, según las Bulas, que el de procurar la conversión de los naturales, de manera que no debían pagar dos veces para ese fin, ni podían salir barcos cargados de oro y plata a España, sin antes pagar todos los gastos de la conversión. En cambio, el arzobispo no consideraba condicional el dominio regio, y establecía sobre los indios dos deberes tributarios diferentes en su origen, uno de orden temporal, otro de orden espiritual[168].

Contra el arzobispo y contra el criterio general de la Audiencia, escribe fray Jerónimo de Mendieta su carta de 1-I-1562, contra los denigradores del "Imperio franciscano". Mendieta realza la libertad de los religiosos frente a los intereses mundanos, a la vez que su poder sobre los indios: "...porque estos naturales son puramente niños, naturalmente subjetos y tímidos, y así con tener padre y maestro verdadero cristiano y prudente, que los amases como a tales los corrigiese, y como maestro los enseñase y instruyese en la fe cristiana y policía humana, no sería más una provincia entera debajo de la mano de un religioso, que una escuela de muchachos debajo de la mano de un maestro; porque puesto en subjeción y obediencia, no hay gente ni nación en el mundo más dócil que esta para cuanto les quisieren enseñar y mandar;

168 Woodrow Borah, "The Collection of tithes...". Carta de Montúfar en 1556, en CDIAO, 4, 491-530.

y por el contrario no hay fieras en la selvas más indómitas que ellos, puestos en su querer y libertad". Hay pues que "mantener por maestrescuelas destos niños alos religiosos (como arriba dije), y por padre supremo de todos ellos a su visorey, para que favoreciera y sustentara en todo lo bueno el trabajo de los religiosos, y los advirtiera, y fuera a la mano en lo que no fuera tal, y sus oficiales para recoger y expender sus rentas reales, y no curara de otras audiencias y justicias para con los indios, sino que el mismo señor o cacique o principal tuviera cargo de regir y gobernar sus macehuales en paz". Los religiosos deben tener autoridad y libertad, "... sin estorbo ni contradicción de obispos ni oidores", aunque no pretende la jurisdicción, "sino que nos hayamos en todo para con los indios en la forma y manera y licencia que los padres y maestros tienen por derecho natural, divino y humano, para criar, enseñar y corregir a sus hijos y discípulos". La alianza de los frailes con Velasco los lleva a plantear la primacía absoluta del oficio de Virrey frente a la Audiencia, organismo con el cual estaban en casi permanente tensión jurisdiccional. Por otra parte, Mendieta defiende la necesidad de continuar vigorosamente las reducciones, demostrando que su eficacia depende de que se derriben las antiguas casas, para fijar a los indios a los nuevos asientos; pero la Audiencia amparaba la libertad de movimiento de los indios, de acuerdo con la Provisión de 17-X-1544, resultando así, dice Mendieta, que los nuevos pueblos no tienen estabilidad. El Virrey Mendoza enunciaba en sus Avisos a Velasco este mismo problema, pero la concepción de la libertad personal, consagrada en el Derecho Castellano desde la época de los Reyes Católicos, no le permitía una medida de adscripción absoluta. Mendieta solo pide la destrucción total de las viejas moradas, con la seguridad de que eso evitará el retorno de los indios[169].

[169] Carta de I-I-1562 de Mendieta, en CDHM, 11, 515-545. Provisión de 1544, en CI, IV, 285-286 (insertando la Pragmática Sanción de 1480 en que los Reyes Católicos dan libertad de movimiento a todos sus súbditos, y la libertad de comprar, vender y arrendar bienes raíces). Mendoza ve la oposición entre dicho mandato y las reducciones, en sus Avisos, CDIAO, 6, 484-515, y aconseja a Velasco preocuparse del problema. No he podido consultar, sobre este problema de la Libertad de movimiento, un reciente trabajo de Silvio Zavala, "La libertad de movimiento de los indios de Nueva España".

Desde el punto de vista de la concepción del Estado en Indias, todo este nexo de problemas es de gran importancia. El ideal misionero implicaba, ya lo hemos dicho, una fuerte autonomía jurídica indígena, un desarrollo de sus costumbres paralelo a las costumbres y leyes de los españoles de Indias. Esa autonomía era el supuesto de la independencia cultural y lingüística propiciada por los más significativos entre los religiosos de México, que siempre resistieron, dice Ricard, toda "hispanización" de los indios, adoptando el nahuatl como idioma misional[170]. Pero este criterio encuentra fuerte oposición. En primer lugar, la del "bando de los encomenderos", existente en todas las Indias, como dice un parecer del Dr. Vázquez en 1559[171]. Pero también se marca un criterio de la Audiencia, una línea que domina, con raras excepciones, la conducta de la institución. La plena oposición de esta línea con la de los frailes se desarrolló agudamente hacia 1560, a causa del apoyo que estos daban al Virrey Velasco; además, los Oidores de aquella época deseaban que los principales y las cajas de comunidad contribuyeran a la demanda de dinero que hacía Felipe II. Pero en el fondo de la actitud negativa de la Audiencia hay un pensamiento que viene ya de 1530. La Audiencia acepta y propicia también el aislamiento de la masa indígena, como único modo de preservarla de la destrucción, aunque sin perjuicio del trabajo controlado en beneficio de los españoles, sea a través de la encomienda, sea del posterior repartimiento. Pero este aislamiento no significaba, para los Oidores, conservar intactas las formas jurídicas prehispánicas; ellos querían conformar el poder de los señores naturales según la legalidad española: de allí la imposición del título de "Gobernador", la extensión de la jerarquía municipal a los indios, los cambios de señores por sentencia judicial, la tasa para los servicios y tributos a los caciques, la tasación de sus terrazgueros como tributarios del Rey, a pesar de las protestas del partido de los religiosos. El sentido de la autoridad regia, la noción romanista de libertad, la tendencia a imponer la ley sobre la costumbre, dan el sello a la política de la Audiencia Mexicana en este campo. Ella

170 R. Ricard, "La conquête", 67-70.

171 Parecer de Vázquez, CDIAO, 4, 141-146.

no aspira a la prolongación del Estado Indígena bajo la supremacía regia, sino a proteger a los indios dentro de concepciones españolas y de los principios generales de origen romano-canónico. Esto explica la fuerte acometida de Mendieta contra la justicia letrada.

Perú. —Las grandes alternativas que se plantearon en México se dieron también en Perú; pero el predominio más dilatado de la encomienda en sus formas primitivas debilitó aquí considerablemente la posibilidad de persistencia independiente de los señoríos indígenas. No existió tampoco en el Perú una acción organizada e influyente de los religiosos, aunque aparecen algunas individualidades más o menos próximas al pensamiento de Las Casas (Fray Domingo de Santo Tomás, Fray Matías de San Martín, el Lic. Francisco Falcón). Solo en tiempos de Lope García de Castro se dicta una legislación que intenta crear un régimen indígena independiente: la Instrucción de Corregidores de 1565, confirmada por el Rey en 27-II-1575. Se encarga principalmente al corregidor que, en conjunto con el doctrinero y el cacique, cuide de la reducción de los naturales a pueblo regular, administrado inmediatamente por el alcalde indígena bajo la supervigilancia del corregidor. Es este último funcionario quien tendrá en realidad en los pueblos peruanos el mando, y no los religiosos, como en México. El doctrinero debe ser controlado en su conducta por el corregidor, para que guarde buena conducta, no inflija castigos a los indios, no los ocupe sin paga, ni haga de nuevo iglesias o las mude de lugar a costa de los naturales. La paga del tributo tasado que se debe al cacique debe hacerse en presencia del corregidor o del cura, y del alcalde indio. La cantidad fijada para doctrina, restada del tributo al Rey o encomendero, la pondrá el corregidor en un arca de la comunidad, cuyas 3 llaves serán para el cura, el cacique y el alcalde. En la misma caja se echaría la cantidad adicional de 2 tomines que cada tributario daba para pagar al corregidor, y también la contribución general para gastos de comunidad, que se acostumbraba imponer. La comunidad tenía, además, un patrimonio común inalienable de tierras y de ganados, cuyos frutos debían gastarse solo en cosas de utilidad pública (culto, beneficencia, etc.), con parecer de corregidor, alcalde y cacique. Las tierras que eran antes del Inca y del Sol no debían ser apropiadas por el cacique, sino que pertenecían a la comunidad, para ayudar a la paga de tributos, y para constituir depósitos de trigo y maíz para tiempos de necesidad.

Así, las reducciones peruanas no proceden de las Órdenes religiosas, sino del Gobierno: la policía en todos sus detalles, el control del régimen de trabajo (compulsión a la labor agrícola, servicio de los tambos, etc.), la jurisdicción, pertenecen al corregidor español. Se procura también realzar las funciones del alcalde indio, quien figura siempre como inferior en rango al cacique, pero independiente de él: se le confía incluso la jurisdicción en causas civiles y criminales leves entre indios; pero, en realidad, cacique, cura y alcalde quedan subordinados al corregidor: tal es la característica peculiar del régimen peruano.

Cuando surge el problema de la mita y de su justificación, en 1550-70, se plantea teóricamente la cuestión de la persistencia de la organización y del Derecho Indígena en su totalidad. Juan de Matienzo representa el pensamiento que hemos caracterizado como oficial de la Audiencia, hostil al cacicazgo y deseoso de entrabarlo al máximo, para liberar a los indios de los usos que, ante el criterio letrado, resultaban arbitrarios. La organización general incásica y comunal es condenada por Matienzo, en cuanto la falta de propiedad individual ha acostumbrado a los indios a desinteresarse de la utilidad económica personal. Como la legislación española ha suprimido los servicios personales al encomendero, la única solución para impedir la ociosidad era, según Matienzo, el sistema de mitas. Insiste marcadamente en la necesidad de eliminar el servicio perpetuo que los indios prestan a sus caciques, tasando rigurosamente estos tributos. Los naturales deben adquirir el conocimiento de oficios manuales, para que en el futuro tengan el sentido del trabajo independiente, y se pueda prescindir del repartimiento. Concibe la civilización de los indios como una hispanización: debe enseñarse a las familias de los indios el español, y mandárseles que lo hablen; la doctrina solo puede suministrarse correctamente en español. La forma civilizadora más importante es la reducción a pueblos, dotando de jurisdicción a alcaldes y alguaciles, procurando que todos los naturales tengan alguna vez esos oficios, para que comprendan la libertad que tienen; pero deja subsistente, aunque disminuido y controlado, el gobierno del cacique. Las reducciones deben estar dirigidas por el corregidor; él no las concibe enteramente aisladas de los españoles, sino admitiendo en el pueblo a algunos casados, dándoles de las antiguas tierras del Inca y del Sol; pero, para evitar los despojos, las tierras de los indios solo pueden venderse entre ellos. Los naturales deben quedar perpetuamente asentados en los pueblos, salvo permiso de la Audiencia, para impedir su disipación. En suma, Matienzo concibe un sistema de reducciones que favorece una hispanización y una civilización graduales, y un régimen de servicios personales controlados.

Hernando de Santillán juzga con no menor severidad que Matienzo las arbitrariedades de los caciques; los considera, sin embargo, necesarios, dada la inclinación al ocio y a la borrachera de los indios comunes. El sistema de reducción a pueblos y de elección de alcaldes le parece también el único medio de justa gobernación, para que el cacicazgo se conserve en lo que es útil y cese en lo dañoso. Insiste en la necesidad de que se ponga un límite al desarraigo provocado por la conquista, cuyos resultados para los indios han sido, en suma, perjudiciales, comparados con el régimen incásico[172].

El pensamiento de Polo de Ondegardo representa la más fuerte contraposición teórica a los anteriores. "Lo que debemos hacer —escribe— es llegarnos a sus costumbres, y en aquellas dar orden como no resciban agravio". Rechaza la idea legislativa de la absoluta libertad individual de los indios: "La libertad ha de ser para que, cumplido el tributo, lo que ganaren sea para ellos, de manera que han de trabajar todo lo que solían, conmutando el trabajo que no fuese justo, y pagar sólo lo que fuere razón, para que ellos bivan ricos y el tributo se pague sin pesadumbre; y para esto no solamente no es bien mudalles la orden que les a quedado, sino buscar y averiguar la que della se a perdido y tornalla a introducir, asi en la forma que tenian en el cuydado que avía sobre ellos, como en la que estava dada para que no muriesen ni enfermasen, como quien conocía su condicion". Recuerda que los

[172] GP, III, 116 y siguientes. Juan de Matienzo, "Gobierno del Perú", 15-18, 29-30, 31-37, 434-441 (sobre el patrimonio comunal), 50 (adscripción al pueblo). Hernando de Santillán, Relación del Gobierno de los Incas, ya citado, N° 58, 59, 65-74, 82, 84, 105.

indios no dominados por los Incas no han podido ser sometidos ni cristianizados, como es el caso de los de Bracamoros, los de los llanos, los araucanos. La mita se justifica porque los Incas la habían establecido, como un trabajo favorable para los mismos indios. En un memorial de 1571 insiste en su pensamiento capital: el Rey, al mandar inquirir el origen del señorío de los Incas (se refiere a la Cédula de 20-XII-1553, que planteaba una encuesta completa sobre el tema, a la cual él había respondido en su memorial antes citado de 1561), había tenido un gran acierto, pues así se determinaría la costumbre indígena, "... por que desto rresultaria todo lo que tocaba justicia e fueros que entrellos se guardaua e yncidentemente el daño que an rresciuido e rresciven en la orden del proceder que con ellos se tiene en la determinación de sus pleytos, porque dado caso que en alguna manera se les debiese poner otra en algunas cosas que paresciere no combenir a la buena policia, no auia de ser tan presto ny sin entender la suya propia, que tantos años a que se guarda entrellos por ley imbiolable, mayormente estando determynado por los teologos la obligación que ay de guardar sus fueros y costumbres guando no rrepunasen al derecho natural, porque de otra manera y por la orden que se trata e a tratado, no hay duda sino que a muchos se les quita el derecho adquirido, obligandolos a pasar por mas leyes que ni supieron ny entendieron ny bernan en conoscimiento dellas de aqui a cien años...". Polo de Ondegardo ha conquistado su punto de vista favorable a la prolongación del sistema incásico en una vasta información sobre su estructura, origen y funcionamiento, constituyendo su fuente la tradición oral de los indios viejos; sus deberes judiciales como Corregidor del Cuzco le han impuesto la necesidad de conocer las costumbres indígenas. Gracias a esto, puede describir el sistema incásico en sus aspectos fundamentales. Para él, las comunidades preincásicas no poseen ya una tradición viva, pues todo el orden de la población ha sido enseñado por los Incas: Polo de Ondegardo no intenta pues aislar la costumbre incásica de la de las comunidades, sino que se refiere unitariamente a la que existía en el Imperio, y esa es la que propone conservar. Describe detalladamente el sistema de tierras y tributos, basado en la división de las tierras de cada pueblo en tres lotes: para el Sol y otros dioses, para el Inca y para la comunidad, fijándose en este último lote las sementeras comunes y los campos individuales. Dentro de estos cuadros, interferían las mercedes territoriales hechas por el mismo Inca a los señores. La tributación consistía en el trabajo de las tierras destinadas respectivamente al Sol, al Inca y a la comunidad. El ganado no era de los pueblos, sino del Inca. y el trabajo de la trasquila constituía otro servicio tributario. Los pastos eran igualmente del Inca o de los dioses, si bien existía un amplio sistema de licencias que permitía el uso de estos bienes estatales por los comarcanos. Esta compleja división se ha simplificado después de la Conquista: los caciques han sucedido en los bienes del Inca y del Sol, y en los bienes depositados para el uso comunal; los ganados quedaron en poder de sus guardianes, perdiéndose la diferencia antigua. Polo de Ondegardo defiende el poder caciquil: no es cierto que ellos hagan tanto fraude a sus indios como se dice, pues en general no tratan de adquirir allende de las necesidades caseras, y si hay excepciones, ellas se presentan cerca de las ciudades españolas. El cacique es necesario para las informaciones previas a la tasación, y para repartir el pago del tributo; si los ganados pasasen de los señores a los indios individualmente, no quedaría ninguno. Los indios comunes no saben nada del orden que tienen, sino solo se refieren a los principales. El memorial de 1561 concluye con un balance positivo y negativo del Imperio Incásico: tenía una gran policía, aunque ella se dirigía a la sujeción; testimonios de ese orden son la prohibición de cambiar de clima, de emborracharse, de comer frutos malsanos; la coca era escasa, y solamente cultivada por los mitimaes trasladados a los centros productores; los asientos de población eran salubres, ubicados sobre todo en la sierra, trayendo allí gente de los llanos, prefiriendo la sanidad a la abundancia de subsistencias, por lo cual iban muchas veces a buscarlas lejos de sus hogares; no tenían pleitos civiles, porque tenían pocas cosas propias, y estas inalienables; solamente había a veces litigios respecto de la delimitación de los pastos del Inca entre una u otra provincia, lo que tenía importancia para las licencias de uso entre las respectivas comunidades; en sus castigos, no eran, sin embargo, equitativos.

En el memorial de 1571, describe nuevamente todo el sistema territorial y tributario incásico, y muestra la más grave consecuencia que ha tenido la ignorancia de los españoles sobre la organización incásica: las tierras que eran del Inca y del Sol, cuyo trabajo constituía la tributación de los naturales, han sido consideradas como vacantes, y dadas a los españoles una vez que se rinde información que eran del Inca o del Sol; como, por otra parte, los indios tributan, resulta que se les fija un doble gravamen, uno el quitarles las tierras destinadas antiguamente a tributación, y otro, el de las prestaciones que ahora se les exige en dinero o especies. El tributo que el Rey lleva debía ser en lo que llevaba el Inca, y no en los bienes concejiles o propios, como ahora acontece. Iguales daños han sufrido los indígenas con la ruptura del antiguo régimen del ganado, y en general con el quebrantamiento de su complejo sistema de costumbres[173].

Puede, pues, marcarse una lucha entre los defensores del Derecho Indígena, tanto en Perú como en México, contra la tendencia legal reformadora. La lucha por la conservación del Derecho Consuetudinario y de las antiguas formas de dominación y de organización es emprendida en la Nueva España por los misioneros, excepcionalmente por un letrado, Alonso de Zorita; en cambio, en el Perú ella es obra de un letrado, Polo de Ondegardo. Los resultados concretos de las actitudes de unos y otros no son en modo alguno semejantes, si comparamos especialmente la posición de Polo con la de Zorita y los frailes frente al problema de la mita; pero coinciden, no obstante, en la aceptación del valor del Derecho Prehispánico. Tanto ellos como el partido, que hemos denominado el de la Audiencia, aspiraban a impedir la disolución

[173] Obras consultadas de Polo de Ondegardo, ver pág. 139; las conclusiones del informe de 1571 sobre alteración del antiguo régimen tributario, CDIAO, 17, 21-22. Charles Gibson, "The Inca Concept of Sovereignty and the Spanish Administration in Perú" llama a Polo "one of... the Toledan historians" (p. 43), y caracteriza a esta escuela como sistemáticamente hostil a los Incas, adoptando, aunque atenuadamente, el criterio de Means (106-109). Sin embargo, Polo de Ondegardo no manifiesta tal hostilidad, ni contra los caciques ni en definitiva (a pesar de expresiones de detalle) contra los Incas. Aunque reconoce que estos han procedido a la dominación por la fuerza, les atribuye todo el orden reinante entre los naturales, ya que las otras comunidades imitaron la policía e industria de los Incas (CDIAO, 17, 12). También nos parece demasiado simplista la división de Gibson entre partidarios de la destrucción indiscriminada de la organización aborigen, y partidarios de conservarla por razones morales (p. 89). En el texto presento otro punto de vista.

incontrolada de los pueblos por los encomenderos u otros españoles; pero los defensores del Derecho Indígena situaban la solución en la persistencia de los costumbres que en otro tiempo habían asegurado una sana vida común, conservando las vinculaciones comunales y las jerarquías señoriales; las Audiencias, en general, menospreciaban este elemento y confiaban más, en último término, en la fuerza ordenadora de la autoridad regia y de los principios generales de equidad y de libertad del Derecho Común. Más aún, las Audiencias, por la tendencia expansiva propia de todos los organismos jurisdiccionales de la época, exacerbada en ellas por el sentido regalista, actuaron muchas veces en desmedro de la autoridad de los caciques, nombrando y deponiendo Gobernadores de indígenas.

La legislación metropolitana. —Siguiendo el criterio general de la I Audiencia, la legislación para Nueva España del decenio de 1530 es hostil al cacicazgo. La Instrucción a Mendoza, en 1535, recomienda al nuevo Virrey enviar relación con parecer sobre si conviene al acrecentamiento de la Real Hacienda disminuir los tributos y servicios que los indios pagan a sus caciques, pues estos no tienen título ni derecho para llevarlo. La Cédula de 26-II-1538 suprime el título de "señor" que se atribuye a los caciques mexicanos. Sin embargo, el carácter casuístico y particularista de la legislación española, que la hace depender de las informaciones existentes sobre el caso —salvo donde hay ciertas decisiones fundamentales que el Consejo adopta como puntales de la política indiana— impide una continuación intransigente del mismo criterio. Las Instrucciones a Vaca de Castro para el Perú (15-VI-1540) le recomiendan reconocer el señorío del Inca, devolverle su libertad y sus tierras, pagando al Rey cierto servicio, y resolviendo, de acuerdo con el Gobernador, si es conveniente o no, que resida en el Perú. Esta instrucción concuerda con la política de Pizarro de conservar el título incásico después de la Conquista, en parte por sentido jurídico, en parte por necesidad política de provocar la hispanización a través de un aliado, actitud que duró hasta los tiempos de Toledo, y que ha sido recientemente estudiada por Charles Gibson.

Por otra parte, también las instrucciones a Vaca de Castro reconocen un carácter representativo a los caciques, al ordenarle que los reúna para informarles de las órdenes dadas por el Rey para que cesen los malos tratamientos de los españoles. Tal reunión tiene, en el espíritu de la legislación el sentido de una renovación de la obediencia al Rey, un reconocimiento de su justicia, similar a la que hicieron los señores mexicanos en tiempos de Mendoza, según la carta de Motolinía de 1555.

La Cédula de 18-I-1552 vuelve a plantear la necesidad de una información sobre el fundamento de la tributación al cacique: si era por antigua herencia y justo título, o por una introducción tiránica, pues el Consejo había recibido informaciones sobre los abusos que ellos cometían: en este segundo caso, los tributos debían ser suprimidos; si eran debidos en justicia, la Audiencia debía tasarlos, lo mismo que ya se había hecho con los que se pagaban al Rey y a los encomenderos. En 20-XII-1553 se envió a las Audiencias una Cédula con una amplísima encuesta sobre el régimen indígena: figuraban preguntas que debían ser respondidas previa interrogación jurada a indios ancianos y examen de las "pinturas", sobre los tributos antiguamente pagados a sus señores universales y a los caciques y principales; qué categorías de naturales estaban exentos; los tiempos del año en que se cobraban y la forma de pagarlos; si era una capitación o un tributo sobre las haciendas; si el título por el que se tributaba era la calidad de súbdito o la de vasallo solariego; si los actuales tributos a sus caciques eran los mismos de la época de la infidelidad, o si había alguna novedad; si los señores eran hereditarios o electivos, cuál era su jurisdicción, y si su señorío era útil para el bien de sus súbditos; si los tributos fijados antes y después de la tasa por los españoles sumaban lo mismo que los antiguos; si en la tasa se había tomado en cuenta el consentimiento de los mismos pueblos, y cómo se habían juntado para dar la aprobación, o si esta fue forzosa; si la tasación se hizo en consideración a lo que los indios pudieran en absoluto pagar, y si se tomaron en cuenta, además, los deberes familiares del tributario; si pagaban los pobres, los labradores, los mercaderes. La Cédula tenía una intención moderadamente fiscalista, pues se planteaba la posibilidad de gravar a los mercaderes y a los artesanos indígenas con alguna imposición sobre los frutos de su industria, y se ordenaba revisar la exención casi completa del diezmo a los indios; pero, superiores a los de la época de la infidelidad, debiendo informarse qué medida exacta de la tributación era precisa para costear la buena gobernación y doctrina de los mismos indígenas y el honesto sustentamiento de los españoles necesarios para la defensa de la tierra. En respuesta a la Cédula, se escribieron una serie de pareceres, entre los cuales los más notables son los de Zorita, Santillán y Polo de Ondegardo, verdaderos análisis histórico-constitucionales del régimen de los naturales en Nueva España y en Perú.

Mientras las tasaciones de los tributos a los caciques van realizándose en Nueva España, el Consejo continúa ordenando la tasa en el Perú, pero, como no tiene aún una información cierta sobre el fundamento jurídico de aquella tributación, manda en 10-V-1554 a aquella Audiencia averiguarlo, y moderar los excesos en la cantidad. Especialmente se le ordenaba determinar en justicia si se trataba de tributos por concepto de señorío político o de dominio de las tierras, para aclarar la situación jurídica total.

Los resultados de la encuesta han ido llegando paulatinamente al Consejo, sin que este organismo haya tomado decisiones de conjunto sobre el régimen indígena; pero, en los años sucesivos, la legislación recomienda más firmemente el respeto a la jurisdicción caciquil, reprobándose los excesos de poder de la justicia regia contra sus derechos tradicionales. En 19-VI-1558 se manda a la Audiencia de Lima que no suprima injustamente la autoridad de los caciques y señores (volviendo a usar aquí el titulo suprimido en 1538), restituyendo en justicia a los despojados. Igual orden se despacha a Guatemala (19-XII-1558) y a Nuevo Reino de Granada (1-V-1560). Pero, a la vez, la legislación define los límites de la jurisdicción así reconocida: en 19-XII-1558, en la Cédula ya citada a Guatemala, se ordena que los caciques puedan conocer de causas civiles y criminales leves, pero no de las que merezcan pena corporal. La Ordenanza de Audiencias de 1563 prohíbe nuevamente, el despojo de su autoridad a los caciques sin previa sentencia. Así, hacia 1560, la legislación ha llegado a un punto medio entre los dos partidos, el adverso y el favorable a los caciques: se ha impedido que los tribunales convirtieran la idea regalista en una expoliación de derechos tradicionales, que la Corona se ha decidido a respetar, en vista de su importancia dentro del Derecho Indígena; pero, a la vez, se ha delimitado al ámbito de esa autoridad.

Ya nos hemos referido, al tratar de las mercedes de tierras y estancias, a las medidas protectoras de la propiedad indígena. En otro aspecto fundamental, el de la tasación, la Cédula de 19-VII-1536, dirigida al Perú, estableció un procedimiento, que luego fue recogido por las Nuevas Leyes y por la disposición definitiva de 4-VI-1551. No se siguió ciertamente el principio sostenido por Las Casas de implantar respecto de los indios el sistema representativo para el consentimiento en los tributos; sin embargo, las tasaciones se hicieron previa información sobre la fertilidad y las posibilidades de cada pueblo, rendida por los indígenas y por los interesados en la percepción del tributo (encomenderos u Oficiales Reales), de tal modo que subsistió para los naturales una cierta intervención en la fijación del monto del tributo. El medio más utilizado por ellos para obtener la rebaja de las tasaciones fue el pedir judicialmente la retasa, probando una extraordinaria disminución del número o de las posibilidades económicas de los indios. Respecto a las cajas de comunidad, la legislación decidió, ante las frecuentes denuncias relativas a su dilapidación, ponerlas bajo el control conjunto de diversas autoridades. En Nueva España, estas debían ser el cacique, el alcalde indio del pueblo y el corregidor español, prohibiéndose a los frailes el tomar directamente alguna suma para gastos del culto o cualesquiera otros (7-V-1558 y 1-II-1561). En el Perú, las Cédulas de 13-IX y 13-XI-1565 entregaban el control de la caja al cura, el cacique y el indio más antiguo del pueblo; debía existir un libro de recibo y saca, y ningún gasto extraordinario debía efectuarse sin consentimiento de los indios. Estas disposiciones concordaban con las Instrucciones para Corregidores, dictadas en ese mismo año de 1565 por Lope García de Castro, si bien estas entregan específicamente al alcalde las funciones que las Cédulas dan al indio más antiguo, y confieren la decisión sobre nuevos gastos, no a los indios en general, sino al cacique, el alcalde y el corregidor, lo mismo que en México.

La situación de los indígenas en el plano del Derecho estaba definida por su condición de "miserables", análoga a los menores de edad. Desde 1516 aparece una magistratura especial, la del Protector de Indígenas (cuyo titular fue primeramente Las Casas), encargado de velar y denunciar los agravios cometidos contra ellos. En 1526 la Provisión de Granada confía ese cargo, aún sin formas burocráticas, a los eclesiásticos de cada expedición de conquista. En 1528 la función se vincula, en Nueva España, al Episcopado, y se regulan sus atribuciones: debían visitar personalmente el territorio, o enviar visitadores, con facultad de sentenciar causas que merecieran pena pecuniaria leve, e instruir proceso sobre causas mayores, enviándolas a los justicias correspondientes. Los Obispos de Tierra Firme y del Cuzco son también Protectores de Indios. La condición de "miserables" o menores, incapaces de defenderse en igualdad de condiciones, implica la posesión de todos los privilegios del tratamiento equitativo en los tribunales, en la aplicación de las leyes, etc. Los frailes quisieron ampliar esa noción a todos los negocios de indios: para Mendieta, aquella calidad debía significar que no corría contra ellos prescripción, ni era válida costumbre alguna que los perjudicara[174].

* * *

La conquista y la colonización implicó para los indígenas la sumisión a servicios personales y tributación que para los pueblos de más alta organización vinieron a sustituir a antiguos sistemas tributarios ya en vigencia antes de la Conquista, y para las tribus de vida estatal más floja significaron algo totalmente nuevo. En regiones determinadas (todavía muy reducidas antes de 1570) se ensayan tipos de Estado puramente misionales, sin colonización española; pero, en general, la gran mayoría de la población indígena (excepto aquella que vivía

174 Pasaje citado de la Instrucción a Mendoza, 17-IV-1535, CDIAO, 23, 435-436. Cédula de 1538, CI, IV, 291. Pasaje citado de las Instrucciones a Vaca de Castro, CDIAO, 23, 501-502, 505-506. Sobre los Incas posteriores a la Conquista, Charles Gibson, obra citada en nota anterior. Pasaje de Motolinía, en su carta de 2-I-1555, CDHM, I, 262. Cédula de 1552, en CI, IV, 289; la de 1553, en PCI, 140v-141v; la de 1554, en CI, IV, 290. Cédulas de 1558 y 1560, en CL IV, 287-288; pasaje de las Ordenes de Audiencias de 1563 contra el despojamiento de los caciques, CL, IV, 287. Cédula sobre Tasaciones de 19-VII-1536, CDIU, 10, 336-339; "Las Leyes Nuevas", 16, 22-23; Cédula de 1551, en CL, II, 154-156. Cédula de 1558 sobre cajas de comunidad CI, IV, 325; la de 1561, CL, IV, 326; las de 1565, CI, IV, 325-326. Datos sobre la Protectoría de Indios, en "El Protector de Indios", del P. Constantino Bayle; textos legales, en CI, IV, 331-335. Pasaje citado de la carta de Mendieta de 8-X-1565, en NCDHM, 1, 24.

en regiones todavía inexploradas en el siglo XVI, o inhabitables para los blancos) quedó sujeta a un tipo de tributación y de trabajo en beneficio de los súbditos españoles. Pero esta situación, producto de la Conquista, no cubría toda la vida jurídica de los indígenas, salvo en algunas Gobernaciones independientes, donde el poder de los conquistadores carecía de frenos legales; en los núcleos principales, por obra de capitanes de conquista como el mismo Cortés, pero más ordinariamente de Audiencias, Virreyes y frailes, subsisten comunidades indígenas con su propio Derecho. Se marcan diversas posibilidades de organización, unas más conformes al Derecho Consuetudinario Indígena, otras a ideas jurídicas europeas. La legislación toma a este respecto un camino intermedio. Reconoce a los caciques como señores de sus indios, dejando subsistentes los antiguos vínculos, pero limita su jurisdicción y tributos, sujetándolos firmemente al control de las Audiencias y corregidores; por lo demás, en muchos casos, como en Nueva España, la decisión legislativa llegó tarde, y ya las autoridades indianas habían sustituido casi completamente las antiguas jerarquías por otras nuevas procedentes de la elección, más controlada por los españoles. Una segunda solución, generalmente recomendada por la legislación, fue la concentración de la población indígena en reducciones, para facilitar la doctrina y la acción estatal sobre aquélla. En fin, los indígenas tienen ante los tribunales españoles el beneficio equitativo de un estatuto de protección especial. Estas bases son siempre inestables, por el impacto de las formas de servicio obligatorio, por la amenaza de la expansión de la propiedad rural y de los ganados de los españoles sobre las tierras indígenas, etc.; pero, con todo, Nueva España, Guatemala, más tarde Paraguay, etc., ven el desarrollo de una vida comunal indígena, concentrada alrededor de misiones de las grandes Ordenes; allí donde estas faltan, como es, principalmente, el caso de las reducciones peruanas, los indígenas representan un menor valor dentro del Estado.

LA FUNCIÓN JUDICIAL DEL ESTADO

1. Justicia sumaria y justicia letrada

Todas las colonias atravesaron en su fase inicial por una etapa en que la justicia no pudo realizarse según las reglas ordinarias del procedimiento romano-canónico, que dominaba en el Derecho Castellano desde la época de las Partidas. Ni Colón ni su alcalde Roldán tenían conocimientos legales: los delitos cometidos por el último no fueron castigados en rigor de justicia, dice Las Casas, sino después de frustrados los procedimientos de equidad. Oviedo acusa a Colón de emplear en general un rigor inadecuado: "… mal hace quien no se abraça con la misericordia, en especial en estas tierras nuevas, donde por conservar la compañía de los pocos, se han de disimular muchas veces las cosas, que en otras partes sería delito no castigarse"[175]. La reflexión de Oviedo apunta exactamente a la necesidad de una justicia concorde con la situación característica de las colonias.

Aunque en La Española, desde la llegada de los alcaldes mayores de Ovando y luego de la Audiencia, la concepción judicial se asimiló a la de España, en las tierras posteriormente pobladas, los vecinos pidieron y obtuvieron la prohibición de que pasaran letrados a ellas, en carácter de abogados o procuradores. Así las franquicias a los expedicionarios que iban con Pedrarias Dávila (18-VI-1513) contenían dicha disposición prohibitiva respecto de los abogados; los juicios debían ser puramente orales, sentenciando el juez en conciencia ("por albedrío"), con la sola condición de oír a las partes, y si alguna no supiere defenderse, el justicia le nombraría persona que de oficio la supliera. En las Instrucciones a Pedrarias de 2-VIII de ese mismo año se agrega que el Gobernador debe procurar resolver los casos por arbitraje, sin que haya pleitos en la tierra en materia civil; en materia

[175] Gonzalo Fernández de Oviedo, "Historia", II, XIII.

criminal debía juzgar según las leyes castellanas, pero aumentando las penas de los delitos que fueren más graves, atendida la situación.

La misma prevención contra los abogados, que perturbaban con su criterio el orden jurídico que se iba estableciendo en las colonias conforme a la necesidad y a los principios propios de la situación, se manifestó en otras tierras, como la Nueva España. Pero el mismo volumen de los negocios impone allí rápidamente un cambio. El ayuntamiento general de 10-XI-1525 solicita la venida de letrados, dentro de ciertas condiciones, pues los vecinos no deben perder sus haciendas y sus causas por pleitear personalmente. Cuando se crea la I Audiencia, se la instruye para que acepte el litigio por abogados, pero exigiendo a estos un juramento de que no actuarán a sabiendas en causas injustas, y de que firmarán sus escritos (5-IV-1528): así se procuraba conciliar la necesidad de su presencia con la represión del empleo de prácticas de mala fe, que en una ordenación jurídica madura tenían correctivos, pero que allí podría provocar un desconcierto más grave[176].

En el Perú se vuelve a recorrer el mismo curso. Pizarro obtuvo por Cédula de 3-II-1537 la autorización expresa para proceder como árbitro, pues, como él narraba al Rey, los conquistadores acudían con frecuencia a demandárselo. Mendoza favorece igualmente el arbitraje: en sus Avisos a Velasco dice que los asuntos menudos de indios, que no tenían para qué ir a la Audiencia, los entregaba, o a los Alcaldes Mayores, o a jueces de indios designados por ambas partes, o a laicos o seglares de la comarca donde estaban los litigantes. Los Cabildos seguían la misma línea: las Ordenanzas del Cuzco del tiempo de Toledo establecen la elección anual de dos amigables componedores, uno seglar y otro religioso[177].

[176] Cédula de franquicias a Tierra Firme, N° 18, en J. T. Medina, "El Descubrimiento...", II 34; Instrucciones a Pedrarias, N° 19, *ibid.*, 51-52. Petición mexicana de 1525, ENE, I, 84. Instrucción admitiendo condicionalmente a los letrados en Nueva España, PCI, 25.

[177] Cédula de 1537, en Arch. General de Indias, Audiencia de Lima 565, II, 216v. Avisos de Mendoza, CDIAO, 6, 484-515. Ordenanzas del Cuzco (en "Fundación

Con la creación de las Audiencias, se ha abierto paso al juicio ordinario escrito como principio general; los juicios breves y sumarios quedaron como excepciones; la norma de la legalidad sustituyó al anterior sistema, que permitía un desarrollo de la justicia a arbitrio de buen varón en materia civil y aun, en parte, en materia penal, cuando la situación exigía un agravamiento de la pena. Por lo demás, no debe olvidarse que, por sobre esta justicia sumaria propia de las colonias, los recursos procesales permitían, aun en los primeros tiempos, en casos de importancia, la instauración de una nueva instancia ante la justicia letrada del Consejo de Castilla y de la Audiencia de La Española.

Los principios fundamentales propios del orden judicial castellano han pasado al Derecho Indiano. El principio básico que exigía la inviolabilidad de los derechos adquiridos por las personas conforme a las normas objetivas vigentes, fue generalmente respetado. Ya hemos dicho que se ordenó a los Gobernadores no despojar a nadie de las encomiendas sin previo juicio. Las leyes que suprimieron determinadas instituciones dejaron subsistente el patrimonio ya adquirido gracias a ellas, refiriendo la abolición solo al futuro. Así ocurrió con las encomiendas en 1542. En el caso de la esclavitud ha ocurrido una desviación del principio general de no retroactividad de las leyes; pero no directamente, sino por una aplicación equitativa de ese principio, para favorecer la liberación. En efecto, en 26-X-1541 se había suprimido la esclavitud por compraventa y el que los caciques hicieran esclavos a otros indios; las Nuevas Leyes eliminaron la esclavitud bélica, pero todo ello en relación con el futuro. Pues bien, la carta escrita en 1545 por el príncipe Felipe a la Audiencia de La Española, establece el siguiente criterio: la esclavitud por compraventa sería totalmente suprimida, aunque los poseedores mostraran carta de compra; los esclavos por causa de guerra que fueran menores de edad o mujeres serían igualmente puestos en libertad, no obstante cualquier prueba o costumbre contraria; los adultos quedarían en su condición de esclavitud solo cuando el dueño probara justo título derivado de guerra,

Española del Cusco y Ordenanzas para su Gobierno", publ. por Horacio H. Urteaga y Carlos A. Romero), Título IX, 91-92.

recayendo sobre él el peso de la prueba y sin aceptar como título el estar herrado el esclavo. Esta ley no va directamente contra el principio de no retroactividad, pues, en el caso de los cautivos bélicos adultos, se limita a colocar sobre el amo el peso de la prueba y a rechazar el valor de la marca de hierro: pero, como esta era justamente la que constituía hasta entonces el medio de prueba, el efecto real de la ley ha sido capital. En el caso de las mujeres y menores, la Cédula de 1534 no autorizaba su cautiverio, de manera que tampoco se trata aquí de anulación de derechos, sino de la destrucción de costumbres ilícitas. En fin, la supresión del valor de todo título que acreditara compraventa del esclavo se debió verosímilmente a las informaciones que tenía el Consejo sobre la inexistencia de la esclavitud en el Derecho indígena (p. ej., a través del dictamen de Vasco de Quiroga en 1535), de tal modo que aparecía nula e ilícita la compraventa. Así pues, aunque se han abolido derechos patrimoniales constituidos de acuerdo con la práctica anteriormente vigente, la ley de 1545 no transgrede directa ni radicalmente el principio de la no retroactividad, sino que lo convierte en favor de la equidad[178].

Otro principio fundamental del orden judicial, el valor de las sentencias pasadas en autoridad de cosa juzgada, fue también generalmente observado. Un ejemplo significativo es el que cita Schäfer a propósito de Vaca de Castro: condenado en juicio de residencia a una pena que parecía demasiado benigna a Carlos V, el Consejo, que había dictado el fallo, rehusó, sin embargo, agravarla; en 1555 el mismo tribunal pronunció la absolución de Vaca de Castro, a quien entretanto Carlos V había conservado en la prisión; Felipe II consintió en devolverle sus cargos y restituirle los sueldos atrasados, de acuerdo con la sentencia[179].

Hemos dicho que el predominio general de la justicia ordinaria administrada conforme a los principios legales dejó subsistentes algunos juicios sumarios (aparte de los que ya existían en la misma

[178] Las dos Cédulas de 26-X-1541, en CI, IV, 366-367. "Las Leyes Nuevas", 10, Carta de 1545, CI, IV, 371-372.

[179] Ernesto Schäfer, "El Consejo…", I, 17, nota 34.

legislación castellana). Los más de ellos se referían a casos de indios, a los que por su condición se debía presumir incapaces de litigar en el mismo plano que los españoles, y expuestos a perder todo en los pleitos, por su facilidad para ser explotados. La legislación ha procurado limitar al máximo los recursos en estas causas, para evitar que los indios no obtuvieran justicia al correr el proceso según los términos del juicio ordinario. Una Cédula dirigida a la Audiencia mexicana en 12-IX-1537 da a los naturales el privilegio de asistir a los tribunales con algún amigo cristiano, para socorrerlo contra la infidelidad de los intérpretes[180]; además en muchos casos actuaba judicialmente el mismo encomendero como parte conjunta con sus indios. Los frailes mexicanos, en su defensa de las costumbres contra la política de la Audiencia, solicitan constantemente juzgamiento sumario de las causas indígenas, ajustándose a sus propios usos. Así Mendieta, en su mencionada carta de 1-I-1562, pide que únicamente en las causas criminales graves actúe la Audiencia, dejando los negocios civiles a los alcaldes de indios o a los corregidores, sin que se haga nunca un largo proceso, sino breve y sumaria información, evitando tomar juramento a los indios, para extinguir la costumbre de litigar y de jurar en falso, que empieza a corromper a los indios. Los pleitos más importantes, los de límites entre los pueblos, debían también ser resueltos a arbitrio de hombres buenos. Algunas de estas ideas serían compartidas, en el Perú, por el Virrey Toledo, y darían lugar a la institución de los defensores de indios.

2. Las decisiones judiciales. Las normas aplicadas por los tribunales

Las decisiones judiciales se pronunciaban a través de diversos mandamientos o decretos, correspondientes a distintos momentos del proceso. De entre estos mandamientos, asumen formas típicas la Real Provisión y el Auto. La Real Provisión, derivada de los diplomas

[180] CDIU, 10, 381.

medievales, es una carta sellada con el sello real (confiado a las audiencias y al Consejo por la legislación en Cortes del siglo XIV, que quitó al Rey el ejercicio directo de la justicia), encabezada con el nombre y títulos del Rey, pero firmada por los Oidores o Consejeros que han expedido el documento. Cuando se trata de sentencias judiciales del Consejo dirigidas a Indias, se rompe la regla de que el Rey no debe firmarlas, por razones de prestigio regio en América (Ordenanza 82 del Consejo de Indias de 1571). Las Audiencias pueden despachar provisiones con sello y encabezamiento real, pero, también por el prestigio del Rey, no debían hacerlo en asuntos de poca importancia, sino, entonces, despachar bajo los nombres de los Oidores. Las Provisiones debían usarse en cartas ejecutorias y mandamientos finales. Los Autos se emplean en decisiones no definitivas dentro del juicio; van encabezados por el lugar y fecha, y siguen la disposición, la firma, y el certificado de un escribano, en que constan los ministros que han dictado la decisión.

La administración de justicia de la Audiencia de La Española se rigió por las Ordenanzas de 1511. Las nuevas Ordenanzas de 1528 para esa Audiencia y para la de la Nueva España establecen un conjunto más sistemático y marcan, por primera vez, un orden de prelación en la aplicación de las leyes por la Audiencia. Debían regir, en primer lugar, las propias Ordenanzas; en lo que ellas no legislaran, las leyes dictadas para las Chancillerías españolas; después de ellas, debían regir las leyes castellanas, en todo lo que tocare al orden, forma o sustancia de la decisión de los litigios. Así, tras de las leyes puramente procesales contenidas en las Ordenanzas de las Audiencias indianas de 1528, y las de las Chancillerías españolas, debía aplicarse, en cuanto a la forma y en cuanto a la sustancia, la legislación española en bloque, según el orden fijado en las leyes de Toro. Siguiendo un principio fundamental, que aquí permanecía implícito, las leyes especiales para Indias debían preferir sobre las generales de los Reinos de Castilla (norma expresada con nitidez, hacia 1570, en el manuscrito de la Gobernación Espiritual de Juan de Ovando); en seguida, debía aplicarse la ley de Toro, en cuya virtud, regía primeramente la legislación regia de 1348 (Ordenamiento de Alcalá) y la posterior a esa fecha, reunida por el Ordenamiento de Montalvo, y oficialmente por la

Nueva Recopilación de 1567. Luego, debían haber tenido fuerza los fueros, prácticamente inexistentes en América: solamente se aplicó el fuero de hidalguía, reconocido por la legislación indiana. Después venían las Partidas y, en fin, de acuerdo con la tendencia dominante en España, el Derecho Común.

Este orden fijado en 1528 pasó, desde las Ordenanzas de 1528, a las dadas para la II Audiencia en 1530, a las Nuevas Leyes de 1542 y a las Ordenanzas de 1563; posteriormente será recogido en el Prólogo del Código de Ovando y en la Recopilación de las Leyes de Indias de 1680, que lo fijará obligatoriamente para todos los justicias de América[181].

Aparte de esta legislación de vigencia general, existen otras leyes aplicadas por tribunales especiales. Así, el Derecho Canónico regía para los sujetos al fuero eclesiástico; la Casa de Contratación de Sevilla debía regularse, según sus Ordenanzas de 1511, por las leyes del Consulado de los mercaderes de Burgos; los Alcaldes de la Mesta, por los cuadernos y pragmáticas de esa institución en los Reinos de Castilla; los capitanes y capitanes generales, por las leyes militares castellanas (especialmente las Partidas).

Sin embargo, la realización de una justicia estrictamente legal encuentra una dificultad técnica fundamental, derivada de la falta de publicidad de las leyes. Las Partidas y el Ordenamiento de Montalvo circulaban impresos, así como las diversas Pragmáticas Sanciones, tipo de leyes publicadas por este medio; pero la totalidad de las leyes especiales para Indias era conservada solamente por las autoridades estatales o eclesiásticas a las cuales eran dirigidas, excepto las Nuevas Leyes, que fueron impresas y difundidas en todas las Indias. Las disposiciones de interés general se enviaban por Cédulas u Ordenanzas a varios o a todos los Virreyes, Audiencias y Gobernadores independientes. Las leyes cuyo texto así lo disponía debían ser pregonadas

181 Ordenanza 82 del Consejo, CI, I, 1. Ordenanzas de Audiencias, ver pág. 59 y especialmente PCI, 33v, donde se fija por primera vez el orden de prelación de las leyes. Aplicaciones del fuero de los hidalgos, CI, II, 11-13, El Libro de la Gobernación Espiritual, en Víctor M. Maurtúa, "Antecedentes de la Recopilación de Indias".

en las ciudades. El original debía ser archivado por el destinatario, quedando una copia auténtica en el Registro del Consejo y otra en un Libro Cedulario llevado por las autoridades indianas. El precepto de llevar tales libros, indicio de un afán de implantar una regularidad administrativa en las provincias, se le comunica a Pizarro en Cédula de 24-VII-1536; a los Virreyes de México en las Instrucciones a Velasco; al Cabildo de Santo Domingo se le manda en 1-IX-1548 archivar y llevar inventario de todas las Cédulas en favor de la ciudad. A Toledo se le instruye en 1568 que registre, además, sus propios mandamientos; Mendoza había iniciado ya dicha práctica en Nueva España. La situación normal de una autoridad indiana es, pues, que ella lleve copia de las órdenes que recibe de la metrópoli, y de las que ella emite. El cumplimiento de tal norma dependió naturalmente de la mayor o menor tradición administrativa de cada centro; pero aun suponiendo una continuidad absoluta, la copia en orden cronológico de todos los despachos de interés general, o puramente particular y momentáneo —unos y otros se servían de las mismas formas— hacía sumamente difícil la consulta para la aplicación automática a un caso. Los registros del Consejo presentaban en grado mucho mayor ese problema, a causa de la cantidad de cédulas dictadas, de manera que el mismo Consejo tenía inconvenientes para ajustar la justicia y el gobierno a las leyes vigentes, a medida que la legislación se iba haciendo más copiosa. Para ampliar el conocimiento de las leyes y asegurar su ejecución, el Consejo acude a distintos expedientes. Uno de ellos es remitir cédulas anteriores reafirmando la orden de cumplirlas (sobrecartas). Se manda, otras veces, que las autoridades formen inventarios por materia (cédula citada al Cabildo de Santo Domingo); o que quede copia de todas las leyes de buen gobierno, en poder de los Cabildos, y que se expongan públicamente, en extracto, aquellas que sea conveniente (Instrucción 34 a Vaca de Castro, en 1540); la Cédula de 13-I-1541 a Panamá manda dar copias de las Ordenanzas de Audiencias a todas las ciudades del distrito que así lo pidieren. Se procura superar el particularismo de las cédulas, sea por el envío del mismo texto, en circular, a todas las autoridades; sea mandando a un justicia que cumpla todas las órdenes dirigidas a su antecesor; sea, en fin, comisionando a un Visitador o a un Virrey o Gobernador recién designado para que lleve copias de leyes de otro distrito, para hacerlas cumplir en el suyo[182].

Ha sido pues imposible en Indias, durante este período, una justicia que aplicara automáticamente textos cuyo conocimiento era tan difícil a medida que iba transcurriendo el tiempo, y aumentando el volumen y complejidad de la legislación. La solución de una compilación se esboza ya, según García Gallo, en la Cédula de 3-X-1533 a la Audiencia de Nueva España, que ordena remitir copia de todas las disposiciones dirigidas a ese tribunal, y de todas las ordenanzas, mercedes y franquicias concedidas a la Ciudad de México, para que el Consejo proveyese. Siguiendo, mucho después, el mismo plan, el Fiscal del Consejo, Francisco Hernández de Liévana, obtuvo la Cédula de 4-IX-1560, despachada al Virrey Velasco, por el cual autorizaba la impresión de todo el material dirigido por el Consejo a Nueva España. Dos Oidores, Vasco de Puga y algo más tarde Alonso de Zorita, han acometido la tarea de cumplir este mandato. Vasco de Puga publica en México en 1563 su Cedulario, donde recoge gran cantidad de disposiciones de valor general promulgadas para ese distrito a partir de 1525. Su obra, que ha circulado durante muchos años por todas las Indias, ha permitido extender las leyes propias de la Nueva España a la resolución de litigios y problemas de otras provincias; hasta 1596 es la única compilación impresa del Derecho Indiano. Alonso de Zorita ha recogido las Cédulas para México desde 1525 hasta 1574, pero sin insertar el texto completo, sino solo la suma de la disposición, de acuerdo con las mismas normas de las recopilaciones españolas; ordena sistemáticamente el material, en vez del orden cronológico, que sigue aproximadamente Puga. Pero su obra quedó manuscrita. Por otra parte, el Consejo continúa sus planes con la formación de un

[182] Cédula de 1536 a Pizarro, Archivo General de Indias, Audiencia de Lima 565, II, 169; Capítulo de las Instrucciones a Velasco en 1550, CI, I, 106; Cédula de 1548 al Cabildo de Santo Domingo, CI, III, 2. Práctica de Mendoza de registrar sus provisiones, en CDHM, II 79 (N° 79 del interrogatorio presentado en su visita); Capítulo de la Instrucción de 1568, CI, II, 105. Pasaje citado de las Instrucciones a Vaca de Castro, CDIAO, 23, 496-497; Cédula de 1541, CI, II, 111-112.

índice con extractos de las leyes registradas en sus libros que tenían valor general: la "Copulata" de Juan López de Velasco, concluida en 1568, que también quedó manuscrita, sirviendo de labor preparatoria a los trabajos de codificación de Juan de Ovando. La Visita que este practica al Consejo (1567-71) no deja lugar a dudas sobre la ignorancia de las leyes que reinaba en el mismo Consejo y a fortiori en los otros organismos.

Así, los problemas técnicos ligados a una legislación por cartas y a la natural falta de tradición administrativa en tierras nuevas, han producido grandes lagunas en la aplicación de las leyes por los tribunales. El Consejo y la Audiencia, por formación universitaria favorables a la justicia según leyes, no han podido, evidentemente, superar esta situación. Aunque la creación de Audiencias en las provincias ha tenido precisamente por objeto introducir en ellas el sentido legal, poniendo fin al régimen manejado exclusivamente por el criterio de los conquistadores, no se ha llegado a reproducir realmente el tipo de administración judicial española de la misma época.

Qué elementos jurídicos han adquirido vigor como consecuencia de la imposibilidad de aplicar homogéneamente la legislación vigente, es algo que no puede ser respondido sin una investigación especial de la justicia indiana en diversos tipos de asuntos y en distintos momentos.

El Derecho Foral no pudo subsistir en esta población desarraigada, compuesta de hombres de las más diversas regiones castellanas; además, como ya hemos dicho, la fuerza expansiva del Derecho Foral se había extinguido hacia el siglo XIV. En cambio, se forma en Indias un Derecho Consuetudinario nacido desde la misma época de conquista y asentamiento en cada provincia, y que debe haberse consolidado especialmente en aquellos países en que la justicia fue ejercida por más largo tiempo por Gobernadores, Alcaldes Ordinarios y demás justicias vecinales. La fuerza de este principio consuetudinario se acredita especialmente en los momentos en que entra en conflicto con algunas leyes. La legislación deroga a veces explícitamente determinados usos como "malas costumbres"; en otros casos, la derogación es tácita, al mandar lo contrario de lo practicado. En ciertas ocasiones, por el contrario, la ley se remite a costumbres ya existentes, dándoles su plena sanción, o bien las tolera "por ahora", o las "disimula"[183]. La amplitud del Derecho Consuetudinario debe ser investigada monográficamente, antes de poder llegarse a conclusiones generales.

El mismo discernimiento fundamental entre buenas y malas costumbres preside la actitud de la legislación ante las costumbres indígenas; las buenas costumbres han sido admitidas en bloque, según textos legales de 1530 y de 1555 que ya hemos citado. A menos que la justicia aboliera en los casos sometidos a su conocimiento algún uso, como mala costumbre, todo el Derecho Indígena conservaba su valor. En ciertas materias especiales, como la división de tierras y aguas, la legislación estableció explícitamente la subsistencia de la costumbre indígena: así lo mandan las Ordenanzas de Pizarro de 1534, según las cuales los españoles debían guardar el mismo orden antiguo en el regadío, consultando a los aborígenes que anteriormente velaban por él.

Un factor fundamental en la justicia indiana, y por tanto en todo el Derecho de la época, es el Derecho Común Romano-Canónico. Pero debemos distinguir, en este sentido, dos planos diversos. Uno es el de la posible aplicación a los casos de preceptos concretos del Derecho Común en todas sus ramas (Derecho Justinianeo glosado, Derecho Canónico igualmente glosado, común opinión de los doctores) con preferencia al Derecho Indiano o al Castellano. En el siglo XVII, este fenómeno es atestiguado por Francisco de Montemayor y por el Virrey de la Palata, en las respectivas recopilaciones del Derecho Municipal mexicano y peruano emprendidas en 1677 y 1685; pero no podríamos afirmar ni rechazar la efectividad de tal expansión en la época anterior, sin una previa investigación. En cambio, la aplicación de los principios generales del Derecho Común —por lo demás ya aceptados en las Partidas— es un rasgo destacado e innegable de la historia jurídica del siglo XVI.

Podemos citar, entre tales principios generales, inspiradores de la justicia letrada en sus decisiones, el de la analogía: una ley dada para un caso puede aplicarse a todos los que tengan con él identidad de razón. Esta norma, tan fundamental para una legislación casuística,

183 Rafael Altamira, "La costumbre jurídica en la colonización española".

como la indiana, permite generalizar el alcance de una disposición: Solórzano dirá, en el siglo siguiente, que se trata de una aplicación, no por extensión, sino por comprensión, ya que se debe presumir que el legislador ha incluido en su mandato todos los casos en que concurre la misma razón. Esta analogía de las leyes es netamente diferenciada por Gregorio López de la analogía de razón en las sentencias: estas carecen del valor de ley, aunque pueden tener el de un buen ejemplo. Hay un caso en que esta aplicación analógica de la ley se revela más íntimamente cercana al pensamiento romanista-canónico: cuando se extiende una norma a otros casos, para favorecer lo que es concorde con el espíritu del Derecho Común, mientras que lo hostil se restringe. Así, la interpretación en favor de la libertad natural, la rigurosa contracción de los privilegios odiosos, la benignidad para con los miserables, en suma, todas las formas de la equidad. Un ejemplo de ello es la actitud del Lic. Cerrato en Guatemala, al aplicar allí en 1548-49 la carta dada en 1545 para La Española respecto de la posesión de esclavos indígenas sin títulos, exigiendo la presentación de estos, con estrictez, a los amos que pretendían tener lícitamente esclavos, pues se trataba de un derecho adverso a la libertad natural. Semejante criterio significó en la realidad el fin de aquella institución, al cargar sobre los amos el peso de una prueba imposible[184].

Una consideración general de la función judicial indiana durante la época de formación —muy esquemática, por carecer de una base de investigación radical— permite concluir que, a pesar de la superación

184 Cédula de 1533, CI. II, 106; referencia a ella de A. García Gallo, lecciones orales de Historia del Derecho Indiano, Madrid, 1947-48. Cédula de 1560, PCI, 2. Alonso de Zorita, "Leyes y ordenanças rreales de las yndias Del mar oceano por las quales primeramente se an De librar todos los pleytos civiles y criminales De aquellas partes y lo que por ellas no estuviere Determinado se a de librar por las leyes y ordenanças De los rreynos de Castilla. Año de 1574": se halla en la Biblioteca del Palacio Real de Madrid, ms. 1813. Las consultas resultantes de la visita de Ovando, publicadas en Maurtúa, obra citada en pág. 227. Aplicación por analogía de la carta de 1545 a Guatemala, en Lesley B. Simpson, "The Emancipation of the Indian Slaves and the resettlement of the Freedmen", 36. Gregorio López, sobre la validez prudencial del precedente judicial, como un buen ejemplar, aunque no como una ley, en la Glosa 2 a la III Partida, XXII, XIV. Solórzano Pereira, sobre la aplicación por analogía, "Política Indiana", Libro III, Capítulo XX, N° 22-24

de la justicia sumaria de los primeros momentos de la Conquista, en cada provincia, por una justicia legal, esta no ha podido funcionar sin lagunas enormes. La decisión, a falta de leyes que precisamente rigieran para el caso, y estuvieran al acceso del tribunal, debe haber sido marcada en las Audiencias, por una interpretación cuyo último núcleo era el pensamiento romanista, en el que se ha formado la capa de los letrados. Ese núcleo era compatible con el respeto a las costumbres, y con la sujeción a las leyes escritas; pero la forma y medida concreta de atenerse a unas y otras, viene a ser dictada por principios generales de tipo doctrinal.

LEGISLACIÓN Y GOBIERNO

1. Contenido de la función gubernativa

La idea del buen gobierno como fin del Estado aparece, desde el gran cambio del pensamiento político en el siglo XIII, junto a la finalidad de la conservación de la justicia. En tanto que la justicia significa la realización del Derecho establecido, la finalidad del buen gobierno involucra la tensión hacia el bien común en todas sus formas: no solamente por la custodia del Derecho existente, sino también por la creación legislativa de nuevo Derecho, para cumplir en forma concreta la misión del bien común. Por eso, gobierno y legislación están íntimamente unidos, y por regla general todas las autoridades encargadas del gobierno en ámbitos más o menos extensos, tienen poder legislativo.

En Indias, ya las Instrucciones a Colón de 29-V-1493 se refieren a labores distintas de la jurisdicción: p. ej., el procurar la conversión de los naturales. Las ulteriores instrucciones, cédulas y cartas a los Gobernadores de La Española van regularizando el sistema general de vida de españoles e indígenas, conforme al bien común y, a la vez, al interés de la Real Hacienda. La "buena gobernación" es considerada como una dirección adecuada a los problemas de la tierra, sobre la cual se va constituyendo una experiencia administrativa: la Cédula de 3-V-1509 ordena a Ovando, al dejar este el mando, que entregue a su sucesor un memorial particularizado de la manera que ha tenido en el gobierno, de suerte que el memorial sirva de norma supletoria. El precedente pasa a tener un valor jurídico en materia de gobierno, como lo tenía en el campo judicial[185].

El contenido concreto del buen gobierno está detallado en las instrucciones a los funcionarios, particularmente en las dirigidas a los Virreyes a partir de 1535, que son las más completas, de las cuales

[185] CDIAO, 31, 210.

hemos hablado anteriormente, al tratar del sistema de jurisdicciones y gobernaciones. Las Provisiones de nombramiento de los Virreyes expresan formulariamente ese contenido: todo lo que conviene al servicio de Dios, aumento de la fe y conversión de los naturales; conservación de la paz y la justicia a todos los vasallos; sustento, perpetuidad y ennoblecimiento de la tierra, buen tratamiento de los indios, defensa, cuidado de la Real Hacienda.

La buena gobernación comprende el bien común espiritual y el temporal, sin solución de continuidad, entre ellos, tal como lo pensaba la escolástica tomista, tan influyente en España, especialmente en el siglo XVI. Los representantes del Rey, aunque sin tener el manejo directo del orden espiritual, deben vigilar la buena organización eclesiástica, especialmente en relación con la doctrina de los aborígenes, dando cuenta al Consejo de todos los problemas de esta índole. Todo el régimen de indios está concebido por la legislación en relación con fines espirituales a la vez que político-económicos: la encomienda, la reducción a pueblos, las misiones, corresponden a concepciones muy diversas de las relaciones de indios y españoles; pero las leyes peninsulares toman siempre en cuenta, al reglamentarlas, esta unidad del bien espiritual y del temporal de los indios.

El buen gobierno temporal está cifrado, según la doctrina escolástica tomista que pasa a la legislación indiana, en la realización de la "República" o "Policía".

Ambos vocablos tienen la misma acepción fundamental; pero paulatinamente "policía" pasó a designar la función administrativa, la regulación de la comunidad conforme al bien común; en tanto que "república" es usada en un sentido sustantivo. La teoría política aplica esta palabra, por una parte, a la ciudad; por otra parte, al Estado como concepto, a la comunidad reunida para su bien común en torno a la autoridad, es decir, al Reino territorial europeo[186]. En Indias, la fundación, conservación y engrandecimiento de las ciudades de españoles y de los pueblos indígenas a los cuales se procura urbanizar, es considerada

[186] Esta doble acepción del vocablo es marcada por Francisco Elías de Tejada, "Diego Lopez Rebelo, nuestro más antiguo tratadista de Derecho Político".

como la tarea fundamental de gobierno, ya que la unidad urbana es pensada como la organización natural de los súbditos, y a ella está vinculada la red jurisdiccional, gubernativa y eclesiástica. El Estado es eminentemente civilizador, en el sentido propio de la palabra. La fundación de "repúblicas" urbanas de españoles y de naturales asegura el orden general de la República, en un sentido estatal.

Pero el fin del buen gobierno no se agota en el bien de los súbditos, sino que existen fines específicamente referidos al Rey: tales son la defensa del señorío real, y el cuidado de su patrimonio, la Real Hacienda, que no se emplea exclusivamente en Indias, sino que queda en disponibilidad para todas las empresas de la monarquía. Los Virreyes, Gobernadores y Audiencias tienen a su cargo, a la vez, los intereses del Rey y los de los súbditos españoles e indígenas; el buen orden de la Hacienda forma uno de los aspectos más insistentemente encargados y reglamentados por la legislación.

2. El poder legislativo y las formas de legislación

Tipos de mandamientos. —El Rey, durante la Baja Edad Media y los siglos siguientes, se vale para los actos jurídicos emanados de su autoridad (mandamientos judiciales y administrativos, designaciones de oficios, mercedes y privilegios) de documentos clasificables según puntos de vista puramente formales. Ellos derivan, en su mayoría, de las "cartas" medievales, especialmente de los diplomas; pero la construcción y la redacción han evolucionado largamente a partir del diploma.

Siguiendo la clasificación de Alfonso García Gallo[187], la forma más solemne de carta, en el siglo XVI, es la Provisión, sellada con el sello mayor de la cancillería, y encabezada con el nombre y títulos del Rey. Las Provisiones podían ser de justicia o de Gobierno (incluyendo en estas las designaciones de oficios y las mercedes, es decir, todo lo relativo a la Cámara). Las Provisiones de Gobierno y las de Cámara,

[187] Lecciones orales en la Facultad de Filosofía de la Universidad Central de Madrid, 1947-48.

iban firmadas o rubricadas por el Rey y su secretario, y además por los consejeros respectivos (en este caso por los de Indias), pues la legislación del siglo XV había exigido esta última firma o rúbrica, para limitar las mercedes concedidas por el Rey en detrimento del Reino. Los Virreyes y Audiencias, depositarios del sello real en Indias, podían dictar Provisiones de Gobierno con encabezamiento real, pero firmadas por ellos. En asuntos para los que no utilizaban el sello real, Virreyes, Audiencias y autoridades menores —Gobernadores, Corregidores, Cabildos— dictaban Provisiones en nombre propio. Pertenece al tipo de la Provisión la Pragmática Sanción, cuyo rasgo distintivo es el alcance general y la publicación, y que tiene el más alto valor, equivalente a la ley en Cortes. Ciertas Provisiones solemnes para Indias, que confieren algún privilegio general, como la de 22-X-1523, que promete no enajenar jamás de la Corona la Nueva España, son asimiladas por el mismo texto a las leyes en Cortes y Pragmáticas Sanciones.

Las Reales Cédulas van encabezadas por "El Rey", siguiendo en nombre y títulos del destinatario; firma "Yo el Rey", luego el secretario, y rubrican tres consejeros. No se usa en las Cédulas el sello mayor de Cancillería, sino el sello de cera o de la Puridad, pues estos documentos no dictaban justicia, ni se referían a privilegios —despachos en la Edad Media por la Cancillería— sino que versan exclusivamente sobre asuntos de gobierno. Las firmas de los consejeros, lo mismo que en el caso de las Provisiones, fueron impuestas por las Cortes para mantener el principio del "gobierno del Rey en Consejo"; en la legislación indiana, se declaró expresamente que esos consejeros debían ser los de Indias, no los de Castilla u otros consejos, ya que el de Indias era un Consejo Supremo, excluyente de la jurisdicción de todo otro organismo de la monarquía, conforme a su fundación (17-V-1564)[188]. Los Virreyes, Gobernadores, Audiencias Gobernadoras, dictan también cédulas (p. ej., de encomienda).

Los textos de Provisiones y Cédulas, aparte de las diferencias de encabezamiento, sello y firmas, tienen elementos comunes: enumeración de antecedentes de hecho (el haber tenido relación de una

[188] CL IL, 114-115.

materia por correspondencia, el haber recibido una petición, etc.); motivos de la resolución (parte fundamental, ya que expone la razón interna de la disposición); declaración de haberse visto en el Consejo; disposición; exhortación al cumplimiento y sanciones para el caso de infracción; lugar y fecha de la expedición. Hay Cédulas cuya disposición no es propiamente una orden, sino una mera recomendación de hacer justicia o merced a una persona que ha solicitado tal cosa (Cédulas incitativas); otras son "de ruego y encargo" a las autoridades eclesiásticas sobre materias que interesan al Estado.

Las Provisiones y Cédulas admiten una clasificación distinta, desde el punto de vista del contenido. Las Provisiones o Cédulas que contienen la reglamentación total de una institución, o de un determinado proceso (p. ej., los descubrimientos) se denominan Ordenanzas. Este es el tipo que supera más completamente el casuísmo y el particularismo, y que muestra mejor el sentido de la legislación del Estado moderno. Las Cédulas sirven, en otros casos, de conducto a "Instrucciones" para el desempeño de las funciones de algún justicia o de otros oficiales. En otros casos, la Cédula es una respuesta a consultas varias que se han hecho desde Indias, constando de capítulos referentes a materias inconexas: estos documentos son llamados "Cartas Misivas" o simplemente "Cartas".

Las Provisiones o Cédulas son redactadas por el Consejo, aunque después pasan a la secretaría del Rey para la firma de éste y la refrendación del secretario; pero en los casos en que la materia de la ley es nueva o se cree conveniente una reforma de las disposiciones vigentes, el Consejo dirige previamente al Rey una Consulta. En ella se relatan los antecedentes de hecho y de derecho, la opinión del Fiscal y de los consejeros (incluso los votos disidentes). El Rey responde al margen, y la Provisión o Cédula sigue casi literalmente los términos de la Consulta. En materias de Cámara (Provisiones de nombramiento, confirmación de mercedes, etc.), la Consulta es obligatoria, de acuerdo con las primeras Ordenanzas del Consejo de 1387. Las Consultas del período inicial, según Schäfer, apenas se conservan, ora porque se hacían verbalmente, ora por destrucción del material.

Los Autos son un tipo de mandamientos extraños a las formas diplomáticas, pues no constituyen documentos entregados a un destinatario, sino resoluciones consignadas en un expediente sobre el asunto respectivo. Ya hemos dicho que se emplean corrientemente en el conocimiento de causas judiciales. Los Autos Acordados, decisiones generales del Consejo o de las Audiencias, versan sobre la administración de justicia y sobre materias de buen gobierno; se originan muchas veces del conocimiento de asuntos particulares, pero tienen para el futuro un valor de regla general, pues suelen determinar la manera concreta de aplicar o interpretar las leyes. Constan de lugar, fecha, nombre de la autoridad que los dicta, resolución, firma, y certificado del escribano.

Poder legislativo. —El poder de legislar reside plenamente en el Rey, como encargado del gobierno del Reino en toda su amplitud. En la Baja Edad Media había llegado a sentarse el principio de que solo tendrían valor de leyes —es decir, fuerza creadora, u oficialmente declaratoria de Derecho— los Ordenamientos promulgados por el Rey en las Cortes, dejando las cartas emanadas de la sola voluntad regia en una posición jurídicamente subordinada a las leyes en Cortes. Pero esta diferenciación entre mandatos regios con valor legislativo y otros que carecían de él, empezó a borrarse desde que los Reyes dieron a sus cartas fuerza equivalente a Ordenamientos en Cortes. Tenemos, p. ej. un caso de ello atestiguado en las Cortes de Palencia de 1431 (N% 19); a fines de siglo esa práctica cobra cada vez mayor volumen, pasando a ser un caso normal ya en tiempos de los Reyes Católicos. Así, en el siglo XVI indiano, en que no hay Ordenamientos en Cortes, las distintas clases de cartas reales tienen ya pleno valor creador o interpretador del Derecho, con la extensión general o particular que el Rey quiere dar en cada caso a su mandato. Pero las mismas formas de Provisiones, Cédulas, etc., sirven a actos que no son legislativos, p. ej., a designaciones de funcionarios, concesión de mercedes, libranzas contra la Real Hacienda —es decir, a todo el manejo ejecutivo de la administración, y al ejercicio de las gracias y mercedes reales. Los Registros contienen leyes generales al lado de mandatos o mercedes particulares. Las autoridades indianas iban conformando su gobierno a unas y otras; el principio de la analogía permitía extender la decisión dada para un caso a otros semejantes. Cuando Vasco de Puga inicia los cedularios impresos, ya la diferenciación entre los mandamientos legislativos y los puramente ejecutivos comienzan a cobrar fronteras permanentes, pues naturalmente él solamente incluye las Cédulas de extensión general; las Provisiones por las cuales se hace el nombramiento de un Virrey, o se otorga una merced, etc., figuran tipificadas en un solo caso. Pero no existe, en el siglo XVI, un límite conceptual absoluto entre documentos legislativos y documentos ejecutivos o administrativos. Ambos proceden en suma del Rey en Consejo, que les asigna en cada caso su ámbito de validez.

El poder legislativo real se transmite a funcionarios y corporaciones indianas, siguiendo un proceso que analizaremos en sus distintas etapas en párrafos posteriores.

3. La ejecución de las leyes en Derecho Castellano y en Derecho Común

La fuerza obligatoria de las leyes constituye un problema que plantean romanistas, canonistas y teólogos a lo largo de toda la Baja Edad Media, y que tiene una importancia capital para la formación del concepto de soberanía.

Todas las tendencias medievales concuerdan en que la oposición de una ley con el Derecho Natural, de Gentes o Divino, invalida la ley, norma que es recogida en la III Partida, XVIII, leyes XXIX y XXXI. El campo realmente debatido e importante, desde el punto de vista constitucional, era la oposición de las leyes positivas con los privilegios y antiguas costumbres, o con el fin mismo del Estado, el bien común.

El punto de partida de los romanistas era el pasaje del Código de Justiniano (I, XXII, ley VI) según el cual ningún rescripto (mandato imperial de extensión particular) debía ser aplicado por el juez cuando era contrario "al derecho general o a la utilidad pública"; en cambio, las constituciones, leyes imperiales de carácter general, debían ser necesariamente ejecutadas. Los romanistas medievales asimilaban los diplomas y, en general, todas las cartas regias, al rescripto, justificando así el incumplimiento en ciertas circunstancias. La omnipotencia formal, que ellos atribuían al Rey, se salvaba por la presunción de que la carta podía haber sido arrancada por un error de hecho, engaño del interesado (obrepción), u ocultación fraudulenta de la verdad (subrepción). Si el príncipe desconocía los privilegios o costumbres que transgredía en su mandado, él mismo era la instancia superior que, mejor informada, podía anular la orden anterior, o, al contrario, confirmarla por una segunda o una tercera carta de jusión. Tal construcción pasó también a las Partidas (III P., XVIII XXXVI). La omnipotencia solo era reservada, de esta manera, a las leyes o códigos generales, que no podían ser comprendidos en la noción de rescripto.

El conflicto de una ley, no ya con el Derecho Consuetudinario, sino con el bien común, con la situación concreta a la cual la ley se iba a aplicar, constituía otro problema crítico. La dirección más voluntarista del romanismo interpretaba el bien común en sentido puramente formal, sin darle contenido positivo alguno, negando sistemáticamente la necesidad de dispensar de la ley en virtud de tal oposición a la utilidad general, impugnando la interpretación equitativa con las palabras de la glosa de que "no es permitido actuar contra las palabras escritas de una ley por causa de la intención del legislador, si esta intención no consta escrita en otra ley". La dirección antivoluntarista, a la cual se adscriben todos los teólogos tomistas, pero también muchos juristas, elabora con relación a este problema el concepto de epiqueya. Para esta corriente, la finalidad del bien, propio de la ley, no es puramente formal, sino una realidad, que puede imponer la derogación total o parcial de la misma ley por oposición a su fin: "cesando la causa, cesa el efecto". La interpretación por epiqueya se funda en esa concepción: Suárez la define (ya en el XVII, pero siguiendo una línea de doctrina que viene desde tres siglos antes) como una "enmienda de la ley en aquella parte en que es deficiente por ser universal", y agrega que ella es necesaria en las leyes humanas "por la naturaleza de la cosa", pues de otro modo ellas no serían justas ni razonables; la obligación cesa a veces en lo particular, "no por derogación extrínseca, sino por la sola materia o mutación de las cosas", para que la ley no se torne contra su propio fin. Cuando hay contradicción real, debido a la gravedad, dificultad o perjuicio para el bien común que se sigue de la observancia del precepto, tomando en cuenta los usos, régimen de los súbditos, y demás circunstancias, debe suspenderse el cumplimiento, porque se presume racionalmente que si el legislador estuviera informado lo suspendería; en casos menos graves, los doctores admiten al menos una consulta antes de suspender. Pero el segundo mandamiento debe ser cumplido, ya que el príncipe es el encargado principal del bien común, y si, una vez informado, insiste en su orden, ella debe ser cumplida, en el supuesto de que sea por lo demás conforme al Derecho Natural, al de Gentes y al Divino[189].

Esta idea racional, antivoluntarista, equitativa, de la ley, domina en las Partidas. Los tribunales deben interpretar las cartas equitativamente ateniéndose "a la mejor parte, et a la mas derecha, et a la mas provechosa, et a la mas verdadera segunt derecho", prohibiendo toda interpretación maliciosa a sabiendas (III P., XVIII, XXVII). Las cartas obrepticias y subrepticias son nulas; se considera subrepticia la carta ganada contra otra anterior en que no se menciona esta; los mandatos deben considerarse favorables a los miserables (III P., XVIII, XLI); los privilegios que crean una situación excepcional deben subordinarse al bien común, extinguiéndose si no son usados o si resultan dañosos (III P., XVIII, leyes XLII y XLIII). Las cartas no deben cumplirse cuando son contrarias a Derecho Natural, de Gentes o Divino; cuando son falsas; cuando van contra el Derecho regio, o de algún individuo o de un pueblo, o contra el bien común. En el primero y segundo casos, la desobediencia es un deber incondicional; si se trata de un conflicto con leyes positivas, costumbres, derechos, o con la utilidad pública, procede solamente la suspensión, dando aviso al Rey, pues este puede haberlas dado por ignorancia, o forzado por algún peligro inminente; pero la segunda jusión debe ser cumplida, si bien el justicia que la recibe puede todavía, al dar cuenta de la ejecución del mandato, volver a representar sus inconvenientes (III P., XVIII, leyes XLVIII y LII). Algunas cartas, llamadas "foreras", dan

[189] Francisco Suárez, "De Legibus", VI, VI: "Et ideo ex natura rei in lege humana subintelligitur illa conditio, vel exceptio, licet non explicetur distincte, quia alias non esset lex insta, et rationabilis. Ergo ex ipsa iustitia legis humanae, considerata naturali conditione materiae, in qua versatur, sequitur necessario, ut eius obligatio aliquando in particulari cesset, non per extrinsecan ablationem, sed ex sola materia, seu rerum mutatione". No he podido consultar "Aequitas canonica" de Eugen Wohlhaupter, Paderborn, 1931.

al destinatario el encargo de hacer justicia; otras mandan algo bajo la condición de que los hechos que el Rey conoce sean verdaderos: en ambos casos el justicia que recibe la carta tiene que conocer el negocio antes de cumplir, es "mixto ejecutor"; pero cuando se le ordena algo incondicionalmente (empleando la cláusula "faced tal cosa luego que esta vieredes"), y especialmente cuando se trata de cumplir una sentencia ejecutoriada, el destinatario es "mero ejecutor". En este último caso, el justicia no tiene derecho a suspender la ejecución sino por falsedad del documento, por haber sido este arrancado mediante falsos testigos o cartas: en este solo caso, debe suspender, enviando las pruebas de la falsedad. En conjunto, todas estas leyes abren muchas posibilidades al incumplimiento por equidad, aunque dejando siempre la decisión final al Rey; aceptan más ampliamente la iniciativa del ejecutor cuando se trata de cartas judiciales que de los mandatos ejecutivos; pero, aun en estos últimos casos, entregan al destinatario el cuidado de informarse de los antecedentes y de representar al Rey los defectos de su mandato.

La gran época de las Cortes, que se abre en Castilla justamente pocos años después de las Partidas, dio a la práctica del incumplimiento un sentido político. Las Cortes consiguen imponer la concepción de que los negocios del Rey y del Reino —especialmente la justicia, la legislación, los tributos— no pueden quedar entregados al libre ejercicio del poder real. Dentro del sistema de limitaciones que así se genera, el Rey debe renunciar a la dictación de cartas judiciales, entregándola a la Chancillería y al Consejo, y se declara que las dadas personalmente por él debían ser "obedecidas y no cumplidas", como se dice ya en el siglo XIV. Se crea así un derecho de resistencia legal, que las Cortes ampliaron al máximum. Quedaron sujetas al mismo recurso las cartas contrarias a los fueros y privilegios de los distintos brazos del Reino; las que imponían cargas no consentidas por las Cortes (Madrid, 1393, N° 3); las que transgredieran preceptos de las leyes en Cortes, aunque contuvieran cláusulas derogatorias de estas últimas, puestas por el Rey (Bribiesca, 1387, N° 9; principio repetido incluso en Burgos, 1515, N° 24). El Consejo fue concebido también como un freno al poder regio, al entregársele la facultad de firmar o rubricar las cartas. En las Cortes de Ocaña de 1469 (N° 5 y 10), en las de Santa María de las Nieves de 1473 (N° 17), en las de Madrigal de 1476 (N° 8), se afianza el principio de que las cartas no pasadas por el Consejo deben ser obedecidas y no cumplidas.

Ante estas tensiones de los monarcas con los estamentos, propias de los Estados de Occidente y de la misma Iglesia de la época, surgen dentro del Derecho Común posibilidades de reforzar la supremacía de los príncipes. Los canonistas, para justificar el derecho pontificio a dar cartas contrarias al Derecho Canónico general, atribuyeron a ciertas cartas papales el valor absoluto que los textos de Justiniano daban a las constituciones. Ello se hacía posible por la inserción de las cláusulas "de exorbitancia" en el tenor de las cartas. Así la cláusula "motu propio" significaba que el documento había sido dado espontáneamente por el Papa y no a petición de parte, siendo pues innecesario calificar la veracidad de los hechos planteados por los peticionarios; "ex certa scientia" significaba que el Papa conocía los hechos a que se refería la carta, y no tocaba por tanto a ninguna autoridad inferior volver a conocer sobre ellos; "non obstantibus", implicaba que el mandato se daba no obstante cualesquiera decisiones anteriores contrarias del Papa o de los Concilios; "ex plenitudine potestatis" era una fundamentación en el poder soberano irresistible. Todas estas cláusulas substituían a la justa causa, excluían la prueba en contrario, dispensaban de los defectos, anulaban los derechos de tercero, las leyes, cartas, costumbres o privilegios adversos; equivalían, en fin, según Baldus, a la segunda jusión.

Esta técnica jurídica, que va abriendo el paso a la noción de soberanía, es recogida por las monarquías. En Castilla, durante el siglo XV, se plantea una lucha constante entre estas nuevas nociones y la legislación en Cortes. Las cláusulas exorbitantes anulan las leyes que ponen limitaciones al poder del Rey; a su vez, las Cortes declaran que los Ordenamientos promulgados por petición de ellas valdrán a pesar de las cláusulas, o de segunda o tercera jusión (Valladolid, 1420, N° 1; Valladolid, 1442, N° 1; Olmedo, 1445, etc.). En otras ocasiones, las Cortes piden la supresión de esas cláusulas en todas las cartas reales (Valladolid, 1442, N° 11; Burgos, 1452, N° 17 y 24; Toledo, 1462, N° 57, etc.). Esta tensión entre la legislación en Cortes y los intentos reales de crear una legislación por cartas con igual valor que aquella, solo se decide cuando los Reyes logran afirmar su derecho a dar explícitamente a las cartas el valor de leyes en Cortes, recurso que ya está en pleno uso a principios del siglo XVI.

No obstante, el triunfo de la legislación regia sobre los principios mantenidos por las Cortes, siguen en pie las limitaciones puestas por las Partidas, que no estaban ligadas al poder de los estamentos, sino a la idea jurídica de equidad, a una autolimitación del supremo poder en virtud de un concepto de Derecho. Además, el Consejo conservó su intervención en la expedición de las cartas de todo orden. La monarquía del siglo XVI sigue aceptando la resistencia jurídica de sus consejeros y de los justicias reales contra todos los mandamientos injustos o inconvenientes. Sobre todo, los letrados de los Consejos encarnan la tradición jurídica: Gregorio López dice en una glosa que la labor del Consejo no consiste solamente en aconsejar, sino en insistir en que el Rey no haga lo injusto, y en consecuencia debe negarse a subscribir las cartas antijurídicas o inconvenientes, pues "los cuerpos están sujetos y adscritos a los señores, pero la mente es autónoma"[190]. La eficacia de la suspensión (decretada por un "auto de sobreseimiento") queda acreditada por el mismo López, quien dice que los Contadores Mayores, que deben dar el pase a todas las libranzas del Rey contra su Hacienda, no cumplen nunca las Cédulas en que aquel concede exenciones perjudiciales al Fisco, aunque lleven cláusulas de exorbitancia, esperando siempre la segunda jusión, que generalmente era menos gravosa a la Real Hacienda. López solo acepta el cumplimiento inmediato de estas cédulas cuando se fundan en utilidad pública; la equidad, en el caso del cumplimiento de las cartas, consiste en la subordinación de la voluntad regia y de los privilegios al bien común[191].

[190] Glosa 3 a la ley XXV, título XIII, II Partida: "... nec tales subscriptiones sunt a Regis consiliariis extorquendae contra eorum conscientiam, ut eleganter tradit Lucas de Penn. in 1.2.G. de tabula. lib. 10 libertas debet adesse in consulendo et subscribendo, et ut tradit S. Thom. 2.2. quaest. 104. allegans Senecam lib. 3 de beneficiis, errat si quis existimat servitutem in totum hominem descendere, pars enim melior excepta est, corpora obnoxia sunt, et adstricta dominis, mens quidem est sui juris".

[191] Glosa 2 a la ley XXIX, título XVIII, III Partida.

La posición de Gregorio López —un representante importante del romanismo español, cuyas glosas tienen un valor casi legal— define la actitud oficial del Estado del siglo XVI frente al problema de la legislación: esta se transforma progresivamente en una regalía cuyo ejercicio se desprende de las limitaciones del Estado estamental, pero continúa ligado por la idea de bien común y de equidad, guardada sobre todo por los letrados de los Consejos y Audiencias. Tal posición dista mucho de ser exclusiva de la monarquía española: así las "remontrances" del Parlamento de París con ocasión del registro de leyes que él creía inconvenientes, están inspiradas en los mismos principios que el incumplimiento español[192].

4. Normas de gobierno de La Española en el período inicial

Gobierno de Colón. —Las Capitulaciones de 1492 y los privilegios posteriores dieron a la familia Colón la jurisdicción hereditaria y el derecho a dar Provisiones en nombre del Rey, como Virreyes y Gobernadores hereditarios. Esta calidad, perdida en 1499, reconocida nuevamente en favor de Diego Colón en 1511, perduró hasta 1536. No obstante la delegación jurisdiccional y gubernativa, los Reyes se reservaron la dirección superior, dictando desde 1493 diversas disposiciones sobre buena gobernación, que fijan las normas para la acción del Virrey y Gobernador. En tanto que los Reyes —dejando a salvo su supremacía— no interfieren en la jurisdicción otorgada por las Capitulaciones, la facultad de buen gobierno que se comprende dentro de los oficios de Colón está sujeta a la legislación central en forma inmediata.

La realización concreta del gobierno de La Española por Cristóbal Colón fue extremadamente precaria, a causa de los problemas de estructura económica de la colonización, pero también de las disputas sobre límites de las diversas esferas de competencia de los oficiales, y, en fin, de la diversidad de provincias y clases de donde procedían los

192 Ver François Olivier-Martin, "Histoire du Droit Français", 542-545.

colonos, factor de dificultades muy destacado por Oviedo. El Almirante es atacado, lo mismo que su hermano el Adelantado Bartolomé, por ser "absoluto" en la administración de justicia. Por otra parte, cuando tuvo que firmar unas capitulaciones con el rebelde Roldán, ellas abonaron el alzamiento y garantizaron a los participantes el derecho de resistencia en caso de incumplimiento, análogamente a los pactos medievales concluidos para poner término a rebeliones armadas. Colón, en carta a los Reyes protestaba contra tales condiciones, pidiendo su nulidad, ya que había sido obligado a firmarlas por necesidad extrema. Además, solicitaba que se instauraran en la isla las normas fundamentales del régimen castellano, que hasta entonces no existían: nombramiento de un justicia letrado, y venida de dos consejeros[193]. Solo esporádicamente se había establecido, anteriormente, un grupo de consejeros junto al que ejercía el gobierno. Pero los Reyes desestimaron la petición y enviaron a un Juez Pesquisidor con poderes de Gobernador, poniendo así término al mando de Colón.

Predominio de la legislación metropolitana. —Las formas de gobernación se desarrollan a lo largo de los períodos de Bobadilla, Ovando y los dos períodos de Diego Colón (separados por el intervalo de 1515-20, época de los Jueces de Residencia y los Jerónimos). La característica esencial del gobierno de La Española es la preponderancia completa de la legislación regia, que abarca y determina las normas fundamentales. Ya las instrucciones a Ovando de 1501 y 1503 trazan un régimen total de indios y españoles, que el Gobernador debe realizar; las posteriores cartas y cédulas llenan las lagunas, solucionan las dificultades particulares, dan nuevas normas de detalle. De nuevo en 1512-13 se producen grandes reformas orgánicas en el sistema de relación con los indios, y los planes legislativos en relación con esa materia prosiguen con intensidad a partir de 1516. Las peticiones de los frailes dominicos sobre reforma o supresión de la encomienda; las tesis de los letrados, teólogos y consejeros planteadas en Juntas Extraordinarias, sobre legitimación de las conquistas y tratamiento

[193] Las Casas, "Historia de las Indias", Libro I, Capítulo CLX.

de los indígenas, todo ello confluye en material legislativo producido en la península.

Esa legislación regia tiene diversos antecedentes. En primer lugar, las informaciones suministradas por la correspondencia de todos los funcionarios, y primeramente de los Gobernadores: Las Casas cita la correspondencia de Ovando a los Reyes como motivadora de la orden de diciembre de 1503, que admitió el servicio personal. Se puede mencionar también, como otro ejemplo, el despacho de 25-VII-1511, en que Fernando el Católico promete no dar más encomiendas a ausentes, porque así se lo ha pedido Diego Colón; pero la precariedad de tal promesa, quebrantada en 1514, indica que aquel Rey no se sentía en manera alguna ligado jurídicamente ni por su anterior legislación, ni por lo que en Indias se consideraba un justo principio de gobierno[194].

Las informaciones y peticiones de los colonos tienen también, a veces, alguna influencia en las decisiones regias: de allí la importancia de las disposiciones de 14-VIII-1509, que censuran la política de Ovando de impedir que los vecinos escribieran libremente al Rey, norma tan destacada recientemente por Hanke[195]. Pero, más que los particulares, son los procuradores de los Cabildos los que obtienen medidas importantes (así el privilegio de elección de los alcaldes ordinarios, 1507; la inalienabilidad de las Indias, 1519-20).

El influjo permanente más grande sobre el gobierno indiano, en el período de Fernando, es el de Fonseca y de los secretarios del Rey. Pero, a partir de la controversia provocada en 1511 por la predicación de Montesinas en Santo Domingo, entra en acción un nuevo elemento doctrinal que conforma poderosamente la legislación, aunque la conducción del gobierno mismo sigue en manos de aquellos burócratas. Ese factor doctrinal es el que se expresa en las grandes Juntas Extraordinarias, en que el Derecho romano-canónico y la teología escolástica, interpretados en relación con las circunstancias

194 Las Casas, "Historia de las Indias", Libro II, Capítulo XI (sobre la influencia de Ovando en la Cédula de 20 de diciembre de 1503). Carta real de 25-VII-1511, en CDIAO, 32, 257-266.

195 CDIAO, 31, 452-458. Lewis Hanke, "La lucha por la justicia… ", 86 y siguientes.

indianas, determinan la dictación de las Leyes de Burgos y Valladolid de 1512 y 1513, y más adelante, en 1516-20, Instrucciones y leyes diversas sobre el régimen indígena. En tales Juntas entran letrados de la administración peninsular y religiosos de la península y de Indias.

Así, la legislación regia del período sirve de conducto —en los sectores más decisivos del Derecho— al pensamiento escolástico-romanista; mas también influyen la tendencia burocrático-legalista, que domina sobre todo en los años del reinado de Fernando, 1504-16, y la tendencia vecinal, representada por las peticiones de los mismos colonos, apoyadas a veces por los Gobernadores. Pero lo decisivo, desde un punto de vista estructural, es la preponderancia de la legislación peninsular sobre la vida jurídica local.

Autonomía legislativa.—Todos los justicias del Rey tienen derecho a dar mandamientos verbales o escritos para poner en ejecución lo que la legislación central les ha cometido expresamente, o para cumplir los fines generales de su oficio. Estas órdenes, cuando son escritas, se dan por Provisiones, Cédulas, Autos, o formas innominadas de mandamientos; se pueden dar en nombre propio, o en nombre del Rey y con su sello, como lo pudieron hacer, en La Española, los Colón. Pero la autonomía legislativa supone una posibilidad mayor, la de crear nuevo Derecho por mandatos dictados en las mismas Indias.

La legislación central señala un margen para tales iniciativas. Altamira ha recogido algunos textos en que los Reyes dicen que, a causa de la distancia, no pueden dar decisión determinada, y la confían a un Gobernador[196]. La Instrucción de 20-III-1503 ordena a Ovando que, con los Oficiales Reales, vea la forma que debe adoptarse en cuanto al trabajo indígena, pero dentro de un marco allí mismo marcado, y dando aviso al Rey para que este decida. En tales disposiciones, más que una auténtica autorización para legislar se trata de una comisión para deliberar y proponer, sin que se pueda ejecutar inmediatamente lo acordado, pero tomando entretanto medidas ("y entretanto que

[196] Rafael Altamira, "Autonomía y descentralización legislativa en el régimen colonial español. Legislación metropolitana y legislación propiamente indiana (siglos XVI a XVIII)", 39 y siguientes.

en coger del oro se ponga toda diligencia"). En cambio, en asuntos como la construcción de caminos, el Rey escribe a Ovando en 1505 que en cosas de esta calidad debe hacer como le parezca, "porque en enbiar acá por la rrespuesta se pierde mucho tiempo". Se sienta así el precedente que en negocios que requieren mandamientos puramente ejecutivos, porque son de solución fácil, ya que figuran entre los fines generales del buen gobierno, no es necesaria la consulta a la península.

Desde 1516 a 1520, con la Regencia de Cisneros y el gobierno de Carlos V, la delegación legislativa toma formas más amplias en relación con el problema indígena, que se constituye, gracias a Las Casas, en el asunto central del Derecho Indiano. La monarquía constituye en La Española hombres de confianza —los Jerónimos, luego el Juez de Residencia Figueroa— en los cuales delega la decisión discrecional. La Instrucción del Cardenal Adriano a los Jerónimos, en 1516, reglamenta los diversos tipos de régimen que se podrían alternativamente implantar, entregando la elección entre ellos a los emisarios. Figueroa lleva poderes para informarse y dar su parecer al Rey; entretanto aplicaría las Leyes de Burgos, pero con facultad para enmendar y adicionar desde luego esas Ordenanzas reales. Este considerable poder legislativo autónomo, entregado desde 1516, no al Gobernador Colón —que entonces se hallaba en España— sino exclusivamente a religiosos y a letrados que van con misiones especiales, coincide con el contenido mismo de la legislación de esos años, fuertemente influida por el punto de vista teórico de los religiosos, que se quiere implantar concretamente por enviados directos de la monarquía. No se confiere propiamente una autonomía a los oficios permanentes radicados en Indias, sino a esos enviados directos; es decir, que la estructura jurídica del poder legislativo no ha variado con relación al centralismo de la época de Fernando, pues son funcionarios en comisión —propiamente poderes metropolitanos trasladados temporalmente a las Indias— los que poseen tal atribución. Lo que ha variado en 1516 es, sobre todo, la jerarquía que realmente se da a los fines de la legislación peninsular: el punto de vista fiscal-regalista retrocede frente a un sentido más doctrinal de la buena gobernación. Este mayor acento puesto sobre los fines marcados por la teoría política, a partir de la Regencia de Cisneros, ha servido a Manuel Giménez-Fernández de punto de partida para oponer el período de Fernando al de su sucesor[197].

En conjunto, pues, los Gobernadores han tenido un campo autónomo circunscrito; la iniciativa funciona en casos previstos por la misma legislación metropolitana. Naturalmente, cuando se trata de cosas en que no se puede esperar la respuesta real a causa de su urgencia, los Gobernadores pueden proveer inmediatamente; pero Fernando controla firmemente la realización de este principio, impidiendo su interpretación amplia. La Cédula de 6-VI-1511 a Diego Colón censura los mandatos expedidos por este para que los colonos se casasen, para que los caciques de menos de 50 indios fuesen naborias y, sobre todo, el haber procedido al repartimiento de indios; es obligación del Gobernador consultar en cosas que admiten dilación, y esperar la respuesta, sin proveer de antemano[198].

Consejo. —Otro aspecto del buen gobierno de la colonia es el principio de que el Gobernador debe tomar consejo en sus decisiones. Hemos dicho que Colón pedía letrados y consejeros. Ovando vino ya de la península con un Alcalde Mayor letrado, que juzgaba en lugar suyo, conforme a Derecho; respecto al consejo, la legislación confió esta función a los Oficiales Reales. Así, las Instrucciones de 20-III-1503 encargan conjuntamente al Gobernador y a los Oficiales el conocimiento de todos los asuntos relativos al servicio personal de los indios para los españoles y para el Rey. Muchas Cédulas se dirigen al Gobernador y Oficiales; cuando Diego Colón se queja de ello, el Rey le escribe que idéntico procedimiento se sigue con los Virreyes de los dominios europeos de la monarquía; que se les escribe conjuntamente, para que él provea con parecer de aquellos, pero sin quitarle la singularidad de la decisión, pues le toca todo lo relativo al buen gobierno; la carta se dirige también a los Oficiales para que estos puedan solicitar y recordarle el mandamiento regio: principio duraderamente

197 Manuel Giménez-Fernández, "Hernán Cortés y su revolución comunera en la Nueva España".

198 CDIU, I, 1-14.

seguido en la legislación indiana, que empleó estas Cédulas a varias autoridades, aun cuando solo a una de ellas perteneciera la resolución y ejecución. A estos primeros consejeros funcionarios del Gobernador se unen en 1511, en un rango más alto correspondiente a su calidad jurisdiccional, los Oidores de la Audiencia. En 23-I-1513 se manda a Diego Colón que entienda con los Jueces Oidores y con los Oficiales Reales en todos los negocios del gobierno de Cuba, a fin de que no se cometan los yerros de La Española y de San Juan[199].

La concepción del consejo tiende a modificarse en la isla, con ocasión de la gran encuesta sobre las encomiendas abierta por los Jerónimos conforme a las Instrucciones que llevaban de la península. Los enviados de la Corona debían informarse y negociar con 3 o 4 representantes de los colonos, "de los prudentes e sabios", y también deberían hablar a los caciques por medio de frailes, haciendo que ellos nombraran también 3 o 4 representantes. Rodrigo de Figueroa, que llevaba poderes semejantes, debía oír a los Obispos, a los Jerónimos, y a aquellos vecinos que estuvieran libres de apasionamientos, a causa de que el mismo Figueroa hubiera ya libertado a los indios de sus encomiendas, por considerarlos capaces de vivir en comunidades independientes. La gravedad moral y económica del problema movía a los dirigentes de la monarquía a ampliar el consejo, a escuchar los pareceres de los vecinos y de los mismos indígenas, pero reteniendo firmemente en los representantes reales el poder decisivo. Esta tendencia a buscar formas más populares de consejo vino a dar su fruto en las peticiones que las ciudades presentan a los Jerónimos en 1518 sobre todos los aspectos del régimen colonial. La progresiva formación de un sistema de libre elección capitular, por la limitación de los poderes de Diego Colón, colabora al ascenso de los Cabildos como órganos de petición frente a los justicias regios[200].

199 Carta sin fecha a Diego Colón sobre las cédulas dirigidas a él conjuntamente con los Oficiales, en CDIAO, 32, 414-429. Cédula de 1513, en CDIU, 6, 2.

200 La Instrucción a los Jerónimos, CDIAO, 11, 258-276; a Figueroa, CDIAO, 23, 332-353 (especialmente p. 338).

Incumplimiento de las órdenes reales.—La práctica de la suspensión de cartas del Rey ha pasado obviamente a Indias, como integrante del sistema jurídico castellano. Ya a la llegada de Bobadilla a la isla, cuando presenta sus Provisiones de Gobernador, los que tenían los oficios en la Isabela declaran no tener poder de Colón para cumplirlas, insistiendo en que el Almirante tenía privilegios más fuertes y antiguos. Bobadilla no aceptó esta suspensión, y debió tomar la fortaleza de la ciudad para hacerse reconocer. Este caso de incumplimiento involucra una argumentación formalmente válida —la falta de poder para realizar un acto jurídico como el obedecer y cumplir los despachos—, pero a la vez una posición respecto del contenido mismo de las Provisiones de Bobadilla, al desvalorizarlas frente a las más antiguas de Colón[201].

Un caso de sobreseimiento o suspensión repetida de cartas reales, por iniciativa de los Gobernadores Ovando y Diego Colón, se refirió a los mandatos de proveer de indios a las personas que quedaban residiendo en Castilla. La suplicación al Rey para que corrigiese su orden cumple aquí el sentido de una defensa del avecindamiento y de la población de la tierra contra el libre uso regio del medio más importante de arraigo colonial. Esta resistencia de los Gobernadores movió a Fernando a prometer el abandono de tal práctica, como lo dice en la carta citada de 25-VII-1511. En 23-II-1512 escribe que el repartimiento no debe hacerse en la isla, porque ese acto es, después de la justicia, su principal regalía; no pretende tomar los indios directamente para sí, aunque deben darse por su mano; pero reconoce al Gobernador el derecho a mirar si el que lleva cédula tiene los requisitos fijados por las leyes sobre repartimientos, pues en la Corte se dan tales cédulas a todos los que las piden. Pero en 1514 Fernando transgredió los límites, enviando a los Jueces Repartidores, que prescindieron de la condición de avecindamiento defendido por los Gobernadores. El recurso de suplicación pudo atajar, hasta esa fecha, la voluntad del Rey.

También los Cabildos pueden suplicar de las Provisiones reales. Así, el de Puerto Rico, en su sesión de 31-VII-1515 tomó conocimiento de un nombramiento de Fiel Ejecutor otorgado por Fernando. Hasta

[201] Las Casas, "Historia de las Indias", Libro I, Capítulo 180.

ese momento, no existía tal oficial de concejo en la isla; el Cabildo regulaba todo lo relativo a pesas y medidas, tomando informaciones de simples Fieles sin jurisdicción ni poder de ejecución. El procurador requirió al Cabildo para que suplicara. El recurso que este entabla ante el Rey, suspendiendo entretanto el mandato de recibir al designado, se basa en que aquel ha sido mal informado (que ha habido "siniestra relación", en la terminología de la época), pues cree que existía tal oficio en la isla. La falsedad del antecedente y la inconveniencia de la decisión van explicadas en el auto de suspensión y suplicación[202].

La posición del sobreseimiento dentro del sistema jurídico no es nunca atacada en principio. El Rey insiste solamente en que se cumplan los trámites regulares de obedecer y no cumplir, luego consultar, y en fin ejecutar inviolablemente la segunda jusión. Así lo dice en los despachos de 13-XII-1508, 14-VIII-1509 y 25-VII-1511. Este último documento refiere la conducta de Diego Colón frente a una orden para destinar mil indios a que sacaran oro para el Rey. El Gobernador consideró que ella perjudicaba a los vecinos y la sobreseyó; luego procedió a hacer repartimientos sin esperar respuesta del Rey, y sin darle entonces indios. El Rey acepta el sobreseimiento, pero observa y reprocha el no haber cumplido su mandamiento en el momento del repartimiento, donde no se habría producido descontento[203].

Una oposición a las leyes, distinta de esta forma de resistencia, fue la denuncia eclesiástica de la incompatibilidad de aquellas con las leyes naturales y divinas, con amenazas de negación de la absolución sacramental a los que siguen la ley positiva. Un conflicto semejante estalló cuando los dominicos de La Española comenzaron, dice Las Casas, "a juntar el derecho con el hecho", frente al problema de las encomiendas. Fernando reprende primero tal actitud de los frailes,

[202] Según carta del Lic. Zuazo en 22-1-1518 (CDIAO, 1, 307-308), Ovando y Diego Colón suplicaban sistemáticamente de las cédulas de encomienda a privados del Rey Fernando. Carta de 25-VII-1511, cita pág. 245; la de 23-11-1512, en CDIAO. 32, 329-340. Suspensión en el Cabildo de Puerto Rico en 1515, CDIAO, 11, 526-535.

[203] Cédula de 1508, CDIAO, 39, 185; la de 14-VIII-1509, CDIAO, 31, 452-458; la de 6-VI-1511, CDIU, 1, 1-14; la de 25-VII-1511, CDIAO, 31, 257-266.

pero luego convoca a una Junta para conocer del asunto. La incitación al incumplimiento de la ley, hecha por Montecinos, ha llevado, pues, a una reconsideración de todo el problema, tomando en cuenta no solamente el consejo ordinario de Fonseca y de los burócratas especializados en Indias, sino de un conjunto más amplio.

Mirado en conjunto, el tipo de gobierno de La Española, hasta 1523 —fecha en que el centro de gravedad de las Indias se comienza a desplazar hacia el continente— se caracteriza por la fuerte subordinación de las autoridades indianas y de sus decisiones a la legislación regia; por el margen relativamente circunscrito de la autonomía legislativa; por la mediana eficacia del recurso de incumplimiento; por las formas burocráticas del consejo del Gobernador, que solamente desde 1516, bajo la Regencia de Cisneros y el régimen de los Jerónimos, empiezan a transformarse, abriéndose más ampliamente hacia los depositarios de la doctrina (religiosos) y hacia los organismos vecinales (Cabildos).

5. El gobierno en los países de conquista hasta 1542

Desde 1508, año en que comienza la expansión de los colonos desde la isla Española y desde la metrópoli hacia Puerto Rico, Veragua y Urabá, se van formando nuevos distritos jurisdiccionales en las Indias. Puerto Rico queda sujeto al Gobernador de La Española; las expediciones de Ojeda y de Nicuesa, aunque también nominalmente subordinadas, vivieron más entregadas a sus propios recursos, dirigidas exclusivamente por sus capitanes de conquista. En 1510 ocurrió la formación del Cabildo de Santa María del Darién, que proclama por primera vez a un justicia, en resistencia contra el alcalde mayor del Gobernador Ojeda. Pero solamente en 1513, con la llegada de Pedrarias Dávila, la Gobernación de Tierra Firme o Castilla del Oro adquiere un contorno institucional más firme, como la primera de las grandes provincias de conquista, de origen distinto a La Española, e independiente de ella. Tierra Firme, México, Guatemala, Santa Marta, Nicaragua, Yucatán, Venezuela, Perú, Nueva Galicia, Cartagena, Honduras, Paraguay, Nuevo Reino de Granada, son las principales provincias, formadas por Conquista, que han ido surgiendo y organizándose, una tras otra, hasta 1540, como productos del movimiento centrífugo colonial.

Legislación regia y autonomía colonial. —Los Reyes procuran, en los momentos iniciales de las Gobernaciones, dar todo un sistema de normas fundamentales para la organización de la tierra: a tal objetivo responden las Instrucciones a Pedrarias Dávila en 2-VIII-1513, a Cortés en 26-VI-1523. Desde las Provisiones de Granada de 17-XI-1526, la conquista y la constitución de las poblaciones españolas adquiere una regulación general, por la inserción de esa Provisión en todas las Capitulaciones. La legislación sobre indígenas se empieza a poner en vigencia, a pesar de la oposición de los conquistadores, en los años posteriores a 1526. Las Ordenanzas de Audiencias de 1528, las Instrucciones sobre la Real Hacienda de 1531, etc., testimonian la actividad legislativa del Consejo de Indias, organizado independientemente desde 1524: frente a las disposiciones particulares para cada provincia, que resuelven casuísticamente los problemas que plantea la correspondencia procedente de Indias, todas aquellas Ordenanzas e Instrucciones testimonian —dice Alfonso García Gallo[204]— la aparición de una nueva época dentro del Derecho Indiano, el momento de maduración, que puede datarse a partir de 1526. La legislación no se limita ya a seguir las iniciativas propuestas desde las colonias, sino que es una iniciativa por sí misma.

Pero esta legislación metropolitana, cada vez más amplia, deja un margen también extensísimo a la autonomía de los organismos coloniales. Dentro de la literatura histórico-jurídica actual, es a Rafael Altamira a quien corresponde el gran mérito de haber apuntado más enérgicamente hacia ese hecho de la autonomía[205]. Nosotros nos limitaremos, en este punto, a ampliar sus resultados, sobre la base de otras fuentes.

Pedrarias Dávila, al ser designado Gobernador, recibió poder para hacer Ordenanzas generales para su distrito, y particulares para cada

[204] Lecciones orales citadas de 1947-48.

[205] Obra citada en la nota de pág. 246 (156 de este archivo).

ciudad, incluyendo la facultad de poner penas y de ejecutarlas, con fines de buen gobierno. En 2-VIII-1515, Pedrarias recibe una autorización extraordinaria: en vista de los inconvenientes de la dilación en consultar al Rey en muchas cosas, de que este no está bien informado, se le faculta para dispensar del cumplimiento de las Instrucciones de dos años antes, para proveer de nuevo en cuanto al repartimiento de las cabalgadas, a los gastos extraordinarios, y a otras cosas convenientes al bien común, si bien fijando requisitos especiales en la adopción de las decisiones.

Cortés ha procedido, por una autoridad que debe haberse considerado en 1520 ya implícita en todo Gobernador, a dictar Ordenanzas militares y de buen gobierno, que puso en seguida en práctica y remitió a España; aunque ellas no recibieron confirmación explícita, han tenido importancia fundamental para la formación del régimen mexicano, en lo relativo a encomiendas y a Cabildos. Lo decisivo de sus Ordenanzas sobre encomiendas es que introducen una forma de un tipo radicalmente distinto al correspondiente de La Española, precisamente cuando la monarquía acababa de ordenar, por las Instrucciones de 26-VI-1523, la supresión de aquella institución. Cortés no publicó esa orden y promulgó sus propias leyes. Se abre así un precedente de autonomía y de facultad para contrariar la legislación metropolitana, que es algo bien diferente de la limitada potestad que tenían en este campo los Gobernadores de La Española: este es el verdadero momento inicial de la creación de un Derecho Indiano distinto del dictado en la metrópoli.

Hay otros ejemplos importantes de legislación colonial durante este período. La II Audiencia y el Virrey Mendoza han legislado en México sobre todos los asuntos del Estado. La aceptación, por parte del Consejo, de tal legislación, se evidencia en la carta de 20-IV-1533; en España se miró con sorpresa la autorización concedida por la II Audiencia para que los corregidores de indios vivieran a veces fuera de sus pueblos, como algo contrario a los fines de tal función; pero se acordó remitirlo al Presidente y Oidores, "como a personas que teneys la cosa presente", autorizándolos para cualquier decisión. En el Perú, las Ordenanzas de Pizarro de 26-III-1534, relativas a los indígenas, han recibido expresa confirmación en 20-XI-1536: la Provisión Real de esta fecha declara que se han visto en el Consejo aquellas Ordenanzas, las que son allí reproducidas, pero quitando algunas, modificando y añadiendo otras, y mandando que las no confirmadas no sean guardadas. En cuatro Cédulas adjuntas, de 3 y de 20-XI-1536, se le remiten las disposiciones que han parecido inconvenientes u oscuras, ordenándole que, junto con el Obispo, vuelva a informarse y a proveer, enviando relación. Aquí se plantea nítidamente el límite del poder legislativo de los Gobernadores y demás autoridades indianas: las disposiciones rigen desde luego, pero deben cesar cuando expresamente el Rey las desaprueba.

Los enviados en comisión por el Rey suelen recibir también poder legislativo. Luis Ponce de León va en 1525 a la Nueva España para tomar la residencia de Cortés; lleva poder de sustituirlo en el gobierno, pero sus facultades especiales se refieren preferentemente a informarse, más que a proveer, salvo en el caso del trabajo de los esclavos en las minas de oro. Semejante es el caso del Obispo Tomás de Berlanga, en su misión al Perú de 1535, pero se le faculta para hacer tasación de los tributos y dictar Ordenanzas sobre el buen tratamiento de los naturales, conjuntamente con el Gobernador. Vaca de Castro lleva comisión especial para dictar Ordenanzas en una serie de materias: Real Hacienda, bienes de difuntos, doctrina de los indios (en conjunto con el Obispo), comercio de esclavos y traslado de indios libres, tamemes, ganados de los naturales. Todos los negocios en los cuales el Consejo tiene noticia de que han incidido abusos o negligencias, quedan entregados al Comisionado, no solo para que envíe relación, sino para que provea desde luego. Las Ordenanzas dictadas por Vaca de Castro sobre tambos son posteriormente alabadas en el Perú, como modelo de legislación largamente guardada, que conservaba viejas instituciones incásicas, poniéndoles límite y tasa.

La extensión del poder legislativo de los justicias reales en Indias, durante estos años, ha sido, pues, muy considerable. A pesar de que la legislación metropolitana se afana por regular jurídicamente la conquista, especialmente a partir de 1526, el Consejo ha captado ya la imposibilidad de legislar exhaustivamente desde España: "ca por ser la tierra nueva y muy diferente desta, no se os para de dar particular Regla ni Instrucción de todo lo que combiene ni restreñiros a la guarda e observancia de todas las leyes de Nuestros Reynos, sino encargaros la conciencia, confiando de vuestra persona..." (Instrucción a Pedro de los Ríos, Gobernador de Tierra Firme, 3-V-1526). De allí la aceptación tácita de casi toda la legislación producida en las colonias: incluso frente a las Ordenanzas de Cortés, incompatibles con la Instrucción de 1523, no se acude a un procedimiento drástico, sino que se envía, más de un año después, a un Juez de Residencia, con facultades para informarse y hacer llegar al Consejo un nuevo punto de vista[206].

Consejo y Petición. —El principio del consejo, como ya lo hemos dicho, tenía en la monarquía española de la época un doble sentido: por una parte, debía existir un organismo permanente encargado de esa función; por la otra, todos los súbditos, y especialmente los notables y doctos, debían poder tener la posibilidad de dar su informe o su parecer, cuando lo creyeren conveniente o cuando se les pidiera. En las colonias, se va consolidando paulatinamente una forma administrativa de consejo, pero a la vez, en este período, se va abriendo paso a paso el más amplio concepto de tal función; más aun, la propia legislación peninsular prescribe, en materias determinadas, tomar consejo con personas que no tienen oficios burocráticos.

[206] Poder legislativo de Pedrarias Dávila en su nombramiento, J. T. Medina, "El Descubrimiento... ", II, 42-43; carta de 1515, *ibid.*, 75. Las Ordenanzas de Cortés sobre encomiendas, ya citadas en pág. 112; sobre Cabildos, publicadas por Lucas Alamán, "Disertaciones sobre la historia de la República Mexicana", II, 119 y siguientes. Carta de 1533, PCI, 84v-85. Confirmación de Ordenanzas de Pizarro, CDIU, 10, 353-359. La Cédula de 3-XI-1536 repara la ordenanza de Pizarro sobre que los mitimaes continuaran donde ya estaban, mandando en cambio que pudieran volver a sus tierras si así lo quisieren, encargando al Gobernador y al Obispo tornen a considerar toda la regulación de este punto, sin guardar el mandato primitivo del Gobernador (Archivo General de Indias, Audiencia de Lima 565, II, 224). Otra Cédula de la misma fecha le remite una ordenanza sobre el cargar de los indios (*ibid.*); otra también de esa fecha, anula la pena de muerte a los negros fugitivos (*ibid.* 233v); una de 20-XI del mismo año, en fin, pide más información de una ordenanza que hablaba de residencia del encomendero en su pueblo para evitar el desarraigamiento de sus indios (*ibid.* 234). I Instrucción a Ponce de León, CDIAO, 23, 368-381. Instrucción a Tomás de Berlanga, CDIAO, 23, 414-422. Instrucción de Vaca de Castro, CDIAO, 23, 468-506. Referencia a las Ordenanzas de Vaca de Castro sobre tambos, en Polo de Ondegardo, informe de 1571, en CDIAO, 17, 92. Pasaje de la Instrucción a Pedro de los Ríos, CDIAO, 23, 391.

El Consejo de los Gobernadores, en el manejo de los asuntos corrientes está formado principalmente por los Oficiales Reales. La Instrucción inicial a Pedrarias le ordenaba conocer de los asuntos arduos de gobierno con el Obispo de Darién y con los Oficiales Reales, haciéndose con acuerdo de todos, de manera que, cuando estuviesen juntos, escribiesen en conjunto las cosas generales, además de lo que comunicaren particularmente. Cuando el Gobernador recibe la autorización ya mencionada de 2-VIII-1515 para dispensar de las normas dadas desde España, de acuerdo con el bien común, especialmente en cuanto a hacer gastos extraordinarios, se le prescribe proceder con parecer del Obispo y Oficiales, siguiendo el parecer de la mayoría: se sienta así, para cosas de Hacienda, un principio corporativo, para dejar a salvo la independencia del manejo de ese ramo del arbitrio de los Gobernadores, pero suministrando una vía que seguir en ocasiones realmente extraordinarias. Pero la descomposición del gobierno de Tierra Firme bajo Pedrarias hizo fracasar todas las formas legales. La justicia debía ser ejercida por el Alcalde Mayor, no por el Gobernador, y sin embargo la condena a pena de muerte de Balboa fue impuesta por Pedrarias contra el dictamen de su alcalde Espinosa. Los conflictos causados por la intervención de los Oficiales en el gobierno mueven al Rey a suprimir su función de consejo, separando radicalmente las funciones (19-VI-1519); el Obispo había partido a España en 1518, y su sucesor no volvería hasta 1523. Los Jerónimos, al conocer la ejecución de Balboa, mandaron al Gobernador que no procediera en ningún asunto importante sin el consejo del Cabildo del Darién, acudiendo a un organismo vecinal para impedir nuevas arbitrariedades. En 1523 Gonzalo Fernández de Oviedo acusa a Pedrarias de que, con el fin de usurpar las utilidades obtenidas para el Rey en las entradas, sigue reuniendo a los Oficiales y pidiendo su parecer, de acuerdo con la Carta de 1515, aunque ya ellos no tienen intervención en las demás cosas de gobierno[207]. A pesar de los resultados

[207] Instrucción 24 a Pedrarias, sobre consejo en cosas de Gobernación: J. T. Medina, "El Descubrimiento...", II, 53; pasaje de la carta de 2-VIII-1515, en *ibid.*, 75. Orden de los Jerónimos sobre normas de buen consejo en Tierra Firme, Las Casas, "Historia de las Indias", III, capítulos 76 y 106. Cédula de 1519, en

del sistema de Tierra Firme, la legislación dejó de mano el principio de separación radical sentado en 1519, y conservó a los Oficiales Reales su papel de consejeros. En la Instrucción a Cortés de 1523 se le recomienda la conformidad con ellos en todos los asuntos, y se le prescribe actuar en conjunto en la designación de regidores, en la descripción de la tierra y en la elección de asiento para las ciudades. Cortés se queja, en su carta de 15-X-1524, de los resultados que ha tenido la intromisión de los Oficiales en el gobierno de La Española, y se opone a la prolongación de ese régimen. Sin embargo, ellos son quienes le suceden interinamente durante su viaje a Honduras, y Ponce de León viene con instrucciones de tomar su parecer a la vez que el del mismo Gobernador, después de tomada la residencia a este. Pero son especialmente las Instrucciones reales a Pedro de los Ríos para Tierra Firme (3-V-1526) las que fijan un sistema regular de consejo administrativo. Se le ordena dejar el ejercicio de la justicia al Alcalde Mayor, y en materias de gobierno tomar siempre el parecer del mismo Alcalde y de los Oficiales Reales, reuniéndose todos en días y horas fijas, escribiendo en conjunto las cartas generales al Rey, llevando un libro para todos los acuerdos adoptados sobre materias de Hacienda o en otras cosas, de modo "que cada uno de vosotros haga cuentas que el oficio del uno toca al otro". La legislación prolongaba pues, en las nuevas tierras, el principio, ya sentado en La Española, de constituir un consejo con los magistrados de la provincia, y con los funcionarios de la Real Hacienda, ligando al Gobernador a no prescindir jamás del principio colegial. La colegialidad se destaca sobre todo en materia de Hacienda: la importancia de hacer efectiva la prohibición de llevar oro sin fundir, y de controlar las entradas aduaneras, explica el que se entregue conjuntamente al Gobernador, el Alcalde Mayor y los Oficiales las funciones de registro de barcos, y en general todo el control rentístico. Las normas planteadas en la Instrucción a Pedro de los Ríos han servido, no solamente para el

---

Pablo Alvarez Rubiano, "Pedrarias Dávila", 491-492. Carta de Oviedo en 1523, en J. T. Medina, "El Descubrimiento...", II, 259-266.

régimen de Tierra Firme, sino para otras Gobernaciones, pues se las encuentra en 1529 en Nicaragua[208].

Entretanto, la Corona ensayaba el gobierno corporativo de las Audiencias en Santo Domingo y en México, a partir de 1524 y 1527, respectivamente. Al ascender los Oidores del papel de consejeros al de partícipes en la función del gobierno mismo, los peligros de la arbitrariedad del régimen unipersonal quedaban totalmente excluidos, y desaparecía también la necesidad de tomar permanentemente el consejo de los Oficiales Reales, cuya asistencia solo se justificaba en cosas relativas a la Hacienda. Así, va desapareciendo en Nueva España el papel de consejo general de aquellos funcionarios. Cuando termina el gobierno de la II Audiencia y es nombrado Virrey don Antonio de Mendoza, esta evolución ya está terminada, pues en las Instrucciones que lleva, se le ordena que él solo tenga la gobernación, pero que en las cosas importantes se comunique con los Oidores, sin que se le obligue a oír a los Oficiales Reales sino en materias relativas a la Hacienda (p. ej., trabajo de indios en las minas). Si este pasa a ser el sistema permanente de consejo en las provincias sedes de Audiencia, la situación donde esta no existe tiende, en cambio, a seguir generalmente el modelo de Tierra Firme; pero la legislación del decenio de 1530 no está totalmente decidida a mantenerlo. Nuño de Guzmán, en sus Instrucciones de 1534 para la Gobernación de Nueva Galicia, solo lleva encargo de entender con los Oficiales en materia de Hacienda. La legislación sobre materia de gobierno que se envía desde España al Perú se dirige a veces a los Oficiales Reales (carta de 8-III-1535), pero otras, en materias fundamentales de gobierno, especialmente las de 1536-87, van solo al Gobernador y al Obispo. En la Instrucción a Vaca de Castro de 1540 reaparecen los Oficiales en puntos como la tasación de indios, la obligación de los encomenderos de construir casas de piedra y de gastar en la tierra la décima parte de sus rentas.

208 Instrucción a Cortés, CI, IV, 247-252; pasaje de la carta de Cortés contra la intervención de los Oficiales en el Gobierno, CDHM, I, 479-481. Instrucción a Pedro de los Ríos, CDIAO, 23, 384-409. El régimen de Nicaragua, carta del Lic. Castañeda de 5-X-1529, en Pablo Alvarez Rubiano, "Pedrarias Dávila", 666-676.

En suma, pues, el consejo administrativo permanente en cosas importantes de gobierno estuvo formado por los Oidores y Oficiales (tipo primitivo de La Española), o por el Alcalde Mayor y los Oficiales Reales (tipo de Tierra Firme, transmitido a otras provincias, con la excepción del Alcalde Mayor, que en muchas no existe), o, en fin, por los Oidores en cosas de gobierno, y los Oficiales Reales en materias de Hacienda (tipo mexicano, que sería el dominante en Virreinatos y Audiencias).

La diferencia entre consejo y dirección es muy neta, salvándose siempre el principio de la distinción de funciones, que ya había sido reconocido en La Española, en la Cédula ya mencionada a Diego Colón en que se le precisaba que el gobierno le pertenecía a él, dirigiéndose los despachos a los Oficiales solamente para que le recordasen y solicitasen. En la Instrucción a Mendoza, vuelve a enunciarse el mismo principio: que siempre comuniquéis con los dichos nuestros Oidores las cosas importantes, y que a vos os pareciere para mejor acertar, e seguireis lo que despues de comunicado con ellos os parezca"[209].

Junto a los consejeros administrativos, hay otros que tienen esta función en virtud de consideraciones especiales. Los Obispos que, inicialmente en Darién, formaban parte del consejo permanente, abandonan muy pronto ese papel —con la partida de Fr. Juan de Quevedo a España—; pero la legislación los llama frecuentemente a dar su parecer, en materias de importancia y que envuelven una revelación directa a los problemas jurídicos más graves, en los cuales se quería hacer pesar el criterio eclesiástico. Por la misma razón, figuran los prelados de las Órdenes religiosas. A Luis Ponce de León se le manda aconsejarse de religiosos en cosas de indios. La Provisión de 5-IV-1528, que anuncia la próxima perpetuación de la encomienda en México, y pide descripción de la tierra e información sobre los conquistadores, va dirigida

[209] Instrucciones a Nuño de Guzmán, CDIAO 23, 410-422, Carta de 8-III-1533, sobre repartimiento general, Archivo General de Indias, Audiencia de Lima 565, II, 117v (publ. por Raúl Porras Barrenechea en "Cedulario del Perú", 1529-34, que no he podido ver). Pasaje citado de la Instrucción a Mendoza, CDIAO, 23, 424 (consejo con los Oidores); sobre tomar consejo con los Oficiales Reales, ver la Instrucción que se le da en 25-IV-1535, *ibid.*, 426-445.

al Presidente y Oidores de la Audiencia, a los dos Obispos de Nueva España y a los dos prelados de Ordenes de la Ciudad de México. La Cédula de 24-VIII-1529, sobre prohibición de plantar la raíz del pulque, por las inmoralidades que su bebida ocasionaba, iba despachada al Presidente y al Obispo de México. Cuando los procuradores de las ciudades mexicanas suplican contra las Provisiones sobre indígenas de 4-XII-1528, las que sin embargo fueron cumplidas, el Rey ordenó que la Audiencia, Obispos y religiosos revisaran el contenido de aquellas leyes, en cuanto a los tamemes. El Presidente Ramírez de Fuenleal protestaba en su carta de 10-VII-1532 contra esta atribución de una función de consejo a religiosos y hombres buenos, pues, decía, solo la Audiencia ha de dar cuenta de lo que hubiere de hacer. Sin embargo, el Consejo no desvió su criterio: Mendoza llevó instrucción de tomar todas las informaciones previas al repartimiento de la tierra oyendo a los prelados y religiosos. En la legislación peruana, el Obispo y un religioso o laico antiguo en la tierra figuran junto al Gobernador en la averiguación sobre si los indios vendidos por los caciques son realmente esclavos (8-III-1533); al Obispo Valverde del Cuzco se le dirigen, conjuntamente con Pizarro, las Cédulas de 1536 sobre tasaciones, moderación de los repartimientos, y otras fundamentales sobre régimen de indígenas; según las Instrucciones a Vaca de Castro, debía oír al Obispo en lo relativo a las obligaciones que se quería imponer a los encomenderos para arraigarlos a la tierra[210].

Además de introducirse en la constitución el principio del consejo de los eclesiásticos, en la época de las conquistas se manifiesta ampliamente la fuerza de la petición y del consejo popular de conquistadores y vecinos, ya sea porque la legislación ordene a los Gobernadores escucharlos, ya porque aquellos requieran de los justicias la realización de determinadas medidas. Hay varios ejemplos de leyes que ordenan

[210] Instrucción a Ponce de León, CDIAO, 23, 368-381. Provisión de 5-IV-1528, PCI, 7v-9. Cédula de 1529 sobre el pulque, PCI, 70-70v. Carta de 19-IV-1532, sobre regulación del servicio de tamemes, ENE, II, 116-117. Carta de 10-VII-1532, CDIAO, 13, 224-230. Cédula de 8-111-1533, Archivo General de Indias, Audiencia de Lima 565, I, 106 (también está en el Cedulario de Porras Barrenechea). Pasaje citado de la Instrucción a Vaca de Castro, CDIAO, 23, 501.

tomar el parecer vecinal: así, la Cédula de 16-II-1533 a Nueva España manda a la Audiencia proveer sobre la inversión de una décima parte de las rentas de encomienda en la misma tierra, con acuerdo de los vecinos o de la mayor parte de ellos; la Instrucción a Mendoza, al encargarle que platique sobre el repartimiento general con Prelados y religiosos, y "otras personas honradas", se refiere seguramente a vecinos antiguos, a los cuales también ordena consultar sobre el servicio de los indios en las minas; sobre todo, la Carta de 8-III-1533, que ordena hacer información general del Perú para proceder al repartimiento perpetuo, va dirigida al Gobernador, Oficiales Reales y a los dos regidores más antiguos de la ciudad donde se hubieren aquellos asentado, les encarga a todos que, en compañía de un procurador de cada una de las otras ciudades, procedan a las gestiones previas al repartimiento: aquí la intervención toca directamente a los Cabildos, por medio de regidores y procuradores.

Los Cabildos tienen, pues, funciones de consejo. Hemos dicho que los Jerónimos establecieron este principio para el caso de Tierra Firme; en la Residencia de Pedrarias Dávila se atestigua que este hacía las Ordenanzas para la pacificación y conservación de los pueblos juntándose con los regidores de las ciudades. El parecer de estos parece haberse limitado a las leyes locales, pues se agrega a continuación que aquellas que tocaban "a las otras cosas de la governación e pacificación e sosiego de entre los yndios e cristianos" se hacían con consejo de Oficiales Reales y de otros notables de la tierra. En México, la Audiencia dicta en 1534 Ordenanzas sobre la guarda de la ciudad, por requerimiento del procurador de la ciudad, previa reunión conjunta con el Cabildo; luego este solicita que las leyes que han resultado del acuerdo en junta sean promulgadas y se envíe testimonio al Rey. Así, los Cabildos no dictan en esta época sus propias Ordenanzas, pero su consejo es indispensable[211].

[211] Cédula de 16-II-1533, PCI, 86-86v. Pasajes citados de la Instrucción a Mendoza, CDIAO, 23, 430, 434. Carta de 1533, ver pág. 258. Participación de los regidores en las Ordenanzas de Tierra Firme, Pablo Alvarez Rubiano, "Pedrarias Dávila", 620. Ordenanzas de la II Audiencia en 1534, ENE, III, 149-154.

El principio de la petición popular se revela espontáneamente en los requerimientos. En su III Carta de Relación, Cortés escribe que fue importunado y casi forzado por los Oficiales Reales y los conquistadores para proceder al depósito de indios. Pizarro tiene que hacerlo igualmente por requerimiento del Cabildo de Jauja en 27-VI-1534. Alcalde y regidores, en este documento, exponen las razones de bien común por lo cual ello es necesario, aun antes de cumplir los requisitos exigidos por el Rey, y cargan sobre el Gobernador los daños que resulten de la negativa. Pizarro rechaza su responsabilidad, pero acepta depositar. La Cédula al Perú de 10-X-1537 informa de otro caso: los conquistadores requirieron al Gobernador para que se les repartieran 100 mil castellanos de la Real Hacienda, obligándose mancomunadamente a pagarlos del primer oro que hubiese en la tierra. Pizarro se los concedió, con parecer de los Oficiales Reales, que debían concurrir a la aprobación de estos desembolsos extraordinarios, conforme al principio sentado en Tierra Firme. El Rey justificó a posteriori el hecho consumado, pero exigió la devolución[212].

El requerimiento consiste, pues, en una petición a la autoridad competente para realizar un acto jurídico determinado, hecha por los súbditos o por otros funcionarios. El acto requerido puede ser legal, pero también, en circunstancias en que el bien común lo exija, contrario a las normas existentes. El "derecho de la necesidad", también reconocido como caso límite por el Derecho Común, imponía la transgresión. Si el funcionario se negaba al requerimiento, se le podía incluso hacer formalmente fuerza; entonces la decisión que se le arrancaba quedaba fuera de su responsabilidad. Los conquistadores utilizaron este recurso jurídico allí donde la situación concreta exigía decisiones tales como la elección de un Gobernador por el Cabildo, el depósito de indios, el uso de dineros de la Real Hacienda, etc.: es decir, cada vez que las convicciones jurídicas e intereses fundamentales de todo el grupo no podían ajustarse al sistema de normas existentes. Tales actos testimonian todo el peso de los intereses económicos y políticos

[212] Requerimiento de Jauja, CDIAO, 10, 293-302. Cédula de 1537 al Perú, GP, II, 51.

de los conquistadores, a la vez que la riqueza de formas del Derecho de la época, que podía absorber y dar una referencia jurídica (primado del bien común sobre la ley, extrema necesidad) a decisiones ilegales.

Incumplimiento de la legislación. —En el juicio de residencia de Pedrarias como Gobernador de Tierra Firme, se le acusa de haber violado las propias Ordenanzas por él dictadas, y uno de sus testigos de descargo da esta respuesta: "que las hordenanças que el dicho mi parte ha fecho en la tyerra las a fecho con yntincion e voluntad que se guardasen e cumpliesen por que dios e sus magestades fuesen seruidos e la tyerra aprovechada e que muchas cosas dellas se han guardado por que auia posybilidad para ello e en otras no lo auía e sy alguna auía era tan dificultosa que hera mucha molestia a los pobladores de la tyerra hacerlas guardar para poderse sostener y hera por fuerça yrse della e dexalla despoblada e esto parecera a vuestra merced claro por la mucha provesa e nescesydad en que estan los pobladores que muy pocos o no ningunos tyene bien lo que han menester y otros trabajos que no se pueden valer e poniendolos en mas aprieto e necesidad de guardar hordenanças hera totalmente destruyrlos e desterrarlos de la tyerra e por esto convenia aver alguna desymulación...". Respondiendo a otro cargo, que no ha permitido el castigo de muchos delincuentes, el mismo testigo dice que si en ello se ha sobreseído ha sido "por ser cosas e casos de mucha sustancia e delitos que tocan a la mayor parte de los pobladores de la tierra porque sobre ello convino e fue nescesario consultallo con su magestad escriuiendoselo e haciendoselo saber..."[213].

Esta declaración es verdaderamente típica de la época, y se puede aplicar, con mayor fuerza todavía, a la ejecución de la legislación metropolitana. El caso más importante de esta última clase de incumplimiento es el de las Instrucciones a Cortés. Respondiendo este en 15-X-1524 a las Instrucciones reales de 26-VI-1523, objeta diversos capítulos. El más importante de ellos, relativo a la prohibición de encomendar, no solamente no lo ejecutó, dice Cortés, sino que lo ha tenido totalmente en secreto, manifestándolo solamente a los Oficiales

[213] Pablo Alvarez Rubiano, "Pedrarias Dávila", 607-609.

Reales y a los procuradores de las ciudades, bajo juramento de no revelarlo, por el gran escándalo que se produciría, por las causas que detalla en seguida. Aquí no se ha seguido el procedimiento regular de obedecer y no cumplir, que implicaba publicidad de la orden real, sino que esta ha sido ocultada, por razones de bien común calificadas por el Gobernador.

La inejecución de los mandatos del Rey ha asumido en algunas partes proporciones que el Consejo ha considerado conveniente restringir. La Cédula a Santa Marta de 5-VI-1528 ordena que todas las provisiones de oficios y mercedes que se consideren perjudiciales sean primero cumplidas, y luego se haga la suplicación para que el Rey las revoque, expresando los motivos, pues ocurre que los justicias ponen dilación en la ejecución, para que los beneficiados, a causa de la distancia al Rey, desistan de reclamar su justicia. En vista de esto, el Rey manda que, en el momento de tomar posesión de su oficio, el Gobernador jure guardar y cumplir todas las provisiones de oficios y mercedes, y en general todos los mandamientos reales; si hubiera cosas de que conviniera suplicar, lo debe hacer después de cumplir; pero si el negocio fuere de tal calidad, que de la aplicación de la ley se siguiera "escándalo conocido o daño irreparable", puede primero sobreseer en el cumplimiento, y luego suplicar la anulación de la orden. Esta disposición no elimina, pues, la doctrina tradicional sobre el incumplimiento, ya que deja en pie la idea fundamental de la subordinación del tenor literal de la ley a su finalidad de bien común, permitiendo, cuando hay contradicción grave y flagrante con esa finalidad, la suspensión inmediata del mandato; pero se restringe este procedimiento a los casos realmente indispensables, señalando, como principio general, la obligación de cumplir, antes de suplicar la enmienda. La disposición, en su parte restrictiva del incumplimiento, concuerda con el sistema de las Partidas, especialmente con la Ley XXXIV, Título XVIII, III Partida, que, tratando de las cartas de merced, manda que ellas sean guardadas, aunque parezcan graves, ya que el Rey tiene poder para hacerlo y entiende que convienen, si bien el destinatario, después de cumplir, puede representar la inconveniencia.

Sin embargo, la Cédula dirigida a Santa Marta está fundada en circunstancias particulares de esa tierra. En 5-IV-1528 y en 12-VII-1530 se escribía a la Audiencia mexicana que los despachos reales que permiten nuevos descubrimientos y poblaciones o que ordenan dar mercedes diversas, debían ser examinados con cuidado, pues muchas veces se daban por importunidad de los pretendientes, y podían ser en daño del Rey y de la tierra, de manera que la Audiencia debía sobreseer, si los estimaban inconvenientes. Así la monarquía, haciéndose cargo de un mal casi inevitable en las cortes de la época, las concesiones a pretendientes indignos, constituía un remedio a ello en el sistema del incumplimiento, que se consideraba digno de confianza cuando lo ejercía una Audiencia, mas no una Gobernación militar como la de Santa Marta. La Audiencia se convertía pues, en este caso, en lo que la técnica jurídica europea ya descrita llamaba un "mixto ejecutor" distinto al "mero ejecutor"[214].

La II Audiencia ha insistido, en general, en el cumplimiento de los mandamientos reales, incluso en casos en que consideraba existir alguna inconveniencia, como lo declara en la carta de 30-III-1531. El problema revistió cierto carácter de gravedad cuando los procuradores de las ciudades suplicaron de las Ordenanzas de buen tratamiento de los indios de 4-XII-1528. Estas disponían en su texto que debían ser guardadas y cumplidas, a pesar de cualquier apelación o suplicación que interpusieren los vecinos, pues muchos deseaban que no se ejecutaran por su interés particular. La Cédula de 24-VIII-1529 insistía en este último punto. La Audiencia, en la misma carta de 30-III-1531, daba cuenta que, efectivamente, se cumplían esas leyes, a pesar de las suplicaciones, las que seguían su curso normal, transmitiéndose al Rey en Consejo; por la carta de 19-IV-1532 se sabe que se temperó la prohibición de cargar a los indios, ante la súplica. En cambio, Nuño de Guzmán, el Gobernador del Pánuco, desligándose de la orden expresa, recibe la suplicación que el Cabildo presenta contra las Ordenanzas por medio de procurador, la dirige al Consejo, y él mismo dicta, en 10-III-1532, un auto en que, después de obedecer, declara que las guardará en su territorio solo en cuanto fuere posible,

[214] Carta de Cortés, CDHM, 1, 470-483. Cédula de 1528 a Santa Marta, CIL, II, 107-108. Textos de 1528 a México, en PCI, 26v; de 1530, PCI, 44v.

exceptuando expresamente la disposición sobre no cargar a los naturales, por ser tierra nueva, con indios indómitos, que no sirven en ninguna otra cosa, y que no se les puede reemplazar por recuas. Nueva España, agrega, está pacificada hace mucho tiempo, tiene haciendas y granjerías; en Pánuco, los conquistadores necesitan ser mantenidos y proveídos, pues de otro modo, nadie irá a esa tierra. Las Ordenanzas han sido dictadas para la Nueva España, y no es creíble que el Rey las quiera extender a una tierra nueva. Suplica, por tanto, al Rey, "de lo no bien informado en esta parte, para bien informado ser"[215]. Nuño de Guzmán, a causa de su conducta en Nueva España y en Pánuco, fue muy pronto destituido por la Corona; pero, en todo caso, las alegaciones que presenta contra las Ordenanzas tienen una significación general, al señalar los motivos que suelen plantearse por los conquistadores, Cabildos y Gobernadores, contra la legislación sobre indígenas, que, generalmente, más que en una teoría, se fundan en las circunstancias locales, distinguiendo entre lo que es posible en tierras ya asentadas y lo posible en tierras nuevas.

Este mismo punto de vista atribuye el Obispo Berlanga a Francisco Pizarro, durante su visita a aquella Gobernación. La prohibición de cargar a los indios y la orden de tasar los tributos dan ocasión a Pizarro para incitar a los suyos contra el Obispo, "diziendo que aun no estava ganada la tierra ny pacificada y que ya quería v. m. ponerla en concierto y que frayles la abian de destruir como la nueva españa y que los indios aunque dixesen que darian los tributos no lo abyan de dar y si se lo hiziesen dar por fuerça que alçarian y que los españoles desampararian la tierra". Pizarro, dice Berlanga, disimula el incumplimiento de las Ordenanzas de 1528 —extendidas al Perú— no por no tener los mandamientos reales en lo que es razón, "sino por no apretar a los conquistadores ny desagradatlos". Pero esta preocupación por que la promulgación de las leyes se produzca sin causar

[215] Pasajes de la carta de la 11 Audiencia en 1531, ENE, II, 52, 54. Cédula de 1529, en PCI, 52. Auto de incumplimiento citado de Nuño de Guzmán, CDIAO, 14, 83-96. Argumentos casi idénticos repite Nuño de Guzmán, en contra de la ejecución de la Cédula de 1530 que suprimía la esclavitud: ver ENE, II, 146 y siguientes (carta de 12-VI-1532).

males mayores no se presenta únicamente en los caudillos —que pertenecen totalmente al medio de los conquistadores— sino en la misma legislación metropolitana. Ya lo hemos señalado en la Cédula de 1528 a la Gobernación de Santa Marta, que admitía un régimen extraordinario de incumplimiento en casos de escándalo conocido y daño irreparable. Lo mismo se dispone en la Cédula de 31-I-1539, que suprime la esclavitud por compraventa a los caciques; pero como esto podía traer novedades peligrosas, se remite la última decisión al Gobernador, con consejo de personas honradas y experimentadas en la tierra, quienes discernirían si la ejecución no traía males mayores[216].

6. La resistencia contra la legislación y la formación de un sistema estable de gobierno

Ejecución de las Nuevas Leyes. —Las Nuevas Leyes no solamente significaron para las Indias una tentativa fundamental de reforma de toda la constitución, si no, además, una experiencia sobre la necesidad de una justa aplicación de la legislación reformadora, que se transmitió, como una lección permanente, a través de la tradición administrativa.

Tello de Sandoval llevó las Ordenanzas a Nueva España en 1544. A su entrada, el Cabildo y todos los vecinos plantearon en seguida sus quejas, pero el Visitador los reprendió por no esperar a que él hubiera presentado sus poderes y publicado las Leyes, pidiéndoles que nombrasen 2 o 3 regidores como diputados de la ciudad. El Visitador se comunica con estos representantes, les asegura que no ha venido a destruir la tierra, que intercederá ante el Rey para que suspenda las Ordenanzas dañosas, y que él no aplicará las más rigurosas. No obstante, en 13-III-1544, el Virrey y Audiencia obedecen oficialmente las Nuevas Leyes y ordenan cumplirlas, y el 24 se pregonan en la plaza mayor; Tello de Sandoval vuelve a prometer a los diputados que no deben temer, porque no se aplicarán injustamente en perjuicio de los

[216] Carta de Fr. Tomás de Berlanga, 3-II-1536, en GP, II, 36. Cédula de 1539, en Archivo General de Indias, Audiencia de Lima 565, III, 73.

vecinos. El Obispo Zumárraga predica en la Catedral, concertando a todos; parten prontamente a Europa los procuradores, que llevan el parecer unánime de laicos y eclesiásticos contra la supresión de las encomiendas. El Virrey Mendoza influyó poderosamente para lograr la suspensión. Tello de Sandoval puso en práctica, efectivamente, solo algunas de las disposiciones promulgadas: así, en una orden al corregidor de Soconusco, le manda poner en libertad a los esclavos de las haciendas y minas que han sido injustamente sometidos, siendo libres; pero le prohíbe entrometerse en lo relativo a los naborias y tapias, indios personalmente adscritos a sus amos, sobre cuya abolición las Nuevas leyes eran terminantes. La carta del Visitador a Las Casas en 10-XI-1545 expresa muy bien su actitud. Le piden en ella que levante la negativa de absolución sobre los encomenderos de Chiapa, pues, aunque su mandamiento sea justo, podría tener muchos inconvenientes en ese momento y producir males mayores, pues "todas las cosas quieren tiempo y razón"; el Obispo debe mandar absolverlos y procurar encaminarlos; si eso no bastare, para eso están los justicias y audiencias del Rey.

Entre las numerosas cartas contrarias a las Nuevas Leyes enviadas al Consejo desde Nueva España, tiene importancia la del Fiscal de la Audiencia, Cristóbal de Benavente, en 1-VI-1544. Defendiendo económicamente las encomiendas, hacía presente, además, que los conquistadores creían tener un "derecho natural por razón de sus servicios", en virtud de un cuasicontrato, a causa de la promesa real contenida en la ley de sucesión de encomiendas, sin que hubiese causa para la suspensión de dicho beneficio y merced; otros citaban el hecho de que se habían casado en la confianza de tal expectativa, y ahora se les quitaba el sustento. Efectivamente, la concepción de la merced como un privilegio inviolable salvo proceso judicial, daba fuerza a la convicción jurídica de los conquistadores. El fundamento jusnaturalista de la supresión de las encomiendas revestía un carácter doctrinal, que contradecía al sentimiento popular español de la inviolabilidad del privilegio y de la obligación de premiar en justicia los trabajos de la Conquista. Benavente se hace cargo plenamente de este factor jurídico, y además agrega, en contra de las Nuevas Leyes: "querer regular esta tierra al modo de España por lo que dicho tengo no se sufre ni se ha de tener a mal que por la diversidad de los tiempos y tierras los estatutos y leyes se alteren y muden, mayormente donde el provecho está tan evidente y el daño tan eminente". Las Nuevas Leyes han llevado, pues, a los hombres de experiencia en Indias a plantearse con nitidez el problema de la diferencia jurídica entre la metrópoli y las colonias[217].

La promulgación en Perú ocurrió de muy diversa manera. Los documentos y las crónicas de Cieza de León, Gutiérrez de Santa Clara, López de Gómara, Calvete de Estrella, permiten seguir paso a paso la conducta del Virrey Núñez de Vela y el efecto de su inadecuada manera de aplicar las leyes entre "gente que tan libremente había vivido como los que estaban en el Perú" (Cieza de León), donde, desde los años de Francisco Pizarro, se habían iniciado las luchas entre conquistadores. El mismo Cieza de León pone en boca de Rodrigo Contreras un discurso dirigido en Panamá al Virrey, rogándole que no promulgara entretanto las leyes, que residiera más de un año en el Reino, y resolviera después de asentar la provincia. Todos los cronistas señalan la imprudente conducta del Virrey: los vecinos de Piura, dice López de Gómara, "se escandalizaban más de sus palabras y aspereza que de las ordenanzas". Los vecinos de las ciudades del Norte del Perú iniciaron la suplicación, al llegar el Virrey, sin que este modificara un ápice la severidad con que aplicaba las disposiciones y sanciones legales. Núñez de Vela respondía que había que cumplir no obstante las apelaciones, porque no era juez, sino mero ejecutor, y que fuesen con sus demandas ante el Rey. En medio de la agitación, algunos letrados sostenían públicamente que no querían cosa indebida, sino que las leyes no se publicasen, o se pudiese suplicar de ellas, y que tales leyes no obligaban "sin consentimiento de sus vasallos que dauan la

217 Relato sobre la promulgación de las Nuevas Leyes en México, en Diego Fernández, "Primera y Segunda Parte de la Historia del Perú" (en "Documentos literarios del Perú", de Manuel de Odriozola, Tomo 8, 26-31).
Mandamiento de Tello de Sandoval al corregidor de Soconusco, y cartas de 10-XI-1545 y de 12-I-1546 a Las Casas, en "Libro de Asientos donde se ponen e asientan las provisiones e mandamientos que manda e provee su merced (Tello de Sandoval)", copia, en Biblioteca del Palacio Real de Madrid, 1818. Carta de Benavente, ENE, IV, 96 y siguientes.

autoridad a todas estas cosas y que Su magestad no lo pudo mandar hazer de derecho sin les dar a ellos parte" (Gutiérrez de Santa Clara, y, en términos casi idénticos, López de Gómara). Cuando Núñez de Vela llegó a Lima, el procurador tenía preparado un requerimiento pidiendo la suspensión y el juramento de guardar los privilegios de los vecinos, antes de ser recibido en la ciudad; pero las gestiones de algunos intermediarios lograron el retiro del requerimiento, a cambio de la promesa de que las Ordenanzas no se cumplirían antes de la llegada de los Oidores. Algunos de estos, según Gutiérrez de Santa Clara, habían aconsejado al Virrey, ya en Panamá que dilatara la ejecución y que esperara la segunda jusión. Pero el Virrey empezó a cumplir inflexiblemente las leyes, que hizo pregonar públicamente, no obstante su promesa, y las renovadas protestas de los vecinos, que se escudaban, como en México, en los privilegios concedidos por la Cédula que establecía las encomiendas por dos vidas y por la que ordenaba el matrimonio de los encomenderos. Los consejos del Obispo, del propio hermano, de Vaca de Castro, etc., no influyeron en nada sobre el ánimo de Núñez de Vela.

El cargo fundamental contra el Virrey consistía —aparte de sus violencias, y aun de una muerte— en la falta de consideración de los factores concretos propios de las Indias, y en el haber actuado sin la Audiencia, y contra el consejo de los hombres más experimentados de la tierra. Los Oidores, cuando llegaron a la ciudad, y fueron consultados por el Virrey sobre la situación, le recordaron que él debía haberles pedido su parecer antes de publicar las leyes, como le había sido mandado, "pues él era la cabeza y ellos eran los miembros, lo cual todo junto era un cuerpo que representaba el nombre del rey e S. M." (Cieza de León). Entretanto, la suplicación había adquirido formas de rebeldía en el Cuzco, donde Gonzalo Pizarro se convirtió, por decisión del Cabildo, en procurador encargado de suplicar de las Nuevas Leyes ante el Virrey y el Rey, posteriormente en capitán de guerra, y, en fin, a pesar de las protestas de algunos leales al Rey, en justicia mayor. Esta última designación implicaba una ruptura revolucionaria, pues no había razón alguna para la designación de justicia mayor por el Cabildo estando presente en Lima el representante del Rey. La suplicación pierde ya su sentido jurídico, transformándose en una resistencia armada, que muchas ciudades y vecinos particulares consideraron ilegítima. Así, la Plata aceptó la autoridad del Virrey, declarando que, aunque algunos vecinos habían prometido la ayuda a Gonzalo Pizarro, había sido dentro de la condición de fidelidad al Rey. En 16-VIII-1544, por un auto, el Virrey suspende en fin las provisiones de las Nuevas Leyes, excepto las que se referían a procedimientos judiciales y a abolición de encomiendas de los justicias y oficiales y de las iglesias; pero en el Libro de Acuerdos de la Audiencia se dejó constancia de que "protestavan (el Virrey y un Oidor) de luego que sea sosegada esta alteraçión de ejecutar en todo y por todo estas hordenanças y cada una dellas entera y cumplidamente como su Magestad lo manda y que solamente las suspenden para las poder mejor ejecutar y servir a Su Magestad".

Comienza en seguida la lucha de los Oidores contra el Virrey, que estalla a raíz de la orden de despoblar Lima, dada por Núñez de Vela, y que culmina con la prisión de este por orden del tribunal, y su partida con destino a España —que se transformó, por el sorprendente gesto de su guardián, el Oidor Alvarez, en un desembarco en el Norte del Perú, y en la "guerra de Quito". La Audiencia esperaba, mediante el alejamiento del Virrey, y la concesión del recurso de suplicación a los vecinos, extinguir el alzamiento del Cuzco. Gonzalo Pizarro había escrito previamente que obedecería a la Audiencia, y que, si el Rey mandaba segunda jusión, acataría el cumplimiento de las Nuevas Leyes; pero, en seguida, pidió la Gobernación para sí. La Audiencia tuvo que doblegarse: primero intentó, en vano, someter la controversia a juicio ordinario; luego pidió parecer escrito a los tres Obispos, a Vaca de Castro, los Oficiales Reales y los Provinciales de las Órdenes religiosas. Los Obispos y el Provincial dominico se fundaron, para recomendar que se aceptaran las peticiones de los procuradores de las ciudades y de Pizarro, en el peligro inminente de la fuerza, y en el mal mayor que originaría la Gobernación basada en ella, comparada con un poder originado en el acuerdo de la Audiencia, con juramento de entregar después el poder a quien el Rey designara. El contador Agustín de Zárate aconsejaba igualmente la entrega del mando, pues solo así podría dispersarse pacíficamente el ejército del Cuzco; el nuevo Gobernador, y no los Oidores, debía quedar con el poder de encomendar, pues él conocía a los vecinos, y los méritos de cada uno; no se podía esperar la consulta al Rey, pues "esta tan lexos de esta tierra que si se esperase a darle cuenta para las provisiones quando viniesen no se podria remediar los daños que estarian cabsados".

Los testimonios de las crónicas y documentos permiten comprender el contenido jurídico de esta serie de acontecimientos, que rematan, en 1548, en la derrota y muerte de Gonzalo Pizarro por La Gasca. Frente a la legislación real, existía un sentimiento jurídico en los conquistadores, que los afirmaba en su voluntad de exigir de la Corona un premio por sus méritos. La ejecución imprudente de la ley por Núñez de Vela, contra todos los consejos de los hombres de más autoridad, prescindiendo totalmente de la Audiencia, y ajustándose literalmente a la disposición de las provisiones suplementarias de 4-VI-1543, que conferían a lo mandado el carácter de leyes en Cortes, sin consentir, por tanto, en que la suplicación causara suspensión, significa una conducta que los cronistas unánimemente condenan, no obstante que ninguno de ellos es afecto al bando rebelde. Ha sido, además de la sustancia de la ley, la forma de la ejecución, lo que produjo la reacción de los contemporáneos.

En todo caso, el fondo de las disposiciones implicaba una alteración profunda en la constitución, hería en lo fundamental el sentido patrimonialista de la Conquista, y produjo el levantamiento en nombre de la libertad. "Hombre que tales leyes trujo tal gualardon merece —gritaban al Virrey después de su prisión, según López de Gómara—. Si viniera sin ellas, adorado fuera. Ya la patria es libertada, pues está preso el tirano". Los que lo habían prendido gritaban: "Biua, biua el príncipe Don Philippe, nuestro señor, y libertad!", según Gutiérrez de Santa Clara, quien amonesta, en seguida, contra el uso de esa palabra, que atrae siempre a los amigos de disensiones y novedades. Las Indias debían ser gobernadas de acuerdo con ciertas normas de prudencia y de consejo, sobre todo en la aplicación de leyes reformadoras, y esto fue lo que ignoró Núñez de Vela: "como él fuese nuevamente venido de las Españas —dice Cieza de León— adonde la magestad de nuestro rey es obedecida en tanta manera que cualquier provisión o mando, aunque más riguroso parezca y sea llevado por cualquiera persona, se ejecuta y cumple sin excusa alguna, y no conociese cuán doblada que es la gente que en este reino vivian, y la soltura que habian tenido en lo pasado…". La reflexión de Cieza de León toca el fondo del problema de la aplicación de las leyes en las colonias: estas no podían gobernarse conforme al orden ya maduro y legal con que la monarquía gobernaba sus provincias españolas después de haber dominado a los nobles y a las ciudades libres; ellas requerían un orden y forma peculiares de gobierno, pues la conquista, la formación de un concepto patrimonial del Estado que era su consecuencia, la constitución paulatina de una nueva aristocracia, eran otros tantos problemas que una ordenación jurídica debía tomar en cuenta, para tener realidad y duración. En este sentido, la aplicación de las Nuevas Leyes en México, gracias a las cualidades políticas de Tello de Sandoval y de Mendoza, representaba un ejemplo de ejecución prudente de las reformas, y gracias a ello la consolidación del orden legal fue tanto más temprana en México que en Perú.

Pero también intervienen otros factores, que precipitan los trastornos peruanos. López de Gómara señala los desórdenes e incorrecciones de los Oidores, sus conexiones con los hombres más ricos del Perú, sus murmuraciones contra las Nueva Leyes durante el trayecto a Lima, diciendo "que no las pudo hacer el Rey con derecho", el haber recibido dinero de Gonzalo Pizarro. Gutiérrez de Santa Clara señala también las controversias que tenían los Oidores con el Virrey sobre la manera de distribuirse la justicia y el gobierno entre sí, pues algunas Provisiones y Cédulas reales se dirigían unas al Presidente y Oidores, otras solo al Virrey, y sobre el cumplimiento de estas últimas se discutía el papel que tocaba a los Oidores. La tendencia a la expansión de cada autoridad se veía confundida ante el hecho de que en unas esferas era el Virrey superior, y en otras inferior a la Audiencia: el orden jurisdiccional y el gubernativo, la función de decisión y la de consejo, requerían ser netamente deslindadas en la vida jurídica del Virreinato, y esto fue solamente el resultado de un proceso paulatino de la administración indiana, y de una legislación más detallada, que aplicó los principios generales dados desde el comienzo[218].

[218] Francisco López de Gómara, "Primera Parte de la Historia General de las Indias", especialmente p. 250, 258, 264, Pedro Cieza de León, "La Guerra de Quito", especialmente 2-3, 5-6, 11, 19-21, 25-27, 32, 36-37, 63-65. Pedro Gutiérrez

La forma de gobierno de Gonzalo Pizarro recibe una justa valorización en un pasaje de López de Gómara, el cual muestra que —al menos durante la ausencia del Maestre de Campo Francisco de Carvajal, a quien se imputaban las peores atrocidades— el sistema instaurado por los conquistadores en resistencia estaba muy lejos de ser una pura arbitrariedad. No consintió, dice, ninguna muerte de español sin forma de proceso, prohibió las rancherías entre indios bajo pena de muerte, así como el cargarlos, disposiciones ambas contenidas en las Nuevas Leyes; obligó a los encomenderos a tener clérigo para la doctrina; cuidó grandemente de la Real Hacienda y, después de la muerte del Virrey, pensó en el ofrecimiento de un servicio a Carlos V, para la condonación de lo pasado, y para apoyar la petición de perpetuidad de las encomiendas. La destitución del jefe de la escuadra, Hernando Bachicao, se realizó después de una amplia y libre deliberación, descrita por Gutiérrez de Santa Clara. Sin embargo, en otros momentos, se muestran también claramente las señales de la ruptura del orden jurídico, especialmente en los crímenes de Carvajal, en los dichos despectivos del mismo y del Oidor Cepeda contra la autoridad del Rey, y finalmente en la idea de usurpar el mismo título regio para Gonzalo Pizarro. Todo esto provocó la creciente oleada de deserciones hacia el ejército de La Gasca, y la caída final de un régimen que pasó a la conciencia de los contemporáneos como una experiencia de "tiranía" en América[219].

En las provincias menores, la suerte de las leyes fue variada. Así, en Popayán, Sebastián de Benalcázar intentó ejecutar las Nuevas Leyes en buenas condiciones para los vecinos, pero una reunión de los procuradores de las ciudades pidió y obtuvo la suplicación, que el Adelantado concedió, en vista del peligro de sublevación, que allí era más inminente por la proximidad del Perú. En Cuba, el Gobernador Lic. Cháves puso en práctica las más de las leyes, pero los vecinos obtuvieron que dejara en suspenso la prohibición de echar los indios

de Santa Clara, "Historia de las Guerras Civiles" especialmente I, 30, 49-50, 59, 62-69, 84, 129, 136, 156-158, 161, 169, 290, 313-350; II, 498. Nombramiento de Gonzalo Pizarro como Gobernador en GP, IL, 353 y siguientes.

219 López de Gómara, 264-265; Gutiérrez de Santa Clara, IL, 147-148, 198-205.

a las minas, prohibición dictada por leyes anteriores, pero que los Gobernadores anteriores habían dejado de cumplir; sin embargo, el Consejo reprendió a Cháves y le ordenó cumplir. El Gobernador informaba en 27-IX-1547 que así lo había hecho, pero que enviaba información sobre los efectos destructores que se producían en la población de varias ciudades, que quedaban sin sustentación. En cuanto a la liberación de los esclavos, se habían aplicado las Ordenanzas, con una interpretación benigna para los amos, en cuya virtud los indios jurídicamente emancipados quedaban depositados en aquellos, pero sin poder ser enajenados, y con derecho a pedir su traslación. Los Cabildos cubanos —como casi todos los de Indias durante aquellos años, los más vivos de la institución— convocan reuniones de procuradores de toda la provincia, negocian, envían como representante a España al Obispo Sarmiento.

En Nueva Galicia, el Oidor Tejada proclama las leyes, pero solo incorpora a la Corona las encomiendas de los antiguos Gobernadores, ordenando a los demás encomenderos no echar a sus indios a las minas; no castiga sus anteriores infracciones, para no arruinar a toda la provincia, aconsejando solamente el rigor para el futuro, y la creación de una Audiencia regional.

En Guatemala se produce un proceso significativo en la ejecución de las Ordenanzas. La Audiencia informa en 20-VII-1545 cómo los vecinos han elegido en esa capital cuatro diputados —una forma extraordinaria de intervención popular— quienes piden al Cabildo interferir en la aplicación de una Provisión del tribunal sobre incorporación a la corona de encomiendas de funcionarios, "y alvorotaronse los vecinos, diciendo, que aquí queriamos executar todo lo que Vuestra Magestad manda por sus Reales Ordenanzas". La Audiencia sobreseyó en el cumplimiento de las disposiciones contra la esclavitud indígena y en la extracción de esclavos berberiscos llevados a esa tierra. Pero el vigor de los mandamientos reales obligó a la Audiencia a ir abandonando progresivamente su posición inicial de connivencia con los vecinos. En 30-XII-1545 el tribunal escribe que exigir títulos de los esclavos significa ir lisa y llanamente a la abolición total, pues nadie los tiene, fuera del acostumbrado signo del hierro que la legislación ahora rechazaba, y que la abolición significaba confiscar un patrimonio adquirido bajo la fe real de las anteriores licencias, y, además, un perjuicio para la tierra y para el Fisco Real, que recibía el quinto de los cautivos bélicos. La solución que proponían el presidente y Oidores era la de permitir los juicios ordinarios en que los esclavos que quisieren alegasen su libertad, y, a la vez, prohibir la enajenación, siguiendo en esto último un mandamiento que el Obispo Marroquín había fijado para la absolución sacramental de los amos. También la Audiencia anuncia en esta carta que ha interpretado la supresión de encomiendas en el sentido de incorporar a la Corona aquellas cuyos titulares, al fallecer, no dejaran esposa ni hijos legítimos, respetando, en el caso contrario, la ley de sucesión por dos vidas; que ha puesto en ejecución, a pesar de la suplicación de los vecinos, la disposición de las Nuevas Leyes que elimina los juicios de encomienda; que ha suprimido las encomiendas de los funcionarios, salvo que las hayan tenido como conquistadores antes de ocupar el oficio. En 20-IX-1547 el Presidente Maldonado informa que se ha dado un nuevo paso en la aplicación del criterio legal, suprimiendo el servicio de los tamemes dentro de las encomiendas, no obstante las protestas de los vecinos, y a pesar que ese trabajo existe en Nueva España; y declara, en general, que quiere "que todo, al pié de la letra, como Vuestra Magestad lo manda, se compla; y cuando hoviese algún inconveniente en lo proveido, hacer relacion a Vuestra Magestad de ello". Pero la monarquía aceleró este proceso de gradual cumplimiento, reemplazando a Maldonado por el Lic. Cerrato, quien advierte al Rey en 28-IX-1548 que "tenga de allá entendido, que luego van de mi quexas, diciendo que destruyo la tierra e la despueblo, porque ansi llaman acá el hacer xusticia e complir lo que Vuestra Magestad manda como ya tengo escripto desde Santo Domingo". Suprime el servicio minero, tasa los tributos, pone en ejecución la carta dada para La Española en 1545 sobre liberación breve y sumaria de los esclavos cuyos dueños no tuvieran títulos escritos, lo que prácticamente equivalía a la emancipación inmediata y completa. Los vecinos enviaron a España a Bernal Díaz del Castillo, como procurador, para quejarse de esta extensión de una ley dada para aquella provincia a otra, cuya situación es diferente. Se trata, en verdad, como lo hemos dicho en otro capítulo, de un caso importante de aplicación por analogía de una ley a territorios no comprendidos literalmente en ella, pero que el ejecutor (Cerrato) ha practicado en virtud del principio de Derecho Común de ampliar las disposiciones favorables a la libertad natural. El presidente ha tenido que luchar aquí, además de los encomenderos, contra algunos religiosos enemigos de su concepción legal. Así, el Comisario General de los Franciscanos, Fray Francisco de Bustamante, escribe en 22-III-1551 que los esclavos no debían haber sido puestos inmediatamente en entera libertad, sino depositados en poder de sus amos, bajo salario; pero que Cerrato, por móviles personales, no había querido oír consejo alguno, agregando: "No se dejan de guardar las leyes cuando se dilatan y es necesaria la dilación en el cumplimiento dellas. A mi parecer, para que las leyes reglen y nivelen la república no basta que sean derechas, sino que el que las ha de asentar para reglar con ellas no las asiente en vago y sobre falso"[220].

México y Guatemala presentan, pues, el ejemplo de una preponderancia de la legislación sobre el sentido vecinal. En México, la prudencia política de los representantes del Rey ha ido encontrando la mejor manera de imponer la solución regalista ordenada desde la metrópoli, a través de compromisos indispensables. En Guatemala, los miembros del "Tribunal han capitulado inicialmente con los vecinos, en cuanto a la ejecución de las Ordenanzas; pero la Corona ha forzado en pocos años la situación, especialmente gracias a la energía de Cerrato, sin que el poder vecinal pudiera allí tener los recursos suficientes para una resistencia al estilo de la peruana. Los partidarios de amoldar las leyes a la situación concreta (como Bernal Díaz y Bustamante) han sido allí vencidos por la interpretación rígida de la ley, en favor del principio de equidad con los indios. Pero este mismo criterio, manejado con

[220] Sobre Popayán, Cieza de León, "La Guerra de Quito", 29-30. Sobre las Nuevas Leyes en Cuba, CDIU, 6, 182-185, 210-212, 239-240, 265-267, 268-276, 299-304 (carta de 27-IX-1547). Sobre la promulgación en Nueva Galicia, J. H. Parry, "The Audiencia of New Galicia...", 30, Sobre las Nuevas Leyes en Guatemala, CDIAO, 24, 382 (pasaje citado de la carta de 20-VII-1545), 421-429 (carta de 30-XII-1545, sobreseimiento de varios párrafos de las leyes), 457-458 (pasaje citado de la carta de 20-IX-1547), 463-473 (carta de Cerrato de 1548). Carta de Bustamante, NCDHM, II, 199-206. Sobre el proceso en Guatemala, ver a Lesley B. Simpson, "The Emancipation of the Indian Slaves...".

imprudencia absoluta y sin sujeción a normas de buen consejo, produjo la revuelta en una provincia como el Perú, donde, desde la época de Pizarro, el sentido legal había tenido escasa realidad frente al poder de los conquistadores. La monarquía debió, pues, aprender, a través de la experiencia de la ejecución de las Nuevas Leyes, la imposibilidad de tratar con uniformidad el gobierno de las Indias.

Formulación de una política especial para las Indias. El Gobierno y cumplimiento de las leyes en los Virreinatos. —El gobierno de don Antonio de Mendoza pasó a ser, proverbialmente, en el siglo XVI, el modelo de un régimen sólidamente asentado. Durante los quince años de Virreinato, Mendoza había presidido transformaciones fundamentales en el régimen de indios, había legislado en abundancia, defendido la dominación española de las sublevaciones indígenas en el Norte de la meseta mexicana, impulsado nuevos descubrimientos y conquistas, etc. La provincia había ido evolucionando pacíficamente, durante su gobierno (ciertamente que gracias, en parte no pequeña, a la labor de la II Audiencia, antecesora suya) desde la Conquista al período de consolidación del orden legal y administrativo, sin herir profundamente a los conquistadores y vecinos. La Relación que hace Mendoza, al final de su gobierno, condensa su experiencia en sentencias políticas generales transmitidas a su sucesor, que constituyen así ingredientes de la tradición gubernativa en el Virreinato de Nueva España, además de puntos de vista muy concretos sobre cada aspecto del gobierno.

"La gente española, desta Nueva España —dice Mendoza— es mejor de gobernar de todas cuantas yo he tratado, y mas obediente y que mas guelgan de contentar a los que los mandan, si los saben llevar; y al contrario cuando se desvergüenzan, porque ni tienen en nada las haciendas ni las personas". Destaca la importancia de que el Virrey se ayude de los eclesiásticos, no solo en lo espiritual, sino en lo temporal: "E V. S, tenga entendido que en las cosas espirituales y que tocan a dotrina cristiana no se pueden dar reglas generales, porque el gobierno es todo de cabeza y está según el religioso o clérigo, porque con unos conviene alargar y con otros recortar". Señala la diversidad de opiniones en materia de indios, porque unos los consideran mansos y humildes, otros viciosos y holgazanes: "no crea a los unos ni a los otros, sino trátese con ellos como con cualquier otra nación, sin hacer reglas especiales, teniendo respecto a los medios de los terceros, porque pocos hay que en estas partes se muevan sin algun interese, ora sea de bienes temporales o espirituales, o pasión o ambición, ora sea vicio o virtud". Este estilo de reflexión político-moral, característico del tiempo, va unido en Mendoza a una comprensión muy clara de los intereses generales de su provincia, y a una obediencia firme, pero mesurada, a los mandatos reales. Sobre estas líneas continuó el Virreinato en manos de Velasco, Falces y Enríquez, con los intervalos de las Audiencias Gobernadoras[221].

Frente a Mendoza, La Gasca representa en el Perú un gobierno más problemático y difícil, que hace tanto más valiosa su obra.

Carlos V, al conocer la prisión de Núñez de Vela por la Audiencia, y el levantamiento de Gonzalo Pizarro, tuvo a mal el desacato, dice López de Gómara, pero templó su saña al saber que se había realizado con apelación de las Nuevas Leyes —lo que, efectivamente, dejaba a salvo formalmente la autoridad real— y que el Virrey había sido responsable de los trastornos por no admitir suplicación, si bien el mismo Emperador había decretado en 1542 que así se hiciera. Pero la Corona tenía a la vista, evidentemente, para calificar la torpeza de Núñez de Vela, el caso mexicano, en que, promulgándose las Ordenanzas, había ocurrido un compromiso con los vecinos de aplicarlas limitadamente, mientras ellos proseguían sus recursos en España, salvándose así la paz y los principios fundamentales del sistema jurídico. La Carta de Carlos a Gonzalo Pizarro, el 10-II-1546, en que le anuncia la ida de La Gasca, reprocha explícitamente la aspereza y rigor con que el Virrey no quiso admitir suplicación alguna. Iba como Presidente de la Audiencia, con plenos poderes, La Gasca, que se había destacado por su prudencia en los tumultos del Reino de Valencia. Las Instrucciones secretas que recibió en 16-II-1546 revelan todo un cálculo político de posibilidades:

[221] "Relación, Apuntamientos y Avisos", en "Instrucciones que los Virreyes de Nueva España dejaron a sus sucesores", 9-48; y también los Avisos publicados en CDIAO, 6, 484-515. No he podido consultar las obras sobre Mendoza escritas por Arthur S. Aiton y Ciriaco Pérez Bustamante.

si la tierra estuviere pacífica, La Gasca debe limitarse a la Presidencia, y Vela al Gobierno; si hubiere desasosiego, este último debe abstenerse de usar de la Gobernación y de la Capitanía General, salvo en lo que pareciere a La Gasca y a la Audiencia; si Gonzalo Pizarro continuare en su rebelión, el Virrey ejercería plenamente el gobierno, sin estar obligado al parecer de la Audiencia, sino conforme a las disposiciones normales de tiempo de paz, pero a esta pertenece el calificar el hecho de si Pizarro continúa o no en rebelión; pero, si al llegar a la tierra, el Virrey estaba totalmente desbaratado, y no convenía su retorno al poder, La Gasca haría lo más conveniente, discrecionalmente; también podía juzgar que era mejor favorecer a aquél y castigar a los culpados, y estaba facultado con igual amplitud para tomar ese camino. Este documento, tan semejante a los papales en los que Carlos V hacía el balance de las coyunturas europeas, colocando el pro y el contra de cada decisión, indica hasta qué punto la rebelión peruana obligaba a la monarquía a elevar a la altura de un verdadero problema político la actitud de sus súbditos indianos y el prestigio del poder real y de sus representantes. También dio Carlos a La Gasca otras instrucciones personales, distintas del tipo anterior, más cercanas a los usuales "Espejos de príncipes", tan abundantes en España y en toda Europa, llenos de máximas concretas, morales y políticas[222].

Todos los cronistas destacan la sagacidad de La Gasca para obtener la victoria y para organizar, en seguida, un régimen pacífico. Desde Panamá, ya anuncia que suspenderá las Nuevas Leyes, que concederá encomiendas y licencias para conquistar, que perdonará todo lo sucedido: a esto último le responden los del Perú, según el testimonio de López de Gómara: "Perdon, ninguno de nosotros le pide, porque no hemos errado, sino servido a nuestro rey, conservando nuestro derecho como sus leyes permiten". Las victorias de La Gasca se obtienen con generales y soldados que desertan del campo de Pizarro; pero eso

[222] Sobre la reacción de Carlos V, López de Gómara, 265; la carta a Gonzalo Pizarro la reproduce, tomándola de Garcilaso, Manuel Belaúnde, "La encomienda en el Perú", 85-86. Instrucción secreta a La Gasca, CDIAO, 23, 563-566; instrucciones personales (en copia), en la Biblioteca del Palacio Real de Madrid, 2901. fs. 1-14.

mismo imponía, después de la victoria, una política concorde con el sentido vecinal. La dilación del repartimiento general empezó a producir inquietud, murmurándose "que no quería repartir la tierra, sino hacer con disimulación lo que las ordenanzas antes de revocarse disponian, especialmente como veian que para S. M. se cogian los aprovechamientos de lo que estaba vaco". La Gasca practica en realidad el gobierno en consejo en forma amplia y franca, que crea un sentido de camaradería, al que debe muchos de sus éxitos. Para hacer el repartimiento, junta a los tres Obispos, a los tres principales hombres de armas de su ejército, y a otros vecinos, pero al final solo hace la distribución con el Obispo de Lima y el escribano. En el Cuzco, reúne a los Obispos y a los vecinos, y les representa cuánto convenía a sus conciencias y a la conservación de los indios, y para tener renta cierta, el hacer visita y tasación de la tierra, logrando que lo aceptaran de buena voluntad. No teme transgredir a veces las disposiciones no derogadas de las Nuevas Leyes, disimulando el incumplimiento: así, acepta el trabajo minero indirectamente dentro de la tasación, pero dilatando el comienzo del servicio, bajo la apariencia de permitir el reparo de los indios, después de las guerras; deposita a algunos indios en el Obispo de Lima y en monasterios: a estos últimos, para que edifiquen las iglesias, en vista de la imposibilidad de que se efectúe de otra manera la construcción, y alegando la falta de inconvenientes graves en esta disimulación, ya que los indígenas eran allí bien tratados y adoctrinados. En cambio, aplica rigurosamente la prohibición de cargar a los naturales; impidió que los del Cuzco siguieran extrayendo indios para Potosí, a pesar de la apelación de los vecinos ante la Audiencia; y, sobre todo, después de la visitación, dictó la primera tasación peruana de tributos, poniéndola en manos del Arzobispo de Lima, el Provincial dominico Fr. Tomás de San Martín, y Fray Domingo de Santo Tomás, también fraile de esa Orden. "Considerando la cantidad de gente suelta —dice La Gasca— la habría dejado (la tasa) hasta que esté la tierra asentada y vaciada de este jaez… pero considerando lo que deuía a Dios y a la consciencia de S. M. y a la mía, y con la gran piedad que destos pobrecillos de naturales tengo, me determiné…" pudiendo al fin constatar que los españoles admiten la tasa, aunque pasando por mucho "trabajo y congoxa"; "pero en fin, unas vezes por bien y otras vezes con rigor, se hace lo que conviene, y aunque con trabajo y continua lucha, ha puesto Dios (de quien todo viene bien) esta tierra en tal estado, que spero será una de las mejor concertadas y pacíficas que ay en las Yndias, ansi como es la más rica dellas e aún por ventura de todo lo descubierto"[223].

Desde los años de las Nuevas Leyes, la prudencia política se convierte en exigencia indispensable para gobernar las Indias; pero la situación alcanzada en 1550 permitía en México un cumplimiento más fácil de la legislación real que en el Perú, pues aquí la conquista misma había sido menos regulada por el caudillo que en México, y, luego, la reciente guerra civil había reforzado el poder de los conquistadores. Esta diferencia de nivel constitucional se mantiene a lo largo de los veinte años siguientes.

La supresión de los servicios dentro de la encomienda, que se produjo sin alteraciones en México, trajo en Perú, a partir de 1552, una situación similar a la de 1544. La Audiencia mantuvo secreta la Cédula, describiendo al Rey sus peligros; pasó un tiempo sin que se diera respuesta alguna desde España, durante el cual la Audiencia se limitaba a suprimir los servicios en los repartimientos donde ocurrían litigios o denuncias de visitadores, usando del rigor en estos casos particulares, pero sin plantear el problema en general; hasta que el Lic. Altamirano, Oidor de la Audiencia, trajo una Instrucción en que se le recomendaba diligencia en la observancia de la Cédula de 1549. La Audiencia publicó entonces la Cédula; los vecinos suplicaron, sin que se les respondiese nada, entretanto que podía hacerse cargo del gobierno el Virrey Mendoza; a su muerte, aquel tribunal, que quedó con la Gobernación del Virreinato, proveyó un auto en que, sin embargo, de la suplicación, se ordenaba cumplir la Cédula en cuanto a los servicios personales que los naturales prestaban a los encomenderos fuera de sus pueblos, sobreseyendo en cuanto al servicio que se realizaba dentro de ellos.

[223] Correspondencia de La Gasca con los rebeldes y promesas hechas en Panamá, en López de Gómora, 266-267. Carta de La Gasca en 25-IX-1548, en GP, 1, 107 y siguientes; la de 28-I-1549, *ibid.*, 136 y siguientes; la de 8-XI-1549, *ibid.*, 230 y siguientes.

El Virrey Mendoza, durante su enfermedad, había rechazado el poner en práctica las Cédulas de 1549, aconsejando esperar una respuesta definitiva del Rey, y este parecer se esparció por el pueblo, irritándolo contra la Audiencia. Una serie de reformas de la encomienda, dictadas en 1551-52, llegaron también a noticia de los vecinos, a pesar de que aquel tribunal no se atrevió por el momento a ejecutarlas. "De todas estas cabsas juntas —escribía el Fiscal Juan Fernández— empezaron a decir, que se tenía entendido que S. M. quería todo lo del Pirú para sí y que como esto hobiese de ser, que no podría el Pirú dexar de hacerse señorío, y gobernarse libremente como Venecia". El Cabildo del Cuzco, el más orgulloso representante de la tradición de los conquistadores, envió emisarios a los de otras ciudades, para que, en vista del rechazo de la suplicación por la Audiencia, se suplicara ante el Rey, y los vecinos declaran que, entretanto, seguirían exigiendo el servicio a sus indios, desconociendo así el auto de la Audiencia en que ordenaba la ejecución inmediata. En 27-XI-1553, los alcaldes, Regidores y Oficiales Reales del Cuzco, junto con los otros vecinos, dan poder de procurador a Francisco Hernández Girón, con el fin de suplicar de la Provisión sobre servicios personales y contra otra serie de disposiciones, cuya inconveniencia se alega en el documento. Más tarde, Hernández Girón es hecho capitán de guerra y justicia mayor. En la ciudad de San Juan de la Frontera de Guamanga, en 3-XII del mismo año, el Corregidor de la ciudad tuvo que retirarse, y comparecieron ante escribano todos los vecinos encomenderos y los soldados, declarando que mantienen la fidelidad al Rey y respetan su vasallaje, y, después de nombrar justicia mayor, piden a la Audiencia que reponga y anule las Provisiones inconvenientes hasta tanto que el Rey reciba a los procuradores. Los agravios de que reclaman son la ejecución sin embargo de la suplicación y el no dejar reunirse libremente a los procuradores que iban a marchar por la suplicación a España. Piden que el gobierno de la tierra se conserve conforme al orden establecido por La Gasca, pues, aunque tasó muy bajo los repartimientos, los vecinos podían sustentarse, lo que ahora resulta imposible; solicitan asimismo autorización para hacer nuevas entradas, porque hay abundancia de soldados caballeros e hidalgos. Así se generó una nueva revuelta, que la Audiencia solo pudo dominar por la guerra, y suspendiendo sus anteriores resoluciones, después de pedir el parecer del Arzobispo y prelados de las Ordenes[224].

Carlos V y Felipe II, entonces en Flandes, se encuentran ante una situación similar, aunque de menor magnitud, que la de nueve años antes. El procurador del Perú, Antonio de Ribera, informó con justeza que mientras el Perú no fuese aliviado de la gente suelta, desprovista de medios para sustentarse como vecinos, la situación seguiría igualmente amenazadora. Las conquistas estaban suspendidas desde 1550, y el Consejo seguía opuesto a autorizarlas. Una carta de Carlos V a la Gobernadora de España, en 27-XII-1555, le ordena dar poderes al Marqués de Cañete para autorizar nuevas conquistas a fin de sacar gente del Virreinato; aunque esto "no pueda ir tan justificado como sería razón al cabo se seguirá mucho servicio a Dios como en mucha parte se ha visto en lo passado", prohibiendo a la vez que sigan pasando colonos desde España. Se notifica que este mandato ha sido definitivamente acordado en Flandes, de modo que el Consejo debe guardarlo sin hacer nueva consulta al Rey. Así, ante la situación difícil del Perú, la monarquía decide según informes de la tierra, contra la voluntad del Consejo de Indias —caso extraordinario en que el Rey reclama un poder último y absoluto de tomar una decisión, adversa al parecer del Consejo[225].

Cañete, a pesar de las frecuentes acusaciones de gobernar "absolutamente", que hacen contra él Oidores y Oficiales Reales, va templando la energía de sus reformas según la necesidad. No vuelve a cometer el error de promulgar en general la supresión de los servicios, pero ello se va haciendo a través de las retasas y de las nuevas encomiendas. Cuando se recibe la noticia de que Felipe ha ordenado no encomendar

224 Ver relación de Juan Fernández, CDIAO, II, 246-271. Auto de cumplimiento parcial de la Audiencia, 3-VIII-1552, en Roberto Levillier, "La Audiencia de Lima", I, 46 y siguientes; auto de suspensión, *ibid.*, 103-104. Los poderes a Hernández Girón de parte de los vecinos de Arequipa, en Archivo General de Indias, Audiencia de Lima 92; los del Cuzco, publicados en la II Parte de la Historia del Perú, de Diego Fernández (Odriosola, Documentos literarios, 9, 143-145); Suplicación de San Juan, *ibid.*, 168-171;

225 Carta de Carlos V, CDIAO, 3, 559-561.

hasta que no regrese el procurador Antonio de Ribera, portador de las peticiones de dinero que hace el Rey a los vecinos, se producen nuevamente alteraciones, y los Oidores aumentan sus quejas contra el Virrey. Cañete narra en su Carta de 3-XI-1556 que, en vista de ello, se decidió a tomar medidas de rigor, ahorcando a los cabecillas del Cuzco, pero procediendo, seis días después, a repartir las encomiendas vacantes por confiscación de los partícipes de la rebelión de Hernández Girón, si bien retasadas a mucho menos valor que antes. Las compañías de lanzas y arcabuces, por él creadas, tienen por objeto satisfacer a un buen número de soldados. Cuando se conoce en Lima la noticia de la venida de un nuevo Virrey, y la Audiencia apoya a los descontentos contra Cañete, este tiene que acudir a un nuevo reparto de mercedes, según comunica en la carta de 8-IV-1559[226].

El problema del gobierno del Perú exige una política cada vez más afinada para hacerle frente. Lope García de Castro relataba al Rey que toda demora en encomendar los pueblos vacantes era considerada entre los vecinos y soldados como huella de un pensamiento deliberado de la Corona de negar el premio a que se consideraban acreedores. Las pensiones situadas por Cañete y Nieva en la Real Hacienda se quitaron a costa de grandes esfuerzos de parte del Gobernador. La rebeldía ingénita de los vecinos criollos requería, según su criterio, una política de asimilación hispanista, pero también el abandonar todo proyecto regalista de concentrar las encomiendas en el Rey, repartiéndolas entre los vecinos junto con los corregimientos y con las plazas de lanzas y arcabuces. Con ocasión de la Cédula que mandaba que los tributos fuesen entregados por los naturales en sus propios lugares y no en la residencia de los encomenderos, escribía en 4-I-1567: "La Provisión es muy justa y muy santa mas no puedo dexar de suplicar a V. M. por lo que conbiene a la paz y sosiego de esta tierra que quando alguna Provision se ynbiare que sea en perjuizio de los encomenderos en general como es esta V. M. la mande ynbiar al que aca gobernare para que aca se haga ejecutar sin que se sienta por que en la visita que se hiciere

[226] Cartas de Cañete, de 16-III-1556, GP, I, 259-260; de 15-IX-1556, *ibid.*, 272-291; la de 3-XI-1556, *ibid.*, 292-296; la de 8-XII-1557, *ibid.*, 316-318; 28-II-1553, *ibid.*, 322-323; 8-IV-1559, *ibid.*, 328-329.

general para tasar los yndios se pueda mandar en cada rrepartimiento lo que la provisión manda y asi se ejecuta sin que lo sientan que si asi se hiziera lo del servicio personal yo digo a V. M. que nunca ubiera lo de Francisco Hernández". Este sentido de cautela y de oportunidad es la línea general de conducta de Virreyes y Audiencias.

En materias de justicia, también las Audiencias procedían —en ocasiones susceptibles de provocar una alteración del orden— según el mismo sentido jurídico. En 22-VII-1549 la Audiencia de Lima escribe al Rey que se habían ofrecido casos en que los vecinos, de su propia autoridad, habían entrado en repartimientos ajenos, despojando a sus dueños de la posesión. El tribunal tiene por cierto que, a pesar de que ni las Nuevas Leyes, ni incluso la ley de Malinas de 1545 sobre los juicios de encomienda, autorizan su intervención judicial en este caso, no las transgrede al conocer de tales despojos, para pacificar y proveer que no haya escándalos ni alborotos; pero suplican al Rey mande lo que sea justo[227].

Algunas Cédulas confirmaron a diversas provincias el privilegio de que sus vecinos pudieran suplicar de los mandamientos que estimasen injustos; aunque se trataba de un principio general del Derecho Español, esta confirmación tenía el efecto de dar vigor al privilegio, en caso de que algunos justicias lo desconociesen. Así en 30-III-1557 se mandó a la Audiencia de La Española que admitiese que los vecinos interpusiesen suplicación cuando lo considerasen conveniente a su derecho, pues, como aquella no había admitido un recurso, los vecinos tuvieron que hacer un pago, hasta que en España se les absolvió y ordenó restituir. Pero el recto funcionamiento del sistema exigía que el incumplimiento por parte de las autoridades no fuese clandestino, sino que adoptase precisamente las formas del sobreseimiento. Por este motivo, se puso cargo a Vaca de Castro de que, sabiendo que venía Virrey y Audiencias con las leyes que suprimían las encomiendas, encomendó indios de mala fe, y que (sin haber sobreseído conforme a derecho), no puso en ejecución las disposiciones que le habían sido dadas contra el empleo

227 Ver las cartas de Lope García de Castro, citadas en pág. 195; la carta de 4-I-1567, en GP, III, 219-220. Carta de la Audiencia de Lima de 1549, en Roberto Levillier, "La Audiencia de Lima", 1, 6-7.

de indios en las minas y como tamemes, ni tampoco la orden de tasar los tributos, siendo por este capítulo condenado. A la Audiencia de Nueva Granada se manda explícitamente en 9-VII-1567 que cuando alguien presente una Cédula o Provisión Real (se trata especialmente de Cédulas de parte, dadas en beneficio de una persona o corporación), la Audiencia debe asentar a las espaldas el auto de obedecimiento, y el mandato de cumplimiento o de sobreseimiento, devolviendo el documento a la parte interesada, para que el Rey pudiese informar de cómo se guardaban sus mandamientos[228].

El incumplimiento de las leyes como problema. —El incumplimiento de la legislación española en las Indias constituye un fenómeno capitalmente significativo para la historia del Estado Indiano. El margen de incumplimiento equivale al margen de diferenciación de las Indias con respecto al pensamiento jurídico y al Estado español del siglo XVI. Donde el poder de los conquistadores ha impreso su dominio en forma más indiscutible, esa distancia es mayor. El incumplimiento a que aquí nos hemos referido debe ser, sin embargo, claramente delimitado.

Existe un tipo de infracción, que podríamos llamar constante en toda ordenación jurídica, que se manifiesta en la comisión de delitos, actos civilmente nulos, etc. Semejantes transgresiones, por fundarse en motivos comunes a todos los hombres, no tienen sentido histórico. No interesa, pues, a la Historia del Derecho la controversia sobre atrocidades de los conquistadores. Los americanistas más serios y atenidos a las fuentes, las consideran innegables. El sentido moral no puede ser neutral ante ello; pero el pensamiento histórico tiene en este caso, una función específicamente distinta del juicio moral. Lo que la Historia del Derecho puede aportar en ese campo es marcar diferencias entre la vida jurídica de las distintas provincias. México tiene una solidez de organización mayor que Tierra Firme; las relaciones con los indígenas son allí generalmente más humanas, y preservan mejor la substancia de la vida comunal de los aborígenes. Tal consideración

[228] Cédula de 1557, CI, II, 108-109. Sobre residencia de Vaca de Castro, G. P. II, 301 y siguientes. Cédula de 1567, CI, II, 108.

trae el problema, desde el plano de los razonamientos generalizadores, a la comprensión singular de los hechos históricos en todos sus factores: personalidad de los jefes, su capacidad para disciplinar a sus bandas, su concepción de la conquista y de la organización, diferencias que surgen de la diversidad de las culturas indígenas con las cuales los españoles se confrontan, etc. Esta es una vía para abordar el problema de las relaciones entre legislación y realidad histórica, aunque no la que aquí hemos seguido.

Hay un segundo tipo de infracción, altamente importante para la Historia Jurídica, la costumbre opuesta a la ley. Esta no consiste simplemente en una multiplicidad de casos, sino que la convicción jurídica y el mismo Estado han llegado a aprobarla en algunas ocasiones; en otras, a tolerar esa práctica como antijurídica, pero inevitable, porque su persistencia es conveniente o ineludible dentro de la constitución. Una investigación de tales costumbres, que debe verificarse por instituciones y por provincias, permitiría conclusiones de conjunto sobre la variación que ha experimentado una ley en distintas provincias, y confirmaría con precisión el resultado a que ha llegado generalmente la investigación, sobre la mayor legalidad de la vida jurídica de los Virreinatos, comparada con la de las Gobernaciones.

La forma de incumplimiento que nos ha servido en este trabajo para determinar mejor la concepción del gobierno indiano es la que toma un carácter institucional de recurso jurídico. Es verdad que la legislación sobreseída no cubre todo el campo de la legislación realmente incumplida, pues muchas leyes promulgadas han sido contrariadas posteriormente por costumbres ilegales. Pero la importancia cualitativa de este tercer tipo deriva de que en él se manifiesta conscientemente la vida jurídica colonial en su "margen de diferenciación". En el procedimiento empleado para poner en práctica el recurso —procedimiento que hemos descrito en primer lugar al tratar el incumplimiento de las leyes en Derecho Español, y luego en este mismo capítulo, al narrar los ejemplos más salientes de su uso en Indias durante este período— hay varios momentos en que pueden plantearse los motivos por los que la ejecución no debe llevarse a cabo. Solamente los justicias a quienes va destinada una Cédula pueden decretar la suspensión; pero esta puede ser solicitada, en el momento de publicarse la ley, por los vecinos a quienes afecta su vigencia, representados por sus Cabildos o procuradores, quienes hacen presentes los antecedentes de bien común que hacen inconveniente la ejecución de la orden. Las autoridades pueden, en vista de la suplicación, dictar un auto de sobreseimiento, expresando también los motivos, y dirigiendo al Rey una consulta con los antecedentes; o bien, pueden desechar la suspensión, y mandar que la ley sea aplicada, admitiendo, sin embargo, la suplicación ante el Rey, o incluso formulando ellas mismas a la metrópoli las razones que abonan la revocación de la Cédula. Pero, en estos últimos casos, el cumplimiento no es suspendido, y la ley tendrá ya un margen menor de posibilidades de ser revocada; pues se constituye, desde el momento en que empieza a aplicarse, un determinado estado jurídico, que a su vez tiende a convertirse en costumbre: se está en posesión de un nuevo estatuto o privilegio, que favorece a la parte contraria a la que ha suplicado, y el Derecho indiano, como el Común, tiende a respetar la situación del poseedor, por proteger la estabilidad jurídica. Se puede citar como caso excepcional de ley revocada por el Rey, después de haber sido promulgada y no sobreseída en Indias, las disposiciones sobre encomiendas contenidas en las Nuevas Leyes; pero para ello fue necesario, en México, que Tello de Sandoval no la pusiera en aplicación, no obstante su formal promulgación, por un compromiso extraoficial con los vecinos, como ya lo hemos dicho. Así, la decisión de los Virreyes, Audiencias y Gobernadores en uno u otro sentido tenía una enorme eficacia. Una ley sobreseída por ellos tiene poca probabilidad de ser confirmada por segunda jusión, conforme al mismo principio de que es mejor la condición del poseedor; salvo en momentos y materias en que la legislación central esté muy decidida a hacer ejecutar la primera orden, como ocurrió con la prohibición de echar indios a las minas en Cuba en 1546, que citamos más arriba, y con las disposiciones sobre supresión de la esclavitud.

El recurso de incumplimiento o sobreseimiento cobra, pues, mirado desde este punto de vista, una significación fundamental en la vida jurídica. En conexión con él, se hacen presentes las razones de inaplicabilidad a las colonias de la legislación dictada en España; implica un poder discrecional que los representantes del Rey están facultados para emplear, de acuerdo con su noción del bien concreto de su provincia, poder que solo desaparece cuando el texto legal impone explícitamente la orden de cumplir no obstante suplicación, quedando entonces, al menos, un derecho de petición al Rey en Consejo; el sobreseimiento significa, en fin, una superioridad de la situación indiana sobre la legislación peninsular, supremacía que solo puede ser alterada cuando la ley considera el contenido de su mandato como realización de un Derecho más alto, y entonces estipula la aplicación literal sin embargo de cualquier recurso. El incumplimiento es una aplicación del principio de interpretación equitativa de las leyes, en cuya virtud el tenor literal debe subordinarse al bien común y a la benignidad con los súbditos; pero la equidad puede cambiar de dirección, exigiendo, p. ej. en conflictos entre los intereses de súbditos indígenas con los de los españoles, la protección de los primeros, y, en consecuencia, la aplicación literal y estricta de la ley que va en su beneficio.

La frecuencia de la suplicación vecinal para dejar sin cumplir la legislación ha llevado a la monarquía a regular el uso del recurso, pero sin pensar en alterar las bases de esa institución, ligada a la concepción total del Derecho propia de la época. Mientras las Gobernaciones, durante la etapa de Conquista, son dirigidas más espontáneamente, según las tendencias de los mismos colonos, las Audiencias y Virreyes, por su mayor adhesión a la autoridad del Rey y al nuevo Estado administrativo dominante en España, van esbozando una política hecha, a la vez, de prudencia y de vigor, para disminuir el margen de incumplimiento y reforzar la ejecución de la legislación. Mendoza, Velasco, La Gasca, Cañete, Castro, etc., van creando una tradición, que radica en el justo medio de cumplir el espíritu de la legislación, sin herir radicalmente las tendencias vecinales, mirando siempre por el porvenir de sus Virreinatos, que consiste para ellos en el sustento y afianzamiento de la población española, sin destruir a la indígena. La política virreinal consiste en una especie de mediación entre las distintas fuerzas, más concorde con la legislación de la metrópoli en el caso de México, más próxima al interés de los colonos en el caso del Perú, pero sin abandonar, en ninguno de los dos países, la posición de equilibrio, con la excepción del gobierno de Núñez de Vela en el Perú.

Este equilibrio se vale de recursos característicos: incumplimiento de las reformas demasiado graves, cuando ello es posible, o al menos, aplicación paulatina y benigna para los vecinos; disimulación de las infracciones cuya extirpación es peligrosa, pero que, por razones de principio, tampoco pueden ser convertidas en situaciones normales (como la duración de las encomiendas en tercera vida en México, ordenada por la misma Corona); desdén por el cumplimiento literal en materias indiferentes; protección máxima a los indígenas dentro del sistema vigente, mejorando su situación en los casos particulares que se ofrecían por vía de justicia, o de retasa, o de visita, pero sin querer alterar legislativamente las bases generales del sistema vigente en cada época; utilización frecuente del consejo de los Oidores, de los eclesiásticos, y, en caso de turbulencias, de los mismos vecinos.

Desde el punto de vista de la concepción del Estado Indiano, el incumplimiento de las leyes decretado por las autoridades resulta, pues, un fenómeno de la mayor importancia. A través de él, la legislación y el Estado mismo se tornan problemáticos, y se va conformando, por los representantes del Rey, sometidos a la presión de las distintas fuerzas sociales y convicciones jurídicas, un Derecho y una Política Indianos.

Formas de consejo y de control en los Virreinatos. —La creciente complejidad administrativa de los Virreinatos impone la existencia de formas más regulares de consejo. Si La Gasca reúne a los vecinos del Cuzco para hacerles ver la necesidad de la tasa, y toma el parecer de los principales hombres de armas de su ejército antes de proceder al repartimiento general, esta es más bien una excepción explicable por las circunstancias de la guerra civil que acababa de terminar; ordinariamente, los vecinos, e incluso los eclesiásticos, solamente influyen en un sentido más amplio, sin asistir al momento mismo de la decisión gubernativa, a través de su correspondencia, pareceres escritos, peticiones en toda forma. El consejo, en sentido institucional, tiende a concentrarse y organizarse en formas administrativas, conforme al desarrollo general del Estado, que evoluciona de la época de la fundación hacia el período legal y burocrático, pero dejando siempre abierto el paso para la consulta a eclesiásticos y demás notables, en casos especiales: Toledo pidió parecer sobre sus Ordenanzas sobre la coca a un teólogo y a un médico.

Las formas administrativas de consejo son las mismas que se han esbozado en el Virreinato de Nueva España en tiempos de Mendoza. En primer lugar, los Oidores constituyen con el Virrey el Acuerdo, en el cual este toma su parecer consultivo sobre materias de gobierno, pero conservando él la decisión. En seguida, las materias de Hacienda, sobre las cuales anteriormente entendían el Virrey y los Oficiales Reales, quedan entregadas durante el período de La Gasca en el Perú, a una Junta de Hacienda, en la que participan el Virrey, el Fiscal de la Audiencia (representante judicial de los intereses de la Real Hacienda), los Oficiales Reales y un escribano de cámara de la Audiencia. La Gasca constituyó esta junta en un organismo permanente, con reuniones semanales para deliberar sobre todos los negocios tocantes a la Real Hacienda, anotando las resoluciones en un libro especial, para controlar su ejecución.

Este consejo técnico tenía solo funciones de deliberación sobre el gobierno de la Real Hacienda, asesorando al Virrey en su función de dirección superior de ese ramo. La administración inmediata de él estaba a cargo de los Oficiales Reales, Contador, "Tesorero, Factor y Veedor, y sin las libranzas firmadas conjuntamente por ellos no se podía realizar gasto alguno, pues la Hacienda era un patrimonio manejado con independencia de los titulares de la jurisdicción y el gobierno, un fondo con una organización aparte, que solo se unía con las otras ramas de la administración, en la cúspide, en el Consejo de Indias. Los gastos extraordinarios, en principio, no se podían realizar sin autorización expresa del Rey. En Tierra Firme surgió un mecanismo especial para ordenar estos gastos en caso de urgencia, el acuerdo de Gobernador y Oficiales Reales por mayoría de votos. Desde la Instrucción a La Gasca, se agregan al acuerdo los Oidores (dos de ellos por lo menos). Cañete fue acusado repetidamente de infringir tal sistema, y por eso se le prohibió librar, en 1559. La Ordenanza de Audiencias de 1563 ratificó esta institución del "Acuerdo de Hacienda" como organismo colegiado, de decisión por mayoría, sobre los gastos extraordinarios ineludibles. El interés del Rey por salvaguardar su Hacienda conformó este sistema, que significaba una limitación importante al poder de Virreyes y Gobernadores; pero que, a la vez, proveía un mecanismo legal para las situaciones de excepción, por el consenso del titular del gobierno, los más altos jueces y los funcionarios de Hacienda. Este Acuerdo era distinto de la anterior Junta consultiva, donde no entraban los Oidores, y sí, en cambio, el Fiscal[229].

Otra limitación fundamental del poder virreinal era el derecho a apelar de sus decisiones de gobierno ante la Audiencia.

Inicialmente, las resoluciones gubernativas de las autoridades indianas que ocasionaban perjuicio a una parte eran inapelables dentro de las mismas Indias, salvo la petición de enmienda ante el Consejo. Las Audiencias conocían en apelación de las causas judiciales falladas en primera instancia por los Gobernadores, o de los despojos de encomienda (protegidas por leyes especiales que garantizaban la firmeza del privilegio y su defensa por el orden judicial), pero no de los perjuicios originados por resoluciones gubernativas, en materias en que no había privilegio legalmente reconocido. Sin embargo, sabemos por carta de la II Audiencia de Nueva España de 9-II-1533 que, en caso de agravio causado por la tasa del tributo de encomienda, se podía apelar de ella, pero sin que se suspendiera el cumplimiento de la tasa (apelación con efecto meramente devolutivo). La Gasca narra en su carta de 8-XI-1549 que de su prohibición de extraer indios del Cuzco para llevarlos al mineral de Potosí se había apelado por los vecinos de esa ciudad, pero que entretanto el mandamiento se guardaba; y la carta real de 16-VII-1550 aprobó su procedimiento. Mendoza tampoco permitía la intervención de procesos judiciales en su política. Sin embargo, en tiempos de Velasco, con una Audiencia afanosa de extender su jurisdicción, las apelaciones empezaron a cobrar un

229 La recomendación de seguir la práctica de la Junta semanal de Hacienda, y el dato sobre su composición, en la Instrucción para tiempos de paz a Cañete, 10-III-1555 (GP., II, 437-447). Autorización para gastos extraordinarios en Tierra Firme en 2-VIII-1515, J. T. Medina, "El Descubrimiento...", II, 75; en el Perú, Instrucción a La Gasca, CDIAO, 23, 513 (repetida para Cañete, en la Instrucción de tiempos de guerra, GP, II, 432-436, y después en las Instrucciones siguientes al Perú; en cambio, tal cláusula no aparece en las Instrucciones a los Virreyes de México: ignoramos si existía allí ese mecanismo).

efecto suspensivo, particularmente en lo relativo a los mandamientos virreinales de levantar las estancias de ganados cercanas a pueblos indígenas, e incluso respecto de las Ordenanzas dictadas sobre esa materia. Como Velasco y todo el partido de los religiosos atribuían una importancia fundamental para la defensa de la tierra indígena a esta lucha contra los perjuicios causados por los ganados de los españoles, se logró la Cédula de 5-VI-1552, que resolvió este conflicto entre el orden judicial y el gubernativo a favor del segundo: los agravios de una parte no debían impedir la ejecución de medidas de bien común. Las Ordenanzas de buen gobierno, los mandatos virreinales relativos a moderación de los ganados, cobro de perjuicios causados por ellos, retiro de las estancias, no se suspendían por la apelación. Permanecía plenamente en pie el derecho a reclamar en justicia contra la decisión de buen gobierno, solo que se limitaba su efecto a lo meramente devolutivo, para no perjudicar a la ejecución inmediata de una orden relativa al bien común. De hecho, una serie de decisiones de Velasco, especialmente tocantes al problema de los ganados españoles en perjuicio de indios, fueron revisadas por la Audiencia.

Pero incluso la interferencia de la Audiencia se extendió a la esfera de las gracias concedidas por el Virrey —es decir, a las encomiendas, mercedes de tierras y estancias, oficios, etc.—, según una Carta Real del mismo año de 1552. Cuando una persona se sintiera agraviada por una provisión del Virrey (p. ej. al incorporar a la Corona una encomienda ya gozada en segunda vida), podía presentar suplicación a la Audiencia, y el tribunal debía dar cuenta al Virrey, para que este, conjuntamente con los Oidores, conociera de la causa. El Virrey tenía en el acuerdo solamente un voto, pues aquí no pedía consejo en cosas de gobierno, sino conocía en justicia con los Oidores. La decisión virreinal podía ser revocada, o confirmada por sobrecarta; pero, a diferencia de los mandamientos gubernativos a los cuales se refería la Cédula de 5-VI-1552 la decisión contra la cual se apelaba no se ejecutaba mientras no se fallaba el recurso, pues aquí no había un interés general comprometido. La misma carta hacía constar que este régimen era el mismo que se adoptaba en España, cuando una parte se agraviaba de las Reales Cédulas dictadas por Cámara (siempre referentes a materias de gracia). En la península se apelaba ante el

Consejo de Justicia, pero en Indias, a causa de la distancia, la disposición de 1552 radicó el conocimiento en las Audiencias.

En 15-II-1567 se amplió al Perú el mismo sistema, facultando a la Audiencia de Lima (pero únicamente a ella, no a las otras situadas dentro del Virreinato) para conocer en justicia de los agravios hechos por vía de gobernación. Respecto del procedimiento, se estipuló entonces que el Virrey o Gobernador no podía asistir a la vista de la causa en la Audiencia, precepto que fue explícitamente extendido a México en Cédula de 16-VI-1572, respecto de causas de gobierno. Ignoramos si en materia de gracia se siguió el procedimiento ya descrito de la carta de 1552, que implicaba la asistencia del Virrey.

El recurso de apelación significaba una garantía importantísima para los vecinos y corporaciones contra el peligro de arbitrariedad del Virrey, pero su uso envolvía también muchos problemas para el buen gobierno. Ya la Cédula de 5-VI-1552 y otras posteriores referentes a las estancias de ganados tenían, justamente, por objeto evitar la suspensión de todas las medidas dictadas en favor de los indígenas, cuando los españoles afectados iniciaban un procedimiento judicial, y este alcance del recurso es denunciado por el Oidor Visitador Lebrón de Quiñones en su carta de 10-IX-1554, Pero, además, la diferenciación entre gobierno y justicia quedaba en peligro, abriéndose la posibilidad de una supremacía de la Audiencia sobre todo el campo del gobierno a través de este desvío. Toledo consiguió, para conjurar tal anulación de su poder, la Cédula de 28-XII-1568 y, en 4-VII-1570, se dicta una similar para Nueva España. Según esos textos, la justicia debía quedar para la Audiencia, y el gobierno para el Virrey; si hubiera dudas sobre si una materia es de gobierno o no, la Audiencia puede hacer las representaciones y amonestaciones que considere justas, pero evitando toda publicidad; si todavía el Virrey insistiera en ejecutar una medida de gobierno, se cumpliría su voluntad, dando el tribunal aviso particular al Rey; salvo que de la ejecución de la resolución virreinal se derivase notorio peligro de desasosiego y movimiento en la tierra. En consecuencia, en las apelaciones contra un mandamiento del Virrey, este mismo podía determinar si producirían efecto devolutivo o suspensivo, pues si consideraba ser la materia de "mero gobierno", y su cumplimiento inmediato, beneficioso para el bien común, el recurso no suspendía la ejecución[230].

Quedaban, pues, sentados ciertos principios generales sobre la separación del gobierno y la justicia, y sobre la posibilidad de proteger a los súbditos contra las arbitrariedades gubernativas, sin postergar el bien común. Los casos límites quedaban entregados al criterio del Virrey, es decir, a la necesidad del buen gobierno, pero dejando todavía una excepción abierta, la del peligro grave y evidente en seguir esa resolución: se prevenía así la repetición de un caso como el de la promulgación de las Nuevas Leyes por Núñez de Vela: ellas habían sido remitidas al Virrey y Audiencia, y, sin embargo, aquel las había promulgado y ejecutado por sí solo, contra el reiterado parecer de los Oidores, quienes señalaron precisamente el peligro sobre si una materia era meramente gubernativa, o si admitía resolución judicial por la Audiencia, a pesar de tratarse de un asunto también gubernativo en su origen, la solución quedaba normalmente entregada al Virrey, pero extraordinariamente a la Audiencia. Respecto de las apelaciones presentadas por una parte agraviada, esto significaba que el efecto suspensivo o devolutivo de su recurso quedaba al juicio del Virrey, quien decretaría el solo efecto devolutivo si consideraba que el asunto era de mero gobierno y no convenía la suspensión; pero si tal resolución, en opinión de los Oidores, traería intranquilidad pública, era la Audiencia la que resolvía corporativamente.

Sin duda, estos principios generales requerían una delimitación en lo relativo a los problemas concretos de la vida indiana. Antes de 1570, sin embargo, solo se definen las bases de este sistema de control.

230 Carta de la II Audiencia en 1533, ENE, 3, 24. Carta de La Gasca en 1549, GP. I, 230. Carta real de 1550, citada por Gaspar de Escalona, "Informe a petición del Conde de Chinchón, que le fue hecho en 1632" (Archivo Histórico Nacional de Chile, Fondo Antiguo 3 p. 5, copia), fs. 130. Cédula de 5-VI-1552, CI, II, 110; carta de 1552, CI, I, 240-241. Cédula de 1567, CI, I, 249; la de 1572, CI, I, 244. Carta de Lebrón de 1554, ENE, VII, 230. Cédula de 4-VII-1570, en CI, 1, 244-245 referencia a la Cédula de 1568, en Gaspar de Escalona, Informe citado, 110. El escrito de Escalona permite conocer la concreción de las leyes citadas para el Perú en un régimen completo, que se fue formando allí desde el tiempo de Toledo.

En la época de Toledo, y posteriormente durante los gobiernos de Montesclaros y de Esquilache en el Perú, se produjo una legislación más detallada para resolver los numerosos e importantes problemas involucrados en el recurso de apelación. Durante la fase inicial de este desarrollo, comprendida en la época que estudiamos, se sientan las ideas capitales. Se confirma la diferencia entre el orden judicial —destinado a proteger los derechos de las partes— y el orden gubernativo, cuyo fin es promover el bien común. Se define la supremacía del Gobierno sobre la justicia en cuanto a la ejecución de los mandatos dirigidos al bien común, mas también la supremacía de la justicia sobre el gobierno en cuanto a la conservación de los derechos ya adquiridos, que habían sido lesionados por mandato administrativo, pero que podían ser restituidos por sentencia en el juicio de apelación. Se consagraba, en fin, la competencia del Virrey para imponer el criterio gubernativo del bien común sobre el agravio de parte; pero, extraordinaria y eventualmente, se le sometía a la decisión colegiada de la Audiencia. El gobierno indiano se inclinaba decididamente hacia el gobierno unipersonal (en esa fecha, las Audiencias solo eran Gobernadoras en casos de vacancia); pero el principio colegial intervenía indirectamente de varios modos en el gobierno. Primero, como consejo (Acuerdo consultivo de gobierno, Junta de Hacienda); segundo, por vía de apelación contra las órdenes gubernativas que violaran de cualquier manera los derechos existentes; en fin, por la decisión sobre casos extraordinarios y peligrosos, en los cuales la monarquía confiaba más en las corporaciones que en el mando único (Acuerdo decisivo sobre cosas de Gobierno y de Hacienda).

Régimen de las Gobernaciones. —En tanto que en los Virreinatos, y en general en las provincias sedes de Audiencia, las formas administrativas revelan una construcción cada vez más sistemática, las Gobernaciones militares conservan, a mediados del siglo, la rudeza de formas de los primeros tiempos de la Conquista; no dejan de influir ciertos aspectos fundamentales de la legislación reformadora, pero no desde el momento mismo de la dictación, sino tardía y parcialmente, según la conexión en que están las provincias con los grandes núcleos estatales de los Virreinatos y Audiencias. Un ejemplo que podemos examinar es el de la provincia de Chile, aunque las diferencias locales de las distintas Gobernaciones hacen imposible afirmar, sin una previa investigación especial, si las formas chilenas son realmente típicas. En todo caso, ellas se revelan, inmediatamente, como muy diversas a las de los Virreinatos.

El rasgo más saliente es, desde luego, la influencia de la personalidad del Gobernador, no mediatizada por tradiciones administrativas. Frente a él, solamente los Cabildos, condensaciones del poder vecinal, tienen verdadera consistencia. No existen organismos permanentes de consejo. Los actos jurídicamente muy importantes, como la reforma de las encomiendas practicada por Valdivia en 1546, se hacen por requerimiento del procurador del Cabildo y de los Oficiales Reales; pero no existen organismos permanentes de consejo en materia de gobierno; en cosas de Hacienda, la legislación real instaura en las Instrucciones de 1553 al Factor y Veedor el principio de la Junta consultiva del Gobernador y los tres Oficiales para comunicar lo tocante a ese ramo. Los letrados que sirven de tenientes de Gobernador y corregidores de ciudades han dado formas legales a los despachos del Presidente y son consultados en la dictación de Ordenanzas (así en las de Pedro de Villagra sobre indígenas, en 12-XII-1563, se deja constancia de que se han hecho con parecer del letrado); pero, salvo el caso del Teniente D. García Hurtado de Mendoza, Oidor Hernando de Santillán, los otros letrados tienen un rango menor, muy subordinado al del Gobernador, sin posibilidades de verdadera influencia conformadora: el medio conquistador es tan fuerte que, incluso la Audiencia de Concepción instalada en 1567 presenta, al menos en parte, el carácter guerrero de la provincia más bien que los rasgos propios de la institución legal. En cuanto a los Cabildos, se reúnen ocasionalmente con el Gobernador; la guerra y las frecuentes ausencias de este último impiden su transformación en un cuerpo permanente de consejo. Se inculpa a Valdivia de que su principal defecto es guiarse solamente por su propio parecer; Hurtado de Mendoza es acusado de gobernar "absolutamente". Esta condición, naturalmente, no puede extenderse a todos los Gobernadores indianos: los Comentarios de Cabeza de

Vaca lo muestran pidiendo constantemente el parecer de los Oficiales Reales, clérigos y capitanes[231].

Si falta regularidad en el consejo, en cambio, las peticiones y requerimientos vecinales se producen con frecuencia, y casi siempre tienen eficacia. La designación del Gobernador, la reforma de las encomiendas, las decisiones sobre defensa de la ciudad, sobre despoblaciones, empleo de dineros reales, etc., son resueltas a requerimiento popular, o del procurador. En 1554, en la época de los Justicias Mayores nombrados por los Cabildos, estas corporaciones utilizan los requerimientos para hacer aceptar o renunciar el cargo. Por lo demás, muchas veces el requerimiento y el acto formal de "hacer fuerza" son expedientes para descargarse de responsabilidad por las infracciones legales, de parte del que es forzado.

El principio popular se hace presente también en otras formas. Una de ellas son los Cabildos Abiertos de vecinos, convocados por los alcaldes y regidores para tomar acuerdos y hacer peticiones a los representantes del Rey. Otras veces, en la misma guerra, los jefes suelen pedir parecer a los soldados: la base vecinal del ejército imponía un amplio margen de voluntariedad en la disciplina militar. En fin, se dan reuniones y negociaciones del Gobernador Saravia (1568-75) con procuradores de ciudades, relativas al cumplimiento de los deberes militares vecinales y a su conmutación en rentas[232].

En un medio semejante, la regularidad legal era muy precaria. En materia de Hacienda, los primeros Gobernadores han girado liberalmente sobre las rentas reales para todas las necesidades de la conquista, endeudándose y pagando a veces (como es el caso de Valdivia) con los frutos de su encomienda. Los Oficiales Reales, que en los primeros

[231] Instrucciones de 25-VIII-1553, en CDIAC, 13, 432-437. Ordenanzas de Pedro de Villagra, CDIHC, 29, 293-298. Sobre el gobierno absoluto de Valdivia, CDIHC, 13, 290; sobre el de Hurtado de Mendoza, CDIHC, 28, 441. Comentarios de Alvar Núñez Cabeza de Vaca, 570, 571, 580, 583, 585, 586.

[232] Requerimientos citados de 1554, CHC I 374-378; 411-414, 442-448; requerimiento en 1569 sobre uso de las Cajas Reales para los vecinos de Concepción, J. T. Medina, Manuscritos, Tomo 85, fs. 104-109, Consulta a los soldados sobre una resolución militar, en Alonso de Góngora Marmolejo, Historia, 119. Reunión de procuradores con Saravia, *ibid.*, 197.

años (hasta 1549) son vecinos, no oponen resistencia seria; Francisco de Villagra hace fuerza a esos funcionarios para sacar lo necesario para una expedición; en los gobiernos de Hurtado de Mendoza y de Pedro de Villagra, los Oficiales se quejan de la arbitrariedad de los Gobernadores en librar contra las Cajas Reales. Solo con el establecimiento de la Audiencia de Concepción se aplica la norma de que el Acuerdo de Hacienda debe autorizar los gastos extraordinarios, participando en él la Audiencia Gobernadora (más tarde solamente el presidente-gobernador) y los Oficiales Reales; pero el Fiscal de la Audiencia seguía denunciando, en 1570, irregularidades en la composición y procedimientos de ese mismo organismo, y en general en todo lo tocante al régimen de las libranzas[233].

La estabilidad de los derechos adquiridos estaba condicionada por las necesidades de la Conquista y por situaciones personales. Valdivia es acusado por los préstamos forzados de dinero y de caballos que impone sobre los vecinos, los trueques y supresiones de encomiendas (aunque estos eran en rigor, hasta 1549, meros depósitos que no creaban derecho judicialmente defendible); desde 1557 a 1565, las reclamaciones por despojos de encomiendas cometidos por todos los Gobernadores son innumerables.

El Derecho de la época de Conquista se caracteriza sobre todo por su flexibilidad ante las situaciones concretas. Después de la muerte de Valdivia, Francisco de Villagra fue proclamado Justicia Mayor por las ciudades del Sur y expone entonces, secretamente, al escribano secretario de la Gobernación, sus propósitos, para que quede testimonio que deje a salvo su responsabilidad. Declara que tomará dineros reales y que repartirá encomiendas en las ciudades del Sur, a pesar de no tener derecho a ello, para atraer hombres que vayan a la pacificación, sin voluntad alguna de usurpar la autoridad real, sino para sustentar la tierra, y dando fianzas, de sus bienes y los de sus

[233] Cargos sobre falta de libertad de los Oficiales Reales en tiempos de Pedro de Villagra, cartas de Lope García de Castro de 29-XI-1564 (GP., III, 21-23), y de 23-IX-1565 (*ibid.*, 107-108). Sobre el régimen de las libranzas y de Hacienda en la Audiencia de Chile, carta del Fiscal Navia en 4-I-1570, en J. T. Medina, Manuscritos, Tomo 86, 23.

compañeros, por si el Rey no acepta la extracción de fondos de las Cajas Reales. Cuando se defiende en Lima de haber usado del oficio de Justicia Mayor sin derecho, declara que lo hizo por requerimiento de los Cabildos y con el objeto de reconquistar las ciudades perdidas en la rebelión araucana; que, si hizo fuerza al Cabildo de Santiago para que lo reconociera, la fuerza fue cosa convenida de antemano, de modo que su recibimiento forzado no ha sido en realidad ilegal, sino necesario y beneficioso: "Conforme a derecho —dice el alegato de su defensor— cada e cuando que es clara la razón de la ley, había de cesar su disposición y determinación"[234].

Durante este período, no se plantea en esta Gobernación el choque con una legislación metropolitana reformadora. Cuando Cañete envía de Gobernador a su hijo, le comete el cumplimiento de la legislación general en forma discrecional, pudiendo hacer guardar las leyes que le parecieran convenientes. La Tasa de Santillán fue dictada después de conocer el país, sin provocar reacciones. Solo en casos particulares se plantea el recurso de incumplimiento. Una cédula de encomienda de La Gasca no es ejecutada, porque esos indios habían sido dados por el Gobernador a otro vecino, de modo que el beneficiado tuvo que entablar juicio ordinario y, en fin, el Gobernador le pidió el desistimiento, prometiéndole una nueva encomienda. Una Provisión de la Audiencia de Lima de 1556, que ordenaba la incorporación de un repartimiento a la Corona, porque su antiguo dueño era eclesiástico, fue resistida, incluso con amenazas de hecho contra los Oficiales Reales, por los conquistadores que habían sucedido a aquel en la posesión de los indios. Las razones que ellos daban para que el alcalde respectivo suspendiese la Provisión de la Audiencia eran características: el reino estaba en peligro de pérdida por la guerra; para pacificarlo, convenía que no solo no se quitaran los indios a los que los merecían, sino que debían ser ayudados por el tesoro real mientras no recibían rentas; protestaban, en caso de que el alcalde no sobreseyese, que seguirían recurso de suplicación ante la Audiencia de Lima, pero que acatarían lo

[234] Cargos a Valdivia sobre violación de derechos, ver su Proceso de 1548, CDIHC, Tomo 13. Protesta secreta de Villagra, CDIHC, 23, 321 y siguientes; su defensa en: Lima, CDIHC, 17, 436-438.

que en justicia se les mandase después de oírlos. El mismo argumento de la imposibilidad de aplicación de las instituciones legales lo plantea en una carta de 28-V-1569 el Fiscal de la Audiencia, Lic. Navas: la visita de la tierra, establecida por las Ordenanzas de Audiencias, es justa, pero no debe hacerse por el momento, porque el reino está desasosegado por guerras y trabajos[235].

En suma, las Gobernaciones como la chilena representan, contemporáneamente al triunfo del Estado administrativo en los Virreinatos, un amplio desarrollo del sentido y concepciones peculiares del elemento vecinal indiano, escasamente legal, enteramente condicionado por las necesidades del orden concreto de la conquista y la población, y con débiles garantías institucionales frente al poder de los Gobernadores. La moderación proviene, más que de las leyes, del sentido personal que estos tienen de la justicia y de la conveniencia de la tierra, pues un control exterior eficaz solo existía en los Virreyes y Audiencias más o menos lejanos.

Autonomía legislativa. —El principio de la autonomía legislativa se desarrolla y alcanza su máximo contorno durante el período posterior a 1540.

El Virrey Mendoza, como ya hemos dicho, legisló en abundancia, siguiendo en uso de una facultad practicada por la I Audiencia y por Cortés; no consta que sus Ordenanzas hayan sido explícitamente aprobadas por la Corona, pero se ejecutaron desde la misma dictación. Los Virreyes del Perú tenían el mismo poder, contenido en la frase formularia del nombramiento, de que el Virrey podía proveer y ordenar todo lo que haría el Rey si estuviera presente; además, La Gasca lleva poder especial para hacer Ordenanzas, tratando con los vecinos o con los naturales sobre puntos de buen gobierno que

[235] Real Provisión del Virrey del Perú en 9-I-1557, mandando dar traslado a D. García Hurtado de Mendoza de una cantidad de cédulas para el Perú, con facultad discrecional de cumplirlas, en CHC, 17, 30-31. Incumplimiento de la encomienda de La Gasca en Chile, CDIHC, 15, 290; oposición de cinco vecinos a que se ponga en la Corona la encomienda de Rodrigo Gonzalo Marmolejo, CDIHC, 11, 397 y siguientes. Carta de Navia, 28-V-1569, en J. T. Medina, Manuscritos 85, fs. 134.

fuese conveniente regular por ellas —frase que indica la necesaria conexión del poder legislativo con el consejo—. La Gasca dicta, p. ej., ordenanzas sobre esclavos fugitivos, después de comunicarlo con los Oidores y los capitulares de Lima. Las Audiencias Gobernadoras tienen la misma atribución. Los Oidores visitadores pueden dejar Ordenanzas en los pueblos indígenas que visiten: así Velasco instruye a Lebrón de Quiñones, que parte en 1558 a Oaxaca, para que deje en los pueblos copias de las Ordenanzas de la Audiencia y de las que él haga, traducidas a la lengua indígena[236].

Los Gobernadores poseen también autonomía legislativa perfecta. Generalmente se cita el testimonio de León Pinelo, según el cual las Ordenanzas de Gobernadores, a diferencia de las de Virreyes y Audiencias, no rigen hasta no ser confirmadas. Sin embargo, los documentos prueban lo contrario, desde luego ya en los casos de Pedrarias Dávila y de Cortés, pero también en los decenios siguientes. Pedro de Valdivia dicta en Chile Ordenanzas sobre pleitos de indios, y otras sobre minas, registradas en las actas del Cabildo, y que no han requerido confirmación alguna para regir; más tarde, el Teniente de Gobernador, Hernando de Santillán, ha dictado las Ordenanzas sobre indígenas que fueron confirmadas por el Rey cuando ya se ejecutaban, y que rigieron más de 20 años. En fin, a Juan Ortiz de Zárate, Adelantado y Gobernador del Río de la Plata, se le autoriza expresamente por la Corona, en 11-I-1570, para que pueda hacer Ordenanzas sobre minas y buen gobierno de españoles y naturales, con la condición de que no traspasen la legislación real, y que, dentro de dos años después que las hiciere, deba mandar pedir confirmación, poniéndolas entretanto en ejecución[237].

[236] Ejemplos de tales Ordenanzas de Mendoza, las de reales y oro de tepuzque, 15-VII-1536, PCI, 111v-112, Poderes de La Gasca, "Libros de Cabildos de Lima", Libro: IV, 119-120. Instrucción de Velasco a Lebrón, ENE, 8 (instrucción N° 36).

[237] Antonio de León Pinelo, "Tratado de Confirmaciones Reales", 173. Ordenanzas de Valdivia: CDIHC, 8, 127-132 (6-VII-1546, sobre indios); CHC, I, 113-122 (9-I-1546, sobre minas). Poder de dictar Ordenanzas a Ortiz de Zárate, en Juan Carlos García Santillán, "Legislación sobre Indios del Río de la Plata", 335-336.

Los corregidores han dictado también Ordenanzas: conocemos las de Polo de Ondegardo, corregidor del Cuzco, para las minas de Guamanga, dictadas con el parecer del alcalde de la ciudad, en 25-III-1562[238].

Finalmente, los Cabildos han dictado, igualmente, Ordenanzas por sí mismos. En 20-VII-1545, la Audiencia de Guatemala escribe que los pueblos de ese distrito hacen Ordenanzas para su buen gobierno y piden confirmación a ese tribunal, el cual aprueba las que parecen justas. Consultas análogas llegan al Consejo en esos años, desde el Perú, La Española y México. Las respuestas de España a estos dos últimos lugares son diferentes. En 1-IX-1548 el Príncipe Felipe despacha una Cédula a México, a petición de uno de los procuradores que ha ido a España a suplicar de las Nuevas Leyes, para que se conceda a la ciudad de México la misma libertad de que gozan las ciudades españolas, las cuales por privilegio real podían hacer Ordenanzas; la única condición que se pone para que entren en vigencia, es que ellas sean confirmadas por el Virrey, quien tiene poder para hacer enmiendas y adiciones. La Carta de 3-XII-1548 a la Audiencia de Santo Domingo es menos amplia: las Ordenanzas de los Cabildos deben ser enviadas al Consejo, y entretanto que allí se provee, la Audiencia puede mandar que se guarden por dos años. Las Ordenanzas de Audiencias de 1563 uniformaron la situación, mandando que las Ordenanzas de los Cabildos fueran ejecutadas, con aprobación de la Audiencia, mientras el Consejo daba la aprobación formal; pero sin fijar plazo alguno. Por lo demás, las Ordenanzas de Cabildos distantes de las Audiencias se han cumplido en seguida, sin que haya sido necesaria, en general, la confirmación del Consejo ni de la Audiencia, como es el caso de Santiago de Chile.

Los gremios no tienen poder autónomo para legislar. Las Ordenanzas de la Mesta de Nueva España fueron dictadas en la sesión del Cabildo de la ciudad de México de 31-VII-1537, y enviadas por intermedio

[238] Ordenanzas de Polo de Ondegardo, CDIAO, 8, 449-462: ellas no se dictan en conjunto con el Cabildo, como era regular en Castilla (L. Castillo de Bobadilla, "Política para. Corregidores", 1, 185).

del Virrey (quien las confirmó en 1539) al Consejo, el cual las ratifica en 1542.

En España, los tratadistas discordaban en cuanto al fundamento jurídico de las Ordenanzas de los Cabildos. Gregorio López las hacía emanar del mismo poder concejil, el cual era autónomo respecto de la policía de los bienes comunales de los vecinos sin necesitar, en ese campo, de confirmación regia; solamente en cuanto se imponían penas por infracción había una derivación de la jurisdicción real. En cambio, Castillo de Bobadilla concebía el derecho de hacer Ordenanzas como regalía, pues el pueblo había transmitido todo su poder al príncipe y exigía en todo caso confirmación del Rey[239].

En Indias tal problema jamás se discutió; los mandamientos legislativos de toda autoridad indiana (fuese funcionario o Cabildo) requerían, en principio, la confirmación regia, de modo que el regalismo teórico era absoluto, pero se conciliaba plenamente con una radical amplitud en la concesión del derecho a legislar y aún del derecho a ejecutar desde luego lo mandado. Las exigencias positivas (necesidad de confirmación, plazo para obtenerla) no tenían cumplimiento riguroso. Solamente aparecían a veces los límites de carácter negativo: que las Ordenanzas no fueran incompatibles con las leyes metropolitanas; excepcionalmente se producía la derogación total o parcial, pronunciada por el Rey. Pero, dentro, de este marco, el Consejo jamás pensó en una necesidad absoluta de control y de confirmación de todas las leyes que surgían en relación con las necesidades locales, siguiendo en esto una política de "saludable negligencia".

239 Pasaje de la Carta citada de la Audiencia de Guatemala, CDIAO, 23, 386. Textos de 1548, para México y Española, CI, II, 112; pasaje de las Ordenanzas de Audiencias de 1563 sobre Ordenanzas de los Cabildos, *ibid.* Ejemplo excepcional de exigencia de confirmación para las Ordenanzas del Cabildo de Santiago, las relativas a tierras (CHC, I, 194-195). Ordenanza de la Mesta, CI, I. 70-73. Gregorio López, sobre las Ordenanzas concejiles, Glosa 1 a la ley XII, título I, I Partida. L. Castillo de Bobadilla, "Política para Corregidores", 1, 184-185.

CONCLUSIONES GENERALES

1. El período anterior a 1570, que denominamos la época de la fundación del Estado Indiano, se caracteriza primariamente por la multiplicidad de hechos y tendencias históricas, por la diversidad y riqueza de las formas constitucionales, por la aparición de todas las instituciones sobre las cuales se asienta el sistema indiano. El Consejo de Indias y la Casa de Contratación; los tipos de provincia (Virreinato y Gobernación colombino, Gobernaciones, distritos gobernados por Audiencias, Virreinatos); las formas de designación de los representantes del Rey en dichas provincias (capitulación, designación por el Rey, designación por el Cabildo o por el pueblo); la organización urbana y capitular, con los distintos tipos de Cabildo; el sistema jurisdiccional, con sus justicias ordinarios y mayores, Audiencias y Consejo; la organización de la Real Hacienda, de la Guerra; la de las diócesis, Ordenes religiosas y doctrinas de indios; los sistemas de obtención del trabajo indígena (esclavitud, servicio personal por encomienda, servicio personal por repartimiento en mita); los corregimientos de indios; las reducciones misionales o verificadas por funcionarios; las Universidades; etc., todo ello ha aparecido, siquiera sea germinalmente, en este tiempo, que es, además, el de la expansión por todo el continente y por el Pacífico.

La fecha de 1570 corresponde a un momento de unificación y ordenación del Derecho Indiano: los años del trabajo codificador de Juan de Ovando, el momento de definitiva organización del Consejo; de refundición en un conjunto de normas de las disposiciones anteriores, sobre descubrimientos, sumisión de los naturales y fundación de ciudades; de elaboración de un conocimiento sistemático de las Indias, para fundamentar una legislación adecuada. Por otra parte, hacia 1570, con los Virreinatos de Francisco de Toledo y de Martín Enríquez, Perú y México organizan duraderamente el régimen indígena, acentuando enérgicamente la mita minera para los grandes centros productores de plata. Toledo, que no tiene tras de sí, como

Enríquez en Nueva España, una sólida tradición administrativa que databa ya de 40 años, reglamenta las encomiendas, la vida municipal, los pueblos de indios cuya organización acomete en gran escala: con él, el Derecho Indiano creado en Indias asume una densidad y una importancia sustanciales. Además, Toledo pone fin a la expansión por nuevas conquistas, y concentra su labor en el asentamiento de lo ya poblado; dentro del mismo Perú, remata la conquista iniciada por Pizarro, al poner fin al dominio incásico en Vilcabamba.

Toda esta serie de rasgos justifican marcar como punto final la época de Ovando, de Toledo, de Enríquez. Es verdad que, para las Gobernaciones independientes relativamente aisladas, la fecha parece de menor relieve. Pero la consideración general de las Indias tiene que atender sin duda a los planes trazados en España y a la vida de los núcleos que en ese momento eran centrales, no a las partes menos densas; además, la formación de una política definida en Virreinatos y Audiencias sobre los puntos capitales del régimen indiano (conquistas, encomiendas y sistema indígena en general, etc.), repercutirá, aunque más tardíamente, en las Gobernaciones conectadas de algún modo con aquellos, ya que ninguna provincia vivía en un aislamiento absoluto.

Preferimos hablar de período de fundación, indicando con ello a aquel en que se forman las estructuras indianas, a hablar de período de Conquista, separado cronológicamente de la "Colonia", como se pensaba en la historiografía del siglo pasado. Así, Diego Barros Arana, en su Historia de América de 1865, marcaba los dos grandes períodos, caracterizados respectivamente por el predominio de las grandes individualidades y del despotismo monárquico. Pero, prescindiendo por ahora de este último, hay que recordar lo que señala James Alexander Robertson ("Colonial Hispanic America", de A. Curtis Wilgus, Cap. 1, 1936, p. 4-5): hay que librarse de hablar de descubrimiento, conquista y colonización como si fueran tres entidades distintas, cuando los tres coexistieron paralelamente hasta el momento llamado en general el fin de la Conquista. Colón descubre y coloniza; Velázquez, Cortés, Pizarro, etc., exploran, conquistan y colonizan; Asunción del Paraguay fue fundada antes de dominar el territorio circundante; Narváez, Soto y Coronado habrían fundado ciudades si hubieran encontrado oro. "Conquista y colonización eran fuerzas vivas, existentes una al lado de la otra; casi toda nueva conquista era precedida y seguida por la exploración". Debemos recordar que la colonización —el arraigo en una tierra de grupos extranjeros a ella— empezó en los últimos años del gobierno de Colón en La Española, con la concesión de tierras y repartimientos de indios, y se prosiguió en el Caribe y en el continente con la fundación de ciudades y la radicación de vecinos en las riquezas de cada nueva provincia —todo ello, incesantemente, a lo largo de todo el período. Hay provincias no conquistadas, en el sentido propio de la palabra, como La Española, donde se generan sin embargo las primeras formas indianas. Si la palabra "colonización" se usa, por tanto, en el sentido mencionado, que es su acepción histórica clásica, es evidente que no tiene sentido diferirla hasta una fecha tan tardía como 1570. Es preferible revisar una nomenclatura inapropiada.

C. H. Haring ("The Spanish Empire in America", 1947, pp. 75-76) abandona la división propia de la historiografía del siglo XIX, y propone cuatro períodos: 1) Época de los Adelantados, desde Colón hasta las grandes conquistas de los decenios de 1520 y 1530; 2) Desde 1540 a 1573, época de consolidación y de afirmación de la dirección monárquica del sistema; 3) Período de estabilización, hasta mediados del siglo XVIII; 4) Período de las grandes reformas finales. Esta secuencia es mucho más fina que la anterior (Descubrimiento-Conquista-Colonia); sin embargo, no estamos totalmente de acuerdo con ella. No nos referimos aquí a los 3° y 4° momentos, ya que no intentamos hacer una periodificación total de la historia colonial, por falta de una investigación propia suficiente de los siglos XVII y XVIIII. Pero la separación entre la primera y la segunda época nos parece discutible. El tan importante régimen de La Española no puede alinearse sin más con el constituido en los grandes países de conquista del continente; ni Colón ni Bobadilla, ni Ovando, ni Diego Colón, que gobiernan la isla, pertenecen al tipo de los "Adelantados", ni sus pobladores son conquistadores, como los de México y Perú. Estimamos más justo señalar la unidad de todo el período 1942-1570, por el rasgo "fundacional", marcando dentro de él los muchos momentos y tipos de formas que se producen.

2. Ni las conquistas ni la colonización son obras privadas, movimientos al margen del Estado castellano.

Desde el punto de vista económico, indudablemente las empresas de descubrimiento, rescate y conquista proceden en su mayoría de la iniciativa particular libre (salvando excepciones tan importantes como los viajes de Colón, el de Pedrarias Dávila, el de Magallanes, que fueron costeados en todo o en gran parte por los Reyes); no solo las finanzas, sino el reclutamiento de los participantes, se basaban en la libertad. El elemento de la libre individualidad, destacado por Barros Arana en su caracterización de la conquista ("Historia de América", "Tomo 1, p. 1-4), con una característica mezcla de admiración y de reprobación moral, es evidentemente fundamental. La monarquía no habría podido ni querido adquirir las Indias sobre la sola base de sus recursos, y bajo una gestión burocrática.

Sin embargo, tampoco los Reyes abandonan enteramente a su propio movimiento la expansión libremente generada, sino que la articulan dentro del Estado. Richard Konetzke, en su recensión de la citada obra de Haring (Anuario de Historia del Derecho Español, Tomo XVIII, 880-885), recuerda muy bien que la Corona no aceptaba cualquier oferta, sino solamente aquellas que encuadraban dentro de su política colonial, y que regiones como el Río de la Plata deben su colonización en gran parte a la labor constante del Consejo de Indias. Pero, desde un punto de vista histórico-jurídico, tenemos que definir más radicalmente los términos.

Que conquista y colonización estén articuladas dentro del Estado, no significa que sean necesariamente de gestión burocrática. El Estado del siglo XVI tiene ya un fuerte núcleo administrativo, creado por la realeza y por la legislación en Cortes; pero no es todavía, como tiende a serlo en los siglos XVIII-XX, un todo unitario y racionalizado, dominado por el "monismo de la soberanía", impenetrable a lo heterogéneo. Lo que denominamos el Estado es, en el siglo XVI castellano, la supremacía de jurisdicción y las demás regalías, reunidas en un haz en el Rey, ejercidas a través de la burocracia, pero susceptibles también de delegaciones y concesiones en merced, más o menos amplias, bajo la reserva del grado supremo; privilegios tan amplios, que pueden ser defendidos judicialmente contra el mismo Rey. Junto a los oficios administrativos, se desarrollan, por eso, en Indias, oficios concedidos por privilegios vitalicios o hereditarios, señoríos jurisdiccionales (aunque en escasa cantidad), feudos rentísticos, otros tantos elementos no burocráticos, pero con una referencia estatal, subordinados a la supremacía regia y, además, más o menos controlados por organismos administrativos. Por otra parte, tampoco las iniciativas individuales pueden ser descritas como meramente "privadas" entre los conquistadores españoles (identificación común, que encontramos, p. ej. en José María Ots Capdequi, en el Cap. II del Vol. III de la "Historia de la Nación Argentina", dirigida por Ricardo Levene, 1939, p. 55). Aunque las categorías Derecho Público y Derecho Privado hayan sido elaboradas por el romanismo, y ya iban en proceso de realización durante la Edad Media, la línea divisoria entre los dos campos estaba muy lejos de coincidir en el siglo XVI con la frontera que tendrían en el siglo XIX. La investigación histórico-jurídica alemana contemporánea ha señalado la imposibilidad de comprender al "señor" como "propietario" privado. Tampoco los conquistadores españoles del siglo XVI, que se sentían siempre en relación con el Rey, no obstante formar parte de empresas libres, pueden ser comprendidos en una estructura jurídica como la del siglo XIX, refiriendo sus formas de acción a concepciones de esta época. Basta pensar en su constante necesidad de pedir la concesión regia de privilegios; en la solicitud de obtener señoríos, o encomiendas con jurisdicción, como un coronamiento de su realidad social. La capitulación no es un contrato privado: es una vinculación de fuerzas libremente formadas con el poder estatal.

Liberados los conceptos de Estado y de iniciativa individual de sentidos anacrónicos, podemos, pues, afirmar que el rasgo jurídico vincula las fuerzas sociales al Estado, las convierte en elementos políticos.

3. El asentamiento de los españoles en las tierras ocupadas pacíficamente o por conquista es un proceso cuya organización corresponde al Estado. El Estado en Indias es un Estado Poblador, en la amplitud más completa de esta palabra.

La población implica, desde luego, utilización del trabajo indígena. La legislación regia ha sancionado las diversas formas en que ese trabajo es organizado para la sustentación de los colonos, las que generalmente han sido concebidas en las Indias, pero que no habrían podido alcanzar la amplitud de su expansión y la firmeza jurídica que cobraron, sin una actitud de aprobación expresa o tácita, o siquiera una "disimulación" de parte del Estado, a través de leyes, costumbres admitidas o toleradas, sentencias judiciales, acuerdos de las autoridades administrativas, etc. Las mercedes de minas, tierras de labor, estancias de ganado, se fundan en la noción de regalía, no en el Derecho Privado. Los oficios de corregidores de españoles y de indios, los beneficios eclesiásticos, otras importantes fuentes de sustentación vecinal, proceden del Estado, por vía de designación o de presentación en virtud del Patronato, respectivamente. La raíz de la vida económica indiana es el Derecho del Estado, gracias al cual los colonos son radicados en la tierra; la economía está originariamente vinculada al Estado; aunque ya derivadamente se libere de él, mediante las instituciones del contrato, sucesión, etc., que pertenecen a la esfera del Derecho Privado, a la cual la concepción romanista reservaba su autonomía.

La economía, incorporada en su raíz al Estado, debido a la tarea colonizadora de este, es la función elemental comprendida dentro del concepto indiano de "población", pero esta no se agota en esa necesidad. El "asentamiento" de los colonos comprende su completa organización. Se puebla fundando ciudades, organizando el sistema de jurisdicciones y gobernaciones, fundando diócesis y estableciendo casas de Órdenes religiosas, implantando un régimen de defensa y de tributación, creando Universidades y escuelas, etc. Se moviliza en Indias la totalidad de finalidades del Estado concebidas por el Derecho Español desde la época de las Partidas. La colonización tiene, a causa de su conexión con el Estado, transmisor de la cultura occidental, un carácter político-civilizador, que se habría desvanecido en una migración puramente privada. La concepción del siglo XIII —el Estado como equivalente institucional de la vida temporal humana en toda su plenitud— se transmite hacia América. La población comprende el cuidado por el bien temporal y la colaboración al bien espiritual, las finalidades religiosas junto a las económicas y a las civilizadoras. La escolástica del siglo XVI conserva firmemente la misma amplia concepción estatal, suministrando así una justificación teórica viva y contemporánea a la labor de la legislación indiana. Pero, a la vez, la base ético-jusnaturalista del pensamiento español del siglo XVI exigía una aplicación a los indios de los mismos conceptos y tareas que el Estado asumía con respecto a los españoles; se planteaba una problemática que ponía en inseguridad los fundamentos económicos de la colonización, creándose así una tensión y un inacabamiento que constituye el proceso histórico mismo del Derecho Indiano, a lo largo de todo su curso.

La extensión de las finalidades del Estado español en Indias, tal como se presentan en su época de fundación, no puede, pues, reducirse a la noción de lo "político" vigente en el siglo XIX. Entre ellas figuran tareas religiosas, económicas, los bienes sociales en su totalidad. Institucionalmente, solo existen dos límites. Por una parte, la Iglesia, ya que el Estado coadyuva a la finalidad eclesiástica, pero no abarca el núcleo interno de la vida religiosa; por otra, el Derecho Privado, judicialmente amparado por la jurisdicción estatal, a veces restringido o anulado en caso de colisión con los fines públicos, pero que constituye en todo caso un campo autónomo.

4. La situación colonial significó una serie de transformaciones jurídicas importantes. La palabra "colonia" no está usada en este trabajo en la acepción económica hoy corriente —un territorio que sirve para la explotación de materias primas de la metrópoli, y como mercado para sus productos elaborados, pues solo una investigación histórico-económica puede revelar si, desde ese punto de vista, las Indias fueron o no colonias. El vocablo está empleado en el sentido de un núcleo de un pueblo trasladado a otra tierra, y que se sustenta de ella: es la acepción histórica clásica, y que se encuentra, p. ej., en Solórzano, en la Política Indiana, III, III, 16, y III, XXVII, 6, donde compara explícitamente las colonias romanas con las indianas. Aunque las colonias indianas son incorporadas a la Corona y al Reino de Castilla, y piden y obtienen la declaración de su inalienabilidad como tierras de realengo, se va produciendo una diferenciación, que la monarquía, extraña a todo unitarismo (excepto en materia fiscal), acoge desde el comienzo.

Existe, pues, por una parte, una continuidad con las instituciones medievales castellanas (y en este sentido nos adherimos al planteamiento del "problema de la continuidad" que han hecho, en un plano general, Richard Konetzke en "El Imperio Español" y Charles Verlinden en "Les influences médiévales dans la colonisation de l'Amérique"); pero, a la vez, hay que marcar que esta continuidad con la Edad Media no significa la conservación estática de elementos de esa época en Indias. El "factor colonial" provoca una rápida transformación jurídica. Síntomas de esa transformación son, p. ej., la primitivización y popularización inicial de la justicia; la exención de pechos y sobre todo de servicios, para atraer pobladores, y que a la vez implica la eliminación de las instituciones representativas; la creación de formas de aprovechamiento del trabajo indígena, o la transformación de algunas nacidas en la Edad Media (encomienda), para servir a nuevos propósitos; la vinculación del deber militar a las rentas coloniales, etc. Las conquistas influyen profundamente en la constitución estatal. Las clases sociales se estratifican según el resultado de aquellas: los principales participantes de la empresa reciben las encomiendas, tierras, oficios, etc. Se forma una nueva aristocracia, producto de los hechos históricos americanos y no mera traslación de los rangos europeos (aunque el ideal jerárquico español justifique la nueva formación), animada de una conciencia del derecho a recibir las mercedes estatales radicadas en la tierra conquistada gracias a sus esfuerzos o a los de sus padres. La libertad que defienden los indianos, a veces en resistencia contra los representantes del Rey, o contra las propias leyes de este, es un privilegio de conquista, una libertad aristocrática fundada en los méritos de conquistadores y pobladores. Los Cabildos ganan autonomía, en gran parte apoyados en la Corona, formando el órgano de la nueva aristocracia, aunque en algunas provincias se conserva por más tiempo el elemento concejil democrático.

Frente a los resultados de la Conquista, la legislación procura mantener la idea europea y española de Derecho y de Estado, en el grado que tenían entonces en Castilla, pero contenidas por la prudencia política dentro de límites que no aniquilaran la posibilidad de subsistencia de las colonias. El Derecho exigido por la situación, y la idea de Derecho, tal como ella se condensaba en la teología y en el Derecho doctrinal romano-canónico, entran en luchas y contactos que marcan toda la fisonomía del Derecho Indiano. Las tendencias vecinales y la concepción legal y administrativa del Estado actúan y reactúan incesantemente, la una sobre la otra. Particularmente la época de fundación del Estado es la que presencia contrastes más vivos, triunfos más completos de uno u otro polo, seguido de bruscas reacciones opuestas, o de conciliaciones y compromisos, que se graban en una legislación cada vez más compleja.

Los entrecruzamientos de ambas tendencias, y la forma concreta de realización de la idea legal en las distintas regiones, permiten trazar una tipología de las provincias, según su constitución. Podemos distinguir tres formas principales: 1. La Española: tipo de gobierno por capitulación, progresivamente controlado por la legislación y la burocracia; con una población asalariada, que luego se transforma en avecindada, por el abandono del plan de factoría real y la aceptación de una libre colonización; 2. Las Gobernaciones de conquista, caracterizadas por la fuerza del elemento vecinal en todas sus manifestaciones; 3. Las Audiencias, y más especialmente los Virreinatos: son antiguas Gobernaciones, formadas por conquistas, donde los vecinos tienen una gran potencia, debida a la dominación de los territorios donde estaban asentadas las principales culturas americanas; pero la misma densidad del problema indígena, y la riqueza de los problemas confrontados, exige una administración más elaborada, capaz de retener y engrandecer la colonización española, de conservar la población indígena, y de suministrar recursos abundantes a la Corona.

Sin duda que esta clasificación presenta dificultades y admite excepciones. En primer lugar, el Virreinato de México tiene una historia distinta del peruano, por una victoria mucho más pronta de las formas administrativas sobre el principio de la conquista, victoria que puede datarse desde la II Audiencia (1530-1536), y sobre todo desde Antonio de Mendoza (1536-1550), que logró consolidar por primera vez una forma estatal conforme a las tendencias legales de la época, sobre una base vecinal sustentada en la tierra, pacíficamente controlada por la administración real. En cambio, en el Perú, la continuación de las conquistas y de las revueltas no permite el asentamiento estable de este tipo de gobierno hasta los tiempos de Lope García de Castro (1564-1569) y, sobre todo, de Toledo (1569-1581).

Una segunda dificultad planteada por la clasificación es el hecho de que en muchas provincias la fuerza del principio vecinal absorbe y anula por momentos la significación típica de las Audiencias. Mientras las sedes virreinales están siempre en contacto estrecho con España, las Audiencias de provincias más aisladas quedan muchas veces dentro de la red de vinculaciones personales y económicas del medio, si bien se conserva la posibilidad de una reacción, por la misma pluralidad de miembros de ese organismo, por las visitas, residencias, etc.

Aceptando la realidad de estas dificultades, subsiste a nuestro juicio la justeza de esta clasificación, que permite captar bajo los términos "Gobernación", "Virreinato", no solamente un título externo, sino un tipo de vida jurídica.

5. He procurado representar, dentro de cada una de estas clases, la forma concreta de gobierno, destacando diversos elementos.

En primer lugar, la autonomía legislativa, concedida con progresiva amplitud por España, a medida que se diferenciaba la vida indiana de la peninsular. Esta no es un resultado nuevo, sino un desarrollo de las conclusiones de Rafael Altamira.

En seguida, he marcado las formas que adquiere en las Indias el principio de la necesidad del consejo, antes de las decisiones de importancia, principio proveniente de la tradición del Estado medieval. El consejo se condensa en instituciones administrativas, que aparecen en La Española desde el tiempo de Ovando y de Diego Colón, y en Tierra Firme durante la Gobernación de Pedrarias Dávila, hasta llegar a un total desarrollo a mediados del siglo, durante la época de La Gasca. Gracias a este principio, el mando unipersonal queda temperado por instituciones colegiales consultivas; incluso en ciertas coyunturas, estos cuerpos (Acuerdos) adquieren voto decisivo, trascendiendo el papel de mero consejo. En los Virreinatos se asienta el recurso de apelación de las decisiones de gobierno y de gracia del Virrey ante la Audiencia, reglamentándolos de manera que concilian la posibilidad de pedir justicia contra la arbitrariedad, con el cumplimiento de los fines de buen gobierno, que imponen la aplicación inmediata de las resoluciones administrativas, no obstante la reclamación. Este mismo mecanismo se extendió posteriormente en la época colonial a todas las provincias sedes de Audiencia.

Pero no solamente se desarrolla en esta época la norma del consejo administrativo y de la apelación contra el gobierno, sino también formas extraburocráticas del consejo, tanto de autoridades eclesiásticas, como de los Cabildos o de los vecinos más antiguos y notables.

Las conquistas no solo trajeron una mayor influencia del consejo de los vecinos, sino, sobre todo, formas populares de petición, a través de requerimientos jurídicamente fundados en la necesidad, en todos los momentos en que los intereses y convicciones de los conquistadores exigían una decisión, incluso contra las normas legales. Fundaciones de ciudades, repartimientos de indios en depósito, extracción de dinero de las cajas reales, nombramientos de Gobernador por el Cabildo, toda una serie de otros actos capitales para la vida colonial, han sido impuestos de ese modo, a través de este expediente. La monarquía generalmente legitimaba a posteriori estos actos, pues los factores de necesidad inexcusable que se podían presentar la distancia y la imposibilidad de esperar la respuesta del Rey, en suma, la situación colonial, exigían formas jurídicas de excepción. La doctrina romanista reconocía este derecho de la extrema necesidad, y la Corona y el Consejo han tenido que admitir este derecho de las "tierras nuevas", aunque paulatinamente han procurado colocar a estas tierras de conquista reciente bajo el control de los núcleos estatales más asentados, Virreinatos y Audiencias.

La aplicación concreta de las leyes estaba presidida por principios jurídicos, no era automática. Una de estas normas era la de equidad con los naturales, en calidad de "miserables", según el concepto canónico. La benignidad con los indios involucraba aplicar con amplitud las leyes que les eran favorables, y con restricción las que les eran odiosas (p. ej., las que constituían sobre ellos obligaciones especiales). En los litigios conocidos por las Audiencias suele plantearse este criterio; pero consta por la misma legislación enviada desde España, y por otros documentos, que, en la aplicación administrativa, las obligaciones especiales impuestas por las leyes sobre los indígenas, como el de trabajo en mitas, fue ampliado en vez de restringido, al menos en los tiempos iniciales anteriores a 1570.

Otro principio orientador del gobierno y de la aplicación legal era la prudencia política, y, particularmente, el respeto a los precedentes. Fernando el Católico había ordenado ya a Ovando escribir las normas de buen gobierno para su sucesor, disponiendo que este, en casos dudosos, se guiara por esos consejos. De esta manera, la prudencia gubernativa no era un factor extrínseco al Derecho, sino incorporado dentro de él. Mendoza y La Gasca fueron los verdaderos creadores de una tradición política en los Virreinatos, tradición que se transmitió especialmente a través de las memorias e instrucciones de los mandatarios salientes a sus sucesores.

Un problema esencial comprendido dentro de las normas de buen gobierno era el del incumplimiento de ciertas leyes.

El tema del incumplimiento es uno de los más importantes en la historiografía americanista de ese siglo. Muchos investigadores, especialmente los norteamericanos, apuntan metódicamente a la distancia entre el "derecho" y el "hecho", procurando conocer, respecto de cada institución jurídica, la norma legislativa y la práctica seguida. Alfonso García Gallo (en su Prólogo al Tomo I del Cedulario Indiano de Encinas, en la ed. del Instituto de Cultura Hispánica) impugna este criterio, porque, según expresa, conduce a generalizar los casos abusivos o delictuosos, que son los que constan de preferencia en los archivos administrativos y judiciales, y a menospreciar sistemáticamente la práctica conforme a la ley, que generalmente no deja constancia explícita. Desde el punto de vista de la Historia del Derecho, el problema tiene, a nuestro juicio, una importancia fundamental, y no puede ser desechado. La Historia del Derecho no puede consagrarse exclusivamente al estudio de las fuentes jurídicas, sino al de la realidad jurídica, y en este estudio deben ser utilizadas, no solamente las fuentes legislativas, sino todas las demás, aunque, naturalmente, valorando críticamente la extensión del fenómeno descrito por cada una. Las objeciones de García Gallo pueden valer contra las generalizaciones precipitadas sobre incumplimiento, pero no contra el estudio mismo del problema. Evidentemente, la legislación del siglo XVI, lo mismo que la de la Edad Media, no debe considerarse automáticamente vigente, en el sentido contemporáneo, ya que la intensidad actual del control administrativo no puede considerarse existente en aquellos tiempos: uno de los reproches que la investigación medievalista alemana dirige hoy día a la escuela de Heinrich Brunner, dominante desde fines del siglo pasado hasta unos veinte años atrás, es justamente este anacronismo legalista, que impide conocer realmente la vida jurídica medieval (Heinrich Mitteis, "Vom Lebenswert der Rechtsgeschichte", 50). Sin embargo, hay que guardarse de la desviación a que lleva el positivismo jurídico, suponer que toda infracción de una ley implica la inexistencia del Derecho, la pura arbitrariedad, un régimen "de facto" que conduce al reinado de intereses económico-sociales desprovistos de toda juridicidad. La polaridad derecho-hecho puede llevar a esa conclusión, cuando no se ha asimilado suficientemente el sentido de la escuela histórica del Derecho (fuera del cual no existe en realidad Historia del Derecho), y se confunde el Derecho con la Ley. La obra de Altamira, al acentuar la extensión del Derecho Consuetudinario y de la legislación local, que predominaba a veces sobre la general, ha servido para destruir en parte entre los americanistas ese criterio, del cual se deriva la consideración de la vida colonial como un caos, en el cual predominaban solamente determinados intereses, sin que el Derecho fuera capaz de establecer un sistema ordenado. Sin embargo, subsiste todavía en gran escala esa concepción, cuya fuente es dicha identificación entre Derecho y Ley, que impide aprehender el Derecho como realidad viva en las fases anteriores al Estado legislador y burocrático del siglo XVIII.

En este trabajo, he abordado el tema del incumplimiento desde un nuevo punto de vista. El estudio de las costumbres, que es un camino fecundo para aproximarse a él, debe ser acometido en relación con una institución determinada, para revelar el origen y las formas que adquirieron dichas costumbres, hasta llegar a constituir derecho en sustitución de la ley. Pero la ventaja de la consideración del incumplimiento de las leyes a través del recurso de suplicación y sobreseimiento es que permite introducirse en seguida en la idea misma del Derecho Indiano.

Para la mentalidad legalista y positivista, que solo reconoce carácter jurídico a las normas positivas estatales y que considera el momento de la aplicación como algo automático, resulta, evidentemente, una contradicción en los términos el incumplimiento de las leyes como institución jurídica. Sin embargo, este absurdo solo depende de una falta de comprensión histórica del concepto de Derecho de la Edad Media y de los siglos XVI-XVIII. Lo esencial de ese Derecho era su identificación con el orden total; la ley solo aparecía como una cristalización pasajera y condicional del Derecho. La suspensión institucional de las leyes procedía en cuanto ellas quebrantaban el Derecho: no solamente las categorías más altas, el Derecho Natural y el Divino, sino también el orden concreto, el bien común propio de determinada situación. Era una forma particular del principio de equidad, una consideración de las necesidades o conveniencias reales que hacían inaplicable la ley, según el criterio discrecional del que debía ejecutarla, hasta que el Rey, como guardián supremo del bien común, decidiera con mejor información. En Derecho Indiano, esto vino a significar una equidad especial con los vecinos, una atención a los factores que hacían inconveniente una ley que les afectara gravemente. Naturalmente, semejante institución resultó vinculada al juego de intereses sociales y económicos, pero esto no suprime su realidad jurídica.

La significación valiosa de tal recurso consiste en que introduce una apreciación de la realidad y de las conveniencias concretas dentro del Derecho, consagrando la fuerza de la necesidad, o, al contrario, reafirmando la norma legislada, para reformar la situación existente. El mandatario encargado de ejecutar la ley, cuando se planteaba la posibilidad de sobreseer, motu proprio, o a suplicación de los Cabildos, etc., debía operar con una noción de los intereses de su provincia, de las costumbres ya arraigadas, de los peligros de la reforma, etc., confrontándolos con el mandato regio. El incumplimiento de las leyes por medio de estos sobreseimientos no cubre el total del fenómeno de la legislación inejecutada, pero descubre mejor la concepción concreta que del bien común y del Derecho tenían las autoridades y los vecinos.

Desde el punto de vista de la Historia del Derecho, esta institución es fundamental, pues permite captar la diferenciación que explícitamente se va produciendo entre la legislación y la realidad histórica indiana, en la misma conciencia de los elementos vecinales, y de las autoridades de cada provincia. No es simplemente una burla clandestina de la Ley, sino un hacerse cargo de ella, para suspenderla total o parcialmente, o para suplicar, sin embargo, del cumplimiento.

Por otra parte, esta forma de incumplimiento tiene todavía un interés teórico más alto para la Historia del Derecho, como una manifestación de la idea de Derecho de la época. Las fórmulas y recursos elaborados por el Derecho Común expresan el sentido del Derecho como orden y solamente por una comprensión más profunda de este sentido captará la Historia del Derecho Indiano la vida jurídica de esa época.

Generalmente se habla del jusnaturalismo, como pensamiento dominante en aquellos siglos; pero esto es solamente una parte de la verdad, si no se marca claramente el concepto mismo de Derecho, dentro del cual queda englobado también el Derecho Natural. Sería antihistórico identificar aquel jusnaturalismo con el de origen filosófico racionalista de los siglos XVII y XVIII. El pensamiento romano-canónico influye sobre la idea de Derecho Natural, y a la vez sobre el Derecho Positivo. El concepto de Derecho Positivo del siglo XVI es pues distinto del propio del siglo XIX. El pensamiento que actúa en los letrados de aquella época, y que hace comprensible la vida jurídica indiana, incluye una serie de aspectos a cuyo conocimiento hemos llegado principalmente a través del estudio del recurso de suplicación: así, la superioridad del bien común sobre la ley, la interpretación de esta según su finalidad racional y no según su tenor literal, la dispensa del mandato en virtud de epiqueya, etc. Carl Schmitt apunta de paso a la diferencia histórica del jusnaturalismo escolástico con el moderno, cuando escribe que aquel comprendía el Derecho Natural como un orden total, y este, como norma racionalmente construida ("Uber die drei Arten des Rechtswissenschaftsdenkens", p. 9). La Historia del Derecho nos lleva, en último término, a la idea de Derecho, tal como ella era históricamente captada en la época tratada. Sin la comprensión de esa idea, continuará la disociación entre una Historia del Derecho puramente positivista, y, del otro lado, una Historia fragmentaria de las instituciones, ajurídica, predominantemente económica y social. La superación solo es posible por el conocimiento histórico de la idea de Derecho, del factor que producía la trabazón íntima de la vida jurídica colonial.

BIBLIOGRAFÍA UTILIZADA

I. Sobre historia europea

A. *Fuentes y Documentos*

Castillo de Bobadilla, Licenciado: Política para Corregidores y señores de vasallos en tiempos de paz y de guerra, y para Prelados en lo espiritual y temporal. Madrid, 1759, 2 Vols.

Códigos Españoles concordados y anotados (Los). Madrid, Imp. "La Publicidad", 12 Tomos (especialmente consultados, en el T. I, el Liber ludicum y el Fuero Viejo; los T. II-VII, las Partidas).

Cortes de los antiguos reinos de León y de Castilla, publicadas por la Real Academia de la Historia. Madrid, Sucesores de Rivadeneyra, 1861-1903, 5 Vols.

Documentos para la historia de las instituciones de León y de Castilla, siglos X-XIII, Colec. por Eduardo de Hinojosa. Madrid, Centro de Estudios Históricos, 1919.

Encomienda del coto de Limanes (La). Documento publicado por R. Prieto. Anuario de Historia del Derecho Español, Tomo VIII, 409-414.

Girard, Paul Frédéric. —Textes de Droit Romain publiés et annotés, 5ème édition revue et augmentée. Paris, Arthur Rousseau, 1913.

Hevia Bolaños, Juan de: Curia Filípica, Primero y Segundo Tomos. Madrid, Imprenta de la Real Compañía, 1825.

Juan Manuel, Don: Libro de los Estados o del Infante. Publ. en las Memorias de D. Fernando IV de Castilla, edit. por Antonio de Benavides, Tomo I, 444-599. Madrid, Imp. de José Rodríguez, 1860.

López de Ayala, Pedro: Crónicas de los Reyes de Castilla Don Pedro, Don Enrique II, Don Juan I, Don Enrique III. 2 Tomos. Madrid, Antonio de Sancha, 1780.

Pulgar, Fernando del: Crónica de los Reyes Católicos, 2 Vols. Edición de Juan de Mata Carriazo (Colección de Crónicas Españolas, V y VI). Madrid, Espasa-Calpe, 1943.

Sánchez de Arévalo, Rodrigo: Suma de la Política. Edición de Juan Beneyto Pérez. Madrid, Consejo Superior de Investigaciones Científicas, 1944.

Sancho IV el Bravo: Castigos e documentos del Rey Don Sancho (Biblioteca de Autores Españoles, Tomo 51, p- 79-228). Madrid, Rivadeneyra, 1860.

Suárez, Francisco: De Legibus ac Deo legislatore. Antuerpiae, 1613.

Vitoria, Francisco: Relectiones Theologicae. Matriti Anno 1765. Oficina de Manuel Martín.

Ídem: Relecciones Teológicas. Trad. y notas de Jaime Torrubiano Ripoll. Buenos Aires, Ed. Enero, 1946.

B. *Literatura posterior*

Beltrán de Heredia, Vicente: Francisco de Vitoria. Barcelona, Labor, 1940.

Berges, Wilhelm: Die Fürstenspiegel des hohen und späten Mittelalters (Schriften des Reichsinstituts für ältere deutsche Geschichtskunde, Monumenta Germaniae Historica). Leipzig, Karl W. Hiersemann, 1938.

Braudel, Fernand: La Méditerranée et le Monde méditerranée à l'époque de Philippe II. Paris, Armand Colin. 1949,

Carande, Ramón: Carlos V y sus Banqueros. La vida económica de España en una fase de su hegemonía. 1516-1556. Madrid, Revista de Occidente, 1943 (Tomo I).

Dempf, Alois: Christliche Staatsphilosophie Spaniens. Salzburg, Anton Pustet, 1937.

Elías de Tejada, Francisco: Diego López Rebelo, nuestro más antiguo tratadista en Derecho Político. Revista de Estudios Políticos, Madrid, Vol. XIV, Año VI, N° 25-26, 163-179.

Ficker, Julius: Sobre el íntimo parentesco entre el derecho godo-hispánico y el noruego-islándico. Trad. del alemán de José Rovira Armengol. Barcelona, Libr. Bosch, 1928.

García Gallo, Alfonso: Historia del Derecho Español. 2 Tomos. Madrid, Gráfica Administrativa, 1941-1944 (II Edición).

Ídem: Curso de Historia del Derecho Español. Tomo I. Madrid, 1946.

Gierke, Otto von: Das deutsche Genosssenschaftsrecht. 4 Bde (consultada III Bd.: Die Staats-und Korporationslehre des Altertums und des

Mittelalters und ihre Aufnahme in Deutschland). Berlin. Weidmannsche Buchhandlung, 1868-1913.

Ídem: Johannes Althusius und die Entwicklung der naturrechtlichen Saatstheorien. 4 Ausgabe, Breslau, M. und H. Marcus, 1929,

Hinojosa, Eduardo: Estudios sobre la Historia del Derecho Español (especialmente "Origen del régimen municipal en León y Castilla"). Madrid, Asilo de Huérfanos del S. C. de J., 1903.

Hinojosa, Eduardo: El elemento germánico en el Derecho Español. Madrid, Centro de Estudios Históricos, 1915.

Hintze, Otto: Staatenbildung und Verfassungsentwicklung. Eine historische-politische Studie. Historische Zeitschrift, 88, 1902, 1-21.

Ídem: Typologie der ständischen Verfassungen des Abendlandes. Historische Zeitschrift, 141, 1929, 229-248.

Ídem: Weltgeschichtliche Bedingungen der Repräsentativverfasung. Historische Zeitschrift, 143, 1930, 1-47.

Kern, Fritz: Recht und Verfassung im Mittelalter. Historische Zeitschrift, 120, 1919, 1-79.

Ídem: Kingship and Law. Studies in Mediaeval History (trad. inglesa de "Gottesgenadentum und Widerstandsrecht" y del anterior artículo, por S. B. Chrimes). Oxford, Basil Blackwell, 1939.

Martínez Marina, Francisco: Ensayo histórico-crítico sobre la antigua legislación y principales cuerpos legales de los Reynos de León y Castilla, especialmente sobre el Código de D. Alonso el Sabio, conocido con el nombre de las Siete Partidas. 3 ed. Madrid. Sociedad Literaria y Tipográfica, 1845.

Menéndez Pidal, Ramón: Historia de España, dirigida por—. 4 Tomos (especialmente Prólogo del "Tomo I, I; y el Tomo III, "España Visigótica"). Madrid, Espasa-Calpe, 1935-1950.

Mitteis, Heinrich: Die deutsche Königswahl. Ihre Rechtsgrundlagen bis zur Goldenen Bulle. Baden bei Wien, Rudolf M. Rohrer, 1938.

Ídem: Vem Lebenswert der Rechtsgeschichte. Weimar, Hermann Böhlaus Nachfolger, 1947.

Ídem: Der Staat des hohen Mittelalters. Grundlinien einer vergleichenden Verfassungsgeschichte des Lehnszeitalters. Weimar, Hermann Böhlaus Nachfolger, 1940.

Ídem: Land und Herrschaft. Bemerkungen zu dem Gleichnamigen Buch Otto Brunners. Historische Zeitschrift, 163, 1940-1941, 255-281 y 471-489.

Ídem: Politische Verträge im Mittelalter, Zeitschrift der Savigny Stiftung für Rechtsgeschichte, Germanistische Abteilung, 67, 1950, 76-140,

Naszaly, Emil: El Estado según Francisco de Vitoria. Trad. de P. Ignacio Menéndez-Reygada, O. P. Madrid, Ed. Cultura Hispánica, 1948.

Olivier-Martín François: Le roi de France et les mauvaises coutumes au moyen áge. Zeitschrift der Savigny Stiftung fúr Rechtsgeschichte, Germanistische Abteilung, 58, 1938, 108-137.

Olivier-Martín François: Histoire du Droit Français des origines a la Révolution. Paris, Ed. Domat Montchrestien, 1948.

Ranke, Leopold von: Französische Geschichte vornehmlich im sechzehnten und siebzehnten Jahrhundert (Erster Band). 4 Auflage. Leipzig, Duncker und Humblot, 1876 (Sämtliche Werke, VIII).

Sánchez, Galo: Para la Historia de la redacción del antiguo Derecho territorial castellano. Anuario de Historia del Derecho Español, VI, 1929, 260-328.

Sánchez-Albornoz, Claudio: España y Francia en la Edad Media. Causas de su diferenciación política. Revista de Occidente, Año I, N° VI, Madrid, 1923, 294-316.

Ídem: España y el Islam. Revista de Occidente, Año VI, N° XXIV, 1-30.

Ídem: Ruina y extinción del Municipio romano en España e instituciones que le reemplazan. Facultad de Filosofía y Letras de la Universidad de Buenos Aires, Instituto de Historia de la Cultura Española, Medieval y Moderna. Buenos Aires, 1943.

Ídem: Las conferencias de Sánchez-Albornoz en la Argentina. Resumen, en Anuario de Historia del Derecho Español, X, 515-539, 1933.

Schmitt, Carl: Über die drei Arten des Rechtswissenchaflichen Denkens. Schriften der Akademie für Deutsches Recht. Hamburg, Hanseatische Verlagsanstalt, 1934,

Séjourné, Dom Paul: Le dernier Père de l'Eglise. Saint-Isidore de Seville. Son rôle dans l'Histoire du Droit Canonique. Paris, Gabriel Beauchesne, 1929.

Valdeavellano, Luis G.: El Mercado. Apuntes para su estudio en León y Castilla durante la Edad Media. Anuario de Historia del Derecho Español, VIII, 1931, 201-403.

Waas, Adolf: Herrschaft und Staat im deutschen Mittelalter (Historische Studien, Heft 335). Berlin, Dr. Emil Ebering, 1938.

Wilkinson, B.: The Constitutional History of England, 1216-1399, I. With select documents. London, Toronto, New York, Longmans, Green and Co., 1948.

Wohlhaupter, Eugen: Studien zur Rechtsgeschichte des Gottes-und Landfrieden in Spanien (Deutschrechtlinchen Beiträge. Forschungen und Quellen zur Geschichte des deutschen Rechts. Hrsg. von Dr. Konrad Beyerle, Bd. XIV, Heft, 2). Heidelberg, Carl Winters Universitätsbuchhanlung, 1933.

Wohlhaupter, Eugen: Das germanische Element im altspanischen Recht (Zeitshrift der Savigny Stiftung für Rechtsgeschichte, 66, Romanistische Abteilung, Weimar, Hermann Böhlaus Nachfolger, 1948, p. 135-264).

II. Bibliografía de historia americana

A. *Fuentes y Documentos del período estudiado*

Actas Capitulares del Ayuntamiento de La Habana: Tomo I, 1550-1565. 2 Vols. (Colección de Documentos de la Historia de Cuba, dirigida por Emilio Roig de Leuchsenring). La Habana, Municipio de La Habana, 1937.

Aiton, Arthur, S.: Coronado's first report on the Government of New Galicia. Hispanic American Historical Review, XIX, N° 3, 306-313, 1939.

Alamán, Lucas: Disertaciones sobre la Historia de la República Megicana desde la época de la conquista. 3 Tomos. México, José Mariano Lara, 1844-1849 (con Documentos).

Alvarez Rubiano, Pablo: Pedrarias Dávila. Madrid, Consejo Superior de Investigaciones Científicas, 1944 (consultado el apéndice documental).

Angelis, Pedro de: Colección de Obras y Documentos relativos a la Historia Antigua y Moderna de las Provincias del Río de la Plata. 5 Vols.

Buenos Aires, 1836-1837 (utilizado el Tomo I, donde se publica la "Historia Argentina del Descubrimiento, Población y Conquista de las Provincias del Río de la Plata", de *Rui Díaz de Guzmán*; el Tomo III, por el "Viaje al Río de la Plata y Paraguay", de *Ulrico Schmidel*).

Belaúnde Guinassi, Manuel: La encomienda en el Perú. Lima, Mercurio Peruano, 1945 (Utilizados los documentos insertos en p. 104-108).

Beltrán y Rózpide, Ricardo: Colección de las Memorias o Relaciones que escribieron los Virreyes del Perú acerca del estado en que dejaban las cosas generales del Reino (Biblioteca de Historia Hispano-Americana). Tomo I. Madrid, Asilo de Huérfanos del S. C. de Jesús, 1921.

Colección de documentos inéditos relativos al descubrimiento, conquista y organización de las antiguas posesiones de América y Oceanía, 42 Vols. Madrid, 1864-1884. (Entre estos documentos, hay que citar especialmente las obras de juristas: *Vasco de Quiroga*, Información en Derecho sobre algunas Provisiones del Real Consejo de Indias, X, 333-525; *Alonso de Zorita*, Breve y Sumaria Relación de los Señores y maneras y diferencias que había de ellos en la Nueva España…, I, 1-126; *Francisco Falcón*, Representación hecha en el Concilio Provincial (de Lima) sobre los daños y molestias que se hacen a los indios, VII, 451-495; *Juan Polo de Ondegardo*, Relación de los fundamento acerca del notable daño que resulta de no guardar a los indios sus fueros, y del orden que tenían los indios en dividir los tributos y destribuyrlos entre sí, 17, 1-177).

Colección de documentos inéditos relativos al descubrimiento, conquista y organización de las antiguas posesiones españolas de Ultramar. 25 Vols. Publicada por la Real Academia de la Historia. Madrid, 1885-1931.

Colección de Historiadores de Chile y Documentos relativos a la Historia Nacional. 50 Vols. Santiago, 1861-1948 (se han utilizado los Tomos I y XVII, con las Actas de Cabildos correspondientes al período, y el II, donde se publica la "Historia de Chile desde su descubrimiento hasta el año 1575", de Alonso de Góngora Marmolejo, y algunos documentos anexos).

Colección de Documentos Inéditos para la Historia de España. 112 Vols., 1842-1895 (utilizados los Tomos LXII-LXVI, "Historia de las Indias", de Fray Bartolomé de Las Casas, Madrid, 1875-1876).

Colección de Libros y Documentos referentes a la Historia de América. 20 Vols. Madrid, 1904 y ss. (utilizados los "Tomos II-IV, Pedro Gutiérrez de Santa Clara, Historia de las Guerras Civiles del Perú (1544-1548) y de otros sucesos de las Indias, Madrid 1904; y el "Tomo IX, documentos publicados como apéndice a la Historia de la Nueva España, de Alonso de Zorita, Tomo I, Madrid, 1909).

Cuevas, Mariano: Documentos inéditos del siglo XVI para la Historia de México. Publicación hecha bajo la dirección de Genaro García. México, Museo Nacional de Arqueología, Historia y Etnografía, 1914.

Chamberlain, Robert S.: "Two unpublished Documents of Hernán Cortés and New Spain, 1519 and 1524, with introduction, by—. Hispanic American Historical Review, XVIII, 1938, N° 4, 514-525.

Díaz del Castillo, Bernal: Historia Verdadera de la Conquista de la Nueva España. 2 Tomos. Madrid, Espasa-Calpe, 1933.

Encinas, Diego de: Cedulario Indiano recopilado por. Reproducción Facsímil de la Edición Unica de 1596. Con estudio e índices de Alfonso García Gallo. 4 Libros. Madrid, Ediciones Cultura Hispánica, 1945-1946.

Fernández de Oviedo, Gonzalo: Historia general y natural de las Indias, islas y Tierra Firme del mar Océano. Publícala la Real Academia de la Historia. 4 Vols. Madrid, 1851-1855.

García Icazbalceta, Joaquín: Colección de Documentos para la Historia de México. 2 Tomos. México, 1858-1866.

Ídem: Nueva Colección de Documentos para la Historia de México. 5 Tomos. México, 1886-1889.

García Santillán, Juan Carlos: Legislación sobre indios del Río de la Plata en el siglo XVI (Biblioteca de Historia Hispano-Americana). Madrid, Asilo de Huérfanos del S. C. de Jesús, 1928 (utilizado solo por su apéndice documental).

Historiadores Primitivos de Indias. Colección dirigida e ilustrada por Enrique Vedia. Biblioteca de Autores Españoles, Tomos XXII y XXVI (utilizado el Tomo XXII, Madrid, Rivadeneyra, 1852, donde consulté las Cartas de Relación de *Hernán Cortés*; la "Hispania Victrix" o "Primera Parte de la Historia General de las Indias", de *Francisco López de Gómara*; y los Comentarios de *Alvar Núñez Cabeza de Vaca*, adelantado y gobernador del Río de la Plata).

Hanke, Lewis: Cuerpo de Documentos del siglo XVI sobre los derechos de España en las Indias y Filipinas. Descubiertos y anotados por—. Edit. por Agustín Millares Carlo. México, Fondo de Cultura Económica, 1943.

Hussey, Roland D.: Text of the Laws of Burgos (1512-1513) concerning the treatment of the Indians. Hispanic American Historical Review, vol. XII, 1932, N9 3, 301-326.

Instrucciones que los Virreyes de Nueva España dejaron a sus sucesores (Biblioteca Histórica de la Iberia, Tomo XIII). México, Ignacio Escalante, 1873.

Levillier, Roberto: Gobernantes del Perú. Cartas y Papeles. Siglo XVI. Documentos del Archivo de Indias. 14 Vols. Madrid, 1921-1926 (Colección de Publicaciones Históricas de la Biblioteca del Congreso Argentino).

Ídem: Organización de la Iglesia y Órdenes religiosas en el Virreinato del Perú en el siglo XVI. Documentos del Archivo de Indias. 2 Vols. Madrid, 1919 (la misma colección).

Ídem: Audiencia de Lima Correspondencia de Presidente y Oidores. Documentos del Archivo de Indias. Tomo I. Madrid, 1922 (la misma colección).

Ídem: Audiencia de Charcas. Correspondencia de Presidente y Oidores. Documentos del Archivo de Indias. Tomo I. Madrid, 1918 (la misma colección).

Levillier, Roberto: Gobernación del Tucumán. Papeles de Gobernadores en el siglo XVI. Documentos del Archivo de Indias. 2 Vols. Madrid, 1920 (la misma colección).

Libros de Cabildos de Lima. Descifrados y anotados por Bertram T. Lee y otros. 10 Libros. Lima, Concejo Provincial, 1935-1942.

Libros Primero y Segundo de Cabildos de Quito. Descifrados por José Rumazo González. 4 Vols. Quito, Publicaciones del Archivo Municipal, 1934.

Malagón Barceló, Javier: El Distrito de la Audiencia de Santo Domingo en los siglos XVI a XIX. (Publicaciones de la Universidad de Santo Domingo, vol. XXIID). Ciudad Trujillo, Montalvo, 1942 (Utilizada la documentación).

Matienzo, Juan de: Gobierno del Perú. Buenos Aires, Compañía Sudamericana de Billetes de Banco, 1910.

Maurtúa, Víctor M.: Antecedentes de la Recopilación de Indias. Publicados por... Madrid, Bernardo Rodríguez, 1906.

Medina, José Toribio: Colección de Documentos Inéditos para la Historia de Chile. 30 Tomos. Santiago, 1888-1902.

Ídem: El Descubrimiento del Océano Pacífico. Vasco Núñez de Balboa, Hernando de Magallanes y sus compañeros. 2 Tomos. Santiago, Imprenta Universitaria, 1923 (utilizado el Tomo II, Documentos).

Ídem: Cartas de Pedro de Valdivia que tratan del Descubrimiento y Conquista de Chile. Edición Facsimilar dispuesta y anotada por—. Sevilla, M. Carmona, 1929.

Muro Orejón, Antonio: Las Leyes Nuevas 1542-1543. Reproducción de los ejemplares existentes en la Sección de Patronato del Archivo General de Indias. Transcripción y notas por—. Sevilla, Consejo Superior de Investigaciones Científicas, Escuela de Estudios Hispanoamericanos de la Universidad de Sevilla, 1945.

Odriozola, Manuel de: Documentos Literarios del Perú colectados y arreglados por—. Tomos. Lima, II Vols. (Tomos VIII y IX; Diego Fernández, Primera y Segunda Parte de la Historia del Perú, que escrivió—, vecino de la ciudad de Palencia... Año de 1571).

Pizarro, Pedro: Relación del Descubrimiento y Conquista de los Reinos del Perú, hecha por—, Conquistador y Poblador destos dichos Reinos y vecino de la ciudad de Arequipa, Año 1571. Buenos Aires, Ed. Futuro, 1944.

Paso y Troncoso, Francisco: Epistolario de la Nueva España, 1505-1818, recopilado por—. 16 Vols. México, Antigua Librería Robredo, de José Porrúa e Hijos, 1939-1942.

Ídem: Papeles de Nueva España, publicados de orden y con fondos del Gobierno Mexicano por—. II Serie, Geografía y Estadística. 5 Tomos. Madrid, 1905 (Utilizados el Tomo 1, Suma de Visitas de pueblos por orden alfabético, y el III, Fray Bartolomé de Ledesma, Descripción del Arzobispado de México, 1571).

Polo y Ondegardo, Juan: Informe al Lic. Bribiesca de Muñatones, 1561, Revista Histórica, Lima, XIII, 1940.

Puga, Vasco de: Provisiones, Cédulas, Instrucciones para el Gobierno de la Nueva España, por el Doctor—. Obra impresa en México por Pedro

Ocharte, en 1563, y ahora editada en Facsímil. Madrid, Ediciones Cultura Hispánica, 1945.

Serrano y Sanz, Manuel: Historiadores de Indias. Nueva Biblioteca de Autores Españoles, Tomos XIII y XV. Madrid, Bailly-Bailliere e Hijos, 1909 (Utilizado el Tomo XV: *Pedro Cieza de León*, Tercero Libro de las Guerras Ceviles del Perú, el cual se llama la Guerra de Quito, hecho por—, coronista de las cosas de las Indias).

Urteaga, Horacio H. y Romero, Carlos A.: Colección de Libros y Documentos referentes a la Historia del Perú. Lima, 1916 y ss. (Utilizado el Tomo IX (II Serie), donde se imprime la Relación del Gobierno de los Incas, de *Hernando de Santillán*).

Ídem: Fundación española del Cuzco y Ordenanzas para su Gobierno. Restauraciones mandadas ejecutar del Primer Libro de Cabildos de la ciudad por el Virrey del Perú don Francisco de Toledo. Publícanse por primera vez y con apoyo del Supremo Gobierno por—. Lima, Sanmartí y Cía, 1926.

B. *Literatura y Documentos del siglo XVII*

Herrera, Antonio de: Historia General de los Hechos de los castellanos en las islas y tierra firme del mar Océano. Ed. de la Real Academia de la Historia, Madrid, 1934 y ss.

León Pinelo, Antonio: Tratado de Confirmaciones Reales, Oficios i Casos, en que se requieren para las Indias Occidentales. Madrid, Juan González, 1630.

Recopilación de Leyes de los Reynos de las Indias. 3 Tomos. Madrid, Consejo de la Hispanidad, 1943.

Solórzano Pereira, Juan: Política Indiana compuesta por el señor don—. Corregida, e ilustrada con notas por el Licenciado don Francisco Ramiro de Valenzuela. 5 Tomos. Madrid, Buenos Aires, Compañía Ibero-Americana de Publicaciones, 1930.

C. *Literatura posterior*

Alemparte, Julio: El Cabildo de Chile Colonial. Orígenes municipales de las Repúblicas Hispanoamericanas. Santiago, Ediciones de la Universidad de Chile, 1940.

Altamira, Rafael: La legislación Indiana como elemento de la Historia de las Ideas Coloniales Españolas. Revista de Historia de América, N° 1, Marzo, 1938, 1-24.

Ídem: El texto de las leyes de Burgos de 1512. Revista de Historia de América, N° 4, diciembre 1938,

Ídem: Técnica de Investigación en la Historia del Derecho Indiano. México, Juan Porrúa e Hijos, 1939.

Ídem: Los Cedularios como fuente histórica de la legislación Indiana. Revista de Historia de América, N° 10, diciembre 1940.

Ídem: La aprobación y confirmación de las leyes dadas por las autoridades coloniales españolas. (Contribuciones para el estudio de la Historia de América. Homenaje al Doctor Emilio Ravignani), Buenos Aires.

Ídem: Autonomía y Descentralización legislativa en el régimen colonial española. Legislación metropolitana y Legislación propiamente indiana (siglos XVI a XVIII). Coimbra, Coimbra Editora Limitada, 1945.

Ídem: La costumbre jurídica en la colonización española. México, 1949 (Separata de la Revista de la Escuela Nacional de Jurisprudencia, N° 31-40).

Amunátegui Solar, Domingo: Las Encomiendas de Indíjenas en Chile, 2 Vols. Santiago, Imprenta Cervantes, 1909-1910.

Barón Castro, Rodolfo: La Población del Salvador. Estudio acerca de su desenvolvimiento desde la época prehispánica hasta nuestros días. Madrid, Consejo Superior de Investigaciones Científicas, Instituto Gonzalo Fernández de Oviedo, 1942.

Barros Arana, Diego: Historia de América. 2 Tomos. Santiago, Cervantes, 1908.

Bayle, Constantino, S. J.: El Protector de Indios. Anuario de Estudios Hispanoamericanos, II, 1945, 1-180.

Borah, Woodrow: The Collection of tithes in the Bishopric of Oaxaca during the Sixteenth Century. Hispanic American Historical Review, XXI, 1941, N° 3, 386-409.

Cardozo, Efraím: La Audiencia de Charcas y la facultad de Gobierno. Humanidades, Tomo XXV, Historia. Homenaje a Ricardo Levene, 137 y ss. Facultad de Humanidades y Ciencias de la Educación, Universidad de la Plata, 1936.

Carro, Venancio, O. P.: La teología y los teólogos-juristas españoles ante la conquista de América. 2 Tomos. Madrid, Consejo Superior de Investigaciones Científicas, Escuela de Estudios Hispanoamericanos de la Universidad de Sevilla, 1944.

Céspedes del Castillo, Guillermo: La Avería en el Comercio de Indias. Madrid. Consejo Superior de Investigaciones Científicas. Escuela de Estudios Hispanoamericanos de la Universidad de Sevilla, 1945.

Corbitt, Duvon C.: "Mercedes" and "Realengos": A Survey of the Public Land Systema in Cuba. Hispanic American Historical Review, Vol. XIX, 1939, N° 3, 262-285.

Chamberlain, Robert S.: The concept of the "Señor Natural" as revealed by Castilian Law and Administrative Documents. Hispanic American Historical Review, Vol. XIX, 1930, N° 2, 130-137.

Ídem: Castilian Background af the Repartimiento-Encomienda. Contributions to American Anthropology and History, 25. Carnegie Institution of Washington, Publication N° 509, 19-66. 1939.

Chevalier François: Les municipalités indiennes en Nouvelle Espagne, 1520-1620. Anuario de Historia del Derecho Español, XV, 1944, 352-386.

Ídem: Signification sociale de la formation de Puebla de los Angeles. Revista de Historia de América, N° 23, junio 1947, 105-130.

García Gallo, Alfonso: Los orígenes de la administración territorial de las Indias. Anuario de Historia del Derecho Español, XV, 1944, 16-106.

Ídem: La posición de Francisco de Vitoria ante el problema indiano. Una nueva interpretación. Revista del Instituto de Historia del Derecho. Facultad de Derecho y Ciencias Sociales de la Universidad de Buenos Aires. Buenos Aires, 1950.

Ídem: La constitución política de las Indias españolas. Madrid, Ministerio de Asuntos Exteriores, Escuela Diplomática, 1946.

Gibson, Charles: The Inca Concept of Sovereignty and the Spanish Administration in Perú. The University of Texas Institute of

Latin-American Studies. Latin-American Studies, IV. The University of Texas Press, Austin, 1948.

Giménez-Fernández, Manuel: Hernán Cortés y su revolución comunera en la Nueva España. Sevilla, Anuario de Estudios Americanos, V, 1948.

Ídem: Nuevas consideraciones sobre la historia, sentido y valor de las bulas alejandrinas de 1493 referentes a las Indias. Sevilla, Anuario de Estudios Americanos, I, 1944.

Hanke, Lewis: The "Requerimiento" and its interpreters. Revista de Historia de América, N° 1, marzo 1938, 25-34.

Ídem: The Development of Regulations for Conquistadores. Contribuciones para el estudio de la Historia de América, Homenaje al Dr. Emilio Ravignani, Buenos Aires, Peuser, 1911, 71-83.

Ídem: La lucha por la justicia en la Conquista de América. Trad. de Ramón Iglesia. Editorial Sudamericana, Buenos Aires, 1949.

Haring, C. H.: El Comercio y la navegación entre España y las Indias en la época de los Habsburgos. (Trad. del inglés). México, 1939.

Ídem: The Spanish Empire in America. New York, Oxford University Press, 1947.

Höffner, Joseph: Christentum und Menschenwürde. Das Anliegen der Kolonialethik Spaniens im goldenen Zeitalter. Trier, Paulinus Verlag, 1947.

Kirkpatrick, F. A.: The Landless Encomienda. Hispanic American Historical Review, XXII, 1942, N° 765-774.

Konetzke, Richard: El Imperio Español. Orígenes y Fundamentos. Versión española de Felipe González Vicen. Ed. Nueva Época, S. A. Madrid, 1946.

Ídem: El Mestizaje y su importancia en el desarrollo de la población hispanoamericana durante la época colonial. Revista de Indias, N° 23-24, enero-junio 1946, 7-237.

Ídem: Las ordenanzas de gremios como documentos de historia social de Hispanoamérica durante la época colonial. Revista Internacional de Sociología, N° 18, 1947. Madrid.

Ídem: C. H. Haring, "The Spanish Empire in America" (recensión), Anuario de Historia del Derecho Español, XVIII, 1947, 880-885.

Ídem: La condición legal de los criollos y las causas de la Independencia. Sevilla, Revista de Estudios Americanos, 1950.

Kubler, George: Population Movements in Mexico 1520-1600. Hispanic American Historical Review, XXII, 1942, N° 606-643.

Levillier, Roberto: Don Francisco de Toledo, Supremo Organizador del Perú. 2 Tomos y Anexo. Madrid y Buenos Aires, 1936-1940.

Lohmann Villena, Guillermo: Las Cortes en Indias. Anuario de Historia del Derecho Español, XVIII, 1947, 655-662.

Manzano, Juan: El derecho de la Corona de Castilla al descubrimiento y conquista de las Indias de Poniente. Revista de Indias, N° 9, 1942, 397-428.

Ídem: La incorporación de las Indias a la Corona de Castilla. Madrid, Ediciones Cultura Hispánica, 1948.

Meza Villalobos, Néstor: Política Indígena en el siglo XVI. Revista Chilena de Historia y Geografía, N° 112 (VII a XII-1948), 35-50.

Ídem: Significado del período 1493-1508 en el proceso de la Conquista. Revista Chilena de Historia y Geografía, N° 110 (VII a XII-1947), 41-55.

Ídem: Formas y Motivos de las Empresas españolas en América y Oceanía. Sn esencia económico-cultural. Boletín de la Academia Chilena de la Historia, 1936, III, 322-389.

Ídem: Régimen Jurídico de la Conquista y de la Guerra de Arauco. Revista Chilena de Historia y Geografía, N° 107 (1 a VI-1946), p. 22-56.

Miranda, José: Notas sobre la introducción de la Mesta en la Nueva España. Revista de Historia de América, N° 17, junio 1944.

Muñoz Feliú, Raúl: La Real Audiencia de Chile. Santiago, La Gratitud Nacional, 1937 (Tesis de licenciatura en Derecho).

Ots Capdequi, José María: Trasplante en Indias de las instituciones castellanas y organización legal de Hispanoamérica hasta fines del siglo XVII (en la Historia de la Nación Argentina, dirigida por Ricardo Levene, 2 ed., Vol. III, 55-67). Buenos Aires, El Ateneo, 1939.

Ídem: El Régimen de la tierra en la América Española durante el período colonial. Publicaciones de la Universidad de Santo Domingo, Vol. XLIII. Ciudad Trujillo, Montalvo, 1946.

Ídem: Creación de la Real Audiencia y su Gobierno hasta 1563 (en "Curso Superior de Historia de Colombia, 1492-1660"). Academia Colombiana de la Historia, Biblioteca Eduardo Santos, V. Bogotá, Editorial ABC, 1951.

Parry, J. H.: The Audiencia of New Galicia in the Sixteenth Century. A study in Spanish Colonial Government. Cambridge, at the University Press, 1948.

Ricard, Robert: La "Conquête spirituelle" du Mexique. Essai sur l'apostolat et les méthodes missionnaires des Ordres Mendiantes en Nouvelle-Espagne de 1523-24 à 1572. Paris, Institut d'Ethnologie, 1933.

Ricard, Robert: Reflexiones acerca de la evangelización de México por los misioneros españoles en el siglo XVI. Revista de Indias, N° 15, enero-marzo, 1944.

Robertson, James Alexander: The significance of Hispanic American Colonization (en "Colonial Hispanic America", ed. by A. Curtis Wilgus). Washington, The George Washington University Press, 1936,

Schäfer, Ernesto: El Consejo Real y Supremo de las Indias. Su historia, organización y labor administrativa hasta la terminación de la Casa de Austria. Tomo I, Sevilla, M. Carmona, 1935 (Historia y organización del Consejo y de la Casa de Contratación de las Indias). — Tomo II, Sevilla, Publicaciones de la Escuela de Estudios Hispanoamericanos de la Universidad de Sevilla, Imp. Gráficas Sevillanas, 1947 (La labor del Consejo de Indias en la administración colonial).

Simpson, Lesley Byrd: Studies in the administration of the Indians in the New Spain (Utilizados: III, The Repartimiento in New Spain and Guatemala, Ibero-Americana 13, University of California, Press, Berkeley, California, 1934; IV, The Emancipation of the Indian Slaves and the resettlement of the Freedmen, 1548-1553, Ibero-Americana 16, The University of California Pres, Berkeley and Los Angeles, 1940).

Ídem: The Encomienda in New Spain. The Beginning of Spanish México. Berkeley ad Los Angeles, University of California Press, 1950 (revised and enlarged edition).

Verlinden, Charles: Les influences mediévales dans la colonisation de L'Amérique. Revista de Historia de América, diciembre de 1950, p. 440-450.

Vicens, Vives, J.: Precedentes mediterráneos del Virreinato colombino. Anuario de Estudios Americanos, V, 571-601.

Zavala, Silvio: Las Instituciones Jurídicas en la Conquista de América (Junta para Ampliación de Estudios e Investigaciones Científicas.

Centro de Estudios Históricos. Sección Hispanoamericana, I). Madrid, 1985.

Ídem: La Encomienda Indiana (*ibid.*, Sección Hispanoamericana, II). Madrid, 1935.

Ídem: Las Encomiendas de Nueva España y el Gobierno de don Antonio de Mendoza. Revista de Historia de América, N° 1, Marzo 1938, 59-75.

Ídem: La "Utopía" de Tomás Moro en la Nueva España y otros estudios (Los otros son: "La Doctrina del Doctor Palacios Rubios sobre la Conquista de América" y "Hernán Cortés y la Teoría Escolástica de la Guerra Justa") Biblioteca Histórica Mexicana de obras inéditas, 4. México, Antigua Librería Robredo, de José Porrúa e Hijos, 1937.

Zavala, Silvio: De Encomiendas y Propiedad territorial en algunas regiones de la América Española. México, Antigua Librería Robredo, de José Porrúa e Hijos, 1940.

Ídem: Los trabajadores antillanos en el siglo XVI. Revista de Historia de América, N° 2, junio 1938, 31-67; N° 3, diciembre 1938, 60-94,

Ídem: Ideario de Vasco de Quiroga. México, 1941.

Ídem: Ensayos sobre la colonización española en América. Prólogo de José Torre Revello. Buenos Aires, Emecé, 1944,

Ídem: Servidumbre natural y libertad cristiana, según los tratadistas españoles de los siglos XVI y XVII. Buenos Aires, Publicaciones del Instituto de Investigaciones Históricas, N° 87, 1944.

Ídem: Contribuciones a la historia de las instituciones coloniales en Guatemala. Jornadas 36, El Colegio de México (Centro de Estudios Sociales). 1945.

D. *Obras Auxiliares*

Sánchez-Alonso, Benito: Fuentes de la Historia Española e Hispanoamericana. Vol. I, Madrid (Junta para Ampliación de Estudios e Investigaciones Científicas. Centro de Estudios Históricos), 1927. Apéndice, Madrid (Consejo Superior de Investigaciones Científicas), 1946.

Schäfer, Ernesto: Índice de la Colección de Documentos Inéditos de Indias editada por Pacheco, Cárdenas y "Torres Mendoza (I Serie, tomos

1-42) y la Real Academia de la Historia (II Serie, tomos 1-25). 2 Tomos. Madrid, Consejo Superior de Investigaciones Científicas, Instituto Gonzalo Fernández de Oviedo, 1947.

Materiales manuscritos

Esta obra está hecha fundamentalmente sobre fuentes impresas. Los escasos documentos manuscritos están indicados en las notas respectivas. Los Archivos utilizados han sido: el General de Indias (Sec. Patronato, Justicia, Escribanía de Cámara, Audiencia de Lima, Audiencia de Chile); el del Palacio Real de Madrid; los Manuscritos de D. José Toribio Medina, depositados en la Sala Medina de la Biblioteca Nacional de Chile; el Archivo Histórico Nacional de Chile (Sec. Fondo Antiguo, Escribanos de Santiago y Real Audiencia).

Entre los documentos consultados, hay que mencionar dos obras de juristas citadas en este estudio, y que tienen un amplio valor: la conocida recopilación de Alonso de Zorita (referencia exacta en pág. 231), y una copia de un Informe de Gaspar de Escalona, sobre apelación de los Virreyes a las Audiencias, y sobre suspensión del cumplimiento de las Cédulas, que se halla en el Archivo Histórico Nacional de Chile, Fondo Antiguo 3, p. 5.

ADICIONES Y CORRECCIONES

En las páginas 118-119 de este libro he afirmado que no existió en América Española el tipo de economía de subsistencia, y, en particular, que esta no se dio en Chile ni en las Gobernaciones argentinas, confrontándome así con una tesis de C. H. Haring. Pero el artículo de Elman R. Service, "The Encomienda in Paraguay" (Hisp. Am. Hist-Review, May 1951) —que solo he conocido al estar este libro compuesto— suministra la prueba de que en realidad la Gobernación del Paraguay tuvo una economía de subsistencia. Debo rectificar, pues, parcialmente mi afirmación, y reconocer que Haring tenía razón respecto del Paraguay. Pero mantengo mi posición respecto de Chile, así como también respecto de la tendencia general de los españoles a implantar una economía para la exportación.

www.ingramcontent.com/pod-product-compliance
Lightning Source LLC
LaVergne TN
LVHW082236051026
849532LV00012B/4007
* 9 7 8 9 5 6 1 4 3 0 8 7 7 *